세계평화
실현을 위한
종교연합운동

성화출판사

세계평화실현을 위한 종교연합운동

2002년 8월 5일 초판 발행
2017년 5월 1일 재판 발행

발행처 (주)성화출판사
신고번호 제302-1961-000002호
주소 서울시 용산구 청파로 63길 3(청파동1가)
전화 02-701-0110
팩스 02-701-1991

가격 12,000원

ISBN 978-89-7132-213-0 03230

세계평화실현을 위한 종교연합운동

책머리에

'하나님의 해방과 인류의 구원'을 위한 생애

문선명 선생의 삶의 지표는 '하나님의 해방과 인류의 구원'이라고 생각합니다. 선생의 말씀과 기도문을 통해 나타난 의식과 삶이 이를 증언하고 있기 때문입니다.

지금까지 여타의 신관에 의하면, 절대자이고 무한자이신 신이 상대자이고 유한자인 인간을 해방한다고 되어 있습니다. 선생께서는 정반대로 인간이 신을 해방시켜 드려야 한다고 가르치시고 이를 실천하는 한 생애를 살아오셨습니다. 이는 신과 인간의 관계정립의 차이에서 온 결과입니다.

선생께서는 신과 인간의 관계를 '부자지인연(父子之因緣)'이라고 해명하셨습니다. 하나님은 인간을 당신의 형상 곧 자녀로 창조하셨고, 자녀인 인간을 통해 창조의 이상을 실현코자 하셨습니다. 그러나 인간이 타락하여 생명을 잃게 되자 하나님은 자식 잃은 슬픈 부모가 되셨습니다. 불 속에 있는 자녀를 보면 생명을 던져서라도 자녀를 구하기 위해 불 속으로 뛰어드는 숭고한 부모사랑의 본체가 되시는 하나님은, 본연의 인간회복을 위해 구원섭리를 인류역사와 함께 전개해 오셨습니다. 잃어버린 자녀를 찾아오신 하나님의 섭리는 처절한 고통과 한의 역사였습니다.

성서의 기록대로 하나님의 섭리 완성을 위해 소명받은 인물들은 하늘의 명을 어겼습니다. 하나님은 한없는 부모의 사랑으로 섭리를 반복하셨지만, 인간은 철저하게 하늘을 배반하였습니다. 그럼에도 불구하고 처음부터 '부자지인연'이었기에 하늘은 포기하지 않고 끝없는 참사랑으로 우리에게 다가옵니다. 그래서 이제는 성숙한 자녀가 슬픈 부모 되시는 하나님을 충효로써 해방시켜 드려야 함을 선생께서는 가르치신 것입니다.

선생의 의식과 삶의 결정체인 기도 한 편을 소개하겠습니다.

아버지와 더불어 살 수 있는
그 한날이 그립사옵니다.
아버지를 그리며
아버지를 향하여 달리는 저희들,
아버지와 더불어 살 수 있는
영광의 한날을 맞이하여
아버지 앞에 감사와 기쁨의 송영을 돌림으로써,
지으신 만물을 화동시킬 수 있는
아들딸들이 되게 하여 주시옵소서.
저희의 마음과 몸은
아버지의 형상을 닮아 지은 것이오니,
온전히 아버지를 닮은
아들딸이 되게 하여 주시옵기를,
아버님,
간절히 바라옵고 원하옵나이다.

아버지여!

당신의 슬픈 마음이
땅 위에 서려 있는 것을
인간들은 모르고 있사옵고,
하늘의 서글픈 눈물자국이
인류역사의 발자취에 스며 있다는 것을
모르고 있사옵니다.
한없는 하늘의 탄식이
저희의 마음과 몸에 감돌고 있다는 것을 모르고는,
하늘 앞에 면목을 세울 수도 없고
하늘의 신임을 받을 수도 없는
패역한 인간의 후손이 됨을
자인하지 않을 수 없사옵니다.

아버지!
땅에는
당신의 눈물을 거두어 드릴 자가 없사옵고,
당신의 슬픔을 붙들고 위로해 드릴 자가 없사옵고,
당신이 가시는 그 길을 지킬 자가 없사옵니다.

그러므로
이 땅에 한이 있다 할진대
그것은 하늘의 한이 사무친 땅이라는 것이요,
슬픔이 있다 할진대
하늘의 슬픔이 사무친 땅이라는 것이요,
원한이 있다 할진대

하늘의 원한이 사무친 땅이라는 것이옵니다.

그러기에
이 땅에 살고 있는 인간들은
슬픔의 제물이 되지 않을래야 되지 않을 수 없는
운명에 처해 있사옵고,
한스러운 자신을 넘지 않을래야 넘지 않을 수 없는
운명에 처해 있사옵니다.「아버지의 기도 4권 p.62~63」

  문선명 선생의 생애를 한마디로 규정하기란 한계가 있지만, 천의에 따라 '하나님의 해방과 인류 구원'을 위해 평생을 바쳐오신 숭고한 삶이라고 감히 증언합니다.
  선생은 하나님께 사무치신 일관된 길을 평생 걸어오셨습니다. 고통과 한의 하나님이심을 온 몸으로 체휼하신 하나님의 형상이셨기에, 자신의 생명과 가정도 다 잊으신 채 오직 죄악으로 찌들어 버린 타락인간에게 하늘의 심정과 사랑을 심기 위해 심혈을 다 기울이셨습니다. 이른 새벽부터 다음 날 새벽까지 쉴새없이 가르치고 또 가르치셨습니다. 때로는 자비로운 인자하심으로, 때로는 온 천하를 주고도 바꿀 수 없는 깊고 오묘한 진리의 말씀으로, 때로는 끝없는 기다림의 침묵으로, 때로는 피, 땀, 눈물이 뒤범벅이 된 몸부림으로, 때로는 불호령으로, 때로는 친구처럼 화동하며 더불어 함께 하시는 모습으로 인간과 세계, 역사와 영계, 그리고 온 천주의 근본이신 하나님의 모든 것을 밝히 가르치셨습니다. 그 모든 말씀은 현재까지 350권의 말씀선집을 비롯해 450여권의 저서 속에 나타납니다.

  본서는 수많은 선생의 말씀 중에서, 종교란 무엇이며 그 가르침의 본질은 어떤 것인가, 종교는 왜 필요하며 종교가 추구하는 목적과 사명은 어디에 있는가, 종교연합과 통일은 가능한가, 종교연합을 통한 세계평화 실현의 방안 등 종교연합운동에 관련된 이론적 배경과 그 실제에 관련된 내용을 묶어 정리한 것입니다.

 일평생을 오직 하나님을 안식시켜 드리고, 인류를 하늘의 참된 본연의 자녀로 인도하기 위해 수고해 오신 참부모님 되신 양위분께 무엇으로 감사를 다 드릴 수가 있겠습니까?

 독자 여러분께서 본서를 통해 숭고하신 선생의 삶과 가르침을 깊게 이해하시어 하늘 앞에 참된 자녀가 되시기를 소망합니다.

2017년 5월
선학역사편찬원

차례

머리말 5

1 종교란 무엇인가…13

1. 종교란 무엇인가 · 14
2. 종교란 고장난 인간을 수리하는 수리공장 · 23
3. 종교의 필요성 · 32
4. 참된 종교란 · 41

2 종교의 목적과 사명…53

1. 종교의 목적 · 54
2. 종교가 추구해 나온 것 · 63
3. 종교의 사명 · 75
4. 종교의 종류 · 85

3 문선명 선생의 종교연합사상…97

1. 하나님은 모든 종교의 하나님이다 · 98
2. 하나님과 인간의 본연의 관계회복 · 106
3. 앞으로 세계가 필요로 하는 종교 · 117
4. 문선명 선생의 종교연합사상 · 128
5. 하나님 해방을 위해 평생을 바쳐오신 선생님 · 144

4 종교연합을 통한 세계평화의 실현···157

1. 평화의 기지는 어디냐 · 158
2. 섭리역사로 본 종교통일 · 169
3. 종교연합의 실현 방안 · 179
4. 종교연합을 통한 세계평화의 실현 · 190
5. 종교시대를 넘어 가정시대로 · 201

5 세계적인 종교연합운동의 실제···211

1. 세계종교연합운동의 출발 · 212
2. 새종교일치연구회 창립과 하나님 대회 · 223
3. 세계종교청년세미나 · 237
4. 종교재단 설립과 세계종교의회 · 244
5. 《세계경전》 출간 · 257
6. 세계평화종교연합과 세계평화연합 · 270
7. 세계평화초종교초국가연합 · 290

부록 : 종교연합과 세계평화 실현을 위한 주요 연설문…301

- ○ 하나의 하나님과 하나의 세계종교 · 302
- ○ 세계평화를 위해 종교간에 화목하자 · 326
- ○ 대화와 연합 · 333
  - 세계종교의회 창시자 기조 연설문 -
- ○ 하나님의 창조이상과 종교의 사명 · 343
  - 제2차 세계종교의회 기조연설문 -
- ○ 신문화 창건과 종교의 역할 · 353
  - 제3차 세계종교의회 기조연설문 -
- ○ 세계평화를 위한 종교의 사명 · 362
  - 세계평화종교연합 창설대회 연설문 -
- ○ 세계평화로 가는 길 · 370
  - 세계평화연합 창설대회 기조연설문 -
- ○ 평화세계를 위한 통일 방안 · 382
- ○ 세계평화 실현의 시대를 활짝 엽시다 · 388
  - 세계평화초종교초국가연합 창설대회 기조연설문 -
- ○ 문명간의 대화와 조화 · 394
  - 2001 세계문화체육대전 국제특별회의 창시자 연설문 -

■ 일러두기

이 책은 《문선명선생 말씀선집》에서 '종교와 종교연합'에 관련된 말씀을 뽑아 재구성한 것입니다. 말씀의 왼쪽에 그 출처와 말씀을 하신 날짜를 밝히고 있습니다.

1
종교란 무엇인가

1. 종교란 무엇인가

2 - P.238, 1957.06.02   물질세계를 초월한 보이지 않는 세계와 무형(無形)의 하나님이 존재한다는 사실을 가르쳐 주는 것이 종교입니다.

004 - P.098, 1958.03.16   오늘날 인간세계에 있어서 천주적인 이념을 나타내는 주의 주장이 있다면, 그것은 종교입니다. 종교 이상의 주의 주장이 없다는 것입니다. 보이지 않는 창조주를 대해 그분이 우리 아버지요, 우리는 그의 아들딸이라고 말할 수 있는 관계, 그리고 떼려야 뗄 수 없는 부자의 인연과 그 가치를 토대로 출발한 것이 종교입니다. 따라서 참종교는 단지 어떠한 민족을 지배하는 차원에 머물러 있는 것이 아닙니다. 미래의 국가, 미래의 세계, 더 나아가서는 천주를 바라보는 것입니다. 그리고 창조주는 이상을 통해 지음받은 땅과 인간이 삼위일체적인 관계로서 하나되고자 하는 목적을 향해 움직여 나오고 있습니다.

018 - P.066, 1967.05.21   하나님은 초자연적인 실체의 이념권을 인간에게 인연맺어 주시기 위하여 종교적인 기반을 중심삼고 섭리해 나오셨습니

다. 인간의 본질적인 감정을 자극시켜서 그러한 권내로 가게끔 하는 욕구를 일으키는 것입니다. 그리하여 인간을 초현실적인 선에 연결시키고자 하시는 것입니다. 그런 일을 해 나온 것이 종교입니다.

038 - P.180, 1971.01.03

　　종교라는 말은 사람만을 위주로 해서 하는 말이 절대 아닙니다. 하나님, 즉 신을 모체로 한 가르침이 종교입니다. 이것이 종교의 발원이요, 본원이기 때문에 신을 빼놓은 종교란 있을 수 없습니다. 그렇기 때문에 성인은 종교를 중심삼은 권내에서만 될 수 있는 것입니다. 그러면 성인이 되기 위해서는 어떻게 해야 되느냐? 천의(天意)를 받들어야 되고 천정(天情)을 소개해야 합니다. 그래서 오늘날 우리들이 일컫는 4대 성인들은 전부 다 종주(宗主)들입니다.

　　그러면 누가 그들을 그렇게 만들었느냐? 사람이 그렇게 만들었겠어요, 하나님이 그렇게 만들었겠어요? 사람이 만들었다면 사람을 위주로 할 텐데 하나님을 위주로 하는 것을 보면 하나님이 그렇게 만들었다는 것입니다. 그렇게 해서 빚어진 것이 종교 문화권 세계인 것입니다.

35 - P.073, 1970.10.03

　　종교를 믿는 것은 본래의 아버지와 본연의 나라를 다시 찾기 위한 것입니다. 그렇기 때문에 종교가 가르치는 것은 마루되는 가르침입니다. '종(宗)' 자가 무슨 종자예요? '마루 종(宗)' 자입니다. 마루가 뭐예요? 최고라는 것입니다. 천상의 인연과 지상의 인연, 천륜과 인륜을 합해 가지고 완성할 수 있는 길을 가르쳐 주는 최고의 마루되는 가르침입니다. 이 종교라는 것은 이름도 잘 지었지요. 그것은 분명히 기도해서 도

1. 종교란 무엇인가

통한 사람이 지었을 것입니다. 그렇지 않으면 양심의 감동을 받은 사람이 지었을 것입니다.

013 - P.238, 1964.03.24

종교란 으뜸되는 가르침입니다. 천상천하에 없었던 가르침입니다. 종교인의 공통된 가르침은 선의 세계가 온다는 것입니다. 또 천지를 지으신 대주재가 있다는 것을 가르치며, 악인에게 맞고 그 악을 정복하라고 합니다.

176 - P.286, 1988.05.13

종교라는 것은 뭐냐? 종교라는 것은 하나님을 발견하고 하나님과 같이 살기 위한 생활환경을 확대시키기 위해 있는 것입니다. 그래서 종교의 이면에는 반드시 신이 있는 거예요. 정도의 차이는 있지만, 종교의 배후에는 반드시 신과 더불어 관계를 맺고 신의(神意)에 따라서 사는 방식을 익혀 가는 과정이 있는 것입니다.

그렇기 때문에 어떤 때는 신을 중심삼은 한 동리, 한 촌락에 머무는 시대도 있었습니다. 그것이 시대가 발전함에 따라 촌락의 시대로부터 면(面)의 시대, 면의 시대로부터 군(郡)의 시대, 군의 시대로부터 도(道)의 시대, 도의 시대로부터 나라의 시대, 그 다음에는 나라의 시대로부터 세계의 시대로 발전해 나가야 되는 것입니다. 신의 세계도 그와 같은 조직체로 돼 있다 이겁니다.

023 - P.125, 1969.05.18

전지전능하신 하나님은 어떤 작전으로 이 세계를 평화스럽게 만들 것이냐? 하나님 자신은 평화의 근거지를 어디에서 찾겠습니까? 미국도 아니요, 소련도 아니요, 다른 어떤 나라도 아닙니다. 그곳은 바로 인간이 본심입니다. 그 말은 세상

▶ 1990년 세계종교의회에서 말씀시는 문선명 선생.

의 온갖 것도 다 내버리고 본심의 기준으로 돌아가라는 것입니다. 내 안으로 들어가라는 것입니다. 그래서 예수님은 '하나님의 나라는 네 마음에 있다'고 한 것입니다. 그렇기 때문에 우리의 마음 가운데에 있는 선을 해방시켜 주지 않으면 이상세계니 행복의 세계니 하는 것은 불가능하다는 것입니다.

종교란 무엇인가? 이러한 역사적 기준을 결정하는 것입니다. 이러한 역사적 기준을 결정하지 못하는 종교는 필요없는 것입니다. 도탄 중에 빠져 있는 인간들을 전지전능하신 하나님이 그냥 가만히 두고만 본다면 그 하나님은 벼락을 맞을 분입니다. 그러면 하나님은 어떻게 해야 되느냐? 이러한 사람들을 평화의 길로 인도해야 하는 것입니다. 또한 역사과정에 인간을 평화의 길로 인도하려 했던 흔적이 남아 있어야 됩니다. 그런 활동을 했느냐, 안 했느냐 할 때, 안 했다면 하나님

1. 종교란 무엇인가

023 - P.125, 1969.05.18

은 얼마나 잔인한 분입니까? 그러나 그런 활동을 했다 하는 그 흔적이 뭐냐 하면 바로 종교입니다.

여러분은 역사를 배워서 알겠지만 세계의 모든 문화를 보게 되면 그 사상적인 뒷받침이 되는 것이 종교입니다. 인류 역사와 종교는 공동 운명으로 관계되어 있습니다. 어떤 때는 시대를 앞서기도 하고 뒤서기도 하면서 지금까지 이어져 나온 것입니다.

그러므로 종교는 하나님이 이상세계와 이상천국을 이룰 수 있는 기반입니다. 그 종교에서 가르쳐 주는 것은 단 하나입니다. 하나님을 가르쳐 주는 것입니다. 하나님을 사랑하라고 가르칩니다. 이렇게 말하면 허무맹랑한 말 같지만 인간의 본심은 인류를 창조하고 이 우주를 창조한 하나님을 찾아가는 것입니다. 그러니 종교는 하나님의 원리를 가르쳐 주어야 합니다. 하나님은 지금까지 인류를 대해서 '나를 믿으라'고 했습니다. 이것밖에 없습니다.

내 개인이나 인간 자체를 두고 볼 때 인간의 욕망이라든가, 인간의 양심이 최고로 바라는 기준은 하나님을 점령하고 하나님의 사랑을 점령하는 것입니다. 인간이 최고로 희망하는, 그 정상을 가르쳐 주는 것이 종교입니다. 종교 중에서도 하나님의 사랑을 가르쳐 주는 기독교가 종교 중에서도 최고의 종교입니다. 고차적인 종교일수록 하나님을 강조하고, 절대자인 이 우주의 창조주를 경외하고, 그의 사랑을 들고 나와 가르치는 것입니다. 이러한 것이 없다면 그것은 가짜 종교입니다.

그러므로 우리의 마음은 하나님을 점령하고 하나님의 사랑의 자리에 들어가야 합니다. 이러한 내용을 가르쳐 주는 운동이 역사상에 흔적으로 남아 있는데, 이것이 종교입니다.

170 - P.144, 1987.11.15 　종교라는 것을 우리가 해부해 본다면, 종교의 그 신앙의 목표, 신앙의 주체가 뭐냐? 그게 문제입니다. 신앙의 주체가 뭐냐 하면 종주가 아닙니다. 종주라고 생각하면 안 됩니다. 신을 위주한 기반 밑에서 환경적 기반을 갖추게 된 종교권을 지도하는 종주, 그 종주 자체도 자의에 의해 가지고 서 있는 것이 아닙니다. 그 종교가 시작할 때에는 반드시 영적인 신을 중심삼고 그 동기가 돼 있는 것입니다.

039 - P.316, 1971.01.16 　성인의 반열에 동참한 사람들을 보면 신을 숭상했습니다. 신을 빼 놓고 성인이 된 사람이 없습니다. 공자도 '위선자(爲善者)는 천보지이복(天報之以福)하고 위불선자(爲不善者)은 천보지이화(天報之以禍)니라'고 했습니다. 공자도 하늘을 가르쳐 주었어요. 석가도 역시 영계를 가르쳐 주었습니다. 신의 내용을 가르쳐 주었다는 것입니다.

　마호메트도 마찬가지입니다. 마호메트교, 즉 회교는 종합적인 종교입니다. 기독교 신·구약을 모두 끌어다가 만든 종합적인 종교지만 그것도 역시 신을 위주한 것입니다. 아라비아 민족에게 적당한 내용을 밑받침해 가지고 신을 중심으로 신에 의한 절대적인 참인간을 구상하고 찾아 나갔다는 것입니다.

　그러면 예수님은 어떠했습니까? 예수도 신을 중심했습니다. 신을 중심삼고 나갔지요? 신을 중심하지 않으면 성인 축에 못 들어갑니다. 여기에 이의가 없습니다.

1. 종교란 무엇인가

140 - P.070, 1986.02.08

철학이라는 것은 이론을 통해서 사람이 무엇인가하는 것을 알 수 있는 것입니다. 지내 보고, 생활환경이나 사는 방식이나 제도를 보고, 습관성을 통해 보면 '사람은 이런 것이다' 라고 결론을 내리는 것입니다. 그렇지만 신이란 환경적으로 측정할 수 있는 아무런 것도 갖고 있지 않은 무형인 것입니다. 그렇기 때문에 철학은 지금까지 신을 발견하기 위해 몸부림쳐 나왔지만 신을 발견하지 못했다는 것입니다. 종교가 다른 것이 뭐냐? 철학과 종교가 어떻게 다르냐? 종교란 것은 뭐냐? 신을 만나 가지고 신과 더불어 사는 생활을 하자 하는 것이 종교입니다.

240 - P.260, 1992.12.13

사상적인 면을 개척하는데 있어서는 신을 찾아 나가는 철학적인 세계의 관이 있지만, 그와 달리 신을 만나 가지고 신에서부터 시작하는 것이 있습니다. 신을 만나 가지고 신과 더불어 생활을 하는 것부터 시작해서 세계 인류가 어떻게 행복하게 사느냐 하는 문제를 탐구하여 나온 것이 종교입니다.

종교는 맨 처음부터 신과 더불어 생활하는 환경을 가지고 출발했습니다. 그 생활무대는 개인의 생활뿐만이 아니고 가정으로부터 사회·국가·세계의 생활권까지 발전시켜 나가는 것입니다. 다시 말하면, 신의 생활 이념을 세계화시키기 위한 운동을 하기 위해서는 모든 인종이 문화적으로 다르고, 지역적으로 다르고, 역사적인 배경이 다르고, 또 습관이 다르니만큼 거기에 해당하여 적응될 수 있는 종교적인 내용을 중심삼고 신과 더불어 같이 사는 생활을 해야 합니다. 거기서부터 종교가 시작되는 것입니다.

샤머니즘 같은 것을 보더라도 그렇습니다. 신과 더불어 인간과 관계를 맺기 시작한 그것이 방향성이 없기 때문에 샤머니즘화 된 것입니다. 만약 그것이 방향성이 있었다면 우리 사는 개인 생활권과 가정 생활권과 민족 생활권과 국가 생활권, 세계 생활권을 통하여 위대한 종교로 나왔을 것입니다. 이렇게 볼 때, 오늘날 4대 성인은 있어도 4대 철인은 없습니다. 그 4대 성인들이 전부 다 종주(宗主)가 되어 있습니다.

기독교의 예수님도 종주였고, 유교의 공자님도 종주였고, 불교의 석가모니도 종주였고, 그 다음엔 회회교의 마호메트도 종주였습니다. 그 종주들을 들어서 4대 성인이라고 평한 것은 어째서 그랬느냐 이거예요. 하나님이 있다면 하나님과 가까이 살 수 있는 생활적인 저변이라든가 환경을 소개해야 되는 것입니다. 그런데 그렇게 한 사람이 그분들밖에 없었다는 것입니다.

141 - P.088, 1986.02.19

철학은 하나님이 어떻다는 것을 발견하지 못했습니다. 철학은 하나님을 규명하지 못했다는 것입니다. 그래서 지금까지 사상이라는 명제를 걸어 놓고 신이 있느냐 없느냐 하는 문제를 해결하기 위해서 철학을 통해 허덕이던 역사적인 지도자들은 전부 다 실패작으로 끝났습니다. 거기에 반해서 종교라는 것은 무엇이냐? 철학은 종교를 통해서 신을 찾아 나가는 길이요, 종교는 신을 만나 가지고 신과 더불어 살자는 것입니다.

종교는 무엇이냐? 직관을 통해 가지고, 영적인 체험을 통해 가지고 대면해서 하나님과 더불어 같이 살자는 거예요. 하나님과 같이 사는 데는, 하나님과 같은 개인이 되고, 하나님과 같은 가정을 이루고, 하나님과 같은 민족을 이루고, 하나님과

1. 종교란 무엇인가

같은 국가, 하나님과 같은 세계를 이루어 가지고 세인완성(世人完成)하여 우주로 전진하기를 바라는 것입니다. 그것이 종교라는 거예요.

141 - P.234, 1986.02.26

종교는 신의 규명이 필요 없습니다. 종교라는 것은 신을 발견하고 신과 더불어 살자는 것입니다. 사는 데는 이상적으로 살자고 하는 생활이념이 되어 있습니다. 생애의 행복을 신과 더불어 추구하는 것입니다. 예수님만 하더라도 영계의 가르침에 의해서 움직인 거예요. 석가모니가 말한 그 신비의 경지, '천상천하(天上天下)에 유아독존(唯我獨尊)이라'고 말한 그것은 정상적인 일반 사람의 생각 가운데서 그런 경지에 들어간 것이 아닙니다. 마음과 몸이 공명할 수 있는 어떤 경지에 투입되어 거기에서 부딪치는 자아를 각성하게 될 때, 천하에서 '야, 내가 제일이구나' 하는 경지에 도달하게 되는 것입니다. 그것은 새로운 경지의 인식을 통해서 벌어진다 이겁니다.

007 - P.139, 1959.08.09

종교라는 것은 진리만으로 이루어진 것이 아닙니다. 도(道)라는 것은 진리만이 아니에요. 주의와 사상은 진리를 중심삼고 나가지만 종교는 진리 외에 심정이 내포되는 거예요. 이것이 달라요. 주의와 사상에는 심정이 없습니다. 그러나 종교는 자식과 부모가 말없이 사랑하는 것과 마찬가지로 그 무엇이 얽혀져 있습니다. 논리적인 조건을 넘어 움직이는 어떤 내용이 갖추어져 있다는 거예요. 종교라는 것은 그렇습니다. 그러나 주의는 그렇지 않습니다. 주의는 조직적인 결합입니다. 심정적인 결합이 아니고 조직적인 결합입니다.

2. 종교란 고장난 인간을 수리하는 수리공장

229 - P.057, 1992.04.09

아담 해와가 누구예요? 하나님이 피조세계의 왕이라고 하면, 아담 해와는 그 왕의 사랑의 상대자며 황족권을 상속할 황태자라는 것입니다. 왕자 왕녀라는 거예요. 타락하지 않은 아담 해와가 그렇다는 거예요. 만우주의 대왕이신 하나님을 중심삼고 태어난 장남 장녀가 아담 해와였다는 것을 확실히 알아야 되겠습니다.

에덴동산에는 오직 둘밖에 없었어요. 그 둘이 타락했을 때 원래는 죽여야 했지만, 그렇게 되면 우주의 모든 것이 다 깨져 나갔을 것입니다. 하나님은 인간을 이상의 표준체인 하나님의 상대 존재로 만들려고 했던 것입니다. 그러니 재창조, 수리가 필요한 거예요. 그 수리 공장이 뭐냐 하면 종교입니다. 재창조 노정은 아담 하나를 찾기 위한 노정입니다. 완성한 아담 하나를 찾기 위해서 지금까지의 역사가 흘러 온 거라구요.

101 - P.139, 1978.10.29

창조된 인간이 하나님의 창조이상을 실현시키는 인간이 된 것이 아니라 이것이 이상세계를 바라보고 나가다가 타락함으

2. 종교란 고장난 인간을 수리하는 수리공장

로 말미암아 고장난 존재가 되었다구요. 쓰레기 같은 인간이 되어 버렸어요.

그렇기 때문에 살고 있는 이 세계의 인간들은 갈 길을 알지 못하고, 구원이 무엇인지 모르고, 자기가 어디로 향하고 어떤 주인을 따라 어떤 세계로 가야 할 것인지를 모르고 우왕좌왕하며 살고 있는 것입니다. 이것이 현세 인류사회라는 것입니다.

그렇기 때문에 하나님으로 보게 될 때, 하나님에게 종이 있다면 그 종보다도 못한 것이요, 어떠한 만물이 있다면 만물보다도 못한 가치의 자리로 떨어진 인간이라는 것입니다. 이것을 회복하는 데는 그냥 맹목적으로 회복할 수 없기 때문에 다시 창조원리를 통해서, 재창조원리를 통해서 오랜 역사를, 온갖 역사를 수습해 가지고 재창조, 본래와 같이 수리공정을 거쳐서 다시 만들어야 되는 것입니다. 다시 만들었다는 결과의 자리로 개인·가정·종족·민족·국가·세계를 하나님이 몰고 나오신다는 것을 알고, 그런 사명을 할 수 있는 종적 기반이 종교라는 것입니다.

종교는 무엇이냐? 타락한 인간을 다시 수습하기 위해서, 고장난 인간을 재창조하기 위해서 수리공장으로 만들어 놓은 것이 인류역사에 나타난 종교입니다. 수리공장에서 이것이 완전히 분해되어 가지고 본연의, 외형적으로나 내용상으로나 모든 이상적 기준에 있어서 타락하지 않았던 본래의 인간 이상의 기준까지 올라가지 않고는 하나님이 인간과 더불어 지구성에서 살 수 있는 기반은 절대 갖춰지지 않는 거예요. 하나님이 본래 창조이상으로 목적하였던 남성과 여성이 하나된 가정 형태가 나타나지 않는 한 이 지구성에 기쁨의 거주지를 찾을 수 없다는 것입니다.

053 - P.114, 1972.02.11   절대적인 하나님이 지은 물건은 절대적인 하나의 목적을 지향해야 하는 것이 원칙입니다. 그런데 우리 사람을 보면 마음과 몸이 상반된 목적과 방향을 지니고 있습니다. 이러한 현실을 우리는 탄식하지 않을 수 없습니다. 지금까지 몸과 마음이 하나된 사람은 없었습니다. 인간은 마음과 몸이 왔다갔다하는 싸움을 하면서 죽어가고, 왔다갔다하는 싸움을 하면서 죽어가고…. 그러면서 인류역사는 엮어져 내려오는 것입니다. 내용은 어떻게 되었는지 모르지만 결과가 이렇게 되었습니다.

하여튼 몸과 마음이 싸우는 사람이 되었습니다. 내 안에서 두 목적을 지향하는 요소가 싸우고 있습니다. 가정을 이루면 이것이 넷이 됩니다. 열 사람이 되면 스물이 되는 것입니다. 이렇게 볼 때, 이 세계는 불행의 세계라는 것을 부정할 수 없습니다. 이러한 인간들이 되어 있는데, 절대적인 하나님이 있다면 이러한 인간을 그냥 내버려 두실 수 없습니다. 만일 그냥 내버려 두는 하나님이라면 하나님은 없는 것입니다. 인간이 이렇게 고장이 났기 때문에 하나님은 인류역사의 배후에서 이것을 수리하기 위한 수리 공장을 만들기 시작했다는 거예요. 그게 무엇이냐? 그것이 종교입니다. 종교는 하나님 앞으로 돌아가라고 가르치는 것입니다. 이렇게 볼 때 하나님을, 신을 중심삼지 않은 종교는 없는 것입니다.

039 - P.347, 1971.01.16   인간이 고장난 것이 사실이라면 하나님은 인류역사과정의 배후에서 그 인간을 수리할 수 있는 수리공장을 만들어야 된

2. 종교란 고장난 인간을 수리하는 수리공장

다는 것입니다. 그 수리공장을 만들 능력이 없다면 하나님은 없는 거나 다름없습니다. 수리공장을 만들지 않는다면 사랑의 하나님이 아닙니다. 그리고 고장난 것을 수리하면 수리공장만 있어 가지고는 안 됩니다. 기술자도 있어야 합니다. 그러므로 고장난 인간을 수리공장에 집어넣어 가지고 개조하는 운동을 한 흔적이 없으면 하나님이 없다는 것입니다. 그렇지만 그것이 있으면 하나님은 계신다는 것입니다. 그 수리공장이 뭐냐? 종교라는 것입니다, 종교.

199 - P.343, 1990.02.21

 종교세계는 뭐냐 하면 잘못된 인간을 수선하는 수리공장입니다. 재창조를 위한 부품을 창조해 가지고 고장난 것을 고치기 위한 것이 종교입니다. 종교세계의 가르침은 뭐냐? 몸과 마음이 하나되게 하는 것입니다. 이게 문제입니다. 암만 수도하고 철학에 대해 연구해도 몸 마음을 하나 안 만들면 다 깨져 나가요. 십년 공부 아니라 천년 공부 나무아미타불이에요.
 인류역사를 1천만년이라 합니다. 이것은 인간 고고학적 견해를 통해 감정한 연수인데, 실은 몇억 년이 지났어요. 이런 인간의 몸과 마음을 어떻게 통일하느냐? 그걸 가르쳐 준 성인이 없었습니다.
 바울 같은 양반도 "내 속사람으로는 하나님의 법을 즐거워하되 내 지체 속에서 한 다른 법이 내 마음의 법과 싸워 내 지체속에 있는 죄의 법 아래로 나를 사로잡아 오는 것을 보는도다. 오호라, 나는 곤고한 사람이로다. 이 사망의 몸에서 누가 나를 건져 내랴. 우리 주 예수 그리스도로 말미암아 하나님께 감사하리로다. 그런즉 내 자신이 마음으로는 하나님의 법을, 육신으로는 죄의 법을 섬기노라" 그랬어요.

내 몸 마음을 하나 만들 수 있는 비결, 그 관건이 어디에 있느냐? 이게 문제입니다. 여러분의 몸과 마음이 공명할 수 있는 소성의 본궁이 무엇이냐? 학문도 아니요, 권력도 아닙니다. 돈도 아니에요. 참사랑입니다. 오늘날의 똥개 같은 사랑이 아니에요. 참사랑입니다.

여러분은 참사랑을 모르지요? 그 참사랑만 임하게 되면 몸 마음이 자동적으로 하나되는 거예요. 하나님의 사랑이 임하게 되면 몸 마음이 완전히 하나되는 것입니다. 하나님은 이런 원칙을 중심삼고 시정하고, 인간들을 구원해 주기 위한 구도의 길을 펴기 위해서 종교를 세워 나온 것입니다.

023 - P.164, 1969.05.18

여러분은 하나님의 사랑이 아니라 거짓된, 잘못된 사랑을 중심삼고 출발했습니다. 하나님을 중심삼고 여러분 자체를 보게 되면 마음이 플러스고, 몸뚱이는 마이너스입니다. 이것은 때가 되면 자동적으로 하나되게 되어 있습니다. 그러나 이것이 플러스끼리 만나게 되면 반발하게 됩니다. 영원히 반발해요. 그렇기 때문에 아무리 하나되려고 해도 하나될 수 없습니다. 여러분은 잘못된 출발을 해서 지금 그런 상태에 있는 것입니다. 이것을 치료하는 방법을 제시하는 곳이 종교입니다.

277 - P.178, 1996.04.15

여러분은 몸과 마음이 싸우지요? 하나님이 그런 사람을 만들었다면 원망하겠어요, 환영하겠어요? 하나님은 몸과 마음이 하나되어 있고, 절대적인 개념의 유일·불변·영원하신 그런 분으로 계시고, 그 상대 될 수 있는 사람은 몸 마음이 싸워 가지고 그렇지 못하다면 그 상대가 기뻐하겠어요? '이놈의 하나님, 무용지물로 만들어 가지고는 고생하게 만들어?'

2. 종교란 고장난 인간을 수리하는 수리공장

해 가지고 하나님이 원수가 되는 거예요.

타락했다는 말은 지극히 원통하고 분한 말이에요. 타락해서 쫓겨났어요. 쫓겨났다는 것입니다. 쫓겨났다는 것은 하나님이 원하는 남자 여자가 없다는 것입니다. 하나님이 원하는 아들딸이 돼 가지고 남자 여자 오목 볼록으로 만든 이 사람들이 살 수 있는 가정이 없고, 종족이 없고, 민족이 없고, 국가가 없다는 것입니다. 하나님이 집이 없고, 하나님이 나라가 없습니다. 사탄한테 다 빼앗기고 연금상태에 있는 하나님임을 인류가 몰랐어요.

하나님이 잃어버렸으니 실패의 하나님이 될 수는 없기 때문에 다시 찾아야 됩니다. 복귀해야 된다는 것입니다. 구원섭리는 복귀섭리요, 복귀섭리는 그냥 하는 것이 아닙니다. 재창조, 다시 만들어야 돼요. 다시 만들어야 된다는 것입니다. 타락한 모든 사람들은 하나님이 창조하던 청사진을 전부 다 알아야 된다는 것입니다.

고장난 인간을 수리하는 공장이 종교입니다. 팔을 만들고, 발을 만들어 가지고 4대 문화권을 중심삼고 조립해야 됩니다. 총합 조립해 가지고 그 다음에는 하나님이 정신을 불어넣어 다시 사람을 창조해야 된다는 것입니다. 세상의 어떤 종교, 어떤 사람도 하나님의 그 청사진을 모르기 때문에 그걸 가르쳐 주기 위해 오시는 분이 메시아라는 것입니다.

137 - P.057, 1985.12.18

오늘날 이 세계는 타락한 세상이 됐습니다. 고장이 났다는 거예요. 고장이 났으니 하나님께서는 이것을 다시 분(分)공장을 만들고 수리공장을 만들어 가지고 재생시키는 놀음을 역사를 통해서 하시는 거예요. 하나님이 계시다면 그걸 해야 돼요. 그것이 종교라는 것입니다. 어떤 종교는 다리를 만들고, 어떤 종교는 팔을 만들고, 어떤 종교는 머리를 만들고, 어떤 종교는 눈을 만들고, 이렇게 하나의 고장난 인간을 완성시키기 위한 분(分)공장 제도가 여러 종교예요. 이것을 확창해 가지고, 문화 배경이 서로 다른 그 분야에서 수습해 가지고 올라가는 것입니다. 그래 가지고 최후에 종합수리공장에서 전부 다 하나님이 사랑하지 않을 수 없는 사람으로 복귀하는 것입니다.

056 - P.182, 1972.05.14   하나님이 계시다면 반드시 인류역사과정에 있어서 서로 싸우는 두 패가 생겨났기 때문에 하나의 처리 방법을 강구해야 합니다. 그러지 않으면 하나님이 그것을 되찾아올 수 없는 것입니다. 그러니 인류역사과정에는 수리공장과 같은 것이 나와야 됩니다. 그 수리공장이 무엇이냐 하면 종교라는 것입니다. 수리하는 방법은 무엇이냐? 몸뚱이를 때려잡아 가지고 마음이 하자는 대로 하는 것입니다. 그러한 종교가 있는 것을 볼 때, 하나님이 계시다는 것이 역사적으로 증거되는 것입니다. 종교는 그렇지요? 불교도 그렇고, 유교도 그렇고, 도의 길을 가는 사람에게는 절제가 많은 거라구요. 이것을 볼 때, 종교를 통해서도 하나님의 섭리가 아니면 그러한 일을 할 수 없다는 결론을 내릴 수 있습니다. 그렇기 때문에 역사를 통해 가지고도 하나님을 공인할 수 있는 것입니다.

041 - P.199, 1971.02.15   여러분은 타락했습니까, 안 했습니까? 하나님께서는 타락한 불행한 사람들을 구원하기 위한 섭리를 하셔야 됩니다. 인간은 고장난 라디오와 마찬가지입니다. 그렇기 때문에 하나

2. 종교란 고장난 인간을 수리하는 수리공장

님께서 이 세계를 불쌍히 여기신다면 이 세계를 구하시기 위하여 역사과정을 거쳐서 섭리하셔야 되는 것입니다.

그 섭리는 고장난 라디오를 수리할 수 있는 공장을 만드는 것입니다. 그 수리공장이 뭐냐 하면 종교입니다. 그리고 수리공장의 기술자가 누구냐 하면 교주들입니다. 그렇기 때문에 성인들은 전부 다 하나님을 중심삼고 수리공장의 책임을 분담받아 가지고 온 책임자들입니다. 아시아면 아시아, 남방이면 남방, 중동이면 중동, 구라파면 구라파에서 세계를 분담하여 수리공장을 세웠습니다. 온 인류는 수리공장에서 수리를 받아야 되기 때문에 종교 문화권 내에 모든 인류문화가 흡수되는 것입니다.

039 - P.277, 1971.01.15

오늘날 여러분은 바로 고장난 사람들입니다. 라디오가 고장이 나면 삐삐 거리기만 하지 제 소리는 나지 않습니다. 그와 같이 고장이 난 인간이기 때문에 마음이 가고자 하는 데도 갈 수 없다는 것입니다. 이렇게 고장난 인간을 하나님이 수리하는 요령을 갖고 있다면 하나님이 있는 것이요, 없다면 하나님이 없는 것입니다.

그러면 역사과정에 있어서 하나님께서 고장난 사람들을 수리하기 위한 수리공장을 만들었느냐 하는 것이 문제가 됩니다. 또 수리할 수 있는 기술자를 보냈느냐 하는 것이 문제가 됩니다. 그 수리공장을 누가 만들어야 하느냐 하면 하나님이 만들어야 합니다. 그것을 만들었다면 하나님은 있는 것입니다. 그 수리공장은 뭐냐? 종교입니다, 종교. 종교는 인간 타락 직후부터, 샤머니즘, 즉 미신 종교로부터 쭉 발전해 나왔습니다.

이걸 볼 때, 하나님은 인류를 구하시기 위하여 종교를 통하여 준비해 나왔다는 사실을 여러분은 알아야 됩니다. 작은 수리공장으로 시작하여 세계적인 수리공장으로 만들어 나왔다는 것입니다.

오늘날 세계 문화권사를 보면 종교 사상권과 종교 문화권으로 되어 있는 것을 알 수 있습니다. 모든 문명의 발원지가 종교의 기반 밑에서 나왔다는 것입니다. 이러한 사실을 두고 보면 종교가 수리공장의 책임을 이끌고 왔다는 것입니다. 그렇기 때문에 이 세계는 4대 종교 문화권 내에 전부 사로잡혀 있다는 것입니다.

이 수리공장에서 팔과 다리와 목과 머리를 만들었다면 조립을 해야 합니다. 그러니 이 전체를 조립하는 종합공장이 있어야 됩니다. 그 공장이 통일교회라는 거예요.

선생님이 이 일을 할는지 못 할는지는 모르지만 여러분이 두고 보면 알 것입니다. 내가 그런 것까지 말할 필요가 없는 거라구요. 오늘날 이와 같은 상황 하에서 종교를 통일해야 되겠다는 간판을 들고 나온 것만 해도 훌륭한 것입니다.

통일교회는 모든 종교를 수리하자는 종교입니다. 그래서 통일교회에 불교를 믿던 사람도 들어오고, 기독교를 믿던 사람도 들어오고, 유교를 믿던 사람도 들어오는 것입니다. 또 안 믿던 사람도 들어오는 것입니다. 그러니 통일교회는 종합종교입니다. 종합적으로 조립하는 겁니다. 명실공히 종합 수리공장이 된 것입니다. 이것이 세계적으로 그렇게 되느냐 안 되느냐 하는 것이 문제입니다. 세계적인 차원이 되려면 세계적인 학자들을 중심으로 하여 세계 종교조직을 만들어야 됩니다.

3. 종교의 필요성

018 - P.320, 1967.08.13 　종교라는 것은 만민에게 필요한 것이냐, 아니면 어떤 특수한 사람에게만 필요한 것이냐? 어떻습니까? 어떤 사람은 늙어 죽게 되었을 때 교회에 찾아가서 그저 예수님 믿다가 천국 가면 된다고 하는 사람이 있습니다. 그런 사람은 절대로 천국 갈 수 없습니다. 하나님은 통일된 하나님으로서 수천년을 이어 오셨기 때문에 하나님의 선의 요소와 일치될 수 없는 사람은 통일된 세계인 하늘나라에 갈 수 없는 것입니다.
　수단과 방법으로는 그 세계에 접근할 수 없는 것이 천리입니다. 그렇기 때문에 하나님께서 인간 세계의 상도(傷悼)를 해결짓고 인간을 구하기 위한 한 방편으로 세워 놓은 것이 종교라는 것입니다.
　그러면 종교는 어떠한 사람에게 필요한 것이냐? 오늘날의 대학교수들, 혹은 지식층에 있는 사람들 가운데 몇몇 사람들은 종교란 약자가 믿는 것이라고 합니다. 그 사람들을 본질적인 입장에서 분석해 보면 그들은 사람도 아닙니다. 그들은 대부분 통일의 요건을 반대하는 악당들인 것입니다. 그런 사람들이 존재하는 한 세계평화는 있을 수 없습니다.

종교는 특별한 소수의 사람에게만 필요한 것이 아니라 만민에게 다 필요한 것입니다. 또한 현재의 사람에게만 필요한 것이 아니라 과거의 사람에게도 필요했던 것입니다. 그러나 그들은 이러한 내용을 모르고 죽었을 뿐입니다. 또 미래의 사람들도 알아야 하며 그들에게도 필요할 것입니다.

054 - P.058, 1972.03.11　　만일에 인간이 타락하지 않았다면 죄와는 상관이 없습니다. 무슨 사탄 마귀니, 구주니, 죄니, 기도니, 종교니 하는 것이 다 필요 없다는 거예요. 아들딸을 낳으면 예수님을 안 믿어도 그냥 천국에 갈 수 있는 하나님의 아들딸이 될 수 있는 것입니다. 자동적으로 천국에 가게 되는 것입니다. 죄 없는 부모가 죄 없는 자식을 낳아 가지고 죄 없는 가정을 이루고 더 나아가 죄 없는 씨족·종족·민족·국가·세계를 이루면 그곳이 지상천국입니다. 그 지상천국에서 살다가 죽으면 그냥 그대로 천상천국에 다 가게 되는 것입니다. 그렇게 되면 종교니 기도니 메시아니 하는 것들이 아무것도 필요 없는 것입니다.

022 - P.282, 1969.05.04　　아담과 해와가 만약 타락하지 않았으면 어떻게 되겠는가? 하나님의 기준에 올라가서 하나님을 중심하여 삼위일체가 되었을 것입니다. 그리하여 여기서 난 자녀들은 전부 다 천국에 갈 수 있는 아들딸이 되는 것입니다. 그랬으면 기도가 왜 필요하고 종교가 무엇 때문에 필요합니까? 즉 신앙이라는 명사는 인간에게 필요치 않았을 것입니다. 아버지를 믿어요? 아버지를 구주라고 구원해 달라고 빌긴 뭘 빌어요? 그냥 아버지의 품속에 덥썩 뛰어들어 가지고 아버지를 타고 앉아서 수염을 뽑아도 되는데 믿기는 무얼 믿는다는 것입니까?

3. 종교의 필요성

009 - P.136, 1960.05.01

만일 아담 해와가 타락하지 않고 하나님의 축복을 받을 수 있는 자리에 들어가 하나님이 임재할 수 있는 집이 되었다면, 오늘날 인간들은 아버지를 가진 자들이 되는 것입니다. 그랬다면 예수님을 믿지 않고도 다 천국에 갈 수 있습니다. 종교도 필요 없습니다. 왜 필요 없느냐? 본연의 아버지와의 심정적인 인연에 의해 태어난 아들딸은 땅 위의 그 무엇이 빼앗을 수 없기 때문입니다. 하나님의 심정과 더불어 일체가 된 참부모를 통하여 태어난 아들딸, 심정으로 '아버지!' 하며 달려갈 수 있는 그 아들딸을 대해서는 사탄의 사랑을 물론 그 무슨 사랑을 가지고도 빼앗아 갈 수 없습니다.

053 - P.137, 1972.02.13

우리 인간이 타락하지 않았으면 종교가 필요 없습니다. 종교가 필요 없으면 우리에게 메시아, 즉 우리를 구해 줄 사람이 필요치 않은 것입니다. 우리에게 기도 생활이니 하는 그런 어려운 신앙 생활도 필요 없었을 것입니다. 우리가 천국을 가겠다느니, 지옥을 두려워하여 가지 않겠다느니 하는 생각도 할 필요가 없는 것입니다. 우리 인간이 새로운 메시아를 필요로 하는 것은 아직까지 타락한 사탄권 내에서 벗어나지 못한 때문이라고 말할 수 있는 것입니다.

009 - P.185, 1960.05.08

구원섭리가 웬말입니까? 내게 구원이라는 말이 웬말입니까? 구원이라는 말이 필요 없어야 할 것인데, 이 구원이라는 말이 있다는 것은 슬픈 일입니다. 구원이란 말은 슬픈 명사입니다. 내게 구주란 말이 웬말입니까? 구주가 필요 없던 에덴동산의 아담 해와는 어디 갔습니까? 본연의 아담 해와도 구주가 필요했습니까? 예수님이 필요했느냔 말이에요. 타락했기 때문에 구주가 필요한 것입니다. 타락하지 않았으면 기도 니 종교니 도덕이니 수양이니 무슨 세계관이니 하는 것이 다 필요 없습니다. 타락하지 않았으면 아담주의가 세계주의요 하나님주의입니다.

053 - P.057, 1972.02.08

　여러분, 집을 지을 때 쓰레기통을 먼저 만들어 놓고 집을 짓는 사람이 있어요? 집을 지어 놓고 살다보니 쓰레기가 생겨나기 때문에, 그때야 그걸 만드는 거라구요. 그때 쓰는 거라구요. 그러니 지옥이라는 것은 결국 인간의 타락 때문에 생겨난 것임을 여러분이 알아야 되는 것입니다. 인간이 타락하지 않았다면 기도고 종교고 이거 다 필요가 없는 거라구요.
　그러나 인간이 타락해서 타락권 내에 있기 때문에 이 타락권 내를 벗어나려니 구주가 필요하고 기도가 필요하고 종교가 필요한 것입니다. 병나지 않았는데 의사가 필요해요? 병이 났기 때문에 필요한 거예요. 구주가 필요하다는 것은 병이 났기 때문에 그런 것입니다. 병났으니 구주가 필요하다구요.

016 - P.106, 1966.01.02

　이 세상은 악한 세상이고, 악이 점령하고 있는 세상인데 이런 세상에서 어떻게 선한 사람을 길러 낼 것이냐? 이 천지를 창조한 주인이 있다면 이것은 그분에게 중대한 과제가 되지 않을 수 없는 것입니다. 선한 사람을 길러 내야 합니다. 이것이 지금까지 하나님이 이 땅을 대하여 섭리해 나오신 방향입니다. 그리고 이 선한 사람을 길러 내는 방편으로 세우신 것이 종교입니다.
　그래서 타락한 그날로부터 인간에게는 종교가 필요했던 것입니다. 비록 인간이 타락했지만 인간의 본심 깊은 곳에는 종

3. 종교의 필요성

교를 가질 수 있는 마음의 바탕, 즉 신앙을 할 수 있는 마음의 바탕을 지니고 있다는 것입니다. 그것은 본래 악이 생겨나기 이전부터 인간에게 선민의 기준, 하나님의 창조목적을 완성할 수 있는 기준이 설정되어 있기 때문입니다. 즉 창조목적을 이루어 나갈 수 있는 본성이 있기 때문입니다. 그 본성은 언제나 인간들로 하여금 하나님이 지향하는 선의 목적을 지향하도록 하는 것입니다. 그것은 자동적인 현상으로 나타나는 것입니다. 또 우리 양심은 우리가 선을 향하여 움직이지 않을 수 없게 작용하는 것입니다.

023 - P.161, 1969.05.18

아담 해와가 인류의 참조상이 되었으면 구주도 필요 없고 종교도 필요 없습니다. 그래서 인류의 조상인 아담 해와가 인류의 참부모가 되어야 하는데, 타락함으로 말미암아 그 자리를 잃어버렸습니다. 그래서 그 잃어버린 자리를 찾기 위해 오신 분이 예수님입니다. 타락하지 않았으면 예수님이 필요합니까? 타락하지 않았으면 예수님이 필요 없습니다.

타락이 뭐냐? 하나되지 못한 것입니다. 그리하여 참부모가 못 되고 악부모가 된 것입니다. 그러니 우리는 악부모의 혈통을 전부 지워 버리고 참부모의 혈통을 받아 가지고 하늘로 돌아가야 합니다.

여러분은 태어나고 보니 돌감람나무로 태어났습니다. 이 돌감나무를 그냥 두어서야 되겠습니까? 참감람나무가 되어야 할 것인데 돌감람나무가 되었으니 이걸 잘라 버리고 참감람나무의 접붙임을 받아야 합니다. 그러기에 기독교 교리 가운데 접붙이는 교리가 있습니다. 기독교는 접붙이는 종교입니다. 성경에 그렇게 되어 있어요. 성경 로마서 11장을 보면 접붙임의 종교라고 되어 있습니다.

그리고 기독교는 다시 태어나야 한다는 중생의 종교입니다. 중생은 거듭난다는 것으로 재생과 마찬가지의 뜻입니다. 부활이란 다시 살아난다는 것을 말합니다. 이런 말들이 왜 나왔느냐? 인간이 잘못 태어났기에 참부모와 인연을 맺어 다시 태어나야 하기 때문입니다. 오늘날 타락한 인간이 하늘로 돌아가는 데에 있어서 그릇된 사실을 시정하기 위해 이러한 절대적인 요건들이 필요하다는 것입니다.

186 - P.030, 1989.01.24

인간은 타락함으로 말미암아 거짓 혈통, 악마의 핏줄을 이어받았습니다. 악마의 핏줄. 이런 혈통관계이기 때문에 지금까지 하나님의 구원섭리가 힘든 거예요. 물질을 먹고 타락했으면 물질 가지고 구원하게요? 예수님의 피와 살을 먹지 않으면 구원할 수 없다는 건 뭐냐? 혈육을 이어받지 않고는 안 된다는 말이에요. 접붙이는 놀음입니다. 참감람나무가 못 되고 돌감람나무가 됐으니 참감람나무에 접붙이는 놀음을 해야 합니다. 그것이 종교입니다.

종교가 왜 필요해요? 타락했기 때문에 필요한 겁니다. 타락권을 넘어서면 다 필요 없다구요. 통일교회도 필요 없어요.

269 - P.261, 1995.05.01

에덴동산에서 타락하지 않고 아담 해와가 하나님의 뜻 가운데서 가정을 이루게 됐다면 거기에는 종교가 필요 없습니다. 구세주가 필요 없습니다, 구세주, 메시아가 필요 없다구요. 그래, 메시아는 뭐냐 하면 거짓부모를 전부 다 부정시켜 가지고 참부모로서 등장할 수 있는 사람입니다. 그리고 종교란 참부모가 와서 거짓생명을 뿌렸던 이 세상에 참생명을 뿌려 가

3. 종교의 필요성

지고 본연의 하나님이 원하던 뜻의 세계로 돌아가게끔 역사하는 것입니다.

209 - P.295, 1990.11.30

　종교라는 것은 내 죄를 벗어나기 위한 거예요. 개인의 죄를 청산하기 위해 종교가 생겨난 것입니다. 다시 말하면 이 개체의 핏줄을 해방하기 위해서, 나를 해방하기 위해서 종교가 필요한 것입니다.

087 - P.207, 1976.06.03

　하나님이 종교라는 걸 왜 만들었느냐? 종교는 교육기관이에요, 교육기관. 성경이 뭐예요? 성경은 잔소리 책이에요, 잔소리 책. 가만 보면, 하지 말라는 것이 많아요, 하라는 것이 많아요? 하지 말라는 것이 많습니다. 천 가지는 다 그만 두고 한 가지만 하라는 거예요, 한 가지만. 그러니까 좋아할 사람이 없다 이거예요. 그래서 종교를 다 싫어하는 거예요. '종교' 그러면 '아이고…' 싫어한다는 거예요. 그렇지만 그게 절대 필요한 것이 될 수 있다는, 완전한 하나의 중심이 될 수 있다는, 기준이 될 수 있다는 것을 생각 못 한다는 거예요.

092 - P.296, 1977.04.24

　여러분들도 종교인의 한 사람입니다. 종교 가운데는 여러 가지 종교가 있는데 우리 통일교회는 그 중의 한 교파라고 보는 것입니다. 수많은 종교의 배경은 그 문화와 환경적 터전에 따라 가지고 역사적인 변혁을 가져온 것을 우리는 알고 있는 것입니다.

　그러면 도대체 이러한 종교가 왜 필요하냐? 이것은 모든 만물 가운데 사람에게 있어서만 필요한 것입니다. 종교라는 것은 무엇을 주체로 하고 가는 길이냐? 이것은 사람만을 중심삼고 가는 길이 아닙니다. 신을 중심삼고 신과 인간과의 관계 가운데서 이루어진 것이 종교라는 것입니다.

그러면 종교를 사람이 먼저 시작했느냐, 신이 있으면 신이 먼저 시작했느냐? 그것은 여러 가지로 생각이 달라요. 어떤 것일까요? 본래 타락이 없었다면 종교는 필요 없는 거예요. 그러면 타락은 누가 했느냐? 사람입니다. 그래서 종교를 가져오게 한 그 주동적인 존재가 누구냐 하는 문제를 두고 볼 때, 사람에게로 귀결되는 것입니다. 그러면 타락된 사람을 하나님 앞으로, 하나님과의 관계를 맺게 하기 위해서 이 일을 시작했다는 것을 생각해 볼 때, 그것은 인간이 아니고 하나님이 먼저 시작했다 하는 말도 성립됩니다.

이렇게 볼 때, 대체로 모든 종교의 발생의 중요한 원인은, 물론 인간이 타락되어서 그런 원인을 제시한 것도 되겠지만, 하나님이 제시하는 그러한 근본적인 동기가 주동적인 동기가 돼 있다고 우리는 보지 않을 수 없습니다.

254 - P.260, 1994.02.15   종교가 뭐냐? 무엇을 하는 것이 종교냐? 에덴동산에서 종교가 필요했어요? 타락했기 때문에 종교가 필요한 것입니다. 그러면 왜 종교가 필요하냐? 우리의 마음은 언제나 하늘을 따라가려고 하는데 몸뚱이가 언제나 반대하는 거예요. 이 몸뚱이를 때려잡기 위한 것이 종교입니다. 몸뚱이를 때려잡자는 거예요. 절대적으로 마음 앞에 몸이 하나될 수 있도록 3년 내지 5년 동안 습관성을 들여 가지고 하나 만들기 위해서 종교가 필요한 것입니다.

094 - P.280, 1977.10.09   종교라는 방편은 왜 우리에게 필요하냐? 그 방편을 통과하

3. 종교의 필요성

지 않고는 인간의 모순을 해결할 길이 없다는 결론이 나온다구요. 인간의 모순됨을 해결할 수 없다 이거예요. 인간의 모순됨을 해결하기 위해서는 그러한 어떤 길이 있어야 하는데, 그 길이 있다면 반드시 인간이 그 길을 필요로 하느냐, 안 하느냐 이거예요. 종교에 그걸 해결할 수 있는 길이 있다고 한다면 종교가 인간에게 절대 필요하다는 것입니다.

그러면 종교가 어느 때까지 필요하냐 이거예요. 이 모순된 걸 청산짓고, 신과 사람이 하나되어 가지고 이상경에 도달할 때까지 필요한 것입니다. 그렇기 때문에 완전한, 완성한 신의 사람이 현현하게 될 때는 종교는 필요 없다는 것입니다. 우리 자체가 모순된 이 환경에서부터 희망의 이상경을 동경하는데, 종교라는 테두리를 통해서야 그 곳에 갈 수 있는 길이 있다, 이상에 도달할 가능성이 있다 하는 것입니다.

4. 참된 종교란

018 - P.108, 1967.05.28　　지금까지 세계적으로 많은 종교가 있는데 그 종교들은 무엇을 가르쳐 주어야 하느냐? 모든 종교에서는 맨 먼저 신에 대해서 가르쳐 주어야 합니다. 신에 대하여 가르쳐 주지 않는 종교는 종교가 아닙니다. 신에 대해 가르쳐 주는 데도 막연하게 가르쳐 주는 종교는 불확실한 종교입니다.

　　그러면 어떻게 가르쳐 주는 종교가 참된 종교냐? 하나님이 계시다면 어떠한 분으로 계시는가, 하나님의 인격은 어떠한가, 또 하나님의 사랑은 어떠한가 등에 대해서 가르쳐 주는 종교가 참된 종교입니다. 세계적인 종교들 가운데서 이런 내적인 깊은 사연을 가지고 나온 종교가 있다면 그것은 기독교입니다.

033 - P.230, 1970.08.16　　참된 종교는 가공적인 이상을 소개하는 것보다도, 가공적인 인류애를 설명하는 것보다도, 본연의 문제에 들어가 가지고 인간이 절대로 부정할 수 없도록 신에 대한 인식을 그 무엇보다도 강하게 심어줄 수 있는 종교이어야 합니다. 그것이 참된 종교입니다. 그 이상 참된 종교는 없습니다.

4. 참된 종교란

그 가치는 오늘날 이 세계에서 가장 귀하다고 하는 것을 천개 만개 주고도 바꿀 수 없는 것입니다. 역사상의 어떤 위인이나 성현들을 통합해 가지고도 바꿀 수 없는 것입니다. 신의 실존에 대한 자각을 가진 사람이 있다 할진대, 그 사람으로부터 역사는 발전하는 것입니다. 그런 자각된 경지에서의 개인적인 인식관·국가관·세계관·우주관 등이 문제입니다.

018 - P.321, 1967.08.13

고차적인 종교란 어떠한 것이냐? 세상과 타협하는 종교는 시시한 종교입니다. 그런 종교는 결국 망하고 맙니다. 세상과 타협하지 않고 세상의 고빗길을 모조리 청산할 수 있는 도리를 가르쳐 주는 종교일수록 선에 가까이 접하는 고차적인 종교입니다.

그래서 불교나 기독교는 마음이 원하는 대로 몸을 쳐서 주관하라고 가르칩니다. 내 육신을 부정하고, 생활을 부정하고, 악의 세상을 부정하고 나서야 됩니다. 외적인 전체를 부정하고 나서는 것이 참된 종교라는 것을 확실히 알아야 되겠습니다.

그렇기 때문에 기독교는 성경에 있는 하나님 외에는 그 무엇도 섬기지 말라고 가르치고 있습니다. 세상의 육정을 따라가는 생활에서 벗어나 독신생활을 하라고 가르치기도 합니다. 이처럼 인간세계에 종교라는 것이 나와서 육신을 쳐서 주관하라고 가르쳐 주고 있는 것입니다. 그런 것을 볼 때에 절대적인 선을 세울 수 있는 어떠한 주인이 인류역사의 종말에 나타나야 된다는 결론이 나오는 것입니다. 따라서 역사의 종말에는 선한 세계가 와야 되는 것입니다. 그렇기 때문에 모든 종교에는 재림사상이 있으며, 천국을 동경하는 이상세계와의

▲ 구 소련 대학생들이 뉴욕에서 열린 국제지도자 세미나에 참가했다 (1991년)

접경을 지어 놓게 되어 있는 것입니다. 왜냐하면 모든 종교는 같은 목적을 추구하기 때문입니다.

마음이 육신을 완전히 주관함으로 말미암아 선한 입장에서 살 수 있는 하나의 개인이 세워지고, 그러한 개인들이 모여 가정·종족·민족·국가·세계를 이룬다고 한다면, 그 세계가 바로 지상천국이요, 하나님이 소원하시는 세계입니다. 그렇기 때문에 하나님이 계시는 한 그 세계는 기필코 이루어져야 하는 것입니다. 역사 속의 모든 전쟁은 바로 이러한 세계를 이루기 위한 과정적인 현상으로 나타났던 것입니다.

039 - P.260, 1971.01.15

인간시조가 타락함으로 말미암아 땅을 잃어버렸고, 인간 자신을 잃어버렸고, 하나님을 잃어버렸습니다. 그렇기 때문에 최후에 남은 것은 무엇이냐? 하나님 찾기 싸움입니다. 세계 4

4. 참된 종교란

대 성인들은 하나님을 찾는 놀음을 한 것입니다.

그러면 이들 가운데 누가 제일 중심이 되느냐 하는 문제를 여러분이 알아야 됩니다. 동양에서는 공자가 제일 중심이 된다고 하지만 그렇게 생각하면 안 됩니다. 이제는 그럴 때가 지나갔습니다. 성인의 경지에 들어간 사람 중에 누가 가장 훌륭한 성인인지 알아보자는 것입니다.

유교면 유교, 불교면 불교, 기독교면 기독교, 또 회교면 회교를 중심으로 어떠한 성인이 성인 중에 최고의 성인이냐 하는 문제를 알아보자는 거예요. 앞에서 말한 대로 인간이 최고로 희망하는 것이 무엇이냐 할 때 하나님의 아들이 되고 딸이 되는 것이요, 하나님의 사랑을 독차지할 수 있는 자리를 얻는 것입니다. 그런 의미에서 지금까지 성인 가운데 천륜을 소개하는 데 있어, 천륜과 인류가 맞붙게 하는 결정적 역할을 한 분이 누구냐 하는 것을 분석해 봅시다.

공자는 막연하게 '위선자(爲善者)는 천보지이복(天報之以福)하고 위불선자(爲不善者)는 천보지이화(天報之以禍)라'고 했습니다. '천(天)'이라는 것은 막연하다는 거예요. 구체적인 내용이 없습니다. 그렇기 때문에 유교는 종교인지 아닌지 모르는 중간 입장에 놓여 있는 거예요. 왜냐하면 적극적이 아니라는 거예요. 그래 가지고는 안 된다는 것입니다.

그 다음에 석가는 너무나 장황합니다. 하나님과 법을 혼동하고 있습니다. 법이자 하나님이자, 하나님이자 법이라고 합니다. 그렇지만 그렇게 안 되어 있다는 것입니다. 불교는 이치의 종교라는 거예요. 찾아 들어가면 나중에는 하나님을 부정하는 입장에 들어간다는 것입니다. 또 너무나 원시적이고 장황하기 때문에 우리 인간과 하등의 관계를 맺지 못합니다.

회교는 종합적인 종교입니다. 기독교의 구약성서를 따르면서도 코란이라는 경전을 들고 나옵니다. 물론 간단한 내용이 있지만 그건 전부 구약을 중심하고 나온 것입니다. 남의 것을 중심해 가지고 나온 것은 인정되지 않는 것입니다.

그렇다면 예수님은 어떤 것을 들고 나왔느냐? 또 예수님은 무엇을 중심삼고 가르쳤느냐? 예수님은 구체적으로 가르쳤습니다. 딴 것은 구체적으로 말했다고 할 수 없지만 이것만은 구체적으로 말했습니다. 하나님에 대해서 누구보다도 먼저 '하나님은 내 아버지다' 라고 했습니다. 역사이래 이렇게 말한 사람은 예수님이 처음입니다. 예수님은 '하나님은 내 아버지' 라고 했습니다. 하나님을 아버지로 모시는 것이 최고입니다. 그건 이론적으로 추리한 것입니다. 그런데 예수님은 막연하게 '하나님은 내 아버지다' 라고 한 것입니다. 물론 영계를 통해 보니까 그렇게 되어 있기 때문에 그런 말을 했지만, 결국 인간이 도달해야 할 자리인 사람이 머무를 수 있는 최고의 귀한 자리는 하나님의 아들이 되는 자리요, 하나님의 사랑을 받는 자리라는 것입니다.

그러한 원칙을 두고 볼 때 예수님은 말을 잘했습니다. '하나님은 내 아버지다. 나는 하나님의 독생자다. 나는 하나님의 아들, 외아들이다' 라고 했는데, 독생자는 그 아버지의 사랑을 몽땅 받지요? 예수님은 그런 관계를 확실히 밝혔다는 것입니다. 예수님은 천지의 핵심을 설파했습니다. 하나님의 독생자로서 그 첫사랑을 자기가 받는다고 했습니다. 그러한 하나님의 사랑을 중심삼고 논하게 될 때, 예수님 이상의 사람이 없다는 결론이 나오는 것입니다.

그 다음 예수님은 '나는 신랑이요, 너희는 신부다' 라고 했

4. 참된 종교란

습니다. 상대가 전부 다 신부가 된다는 것입니다. 사실 신랑 신부 이상 가까운 것이 없습니다. 또 예수님은 '나는 너희와 형제다'라고 했습니다. 여러분은 이걸 알아야 됩니다. 그것은 무엇을 말하느냐 하면, 신을 중심한, 신의에 의한 가정과 인의에 의한 가정을 두고 말한 것입니다. 이런 내용은 기독교에서만 말해 왔습니다.

인간이 바라는 소망의 길은 가정입니다. 남자나 여자나 자라면 가정을 이룹니다. 인정의 보금자리는 가정에서 시작하는 것입니다. 천정의 보금자리도 가정에서 시작됩니다. 예수님은 신을 중심삼은 동시에 인간을 중심삼은, 즉 신과 인간이 합한 가정을 모색했습니다. 그러한 가정이 안 나오면 신과 인간이 기뻐할 수 있는 씨족이 안 나옵니다. 친척이 안 나온다는 것입니다. 친척이 안 나오면 민족이 안 나오고, 민족이 안 나오면 국가가 안 나오고, 국가가 안 나오면 세계가 안 나옵니다.

이렇듯 이상적인 세계는 신과 인간이 합일한 가정이 나와야만이 이루어질 수 있는 것입니다. 그 가정의 출현만이 우주의 근본 해결 요건인 것입니다. 이러한 것을 기독교의 예수님만이 잘 규명했다는 것입니다. 이런 방대한 내용을 볼 때, 이상적인 세계를 이룰 수 있는 종교는 기독교라는 것입니다.

오늘날 기독교가 세계적인 종교가 된 것이 무엇 때문인지 생각해 봤습니까? 그것은 다른 종교와는 달리 하나님과 제일 가까운 아들의 인연을 찾아 나오려고 했기 때문입니다. 하나님을 위주로 한 가정과 하나님을 위주로 한 씨족과 하나님을 위주로 한 종족과 하나님을 위주로 한 민족·국가·세계의 터전을 닦아 나오려고 했기 때문에 세계적인 종교가 된 것입니다.

021 - P.143, 1968.11.17
　　종교 중의 최고의 종교는 사랑을 선포하는 종교입니다. 그렇지 않은 종교는 다 쓸데없는 종교입니다. 인류도덕만을 주장하는 종교는 겉치레하는 종교에 불과하다는 것을 알아야 합니다. 이렇게 생각할 때, 기독교가 어떻게 오늘날 세계적인 종교가 되었느냐 하면 사랑을 가르치는 동시에 하나님이 인류의 아버지임을 가르치기 때문입니다. 예수님은 이 땅에 와서 '나는 천주의 대표적인 사람이다. 나는 신랑이다. 나는 하나님의 독생자다' 라고 자신있게 외쳤습니다. 이것만 가지고도 세계적인 종교가 되지 않을 수 없는 것입니다. 만약 이러한 것을 주장하는 기독교가 세계적인 종교가 못 되었다면, 하나님은 없다는 결론이 나오게 됩니다.

195 - P.292, 1989.12.10
　　종교중의 참종교가 어떤 종교냐? 사랑, 생명, 피를 강조하는 종교입니다. 피를 강조하는 것이 기독교요, 생명을 강조하는 것이 기독교요, 사랑을 강조하는 것이 기독교입니다. 그러므로 기독교는 종교 중의 종교입니다. 그래서 '예수의 피, 십자가의 피' 하고 외치고, 생명을 외칩니다. 예수의 피와 살을 먹지 않은 사람은 생명이 없다고 그러잖아요? 사랑을 찾기 위해 가지 않는 생명은 죽은 생명이라고 합니다. 죽었다는 것은 사랑을 떠난 것을 말합니다.

　　그것은 뭐냐? 종교를 통해서 이상적 사람을 만들어야 하니, 그런 남자 여자를 만들자는 것입니다. 하나님의 사랑과 생명과 혈통을 중심삼고 이 셋을 연결하는 그것이 우리의 뿌리, 본연의 이상입니다. 잃어버린 그것을 어떻게 하면 다시 찾아

4. 참된 종교란

서 제자리에 갖다놓느냐 하는 것을 가르치는 것이 통일교회의 원리입니다.

026 - P.034, 1969.10.18

이 세계에서 하나님을 숭상하고 좋아하며 모이는 곳이 어디냐? 교회, 즉 종교라는 것입니다. 무슨 대학교가 아닙니다. 종교입니다. 그런데 종교 중에는 물질 축복을 위주한 종교도 있다는 것입니다. 돈이 필요한 사람은 종교를 믿으면 덕본다고 하고 있습니다. 물질적인 복을 받기 위해서 하나님을 믿는 사람도 있다는 것입니다.

그 다음에는 아들딸이 없어서 아들딸을 얻기 위해 믿는 사람도 있고, 혹은 세계적인 미인을 아내로 얻고 싶어서 하나님의 도움을 받으려고 믿는 사람도 있을 것입니다. 하나님 앞에 가서 미인을 달라고 하는 그런 녀석도 있다는 것입니다. 별의별 사람이 많다는 것입니다. 다시 말하면 별의별 종교가 많다는 겁니다. 그러면 하나님께서 제일 좋아하시는 것이 뭐냐하는 것입니다. 하나님께서 제일 좋아하고 제일 관심을 많이 갖는 것이 무엇이냐? 이것을 생각해 봐야 합니다. 여러분은 돈을 얻기 위해서 하나님을 믿는 것입니까? 장가 잘 가기 위해서 믿는 것입니까? 여러분은 왜 믿는가를 잘 알아야 합니다. 결국은 하나님과 다른 입장에서 요구하는 종교는 하나님과는 멀다는 것입니다.

하나님이 찾는 사람은 하나님을 중심으로 같은 입장에 설 수 있는 사람입니다. 하나님이 좋아하는 종교는 하나님이 당면한 문제를 중심삼고 관심을 가지고 정성들이는 개인이 합해져서 이루어진 종교, 그러한 주의나 사상을 가지고 움직이는 종교를 하나님은 제일 좋아합니다. 그런 종교가 어느 종교냐? 사랑을 중심으로 하나님과 인간의 관계를 맺어주는 종교입니다.

그런 관점에서 온 세계의 종교가 서로 하나님을 제일 사랑한다고 하는데 무슨 내용으로 사랑하느냐가 문제입니다. 만약 하나님께서 그 내용을 물어보신다면 어떻게 대답하겠습니까? '하나님은 우리나라의 왕입니다' 라고 하는 것보다도 '하나님은 내 아버지입니다. 하나님은 내 남편입니다' 라고 하는 것, 이 이상 더 좋은 것이 없다는 것입니다. 하나님을 중심삼고 아버지와 아들딸이 되면 식구가 됩니다. 이 이상 더 좋은 것이 없다는 것입니다. 하나님이 보셔도 이 이상이 없습니다.

종교 중에서도 그런 내용을 파헤쳐 나온 종교가 모든 국가와 인류의 한계선을 넘어서 하나님의 관심을 받을 수 있고, 하나님의 마음이 머물 수 있는 종교가 되는 것입니다. 이 종교가 오늘날 인류가 가야 할 최후의 종교가 아닐 수 없습니다. 그래서 통일교회는 하나님을 누구로 규명했느냐? 하나님을 '아버지' 라고 하는 것입니다. 이렇게 밝혀 놓은 것입니다.

통일교회는 하나님을 아버지라고 밝혔습니다. 그런데 아버지에는 별의별 아버지가 다 있습니다. 의붓 아버지, 큰 아버지, 작은 아버지, 양 아버지 등 세상에는 별의별 껄렁껄렁한 아버지가 다 있습니다. 그렇지만 하나님은 그런 아버지가 아닙니다. 하나님은 아버지 중의 참아버지입니다.

143 - P.074, 1986.03.16

종교 가운데는 여러 가지 종교가 있습니다. 하나님의 복귀섭리에 있어서 어떠한 종교가 맨 처음에 나왔느냐 하면, 종의 종의 종교가 먼저 나왔다는 것입니다. '종' 하면 주인을 모실 수 있는 사람을 말하는데, '종의 종' 이라는 말은 주인을 모시

4. 참된 종교란

는 그 종의 종을 말하는 거예요. 그런 종교로부터 종의 종교, 그다음에 양자의 종교, 서자의 종교, 아들의 종교, 그다음에는 어머니의 종교, 아버지의 종교를 거쳐 가지고 참부모의 종교가 나온다는 거예요. 복귀섭리는 이렇게 되어 나오는 거예요.

그렇다면 통일교회는 어떤 종교냐 이거예요. '어떤 종교냐?'라고 묻게 될 때 통일교회는 부모의 종교예요. 참부모의 종교입니다. 참부모를 모시는 종교입니다. 그래서 통일교회는 일반 종교와 다릅니다.

257 - P.130, 1994.03.14

참부모라는 존재는 영원히 하나밖에 없다구요. 아담·해와, 선조는 둘이 아니라 하나의 여자, 하나의 남자입니다. 이것이 참부모가 되어야 하는데, 타락해서 엉터리 부모가 많이 태어났습니다. 이것을 모두 부정해 엉터리가 아닌 절대적인 부모를 다시 되찾지 않으면 하나님의 창조이상을 이룩할 수 없다구요. 이것은 논리적인 말씀입니다.

이런 논법으로 비추어 보면, 진정한 종교란 무엇인가? 진정으로 사랑하는 신랑신부를 중심삼은 진정한 가정, 진정한 이상 국가, 진정한 이상세계를 구성하고 만들자는 내용을 가진 가르침의 종교가 아니면 참종교가 아니라구요. 진정한 종교란 진정한 부모가 태어나지 않았기 때문에, 진정한 부모가 태어나 진정한 가정을 만든다 하는 이론을 가진 종교라는 거예요. 참부모, 참자녀를 말하는 것이라구요.

080 - P.283, 1975.11.02

참된 종교는 인류를 구하고자 하는 종교입니다. 그러니 하나님을 위하여, 메시아를 위하여, 인류를 구하자 하는 종교가 있으면 그 종교가 참된 종교인 것입니다.

080 - P.203, 1975.10.23

　참된 종교가 뭐냐? 본연의 세계로 돌아가자고 주장해야 되는 거예요. 구원이 뭐냐? 병난 사람을 구원한다는 것은 병나기 전으로 돌아간다는 것입니다. 지금까지 구원의 목적이 무엇이냐 하는 것을 아무도 몰랐다는 거예요. 정의를 못 내렸다구요. 이러한 혼란된 세계에서 통일교회는 종교의 정의를 내렸습니다.

　그래서 구원섭리는 뭐냐? 구원섭리는 복귀섭리다! 복귀라는 말을 발견했다는 것은 위대한 발견이다 이거예요. 복귀는 어떻게 하느냐? 아담 해와가 죄짓기 전, 하나님의 사랑을 직접 받을 수 있는 그 세계로 돌아가자! 이것이 구원섭리의 궁극적 목적입니다. 그건 만민만이 아니라 하늘과 땅까지 전부가…. 그렇기 때문에 하나님의 구원목적이나 메시아의 구원목적이나, 우리가 구원받게 될 목적은 하나라는 거예요. 다 같다구요.

　우리가 종교를 믿는 목적은 뭐야? 죄 없는 세계, 하나님과 본연의 세계를 찾아가기 위한 그것밖에 없다는 거예요. 세계 인류는 형제예요. 형제라구요. 그들과 같이 하나되어 가지고 함께 돌아가자, 하나님의 사랑의 세계로 돌아가자는 거예요.

　이제 이런 관점에서 볼 때 어떤 것이 참된 종교냐? 그걸 알아야 돼요. 그 종주와 그를 따르는 교인들을 보면 대번에 알아요. 하나님이 제일 좋아하는 종교가 참된 종교이기 때문에, 그 참된 종교는 하나님이 원하는 거예요. 세계 인류를 구하고 하나님을 해방해서 사랑을 받자! 이런 주장을 하는 종교가 참된 종교라는 결론이 나오는 거예요. 그 종파를 위해서 있는

4. 참된 종교란

것이 아니에요. 세계 인류를 위해서 있는 거예요. 하나님을 해방하기 위해서 종교가 있는 거예요. 이런 내용을 주장하는 종교는 이론적으로 참된 종교라는 결론을 내릴 수 있습니다.

오늘날 이 세계에 있는 종교들 가운데에는 그런 종교사상이 없다 이거예요. 그래서 내가 영계를 통해 전부 다 알아봐 가지고 이러한 것이 참된 종교라는 것을 알았기 때문에, 이러한 종교를 주장하고 나서야 되겠다 해서 통일교회를 만든 것입니다. 모두가 하나님에게 돌아가자는 게 이상입니다.

하나님의 목적과 메시아의 목적과 인류의 목적은 통일이에요. 하나예요, 하나. 우리는 이 셋을 전부 다 통일할 수 있는 거예요. 이것이 통일이라고 하는 명제예요. 하나님을 해방하고, 메시아를 해방하고, 인류가 해방되어 다 좋아하는 사랑의 세계를 만들자는 거예요. 통일교회는 그러한 관에서 나왔다는 거예요. 통일교회를 통해 종교를 통일하자는 거예요.

이것을 부정하는 종교는 끝날에 망하는 거예요. 자기 교파를 중심한 기독교도 망해야 되고, 회회교도 망해야 되고, 어떤 종교든지 지상에서 이와 같은 하나님의 뜻에 일치될 수 있는 종교가 아니고는 끝날에 자취를 감출 때가 올 것입니다.

2
종교의 목적과 사명

1. 종교의 목적

273 - P.211, 1995.10.29

종교는 뭘 하자는 것이냐? 다른 목적이 없어요. 구원하자! 무엇에서 구원하자는 것이냐? 이 싸우는 데서, 싸우는 자리에서 구원하자 그거예요. 분쟁하는 세계를 넘어서 평화의 세계로 가자, 그게 구원이에요. 그러면 구원이라는 말 자체를 볼 때, 본래는 그렇게 싸울 수 있는 사람이 아니었다 그거예요. 여러분이 병원에 입원했다가 나아 가지고 나오면 구원됐다고 말하는 거예요. 그 사람을 구하자 하는 것은 나쁘게 되었기 때문에 본연의 상태로 돌이키자 하는 말이 되는 거예요. 그러니까 타락을 했기 때문에 타락하지 않은 본연의 자리로 돌아가자 하는 것입니다. 본연의 자리로 돌아가면 어떻게 되느냐? 하나님과 인간과의 관계가 새로이 묶어질 수 있다는 것입니다.

080 - P.127, 1975.10.21

만약 인류 조상 아담 해와가 타락하지 않았더라면 종교라든가 구주라든가 혹은 지금까지의 하나님의 섭리역사라는 것은 없어도 된다는 것입니다. 결국은 우리가 타락하지 않은 본연의 세계, 타락하지 않은 본연의 세계로 돌아가자는 것입니다.

그것이 종교의 목적이요, 하나님이 이 땅 위에 수많은 선지자를 보내고, 혹은 메시아를 보내 구원섭리를 하시는 목적이라는 것입니다.

122 - P.093, 1982.11.01   종교의 목적은 뭐냐? 아담 완성하는 것입니다. 또 하나님의 구원섭리의 목적은 뭐냐? 아담 완성하는 거예요. 마찬가지의 목적이에요. 에덴동산에서 하나님이 창조하게 될 때에 아담 완성을 위해서 천사는 협조했거든요. 문의, 송영(誦詠), 그 다음에는 협조의 대상자로서 지었어요. 하나님의 목적이나 천사장의 목적이 아담 완성하는 것이기 때문에 그 기준을 세계를 놓고, 영계와 육계를 놓고 재탕감해야 됩니다.

016 - P.106, 1966.01.02   이 세상은 악한 세상이고 악이 점령하고 있는 세상인데, 이런 세상에서 어떻게 선한 사람을 길러 낼 것이냐? 이 천지를 창조한 주인이 있다면 이것은 그분에게 중대한 과제가 되지 않을 수 없는 것입니다. 선한 사람을 길러 내야 합니다. 이것이 지금까지 하나님이 이 땅을 대하여 섭리해 나오신 방향입니다. 그리고 이 선한 사람을 길러 내는 방편으로 세우신 것이 종교입니다.

056 - P.188, 1972.05.14   종교의 목적은 마음을 중심삼고 몸뚱이까지 지배해 가지고 그 몸뚱이도 하늘편의 완성권 내에서 하나님의 사랑을 받게 하자는 것입니다. 그런데 기독교는 어떻게 돼 있느냐 하면 영적인 것 뿐입니다. 마음적 사람만을 세계형으로 모아 놓은 것입니다. 그러니 몸뚱이를 전부 다 하나 만들어 가지고 사랑할 수 있는 놀음이 벌어져야 되는 것입니다. 새로운 사상으로 몸

1. 종교의 목적

과 마음을 통일할 수 있는 통일 방안을 갖지 않고는 하나 만들 수 없기 때문에, 오시는 주님은 천하를 하나 만들기 위해 오시는 것입니다. 하나 만드는 데는 강제로 만드는 것이 아니에요. 쌍화탕 모양으로, 천지 쌍화탕으로 만드는 것입니다. 여러분, 쌍화탕이 무엇인지 알아요? 둘(雙)이 서로서로 화(和)하는 탕(湯)입니다. 그래서 약이 되는 것입니다. 그와 같이 오시는 주님도 타락으로 인하여 하늘땅이 갈라졌던 것을 전부 다 화합해 가지고 하나 만들어야 됩니다.

010 - P.095, 1960.07.17

사탄은 사망의 장벽을 세워 놓고 있습니다. 그 밑에 깔려 있는 것이 우리의 몸입니다. 하나님 앞에 원수가 된 사탄은 본래 천사장입니다. 하나님이 주체면 천사장은 영적(靈的)인 대상(對象)입니다. 마음은 하늘을 상징하고 몸은 그 대상(對象)을 상징하기 때문에 사탄은 인간의 몸을 발판으로 활동하고 있는 것입니다. 그래서 어느 종교든지 몸을 치는 것입니다. 어떠한 국가나 어떠한 주의를 정복하는 것이 종교의 목적이 아니라 몸을 정복하는 것이 종교의 목적입니다. 그리하여 본연의 양심기준에 들어가려 하는 것입니다. 몸이 요구하는 모든 조건을 무시해 버리고 마음문을 열고 아담 해와가 타락하지 않고 올라가야 했던 양심기준에 들어서게 될 때에 비로소 거기에서 평화가 시작되는 것입니다.

006 - P.348, 1959.06.28

종교의 목적은 심정세계의 법도를 활용하여 생활적인 감정과 대하고 있는 우주 만상의 모든 이치를 관할할 수 있는 권한을 가지고 그런 인격자를 배양하기 위한 것입니다.

016 - P.070, 1965.12.26   종교라는 것은 인격을 완성하기 위해서 있는 것입니다. 이것이 목적입니다. 그런데 그들은 그것을 믿으면 잘 먹고 잘 산다고 합니다. 잘 먹고 잘 살며 병낫게 해달라고 비는 것은 종교가 아니고 미신인 것입니다. 이것이 문제입니다.

016 - P.118, 1966.01.02   종교는 무엇을 지향해 나가는가? 그것은 천지창조 원칙에 부합될 수 있는 천륜의 도리를 따라가는 것입니다. 즉 하나의 하나님이 천지 만물을 지으셨고, 하나의 목적 세계를 향하여 섭리해 나오시니 그 방향을 향해 가도록 가르쳐 주는 것이 종교라는 것입니다.

021 - P.254, 1968.11.24   모름지기 신앙과 종교라는 것은 본래 살아서 죽음의 고통을 극복하기 위한 근원으로서 필요한 것입니다. 이것을 극복하지 않고는 저나라의 천국 이념을 이 땅 위에 이룰 수 없는 것입니다. 죽어서는 그러한 것들을 이룰 수가 없는 것입니다. 그렇기 때문에 통일교인은 살아 있는 존재로서 몇 고비 죽음을 극복한 승리적 기준 위에서 하나님을 위로해 드릴 수 있는 주체성을 지녀야 합니다. 그래야 천국을 건설할 수 있는 것입니다.

021 - P.188, 1968.11.20   오늘날 종교인들은 자꾸만 타락의 길을 향해 앞으로 나가지 말고 돌아서야 합니다. 돌아서서 복귀해야 하는 것입니다. 그리하여 옛날 우리 조상이 출발한 자리를 지나가야 됩니다. 거꾸로 자꾸자꾸 올라가다 아담이 타락한 그 기준을 넘어서면 하나님을 만나게 되는 것입니다. 종교의 목적도 하나님과 상봉하는 것입니다. 그렇기 때문에, 세상사를 모두 정리하고

1. 종교의 목적

'가자'고 하는 것입니다. 그리하여 옛날 아담이 출발하던 그 기준 이상을 넘어가자는 것입니다. 거기에 가면 하나님이 계십니다.

140 - P.259, 1986.02.12

종교라는 것이 뭐냐 하면, 잃어버린 것을 다시 찾자는 것입니다. 구주, 구세주라고 그러지요? 구주라는 것은 잃어버린 것을 다시 찾아 주는 것입니다. 병이 났기 때문에, 고장이 났기 때문에 수리하기 위한 수리 공장을 만들기 위해 오는 거예요. 이래 가지고 완전 구원을 하려면 돈으로도 안 되는 것이요, 무엇을 갖고도 안 되는 거예요. 단지 하나님의 사랑이에요.

080 - P.200, 1975.10.23

지금까지 종교를 세운 목적은 뭐냐? 전세계의 돌감람나무 가지를 없애기 위한 것입니다. 이것을 종교가 몰랐다구요. 그렇기 때문에 종교인들의 사명이 뭐냐? 돌감람나무를 참감람나무로 완성시키는 것이 수많은 종교의 책임이요, 종교인들의 사명입니다. 그래서 뭘 하자는 것이냐? 하나님에게서 떨어져서 죄인이 됐으니 비로소 선인이 되어 가지고 하나님께로 돌아가자는 것입니다. 하나님에게 돌아가는 운동입니다.

그렇기 때문에 죄짓기 전의 상태, 본래의 순수한 뿌리에서부터 줄기, 가지, 잎사귀까지 전부 다 참감람나무가 된 그때에서만이 사랑하고 싶은 것이 하나님의 마음이에요. 그렇기 때문에 하나님에게 돌아가자, 본연의 하나님에게 돌아가자 이거예요. 하나님에게 돌아가서 뭘 하자는 것이냐? 본연의, 하나님의 참사랑을 받자는 거예요. 그것이 종교의 궁극적인 목적입니다.

205 - P.155, 1990.08.16

　종교의 참된 목적은 무엇이며, 후대로 전승시켜야 할 전통은 무엇일까요? 종교의 목적을 바로 파악하기 위하여서는 신의 창조이상을 먼저 알 필요가 있습니다. 영원 절대의 신에게 창조는 왜 필요했을까요? 신에게 절대로 필요한 것이 무엇이겠습니까? 물질이나 지식 혹은 권력이겠습니까? 그런 것들은 신이 원하기만 하면 언제라도 창조하실 수 있는 것이며, 신 자신이 자유로 조절할 수 있는 것입니다. 그러나 참사랑만은 신도 자의대로 할 수 없는 것입니다. 즉 참사랑은 상대권을 통하여서만 찾을 수 있으며, 혼자만으로는 자극을 느낄 수 없는 것입니다. 이것이 신이 상대적인 피조세계를 필요로 한 이유입니다.

　신은 참사랑의 이상 때문에 세계를 창조하신 것입니다. 광물계, 식물계, 동물계를 관찰해 보면 비록 그 급위는 다르다 해도 모두 사랑이상을 중심으로 상응·화합할 수 있도록 쌍쌍, 즉 주체와 대상으로 창조되었음을 알 수 있습니다. 그리고 인간은 피조세계의 중심이요, 최고급위로 지음받은 신의 가장 가까운 사랑의 파트너입니다. 이렇게 인간은 신의 참사랑의 대상으로서 인간이 없으면 신의 참사랑의 목적은 성사될 수 없는 것입니다.

　신은 그의 창조이상인 참사랑을 최고 절대가치로 세우셨습니다. 절대적인 신이라 할지라도 참사랑 앞에는 절대적으로 복종하고 싶어하는 것입니다. 신이 이렇기 때문에 인간과 만물도 그 참사랑 앞에 절대 복종하게 되는 것입니다. 이런 점에서 신의 참사랑의 상대인 인간의 가치가 얼마나 귀한 것인가를 알 수 있습니다.

　신의 창조이상은 위하는 사랑에서 시작하였으며, 위하고 또

1. 종교의 목적

연속으로 주고서도 기억하지 않는 곳에서 참사랑이 성립되는 것입니다. 태초에 신의 창조는 무한히 투입하는 것으로 창조했으며, 그의 위하고 투입하는 그 원리로 피조세계가 화합·수수운동을 하면서 영생·영존하도록 되어 있습니다.

161 - P.162, 1987.02.01

하나님이 볼 때, 하나님이 찾고자 하는 것이 종교세계예요, 이상세계예요? 이상세계입니다. 이걸 알아야 돼요. 종교의 목적은 종교의 뜻을 통한 세계가 아니라 하나님의 이상을 통한 세계를 말하는 거예요. 그래서 여기서 문제되는 것이 창조이상입니다. 하나님이 창조를 했으므로 창조이상이라는 말이 절대 필요합니다. 하나님의 뜻길이 무엇이냐? 창조이상을 완성하는 것입니다. 이 창조이상 이외에는 다른 사상이고 무엇이고 다 필요 없다 이거예요. 다른 것은 다 복잡하고, 문제예요. 아무리 뭐 하버드대학 총장이고, 예일대학 총장이고, 박사학위를 몇백 개 갖고 있다 하더라도 그것이 창조이상을 중심삼은 것이 아니면 절대적이 아닙니다.

032 - P.160, 1970.07.12

종교의 목적은 하나의 참된 사람을 찾는 것이요, 참된 가정과 참된 국가와 참된 세계를 찾는 것입니다. 이것은 종교의 목적이자 하나님의 목적입니다. 그것이 곧 하나님께서 땅을 대하여 섭리하시는 목적인 것입니다.

199 - P.215, 1990.02.17

하나님이 원하는 목적이 뭐냐? 하나님의 목적은 세계평화입니다. 그건 불교의 석가모니한테 물어 보나 기독교의 예수한테 물어 보나 마호메트한테 물어 보나 전부 마찬가지입니다. 종교의 목적은 평화입니다. 하나의 세계입니다. 이상적 세계예요.

023 - P.101, 1969.05.14
종교의 목적이 무엇이냐? 만민이 선한 사람이 되어 평화스럽게 살아갈 수 있는 하나의 세계를 이루는 것입니다. 평화의 여건은 어떠한 국제적인 정치가들의 손에 의해서 생겨나는 것이 아닙니다. 그러기에 어떠한 정책이나 주의에 의해 가지고 세계에 평화가 온다는 것은 불가능한 것입니다. 더구나 군사력으로 인해 세계의 통일과 평화가 온다는 것은 불가능한 것입니다. 평화의 기점을 발견할 수 있는 그 근거지는 어디냐? 행복의 기점을 발견할 수 있는 그 근거지는 어디냐? 그곳은 여러분이 살고 있는 가정인 것입니다.

023 - P.102, 1969.05.14
종교는 본연의 세계를 잃어버리고 지금까지 방황하고 있는 36억 인류 앞에 본연의 세계를 찾아갈 수 있는 공식을 제시하여, 너나할것없이 온만민이 그 공식을 통해 하나되게 해야 합니다. 하나에 하나를 더하면 둘이 된다는 원칙이 세계에 천년 전이나 천년 후나 수학이란 명사가 있는 한 언제나 적용되는 것처럼 종교도 그 공식을 세계에 그렇게 적용시켜야 하는 것입니다. 종교는 인류의 행복을 이루기 위해서 존재하는 것입니다. 그것이 종교의 목적입니다.

023 - P.078, 1969.05.11
오늘날 종교라는 것은 인간들이 고향을 추구하는 데 있어서 지대한 공헌을 했습니다. 천국을 가자, 혹은 이상세계를 가자, 극락세계를 가자고 하는데 그런 곳은 우리가 사는 이런 곳이 아닙니다. 우리가 영원히 영원히 영원히 살 수 있는 본향 땅이라는 것입니다. 바로 이런 면에 있어서 종교가 본향을

1. 종교의 목적

추구하도록 하는 데 공헌을 했다는 것입니다. 그러면 그곳은 어떤 곳이냐? 모든 조건이 갖추어져 있는 곳입니다. 마음과 몸이 조금도 부족함을 느끼지 않는 완전무결한 곳입니다. 그곳을 인류는 지금 추구해 나가고 있는 것입니다.

205 - P.157, 1990.08.16

　　천의를 따라 복귀섭리의 주역을 맡아 온 것이 종교입니다. 종교는 신의 참사랑과 참부모사상을 중심한 본연의 이상적인 가정, 나아가 이상적인 세계를 복귀하는 목적을 갖고 있는 것입니다. 메시아의 사명을 신의 사랑을 구현하는 참부모 사명으로 이해할 경우 우리 모두가 이 사명을 추구하고 성취하기 위해 소명을 받고 있습니다. 또 메시아의 사명은 지금까지 하나님을 반대해 온 사탄을 추방하고, 그 문화생활권을 추방하고, 또 그의 혈통을 하늘 편으로 전환시키므로 하나님을 중심한 이상세계로 바꾸어 놓아야 하며, 실제로 그것이 모든 종교가 수행해야 할 우주사적인 사명인 것입니다.

2. 종교가 추구해 나온 것

030 - P.210, 1970.03.23

　종교는 지금까지 무엇을 추구해 나오느냐 하면 선한 세계를 추구해 나오고 있습니다. 이 땅 위에 선한 세계를 이루기 위해서 수많은 종교가 탄생했던 것입니다.

　그런데 선한 세계는 선한 나라가 나오지 않고는 이루어질 수 없는 것입니다. 또한 선한 나라가 이루어지려면 선한 민족이 나오지 않고는 안 되는 것이며, 선한 민족이 이루어지려면 선한 씨족이 나오지 않으면 안 되는 것입니다. 선한 종족이 있어야 된다는 것입니다. 김씨면 김씨, 박씨면 박씨 중에 선한 문중이 있어야 된다는 것입니다. 그리고 선한 씨족이 이루어지려면 먼저 선한 가정이 있어야 됩니다. 그러니 선한 가정이 이루어지려면 먼저 선한 여자와 선한 남자가 있어야 되지 않겠습니까?

　복귀섭리를 두고 볼 때에, 지금까지 수많은 종교를 동원해 가지고 하나의 세계를 모색하고 선의 세계를 만들기 위해서 섭리해 나오는 그 귀결점은 어디에 있는가? 그 세계가 이루어지기 전에 먼저 나라가 이루어져야 되고, 나라가 이루어지기 전에 민족, 민족이 이루어지기 전에 종족, 종족이 이루어

2. 종교가 추구해 나온 것

지기 전에 가정, 가정이 이루어지기 전에 한 사람이 있어야 됩니다.

그러면 그 한 사람은 누가 되어야 되겠는가? 여자가 되어야 되겠는가 남자가 되어야 되겠는가? 누가 되어야 하겠습니까? 남자입니다. 창조원리에 입각해서 보더라도 사람을 창조할 때에 아담부터 지었습니다. 아담부터 지었기 때문에 아담을 통해야 됩니다. 성경에 아담의 갈빗대를 취해서 해와를 지으셨다는 것은 무엇을 말하느냐? 본따서 지었다는 것을 말합니다. 여러분이 무슨 책을 읽고 나서 정리를 할 때, 그 책의 골자를 빼서 정리하는 것과 마찬가지입니다.

그러므로 한 세계보다도 먼저 필요한 것이 무엇인가? 한 나라보다도 한 민족보다도 먼저 필요한 것, 하나의 종족보다도 하나의 가정보다도 먼저 필요한 것이 무엇인가? 그것은 한 사람입니다. 그런데 그 한 사람은 누구입니까? 남자입니다. 남자가 없었다면 여자는 생겨날 수 없습니다.

하나님께서 이런 원칙 가운데서 복귀섭리를 출발하실 때에, 물론 일시에 그러한 세계를 복귀하고 싶은 마음이 간절하셨을 것입니다. 그러나 아무리 그러한 마음이 간절하다 하더라도, 일시에 그러한 민족을 찾고 싶은 마음이 아무리 간절하다 하더라도, 일시에 그러한 씨족을 찾고 싶은 마음이 아무리 간절하다 하더라도, 혹은 일시에 그러한 가정을 찾고 싶은 마음이 아무리 간절하다 하더라도 먼저 하나의 남자를 찾지 않으면 모든 것이 불가능한 것입니다.

지금까지의 복귀섭리역사는 어떠한 역사였습니까? 하나의 여자를 찾는 역사가 아니고 하나의 남자를 찾는 역사였습니다. 하나의 남성을 찾는 역사였다는 것입니다.

그런데 지금 세상에 있는 남성들은 전부 사탄의 직계 자손으로 원수의 직계가 되어 있습니다. 그러니 다시 찾아와야 됩니다. 찾아오는 데는 무모하게 그냥 찾아오는 것이 아니라 원수가 남성들을 대했던 반대 행로를 거쳐서 찾아와야 됩니다.

그러면 6천년 동안 사탄의 혈통을 받고 태어난 남성들을 다시 찾아오기 위해서는 어떻게 해야 되는가? 6천년 동안 원수로 지내 온 모든 사연을 들추어내서 풀고, '원수가 아니다' 할 수 있는 자리까지 나가야 합니다. 그러지 않고는 그 사람을 찾을 수 없는 것입니다.

그러면 아담이 타락한 이후부터 예수님 때까지의 4천년 이스라엘 역사는 무엇을 찾기 위한 역사였는가? 외적으로는 세계를 찾는 역사였지만, 내적으로는 한 사람을 찾는 역사였던 것입니다. 그 한 사람이 와서 세계를 찾아야 했던 것입니다. 그것이 그의 사명이었던 것입니다. 그 한 사람이 와 가지고 가정의 기반과 종족의 기반과 민족의 기반과 국가의 기반을 닦지 않고는 이 세계를 선한 세계로 복귀할 수 없습니다. 그런 연고로 하나님은 그 한 사람이 오기 전에 선민권을 만들어 놓았던 것입니다. 하나의 선한 가정, 하나의 선한 씨족, 하나의 선한 민족, 하나의 선한 국가를 미리 세워 놓으셨다는 것입니다. 역사과정에 그런 흔적을 남겨 놓아야 하나님이 있다는 증거가 될 것 아닙니까? 그래서 세워 놓은 이스라엘 민족이었던 것입니다.

그 이스라엘 나라에 하나의 남성이 나타나 그 나라와 하나 되는 날에는 가정이 자연히 찾아지는 것이요, 종족이 자연히 찾아지는 것이요, 민족이 자동적으로 찾아지는 것이요, 나라도 자동적으로 찾아지는 것입니다. 그렇기 때문에 하나님은

2. 종교가 추구해 나온 것

038 - P.180, 1971.01.03

나라를 중심으로 준비하신 것입니다.

인간은 타락으로 인하여 아들의 자리에서 종의 자리로 떨어졌습니다. 그렇기 때문에 종의 종 자리에서 종의 자리로 올라가야 합니다. 또한 종의 자리에서 양자의 자리로, 양자의 자리에서 아들의 자리로 올라가야 합니다. 참된 아들이 되어서 책임을 다해야 참된 부모가 오시는 것입니다. 그렇기 때문에 예수님은 참된 부모가 되는 것을 목적으로 하고 이 땅에 오셔서 신랑 신부를 편성해 가지고 인류 조상의 기원을 바로잡으려 했습니다. 그리하여 참된 부모의 혈통적 기반을 만세 만민들에게 새로이 접붙여 가지고 하나님의 사랑 앞에 일치될 수 있는 나라를 형성하고자 했던 것입니다. 그것이 그의 소원이었습니다. 그러나 그 소원을 이루지 못했기 때문에 지금까지도 그 놀음을 계속해 나오고 있는 것입니다.

그러면 종교는 지금까지 무엇을 찾아 나왔느냐? 남자 한 사람을 찾아 나왔습니다. 창세기를 보면 알 수 있듯이 하나님께서는 해와보다 아담을 먼저 만드셨습니다.

악당 무리가 세계를 전부 다 망하게 만드니 이 세계를 망하지 못하게 하기 위해서는 이 세계권 내 어느 곳엔가 하나님의 기점을 하나 만들어야 합니다. 절대자이신 하나님 앞에 상대적인 하나의 남자가 있어야 됩니다. 남자가 있어야 여자를 찾을 수 있고, 여자를 교육시킬 수 있는 것입니다. 만일 여자를 먼저 찾아 세운다면 어떻게 여자가 남자를 교육시킬 수 있겠습니까? 도망을 가더라도 여자는 남자를 업고 도망 못 가지만, 남자는 여자를 업고 도망을 갈 수 있다는 거예요.

지금까지는 어느 종교이건 종주(宗主)가 여자인 경우는 없었습니다. 종교의 종주는 전부 다 남자입니다. 하나님께서도 이런 억센 일을 하기 위해서는 억센 남자를 세워서 일을 시켜야 될 것 아니겠습니까? 또 창조원칙에 의해서도 남자를 먼저 찾아 세워야 된다는 거예요. 그래서 남자를 찾아 세우기 위한 챔피언 경기가 이 지구성에 벌어졌다는 겁니다. 하나님은 이 챔피언을 선발하기 위해 동쪽에 챔피언 훈련장, 서쪽에 챔피언 훈련장, 남쪽에 챔피언 훈련장, 그리고 중앙에 챔피언 훈련장을 만들어 놓았습니다. 그것이 바로 종교입니다. 그래서 기독교 문화권, 불교 문화권, 회교 문화권, 힌두교 문화권이 세계의 사상적인 지주가 된 것입니다.

127 - P.021, 1983.05.01

오늘날 종교세계는 어떤 세계냐? 재림사상, 메시아사상이 있는데 도대체 메시아란 무엇이냐? 리(里)에는 이장이 있고, 면(面)에는 면장, 군(郡)에는 군수, 도(道)에는 도지사, 나라에는 대통령이 있는 거와 마찬가지로 이것을 연결시켜 가지고 국가기준을 넘어 세계기준에서 하나의 세계를 이룰 수 있는 하나의 영원한 사랑이 온 인류를 초월하여 지상에 정착할 수 있는 기틀을, 터전을, 기지를 하나님은 바라는 것입니다. 본래 아담 해와 둘만이 있었던 이상의 자리와 같은 사랑의 정착지를 찾는 겁니다. 그렇기 때문에 하나님은 잃어버린 나라와 세계를 찾는 것이 아니라 하나의 아들을 찾지 않으면 안 될 입장에 계시는 것입니다.

오늘날 역사노정에 인간들이 허덕이며 찾는 그 모습은 하나님과 마찬가지입니다. 하나님은 무엇을 찾느냐? 참된 진리를 찾는 하나님인데, 진리만이냐? 아니에요. 하나님은 진리를 다 갖고 있어요. 그걸 알아야 돼요. 진리와 하나된 사람을 찾

2. 종교가 추구해 나온 것

습니다. 그게 하나되면 어떻게 되느냐? 하나되어야만 참된 사랑의 실체로 서는 거예요.

그러면 하나님이 오늘날 누구를 찾아 나오느냐? 참된 아들을 찾아 나오는 것입니다. 하나님의 순정한 사랑, 하나님의 그 깊은 가운데 아직까지 퍼붓지 못한 순정의 첫사랑을 받을 수 있는 이 땅 위의 남성이 누구냐? 없으니 그 남성을 다시 만들어서 찾아 세워야 되겠다 이겁니다.

옛날 타락한 아들, 죽은 아들보다도 훌륭하고 모든 면을 갖춘 그런 아들을 다시 찾아야 되겠다 이겁니다. 찾는 데는 사탄세계가 빼앗아 갔으니 이걸 전부 다 소화해 가지고, 고장났으면 고치고 병신이 되었으면 완전하게 만들어 가지고 아담보다 더 훌륭한 그런 본연의 아들의 모습을, 숨은 심정의 사랑을, 완전히 첫사랑을 퍼부을 수 있는 하나의 남성을 찾아야 됩니다.

'야, 너 선악과 따먹으면 죽는다'는 그런 예고와 경고를 필요로 하지 않는 완성한 자리에서 당신만의 사랑이 필요하고 당신만의 사랑이 절대라고 할 수 있는 그런 아들의 모습을 찾는 것이, 타락하기 전 본래의 뜻을 중심삼고 소망하시는 하나님말고 절망의 자리에 서게 된 이후의 하나님의 소원인 것을 여러분이 알아야 됩니다.

그래서 여기서 그걸 하는 거예요. 자갈을 모아 가지고 고르는데 말이에요. 이 자갈 가운데도 동그랗고도 완전히 동그란 것을 고르는 거예요. 네 모퉁이가 평면적으로 납작하고 동그란 것이 아니에요. 마찬가지로 완전히 달과 같이 둥근, 어디에도 치우치지 않고 완전히 둥근 하나의 남성을 고르는 겁니다.

그러니까 종교라는 것은 뭐냐? 큰 자갈 더미에서 둥그렇고도 아주 둥근, 하나님 속에 쏙 들어갈 수 있는 사랑의 대상의 아들, 그 돌 하나를 찾는 것입니다. 그 돌은 순금보다도 비싸고 좋고 다이아몬드보다 더 굳고 순수하고 진주보다 더 화색이 도는 돌이라는 거예요. 너야말로 영원히 사랑하는 내 아들이라고 할 수 있는, 영원히 영원히 변치 않고, 이마를 천년 만년 맞대고도 떼고 싶지 않을, 그렇게 사랑할 수 있는 아들을 찾는 겁니다.

027 - P.170, 1969.12.14

지금까지 종교가 제창한 내용을 두고 볼 때 종교는 주로 무엇을 추구해 나왔느냐? 하나님과 나와의 관계를 추구해 나왔습니다. 하나님과 나와의 관계를 공고화시켜 내 인격이 완전히 하나님의 인격과 일치된 새로운 변화의 모습을 갖출 수 있는 내 자신을 발견하기 위해서 나왔다는 것입니다. 개인이면 개인, 종교면 종교가 사회 앞에 책임을 추구하는 데 있어서 우리 인간이 바라는 최고 이상의 뜻을 하나님의 뜻과 일치화시키는 문제를 중심삼고 이 땅 위에 나타났다가 쓰러져 갔습니다.

027 - P.062, 1969.11.23

우리의 본심은 본래 사탄과 인연을 맺기를 바라지 않았습니다. 하나님과 인연 맺기를 바랐습니다. 그런데 몸이 이것을 벗어났습니다. 그래서 몸은 사탄과 짝을 맺게 되었고, 마음은 하나님과 짝을 맺으려고 하는 것입니다. 인간은 이 두 갈래 길에 놓여 있습니다. 삼팔선, 즉 경계선에 놓여 있다는 것입니다. 그런데 그 경계선에서 작용하는 힘의 3분의 2가 몸이고, 3분의 1이 마음입니다. 그러니 마음과 몸이 싸우면 몸이

2. 종교가 추구해 나온 것

번번히 이긴다는 것입니다.

왜 그러냐? 마음은 아직까지 하나님을 중심삼고 사랑을 맺지 못했기 때문입니다. 즉 마음이 하나님을 중심삼고 상대를 갖지 못했기 때문입니다. 왜 몸이 더 강하냐? 하나님과 마음의 사랑을 맺으려고 했는데 그러지 못하고, 먼저 몸의 사랑을 맺었기 때문입니다. 그렇기 때문에 몸은 마음보다 더 강하다는 것입니다. 아직까지 마음의 사랑은 맺지 못했습니다. 이와 같이 마음의 사랑을 맺기 위하여 찾아 나온 것이 하나님의 섭리역사요 종교의 역사인 것입니다.

신랑 신부의 마음의 사랑, 새로운 신랑 신부의 마음의 사랑의 기원을 역사에 제시해 놓기 위해서 종교가 그것을 추구해 나온 것입니다. 그러니 마음의 사랑을 중심삼고 완전히 자리잡은 하나의 남자가 나오지 않고는 완전한 하나의 여자가 나올 수 없습니다. 그래서 지금까지 하나님은 그런 하나의 남자를 찾아 나오신 것입니다. 지금까지의 역사는 하나님과 마음의 사랑, 즉 본심의 사랑의 인연을 찾아 그것과 완전히 관계를 맺어 절대적 기준에 연결될 수 있는 하나의 남성을 찾아 나온 역사입니다. 이것이 메시아 대망사상(待望思想)입니다.

208 - P.258, 1990.11.20

지금까지 인류역사를 2억 5천만 년으로 잡습니다. 성경상의 6천년이라는 것은 거짓말입니다. 창세 이후의 이 자체를 혁명해야 됩니다. 하나님이 좋아할 수 있는 사랑을 중심삼은 생명과 혈통을 이어받은 아들딸이 없기 때문에 그런 하나의 주인으로 다시 만들어서 보내는 분이 메시아, 구세주요 그 사상이 구세주사상, 메시아사상입니다. 그렇기 때문에 고차적인 종교는 전부 다 메시아사상을 가지고 있는 것입니다.

타락한 인간들은 돌감람나무입니다. 씨가 잘못되었어요. 생명나무가 되어야 할 것이 돌감람나무가 되었기 때문에 종교권을 통해서 하나님 편 참감람나무 밭을 만들어야 됩니다. 그래야 하나님 소유의, 하나님을 마음대로 따를 수 있는 세계가 되는 것입니다. 그러면 사탄세계가 마음대로 할 수 없습니다. 그런 공약을 세워 가지고 환원하는 노정을 가려 나온 것이 종교의 역사입니다. 그런데 종교는 문화 배경을 중심삼고 전부 다 다르다는 것입니다.

이번 샌프란시스코 종교대회에서 내가 주창한 것이 뭐냐? 종교세계에 있어서 교인이 많다고 자랑하지 말라는 것입니다. 오래 되었다고 자랑하지 말라는 것입니다. 하나님의 구원섭리에 있어서는 종의 종의 종교로부터 시작하는 것입니다. 그 다음에는 종의 종교, 그 다음에는 양자의 종교, 서자의 종교, 직계 아들의 종교, 해와의 종교를 거쳐서 마지막으로 부모의 종교가 나오는 것입니다. 왜? 부모를 잘못 가졌으니, 타락한 부모, 악의 부모가 나왔으니 선한 부모를 다시 한 번 세워야 되는 것입니다. 그래서 선의 부모는 이것을 전부 다 수습해 가지고 악의 부모를 잘라 버리고 선의 부모의 아들딸이 천국에 들어갈 수 있는 역사를 시작해야 된다는 것입니다.

023 - P.164, 1969.05.18

온 세계 인류가 희망하고 고대해야 할 것은 인류의 참부모입니다. 기독교로 말하면 재림주요, 불교로 말하면 미륵불이요, 유교로 말하면 신공자요, 그외 정감록으로 말하면 정도령입니다. 다르게들 말하고 있지만 오는 사람은 한 사람입니다. 이런 재림사상이 없는 종교는 종교축에도 못 들어갑니다. 결국 그것이 뭐냐 하면 부모입니다.

2. 종교가 추구해 나온 것

051 - P.354, 1971.12.05

지금까지 역사적인 소원이 뭐냐 하면 참부모를 모시는 것입니다. 참부모를 맞기 위한 것이라구요. 하나님이 이스라엘 나라와 유대교를 세우신 것은 메시아를 맞기 위한 것입니다. 메시아가 누구냐 하면 참부모입니다. 또한 기독교와 기독교 문화권을 만든 것은 재림주를 맞기 위한 것입니다. 재림주는 누구냐 하면 제3차 아담으로 오시는 참부모입니다.

참부모가 오실 때가 되면 세계의 모든 국가가 형제의 인연을 갖기 때문에, 제2차 세계대전 후에 전승국가가 패전국가를 전부 다 해방시키는 놀음이 벌어진 것입니다. 이것은 형님된 입장에서 동생을 때려잡았으니 동생에게 복을 빌어 주지 않으면 오시는 부모에게 벌을 받겠기 때문에, 그런 비정상적인 역사적 현상이 벌어져 나온 것입니다.

역사가 바라면서 찾아 나온 것이 뭐냐 하면 참부모를 만나는 것입니다. 종교가 나오는 것도 참부모를 만나기 위해서입니다. 세계가 나오는 것도 참부모를 찾기 위해서, 나라가 나오는 것도 참부모를 찾기 위해서입니다. 참부모의 길을 예비하기 위해 나오는 것입니다.

022 - P.010, 1969.01.01

모든 종교는 어디로 가야 되느냐? 참된 부모의 인연을 찾아가야 되는 것입니다. 하나님의 사랑의 문을 통과해서 본연의 인연, 즉 본연의 참다운 부모를 중심삼고 하나님의 자녀의 자리를 복귀하려는 것이 지금까지 종교의 최종 목적이었던 것입니다. 이러한 목적을 추구하는 종교가 바로 기독교입니다. 그렇기 때문에 기독교는 명실공히 세계적인 종교가 되어 끝날의 세계 문화를 지배할 수 있는 종교가 되지 못하면 하나님이 없다는 사상이 나오게 된다는 것입니다.

그러면 오늘날 통일교회는 무엇을 하자는 교회냐? 하나님의 사랑을 중심삼은 본연의 남성과 여성이 되어서, 잃어버린 부모의 인연을 결정지을 수 있는 책임을 하자는 것입니다. 이것이 되지 않고는 아무리 세계를 통일한다고 해도 진정한 의미에서의 통일이라 할 수 없습니다.

이제 우리는 하나님의 사랑을 중심삼아 타락 전 본연의 남성의 자세를 세워야 합니다. 그러한 자세로 하나님의 내적인 심정이 연결된 남성의 기준을 중심삼고 거기에 하나님의 기쁨이 함께 하는 가운데 여성을 찾아 하나의 참된 부모의 인연을 이 땅 위에 탄생시킬 수 있는 일을 해야 합니다. 이런 종교가 되지 않고는 이 우주의 종교를 통합할 수 없고, 종교의 목적을 추구해 온 인류를 통일할 수 없다는 것은 두말할 것 없는 사실입니다.

053 - P.062, 1972.02.08

인간시조가 타락했기 때문에 우리 인류는 거짓부모를 모셨습니다. 거짓조상을 모셨습니다. 하나님의 뜻에 일치된 참부모가 안 나타났어요. 하나님은 알파요, 오메가이기 때문에 첫 번에 구상했던 것을 끝에, 창세기에서 실패한 것을 요한 계시록에서 갖다 맞추려는 것입니다. 6천년 전에 하나님을 중심삼고 성혼식을 이루어야 할 것을, 참부모를 세워야 할 것을 못 했기 때문에 이것을 이뤄서 맞추자는 것이 기독교의 골수적인 가르침이요, 예수님의 중심 사상입니다.

그렇게 되면 예수님을 중심삼은 신부와 예수님을 중심삼은 새로운 부모와 하나님이 하나되어 가지고 하나님의 사랑을 받아 종교가 필요 없고, 구세주가 필요 없고, 원죄가 없는 입장에서 가정 전체가 하나님과 같이 살 수 있는 것입니다. 그

2. 종교가 추구해 나온 것

러한 곳이 우리 인류가 바라는 소원의 곳이요, 우리 인류가 믿고 나오던 종교의 목적지요, 하나님이 섭리해 나오시는 최종적인 목적지인 것을 우리는 알아야 되겠습니다.

지금까지는 종주 한 분만을 모셔 왔으니 앞으로는 부모를 모셔야 됩니다. 부모를 중심삼은 가정의 전통을 받아 가지고 새로운 문화를 창조하는 씨족적인 문제, 민족적인 문제, 흑백의 인종문제 등 세계 인류의 모든 문제를 초월해서 하나의 하나님을 중심삼은 가정의 식구들이 되어야겠습니다. 전세계가 그 모든 문제를 넘어 가지고 새로이 하나되어 나가야 됩니다. 그렇게 될 때 비로소 하나님의 구원섭리의 목적이 이루어지는 것이요, 우리 인류가 바라는 하나님을 중심삼은 하나의 세계적 종교의 기원이 되는 것입니다. 거기에서부터 하나의 하나님을 중심삼은 하나의 세계종교가 출발하는 것이요. 그 세계종교를 중심삼고 지상에 새로운 천국이 이루어지는 것입니다. 앞으로 이 천국을 중심삼고 살던 사람이 그냥 그대로, 가정 전체가, 종족 전체가, 민족 전체가, 국가 전체가 그냥 그대로 하늘나라에 갈 수 있는 때가 올 것입니다. 그때가 세계적인 종교 시대인 것을 여러분이 알아야 되겠습니다.

3. 종교의 사명

006 - P.340, 1959.06.28

　　오늘날 우리들은 이 만물세계, 피조세계의 원리와 법칙, 공리와 공식을 해명하기 위해 노력하는 분야가 과학인 것을 알 수 있습니다. 그리고 자연에 깊이 숨어 있는 정서적인 분야를 나타낸 것이 문학이고, 자연에 나타나 있거나 숨겨져 있는 아름다움을 어떤 형태로써 구상하여 표현한 것이 예술입니다. 그리고 자연의 근본이치를 해명하려는 분야가 철학인 것입니다. 이런 단계 위에 있는 것이 종교입니다.
　　그러면 참다운 종교와 종교가 해명할 것이 있다면 그것은 무엇일 것인가. 그것은 자연 속에 깊이 흐르고 있는 정적인 내용을 해명하는 것입니다. 그러한 책임을 종교가 짊어져야 한다고 보는 것입니다.

085 - P.310, 1976.03.04

　　인간의 본래 주인은 절대적이요 통일적인 하나님입니다. 그리고 인간의 마음이 하나님에게 속해 있기 때문에, 자연히 지남철과 같이 주체 앞에 끌려가는 것입니다. 이와 마찬가지로 자연히 방향을 바꾸어 좋은 곳을 따라 선의 방향을 시도하는 마음 작용이 있기 때문에, 이것을 중심삼고 보이지 않게끔 마

3. 종교의 사명

음을 통해서 움직이는 작용을 하기 시작한 것이 종교라는 거예요. 그렇기 때문에 높은 곳을 숭상하고, 절대적인 것을 흠모할 수 있는 마음을 계발해 나온 것입니다. 이 분야의 사명을 짊어진 것이 종교입니다.

010 - P.095, 1960.07.17

　　사탄은 사망의 장벽을 세워 놓고 있습니다. 그 밑에 깔려 있는 것이 우리의 몸입니다. 하나님 앞에 원수가 된 사탄은 본래 천사장입니다. 하나님이 주체이면 천사장은 영적(靈的)인 대상(對象)입니다. 마음은 하늘을 상징하고 몸은 그 대상(對象)을 상징하기 때문에 사탄은 인간의 몸을 발판으로 활동하고 있는 것입니다. 그래서 어느 종교든지 몸을 치는 것입니다. 어떠한 국가나 어떠한 주의를 정복하는 것이 종교의 목적이 아니라 몸을 정복하는 것이 종교의 목적입니다. 그리하여 본연의 양심기준에 들어가려 하는 것입니다. 몸이 요구하는 모든 조건을 무시해 버리고 마음문을 열고 아담 해와가 타락하지 않고 올라가야 했던 양심기준에 들어서게 될 때에 비로소 거기에서 평화가 시작되는 것입니다.

082 - P.273, 1976.02.01

　　오늘날 종교라는 것은 도대체 무엇 하러 나왔느냐 하는 이런 문제를 두고 볼 때, 종교는 오늘날 인간 세상에, 역사적인 인간세계 앞에 하나 못 된 인간들을 하나 만드는 책임을 하기 위해서 나왔다고 보는 것입니다. 그러면 종교가 주장하는 것은 무엇이냐? 종교는 무엇을 주장해야 되느냐? 우리 개인을 하나로 만들어야 됩니다. 하나 만드는 데 있어서는 마음과 몸을 하나 만들어야 됩니다. 그런데 지금까지 인간의 마음 방향은 개개인들이 갖는 사상이나 관념에 따라 전부 달랐습니다.

▶ 국제종교자유연합 주최로 개최된 '종교자유와 새천년'에 관한 회의 전경

어떠한 학자로서 자기의 전문 분야를 연구하는 입장에서 자기의 생애를 바쳐 나가는 사람은 그 전문 분야, 학문이면 학문을 향한 마음의 방향을 갖고 거기에 몸을 일치화시키는 놀음을 하는 것입니다. 그렇다면 하나님을 중심삼삼고 인간들이 바라는 최고의 천국이라는 것은 무엇이 표준이 돼 있어야 하느냐? 변치 않는 마음의 기준입니다.

086 - P.034, 1976.03.04

종교는 뭘 하는 곳이냐 하면 사람을 개조하는 곳입니다. 개조하는 데는 어떻게 개조하느냐? 몸과 마음이 싸우는 사람이 영원히 싸우지 않는 평화의 자리에서 천주의 대주재(大主宰)를 대표한 하나의 상대적 자격을 가지고, 영원한 하나님이 있으면 그분이 무형이라면 실체적 하나님과 같은 인격적 자격을 가지고 영원무궁토록 변하지 않는 인간의 가치적 생애를

3. 종교의 사명

향락할 수 있는 그런 인간이 되자, 그런 인간을 만들자는 거예요. 그것이 종교의 사명입니다. 종교라는 것은 인간만이 하는 것이 아니라 하나님과 합동작전을 해서 이 일을 완수해 보자는 것입니다. 이것이 종교의 사명입니다.

275 - P.048, 1995.10.31

　우리들의 몸 마음을 두고 볼 때, 몸은 지옥의 기지가 되어 있고, 양심은 하늘나라의 기지가 되었다는 두 세계의 분기점을 갖고 있는 인간인 것을 몰랐습니다. 이런 자리에 서 있는 내 자신을 두고 볼 때, 몸이 마음을 끌고 다닌다는 거예요. 몸이 마음을 자유자재로 역사를 통해 끌고 나왔다는 것입니다.

　만일 양심이 강하게 된다면 자연히 하늘로 돌아가기 때문에 세계는 벌써 하늘 앞에 설 수 있었다는 것입니다. 또한 이 양심보다도 육신이 양심을 끌고 다닌다는 것은 타락할 때, 사탄과 관계맺은 거짓 사랑의 힘이 타락할 때의 양심의 힘보다 강했다는 것입니다. 이것이 문제입니다.

　이 문제를 푸는 것은 선악의 출발과 섭리역사와 인류 역사의 미지의 인생 문제에 대한 중요한 해결점을 찾는 것입니다. 하나님은 이와 같은 것을 잘 알기 때문에 타락한 인류를 내버려둘 수 없으므로 육신이 양심을 끌고 다니는 힘을 약화시키는 작전을 하지 않을 수 없다는 것입니다. 이와 같이 역사적으로 하늘이 원하는 구원적인 체제를 세운 것이 종교라는 것입니다. 그렇기 때문에 종교는 과거에도 필요하고 현재에도 필요한 것입니다.

　전세계의 문화권이 다른 배경을 따라 여러 종교를 세워서 몸이 마음을 끌고 다니는 것을 어떻게 약화시키느냐, 어떻게 제거시키느냐 하는 것이 종교의 목적이었다는 것을 지금까지 종교를 믿는 신앙자들은 모르고 있는 것입니다. 타락이 없었더라면 종교는 필요 없는 것입니다. 잘못되었기 때문에 이것을 수정하기 위해서 종교가 필요했다는 것입니다.

그래서 하나님은 종교를 통해서 무얼 하자는 것이냐? 마음을 끌고 다니는 이 몸을 쳐서 약화시키자는 것입니다. 여러분은 종교를 믿음으로써 구원을 얻고, 기독교를 믿음으로써 천국에 가고, 불교를 믿음으로써 극락을 간다고 생각하고 있습니다. 그러나 천국은 하나님의 참사랑을 중심삼고 하나된 자녀가 들어가게 되어 있습니다. 천국에 들어갈 수 있는 아담 해와의 가정은 하나님의 자녀며 혈족이요, 하나님의 참사랑을 중심삼은 가정이 되지 않을 수 없는 것입니다. 그런 가정이 들어가는 곳이 천국이라는 것을 지금까지 그 누구도 몰랐습니다. 그래서 양심의 힘을 강화하기 위해서 이 육신을 쳐야 되는 것입니다. 양심을 해방시켜 양심이 육신을 자유자재로 끌고 타락하지 않은 본연의 하나님의 참사랑의 품에 돌아가야 된다는 것입니다.

그러면 종교가 해야 할 내용이 무엇인가 하면, 몸이 제일 싫어하는 것을 제시하는 것입니다. 몸뚱이가 싫어하는 것은 무엇이냐? 금식을 해라! 그리고 다음에는 봉사를 해라! 희생해라! 뿐만이 아니라 나중에는 제물이 되라고 하는 것입니다. 제물은 피를 흘리게 마련입니다. 생명을 바칠 수 있어야 된다는 것입니다.

그래서 성경에서 '죽고자 하는 자는 살고, 살고자 하는 자는 죽는다'고 역설적인 논리를 가르쳐 준 것도 육신이 사는 그대로 가면 지옥에 가는 것이요, 육신을 죽여 가지고 양심의 해방권을 가지면 천국을 간다는 말입니다. 우리 몸을 완전히

3. 종교의 사명

굴복시켜서 양심이 절대적인 주체의 자리에 서게 되면 우리 양심은 무한한 욕망과 무한한 희망을 갖게 되어 있다는 것입니다.

211 - P.099, 1990.12.29

몸 마음을 통일시키는 것이 제일 급선무예요. 몸 마음을 통일시키기 위해서는 어떻게 해야 되느냐? 이 몸뚱이가 악마의 기지가 돼 있습니다. 마음은 본성의 하나님을 중심삼고 참사랑으로 플러스 자리에 있습니다. 그러면 악마의 사랑을 중심삼은 기지는 어디냐? 아담이 내적이라면 천사장은 외적이기 때문에 외적 분야인 몸뚱이가 악마의 기지가 돼 있어요. 또 다른 플러스가 돼 있어요. 그래서 싸우는 것입니다. 이것을 통일하기 위해서는 천하를 통일할 수 있는 때를 넘어가야 되고, 하나님 앞에 참소하는 악마를 제거시킨 후에 하나님의 사랑의 주사를 맞아야 되는 것입니다. 그러기 전에는 해방이 없는 것입니다.

039 - P.201, 1971.01.10

몸을 제재하는 방법에는 몸을 쳐서 마음과 몸의 비율을 5대 3쯤으로 하여 몸을 약하게 하는 방법과 마음을 10배로 펌프질해서 고압으로 압축을 넣어 강하게 만드는 이 두 가지 방법밖에 없다는 것입니다.

그래서 예수님은 몸을 주관하기 위해 금식을 했던 것입니다. 어느 종교를 보더라도 그 종교 내에는 고행을 하지 않는 사람이 없습니다. 그런 종교일수록 고차적인 종교라는 거예요. 이 세상을 완전히 부정한 자리에서 출발해야 완성이 이루어지는 거예요. 참된 종교는 전체를 부정하며 나가는 것입니다. 세상이 생각하는 것과는 다르다는 거예요. 참된 종교는 세상의 것을 긍정하는 데서부터 출발하는 것이 아니라 부정하는 데서부터 출발하는 겁니다. 부정의 밑바닥에서부터 긍정의 요건을 형성시켜 가지고 자아의 주관권을 세워 나가야 합니다. 여기에서 마음을 중심삼고 재창조된 가치의 존재로 될 때에는 선한 사람이 되는 것입니다. 그게 이론적입니다. 이렇게 하는 것이 첫째 방법입니다.

그 다음 방법은 뭐냐 하면 마음에 펌프질을 하는 것입니다. 그러려면 어떻게 해야 되느냐? 정성을 들여야 됩니다. 기도를 해야 되는 거예요. 밤을 새워 가며 기도를 해야 됩니다. 기도하는 데에는 눈물이 없어 가지는고 안 되는 겁니다. 하나님을 배반함으로 말미암아 눈물로 역사가 출발되었기 때문에 눈물을 흘려야 됩니다.

그래서 몸과 마음의 비율을 5대 10쯤 되게 만들어 놓으면 유치원생과 챔피언을 비교하는 것과 같기 때문에 문제없이 몸을 마음쪽으로 끌고 갈 수 있는 것입니다. 그 두 방법 외에는 가르쳐 줄 것이 없습니다. 그렇기 때문에 종교는 이러한 내용을 가르쳐 주어야만 하는 것입니다. 그런 종교야말로 참된 종교입니다.

277 - P.178, 1996.04.15

종교를 세운 것은 몸뚱이를 때려잡기 위해서입니다. 이놈의 몸뚱이를 때려잡고 마음을 키우기 위해서입니다. 그렇기 때문에 종교는 몸뚱이가 제일 싫어하는 '금식을 해라. 희생을 해라. 봉사를 해라. 제물이 되라' 하는 것입니다. 몸뚱이가 제일 싫어하는 것을 시키는 것입니다. 몸 마음이 싸우는 사람은, 통일되지 않은 사람은 하나님의 통일된 사랑의 세계에 갈 수 없다는 걸 확실히 알아야 됩니다. 틀림없는 말입니다. 죽

3. 종교의 사명

어서 영계에 가 보라구요, 레버런 문 말이 거짓말인지.

일생동안 이 마음을 플러스로 해 가지고 몸뚱이를 끌고 갈 수 있는 하나된 자리를 갖추지 않고는 본연의 하나님 품으로 돌아갈 수 없어요. 그게 과제입니다. 종교의 목적은 몸 마음을 하나 만들어 가지고 마음이 원하는 대로 몸뚱이를 끌고 다닐 수 있게 하는 것입니다. 지금 타락한 인간들은 몸뚱이가 마음을 끌고 다녔어요. 이게 실패입니다. 이게 타락입니다.

나중에는 몸뚱이의 사탄 사랑으로 말미암은 정욕까지도 주관해야 됩니다. 독신생활을 하라는 것입니다, 독신생활. 거짓 사랑의 사탄의 피를 받은 이 정욕을 컨트롤하지 않으면 하나님의 나라에 돌아갈 수 없습니다.

종교세계에서 수양에 들어갈 때에는 반드시 최고의 고개에 가 가지고는, 남자가 수양해 가지고 천국을 간절히 기원하게 되면 미인이 나타나 가지고 품고 자기도 모르게 생식기에 대고 웃는 것입니다. 키스를 하려고 그런다구요. 그걸 극복해야 됩니다.

018 - P.321, 1967.08.13

인류 역사에 종교가 필요하다면 그 종교로 말미암아 무엇을 해야 할 것이냐? 육신을 정복해야 하는 것입니다. 왜냐하면 육신으로 말미암아 역사가 망했고, 육신으로 말미암아 사회가 망했고, 육신으로 말미암아 이 인류가 망했기 때문입니다. 따라서 이 육신은 원수의 모태요, 죄악의 근본 뿌리라는 것을 절감해야 합니다.

이렇듯 몸을 치는 것이 지금까지 종교의 근본이기에 예수님은 40일 금식을 통하여 처참하게 몸을 치셨던 것입니다. 몸은 높아지기를 원하고 앞에 나서기를 좋아하는데, 종교는 몸에게 복종하고 순종해라, 죽어서 제물되라고 가르칩니다. 전부 반대로 가르칩니다. 왜 그렇겠습니까? 그것은 마음을 치기 위한 것이 아니라 육신을 침으로써 세계적인 밧줄을 타고 나가기 위함입니다.

201 - P.155, 1990.03.30

오늘날 인간세계에서의 사랑은 나를 중심한 사랑인데, 그것이 어디와 관계가 있느냐 하면 마음이 아니고 몸뚱이입니다. 이 몸뚱이가 악마의 무도장이 되어 있습니다. 악마의 닻줄을 매는 말뚝이 되어 있습니다. 마음이 하늘을 대신한 플러스의 자리에 있는데 몸뚱이가 또 다른 플러스가 되어 가지고 마음을 농락하고 있는 것입니다. 이걸 시정해야 하는 것이 우리 생애의 의무인 것입니다.

이걸, 아시는 하나님께서 수리공장으로 만드신 것이 종교입니다. 종교가 뭐냐 하면 수리공장입니다. 완전한 사람, 몸 마음을 영원히 통일시킬 수 있는 사람을 만드는 겁니다. 그런 것을 못 만드는 종교는 전부 가짜 종교입니다. 그렇기 때문에 하늘은 통고하기를 마음을 중심삼고 더 악한 몸뚱이가 있으니 이 몸뚱이를 강제로 때려치워라 하는 것입니다. 강제로라도 그렇게 하라는 것입니다. 그렇기 때문에 '금식하라! 희생봉사하라! 죽어 살라!' 하는 것입니다.

그 다음에는 쉬지 말고 기도하라 하였습니다. 악마는 24시간 여러분을 통해서 활동할 수 있습니다. 그러나 하나님은 종적인 자리에만 계십니다. 마음이 종적입니다. 하나님은 종적인 자리에만 계시기 때문에 마음을 통하지 않고는 활동할 수 없습니다. 사탄은 사방입니다. 360도 어디서나 활동할 수 있으니 사탄의 활동 앞에 몸뚱이가 지게 마련인 것입니다.

3. 종교의 사명

마음은 수직의 자리에 있으며 하나입니다. 수직은 하나예요. 둘이 없어요. 수직이 둘이 있어요? 하나입니다. 횡적 기반이 아니니 수직은 횡적 기반에 나타날 수 없습니다. 그래서 그 환경이 강한 몸한테 끌려가기 쉽기 때문에 너희는 수직의 자리, 종대 자리, 하나밖에 없는 수직의 자리에서 정성들여 기도하여 3배, 4배의 힘을 마음에 받고 몸뚱이를 가누어 자유롭게 처리하여 3년 내지 5년 끌고 다니면서 습관화를 시켜라 하는 것입니다. 이게 종교의 목적이에요, 알고 보니까. 그 두 방법 외에는 수리할 수 있는 길이 절대 없습니다.

037 - P.127, 1970.12.23

여러분 자신이 주의해야 할 것이 무엇이냐? 나 자신에게는 하나되려야 하나될 수 없고, 화합하려야 화합할 수 없는 부정적인 요소가 있다는 것입니다. 마음은 위하려고 하는데도 불구하고 몸은 위하려고 하지도 않고, 위해 주는 것을 순순히 받지도 않는다는 거예요. 이것이 고질통이라는 거예요. 이 몸뚱이가 고질통이라는 겁니다. 그러니 이것을 때려 잡아야 된다는 겁니다.

그래서 종교는 몸을 때려 잡는 운동을 하는 것입니다. 금식을 해라, 잠을 자지 말라, 거지 노릇을 하라고 하는 것입니다. 도의 길을 가려면 얻어먹는 생활부터 시작해야 되는 것입니다. 그 다음엔 방랑생활을 하라는 거예요. 정처없이 떠돌아다녀 봐야 된다는 것입니다. 이렇게 몸을 때려 잡는 운동을 하는 것이 종교입니다. 몸뚱이, 즉 외적인 세계를 완전히 부정하고 나서는 종교일수록 고차적인 종교입니다.

4. 종교의 종류

053 - P.296, 1972.03.04
    종교에는 여러 종류의 종교가 있습니다. 하나님을 중심삼은 종의 종교가 있습니다. 그 다음에는 양자의 종교가 있습니다. 그 다음에는 아들의 종교가 있습니다. 그리고 최후에는 부모의 종교가 나와야 됩니다. 인간이 타락했기 때문에 종교도 필요하고 구세주도 필요한 것입니다. 인간이 타락하지 않았으면 예수님이고, 구세주고, 종교고 다 필요 없다구요. 대번에 하나님과 하나되어 가지고 영원한 하나님의 사랑을 중심삼고 이 땅에서 살 것이고, 그런 어머니 아버지에게서 태어난 아들딸, 후손, 그 나라가 전부 하늘나라로 들어가는 것입니다. 그렇게 지상에서 살다가 하늘나라에 들어가기 때문에 지상천국에서 천상천국으로 들어가는 거예요. 인간의 타락으로 말미암아 지옥이 생겨났고, 예수님이니 구세주니 종교니 하는 것이 생겨난 것입니다.

079 - P.154, 1975.07.20
    참된 종교가 뭐냐? 현실을 확실히 알고, 미래를 확실히 가르쳐 줘야 참된 종교입니다. 종교 가운데도 여러 종류가 있습니다. 망원경은 망원경인데 유리알이 울퉁불퉁한 것이 있고,

4. 종교의 종류

현미경은 현미경인데 보이다 안 보이고 보이다 안 보이고 하는 게 있습니다. 그러므로 완전한 현미경, 완전한 망원경을 필요로 한다는 것은 당연한 이치입니다. 종교에는 여러 형태가 있습니다. 좋은 것, 나쁜 것, 제일 좋은 것, 짠잔한 것 이런 것이 있다는 거예요.

018 - P.108, 1967.05.28

많은 종교의 도주들이 찾아가는 곳은 마음이 영원히 깃들 수 있는 곳입니다. 만일 그들의 종교에도 진리가 있다면 그 진리는 하나님을 확실히 가르쳐 줄 수 있는 것이어야 합니다. 또 하나님과 인간과의 관계를 확실히 가르쳐 줄 수 있는 것이어야 됩니다. 또한 가르쳐 줄 때에도 사랑을 중심삼고 가르쳐 주지 않으면 그것은 유언비어에 불과합니다. 가르쳐 주는 교리들의 차이에 따라서 종교의 분열이 생겨나는 것입니다.

056 - P.302, 1972.05.18

종교 가운데도 외적인 것이 많다구요. 우리 사람을 두고 보게 되면 종의 종 자리에서부터 복귀역사를 해 나가는 것입니다. 그 다음에는 종의 자리, 양자의 자리, 아들의 자리, 부모의 자리, 이렇게 거꿀잡이로 복귀해 나가는 것입니다. 그래서 수많은 종교 가운데 종의 종의 사명을 짊어진 종교도 있고, 종의 사명을 짊어진 종교도 있고, 양자의 사명을 짊어진 종교도 있고, 아들의 사명을 짊어진 종교도 있습니다. 맨 나중에는 부모의 사명을 다해야 비로소 본연의 사람을 복귀해 낼 수 있습니다.

종교 가운데는 급이 많다구요. 불교라든가 유교라든가 이런 종교가 평면적으로 보게 되면 별반 차이가 없는 것 같지만, 그 거쳐온 역사적인 유래를 두고 볼 때는 종의 종교라든가 종

▲ 1985년 미국에서 개최된 제1차 세계종교의회 전경

의 종의 종교라든가 하는 것이 있습니다.

　종의 종의 종교는 주인이 없습니다. 종을 주인으로 삼는 것이 종의 종의 종교라구요. 그러나 종의 종교는 주인을 가질 수 있다구요. 그 다음에는 양자의 종교, 아들의 종교로 복귀해 올라오고 있습니다. 맨 나중에 나오는 것이 뭐냐? 타락한 부모로 말미암아 악한 혈통을 받았기 때문에 이것을 완전히 탕감한 선한 부모가 나와야 합니다. 그래 가지고 하나님의 본성의 혈통적인 인연을 복귀해 줄 수 있는 기준을 완전히 갖추지 않으면 본연의 완성된 사람, 몸과 마음이 싸우지 않는 사람이 나올 수 없다는 것입니다.

　그렇기 때문에 수많은 종교가 있지만 종교 중의 최후의 종

4. 종교의 종류

교가 어떤 종교냐 하면 하나님의 본성의 원리를 중심삼고 완전히 하나 만들어줄 수 있음과 더불어 우리 자신들을 다시 낳아 줄 수 있는 그런 부모의 종교입니다. 그런 종교가 나와야 됩니다.

그러면 통일교회는 무엇을 부르짖고 나오느냐 하면 부모의 종교의 사명을 완결해 가지고 종의 종교에서 못 한 것, 양자의 종교에서 못 한 것, 아들의 종교에서 못 한 것을 전부 다 대신 완성시키는 사명을 하자는 것입니다. 이것이 하나님의 뜻 가운데에서 나왔기 때문에 이 종교만을 중심삼고 인류는 소망을 성취할 수 있습니다. 거기서 통일이 가능한 것입니다.

009 - P.140, 1960.05.01

오늘날 수많은 도(道)가 있지만, 심정을 통과할 수 있는 하나의 도가 역사노정에 나타나지 않았습니다. 그러한 도가 기필코 나타나야 됩니다. 만일 그것이 나타나지 않는다면 하나님은 안 계신 것입니다. 인간이 지켜야 할 사회적인 윤리와 도덕을 가르쳐 주는 도도 있고, 무한한 영계를 가르쳐 주는 도도 있지만, 윤리도덕과 무형세계에 대한 가르침을 통합하여 하나의 심정의 골자 위에 올려놓는 종교가 있어야 됩니다. 그런 종교를 찾아보니 기독교더란 말입니다. 기독교는 심정의 종교입니다. 인간은 타락함으로 말미암아 하나님을 잃어버렸고, 하나님이 우리의 아버지라는 것을 모르게 되었습니다. 실체를 갖춘 참부모를 잃어버렸는데, 기독교는 그 참부모를 소개해 줄 수 있는 종교입니다.

022 - P.269, 1969.05.04

기독교가 다른 종교와 다른 점이 무엇이냐? 다른 종교가 구주의 내용을 가르친다 하더라도 구주에 대한 내용이 다르다는 것입니다. 다른 종교들을 보면 하나님 앞에 종의 사명을 가지고 온 종교도 있고, 하나님 앞에 양자의 사명을 갖고 온 종교도 있습니다. 그러나 기독교는 그렇지 않다는 것입니다. 하나님의 아들을 중심삼아 가지고 하나님이 인류를 다시 낳아 줄 수 있는 부모를 대신한 입장에서 이 땅 위에 보내심을 입었다는 것입니다. 그런 종교가 종교 중의 최후의 종교요, 하나님께서 이 땅 위에 보낸 수많은 종교 가운데 마지막 종교가 아닐 수 없다는 것입니다. 그러한 내용을 갖지 못한 종교는 세계의 수많은 인류를 구할 수 없다는 것입니다. 이러한 점에서 볼 때 기독교는 그러한 입장에 선 종교라는 것입니다.

020 - P.115, 1968.05.01

　기독교 역사는 종의 터전 위에 양자를 세운 역사였습니다. 아들은 아들인데 직계 아들이 아니었습니다. 양자였습니다, 양자! 양자도 물론 부모의 재산을 상속받을 수 있는 상속권은 있습니다. 그러나 양자와 직계자녀는 근본적으로 다릅니다. 양자는 그 핏줄이 다릅니다. 그렇기 때문에 양자는 자기의 핏줄을 잘라 버리고 접을 붙여 직계의 혈통으로 전환시켜야 합니다.

　혈통이 다르다는 것은 아버지가 다르다는 것입니다. 그러므로 아버지가 다른 혈통을 가지고 태어난 인간은 본래 타락하지 않은 본연의 부모에 의하지 않고는 죄를 탕감할 수 없습니다. 그렇기 때문에 오늘날까지 역사는 타락하지 아니한 종지 조상이 될 수 있는 권리를 가진 그 한 분이 올 때까지 종교의 이념을 중심으로 연결시켜 왔습니다.

　오늘날의 기독교는 세계적인 종교가 되었습니다. 그들은 예수님을 믿어야 천국에 가고, 안 믿으면 못 간다는 말을 합니

4. 종교의 종류

다. 도대체 예수님이 누구입니까? 기독교인은 만민의 구세주라고 말합니다. 그러면 불교나 유교에서는 '우리도 세계적인 종교인데 기독교만 중심삼고 만민을 구원할 것이 무엇이냐'고 말할 것입니다.

하여튼 불교나 유교도 동·서양의 문화를 묶기 위해 하늘이 특별히 세운 종교입니다. 세계적인 아벨, 혹은 양자로서 책임을 할 수 있는 역사를 대표한 종교입니다. 그렇지만 불교나 유교에서는 인류의 조상이 나타나지 않았습니다.

이 땅 위에 죄악이 출발되었던 것은 인류의 종지조상이 타락했기 때문에 이것을 책임지고 탕감할 수 있는 입장에서 '나는 인류 조상이다'라고 할 수 있는 분이 나와야 하는 것입니다. 그래서 '나는 하나님의 독생자다'라고 주장한 분이 예수님입니다. 이 한마디가 세계사를 출발시키는 새로운 선민적 표어라는 것입니다. 또한 '하나님의 독생자'라는 이 말은 예수님이 세상 사람과 다르다는 뜻입니다. 독생자라는 그 말이 성경에 나와 있습니다. 독생자라는 말이 예수님이 주장하시는 말씀인 복음 가운데 나타났다는 사실이, 오늘날 이 땅 위에 새로운 시대가 출발할 수 있는 기원이요, 새로운 세계가 출발할 수 있는 터전이 된 것입니다.

053 - P.296, 1972.03.04

새시대라는 말은 종의 종교시대가 끝나서 양자의 종교시대로 바뀌는 때가 되고, 양자의 종교시대가 아들의 종교시대로 바뀌는 때가 되고, 아들의 종교시대에서 부모를 만나 부모의 종교시대로 될 때는 반드시 새로운 시대라고 말하는 것입니다. 그 중간에서는 언제나 새시대를 말하게 되어 있는 거예요. 이런 것을 전부 다 알아 가지고 최후에 하나의 참된 부모를 모시고, 그 부모와 같이 살다가 천국에 갈 수 있는 종교를 맞이해야 되는 것입니다.

　그러면 4대 종교 가운데 어느 종교가 제일가는 종교냐? 이것을 우리들이 찾아봅시다. 유교는 신에 대해서 막연히 가르치고 있습니다. 선을 행하면 복을 받고 악을 행하면 벌을 받는다고 하는 도덕적인 관점에서 가르쳐 주고 있습니다. 불교는 신이 있는 것을 가르쳐 주지만 실천의 신보다도 법적인 신을 더 강조하고 있습니다. 인격적 신에 대해서는 언급하지 않았습니다. 그리고 회교는 한 손에는 코란을 들고 한 손에는 칼을 드는, 종교의 본질에서 어긋난 입장에서 신을 찾았습니다.

　제일가는 종교의 기준을 무엇으로 결정할 것이냐? 인간이 타락하지 않은 본래의 선한 자리에서 창조주 하나님과 대상인 인간이 만날 수 있는 원칙적인 완전한 내용을 기준으로 해서 선택하지 않을 수 없다는 것입니다. 그것이 뭐냐 하면 앞에서 말한 하나님의 아들이 되는 것이요, 하나님과 한몸이 되는 것이요, 창조의 능력을 행사하는 것이요. 창조의 위업을 이어받아 가지고 기쁨을 느끼는 4대 요건인 것입니다. 그것을 중심삼고 거기에 부합되는 종교의 내용 기준에 따라 등급이 결정된다는 것입니다.

　그런 관점에서 볼 때 4대 종교 가운데 그런 종교가 어떤 종교냐? 우리가 기독교라는 간판 밑에 있는 것이 아니에요. 내가 이런 것을 알았기 때문에 기독교라는 이름을 붙인 것입니다. 예수님은 이 땅에 와서 무엇을 주장했느냐 하면 '나는 하나님의 아들이요, 독생자' 라고 주장했습니다. 인류 역사노정에 있어서 처음으로 이분만이 하나님의 독생자라고 주장한

4. 종교의 종류

것은 인간을 창조한 당시의 본연의 최고의 기준을 설파한 것입니다. 여러분은 인류 시조가 타락을 했기 때문에 하나님의 사랑을 다 받지 못하고 떨어졌다는 것을 알아야 되겠습니다.

다시 말하면 아담은 하나님 앞에 완전한 사랑을 받을 수 있는 첫 사람이었는데도 불구하고 하나님의 첫번 사랑을 받지 못했습니다. 그렇기 때문에 이 받지 못한 부분을 완전히 받는 결정적인 자리를 차지하고 나선 분이 예수님입니다. 고린도전서 15장 45절을 보면, '첫 사람 아담은 산 영이 되었다 함과 같이 마지막 아담은 살려 주는 영이 되었나니' 라고 기록되어 있습니다. 예수님은 둘째 번 아담으로 오신 것입니다.

여러분은 그것을 알아야 됩니다. 첫째는 사람으로서 하나님의 아들이 되는 것입니다. 둘째는 하나님과 한몸이 되는 것입니다. 그렇기 때문에 요한복음 14장을 보면 '하나님은 내 안에 있고, 나는 하나님 안에 있다' 고 기록되어 있습니다. 하나 된 것을 말하고 있습니다. 또 '나를 본 사람은 하나님을 보았다' 고 했습니다. 결국 하나님은 내적인 하나님이요, 나는 외적인 하나님이라는 것입니다. 바로 나는 하나님이라는 말입니다. 셋째는 상대를 찾아 가지고 하나님의 창조의 위업을 상속할 수 있는 자리를 찾아가서 맞아야 됩니다.

229 - P.069, 1992.04.09

종교 중에도 종의 종교, 서자 종교, 친자 종교가 있는데, 기독교는 신부 종교입니다. 서양문명은 어떠한 입장에 있느냐? 아시아 대륙은 남자의 입장이고, 미대륙은 여자 입장입니다. 왜냐하면 서양문명권은 신부 종교를 갖고 있어요. 모든 종교는 동양에서부터 시작해서 전부 다 서양으로 건너갔습니다. 4대 종교의 종주들이 전부 다 동양에서 태어났다구요. 그래서 동양은 플러스적이고, 남성적이며, 대륙적입니다. 반면에 미대륙은 마이너스적이고, 여성적이에요.

237 - P.186, 1992.11.17

기독교는 신부 종교입니다. 그것을 모르면 안 돼요. 신부 종교를 대표해 온 것이 기독교입니다. 그 이외의 종교는 모두 천사장 종교예요. 세상에는 3대 종교가 있습니다. 공자를 통한 유교와 석가를 통한 불교와 마호메트를 통한 회교가 있습니다. 그것이 천사장 종교예요. 나머지 종교도 있지만, 그것은 모두 종의 종교입니다.

왜 그렇게 되느냐? 역사는 타락한 해와와 천사장에 의해 심어졌기 때문에 말세가 되면 그 심어진 기대가 수확이 되는 것입니다. 그래서 세 명의 천사장이 있는 것입니다. 한 명의 천사장이 타락했지만, 세 명이 전부 다 타락권에 떨어져 버린 거라구요. 그렇기 때문에 수확기에 국가적인 차원과 세계적인 차원에서 나타난 종교는 기독교를 중심으로 한 여자 종교라는 것입니다. 그것이 해와 종교입니다. 이것을 복귀해야 돼요. 그 다음에 세 천사장 종교를 복귀하는 것입니다.

그러므로 천사장 종교는 근본이 명확하지 않다는 것입니다. 하나님이 무엇인지도 모른다구요. 말세에도 어떻게 되는지 모릅니다. 단지 외적인 수행 개념만을 중심으로 지도해 온 것입니다. 그렇기 때문에 말세가 되면 보자기를 둘러싸고 주인집에 시중들러 가지 않으면 안 되는 그런 입장이 되는 것입니다. 명백한 전통이 없기 때문입니다.

그러나 그에 비해서 기독교는 명확한 전통을 가지고 있습니다. 기독교는 우선 하나님을 유일신으로 하고 있습니다. 절대적인 신, 그것은 근본이 하나라는 거예요. 하나님을 믿는다는

4. 종교의 종류

것은 절대적인 출발점을 상징하는 것입니다. 그러면 하나님을 중심삼고 어떻게 내적인 인연을 가지게 되었느냐? 하나님을 아버지라고 부르고 있다구요. 이 아버지라는 말은 위대한 것입니다. 하나님이 부모다 이거예요. 하나님의 자녀로서 그 하나님 앞에 태어난 종교의 대표가 여자 종교, 신부 종교인 기독교라는 것입니다.

그러므로 기독교를 중심삼고 주인이 오시는 것을 바라지 않으면 안 되는 것입니다. 구세주라든가, 메시아라든가, 재림주라든가…. 전부 다 남편이 오는 것을 바라는 것입니다. 그렇기 때문에 구약 성경도 메시아가 오신다고 했다구요. 메시아는 주인을 말하는 거예요. 그 주인은 가정적인 주인이고, 국가적인 주인이고, 세계적인 주인입니다. 만약에 인간이 타락하지 않았으면 그러한 출발점을 토대로 하여 시작했을 것인데, 타락했기 때문에 전부 잃어버린 것입니다. 개인적인 주인, 가정적인 주인, 국가적인 주인, 세계적인 주인, 천주적인 주인을 모두 잃어버렸는데, 그것을 대표하여 온 분이 메시아입니다.

234 - P.132, 1992.08.10

완성한 아담을 복귀하는 역사시대에 있어서 가인권과 아벨권을 중심삼고 종교권을 대표한 것이 기독교입니다. 기독교는 신부 종교입니다. 신랑으로 오실 주님을 기다리는 신부의 종교라구요. 그 이외의 종교들은 천사장 종교입니다.

다시 말해서 아담 해와의 복귀뿐만 아니라 천사장도 복귀되어야 한다는 거예요. 지금까지 동양과 서양에서 세계 판도를 중심삼고 수많은 종교가 나왔지만, 이러한 복귀의 원리를 모르고 있었다는 것입니다. 이것이 4대 종교입니다. 이 4대 종교인 불교·유교·회교·기독교가 전체의 뜻을 세계적인 판도로 전개시켜 가지고 이것을 규합한 하나의 결합적인 세계 형태의 종교가 되어 문화권을 대표한 불교 문화권, 극동 문화권, 기독교 문화권, 회교 문화권이 된 것입니다.

236 - P.219, 1992.11.08　　기독교는 신부의 종교입니다. 신랑을 모시는 신부의 종교입니다. 에덴동산에서 여자가 타락했기 때문에 신부를 다시 찾아야 되는 것입니다. 그 다음에 불교니 유교니 회교니 하는 것은 세 천사장과 마찬가지입니다. 그러니까 오래 되었다고 해서 종교 역사를 자랑하지 말라는 것입니다.
　　하나님 입장에서 볼 때 종교는 종의 종교로부터 양자의 종교, 서자의 종교, 아들딸의 종교, 어머니의 종교로부터 부모의 종교로 올라온 것입니다. 어머니의 종교가 기독교지요? 이것이 아버지 종교를 중심삼고 합해서 나온 부모 종교가 통일교회입니다. 그래서 통일교회는 참부모 종교라는 것입니다.

053 - P.171, 1972.02.19　　지금까지의 종교는 개인적으로 종이나 양자나 아들의 입장에서 가르쳐 주었지만, 이제 최후에 남아질 하나의 우주종교로서 등장할 것은 부모를 중심삼은 새로운 문화와 새로운 전통과 새로운 국가와 새로운 세계를 형성할 수 있는 새로운 종교입니다. 이것만이 하나의 우주종교가 된다는 것입니다. 결국 부모를 찾자는 것입니다.

222 - P.142, 1991.11.03　　구원에는 소생·장성·완성의 단계적인 구원섭리의 길이 있습니다. 그렇기 때문에 거기에는 소생적 종교, 장성적 종교, 완성적 종교가 있습니다. 완성적 종교에도 어머니 종교가

4. 종교의 종류

있고 부모의 종교가 있고 하나님의 종교가 있다 이거예요. 어머니 종교, 부모 종교만 가지고 안 돼요. 하나님과 합하여 가지고 어머니 아버지와 하나된 종교, 그러한 종교가 오늘날 통일교회다 이거예요.

통일교회는 하나님 종교, 참부모 종교입니다. 완성한 남성의 종교인 동시에 완성한 여성의 종교라는 것입니다. 그러면 완성한 남성의 종교는 어떠한 종교냐? 완성한 종교는 어떤 것이냐? 이것이 문제가 돼요. 물론 종교에서도 문제지만 그 문제 되는 그 종교의 기준, 남자 여자의 기준이 국가 국가에서도 문제가 되고, 사회에서도 문제가 되고, 단체에서도 문제가 되고, 가정에서도 문제가 된다는 것입니다. 그러면 그것을 수습하는 데는 가정에서부터 수습하고, 그 다음에는 단체에서 수습하고, 그 다음에는 나라에서 수습하고, 그 다음에는 세계적으로 수습해서 섭리적 최종 목적을 달성해야 된다 이거예요. 방대한 내용이 되는 것입니다.

3
문선명 선생의 종교연합사상

1. 하나님은 모든 종교의 하나님이다

190 - P.320, 1989.6.23 이 우주는 단순히 물질에 근원하였다거나 자연발생적으로 된 것이 아닙니다. 우주의 제1 원인자인 창조주 하나님에 근원하였습니다. 창조주 하나님은 절대자요, 영원불변하고 선한 분입니다.

38 - P.254, 1971.1.8 천지간에 있어서 절대적이고 제일 귀한 것이 무엇이냐? 그것은 나라도 아니요, 세계도 아닙니다. 우주의 대주재인 절대자 하나님입니다. '하나님'이라는 말은 한국말로 '하나밖에 없는 님'이라는 말입니다. 한 분밖에 없는 주인, 그분이 최고의 존재라는 것입니다. 그분으로 말미암아 세계가 생겼기 때문에 그분으로 말미암지 않은 것은 존속하지 못하게 되어 있습니다. 그렇기 때문에 우리 마음도 그분으로 말미암은 것이요, 그분과 더불어 하나되기 위한 목적을 갖고 있음이 틀림없습니다. 따라서 우리 마음은 무엇을 위해서 이렇게 날뛰고 뒤넘이치느냐? 최후에는 하나님을 점령하기 위해서입니다.

105 - P.25, 1979.7.8 인간이 잃어버린 그 하나님이 누구냐 하면, 우리의 부모입

니다. 인간의 맨 종지조상이고, 영원에서부터 영원까지 단 한 분밖에 없는 왕입니다. 그러면 우리는 무엇이냐? 하나님의 아들딸입니다. 우주를 지배하는 왕의 아들딸입니다. 왕자 왕녀라는 것입니다. 그러면 그 왕자 왕녀가 뭘 하느냐? 그 왕권이 치리하는 데에서 사랑을 중심삼고 교육을 받고 생활하자 하는 것입니다. 그것이 세계의 이상입니다.

23 - P.99, 1969.5.14

하나님은 절대적이면서도 영원한 분입니다. 그러므로 그 하나님의 생각도 절대적이며 지향하는 목적도 절대적입니다. 따라서 그 절대적인 하나님이 바라는 목적도 단 하나입니다. 그것은 둘이 될 수 없습니다. 만일 한 분인 하나님이 두 목적을 가지고 오늘은 여기 갔다 내일은 저기 갔다 하게 되면, 그 하나님은 믿을 수 없는 분이 되고 맙니다.

38 - P.268, 1971.1.8

하나님은 절대자이기 때문에 목적하는 바도 하나다. 절대적이라는 것입니다. 하나님이 절대적인 목적을 두고 사람을 지었다면 그 지음받은 사람이 어찌해서 두 목적의 사람이 되었느냐? 마음이 목적하는 것과 몸이 목적하는 것이 왜 다르냐? 이것을 종교에서는 타락이라고 말합니다.

41 - P.323, 1971.2.18

하나님은 최고의 분이요, 절대자이기 때문에 절대자가 바라는 목적은 절대적인 것이요, 단 하나밖에 없습니다. 그러므로 그것은 인간을 중심한 세계의 어떤 주의보다도, 인간이 바라는 어떤 목적보다도 절대적인 입장에 선 내용이어야 합니다. 그런 목적을 중심삼고 거기에서 비로소 인류가 바랄 수 있는 참된 목적점을 결정할 수 있는 것입니다. 그것 외에 인간만의

1. 하나님은 모든 종교의 하나님이다

목적을 중심삼고 나오는 것은 우리 인생이 타당한 목적으로 결정할 수 없습니다.

201 - P.12, 1990.2.28

하나님은 절대적인 존재요, 전지전능한 분입니다. 무소부재한 분입니다. 하나님은 모르는 것이 없고, 능치 않음이 없습니다. 그렇게 모든 것을 갖춘 주체로서 절대적인 자리에 계신 하나님에게 무엇이 필요하냐? 하나님이 절대적인 주체라고 하더라도 그 절대적인 주체가 절대적으로 주체가 되는 동시에 절대적으로 상대가 되고 싶은 마음도 있어야 됩니다. 사람에게 있어서 동쪽만 필요한 것이 아니다. 동이 있으면 서쪽이 필요하고, 동서가 있으면 남북이 필요하고, 남북이 있으면 전후·좌우·상하가 필요합니다. 그래야 하나의 구형이 이루어지는 것입니다. 그렇기 때문에 우주는 구형을 표준으로 해서 움직입니다.

60 - P.262, 1972.8.18

하나님은 절대적이요, 하나의 사상을 가진 분이기 때문에 신앙세계는 자연히 하나님의 사상권 내로 흡수되어 들어갑니다. 고차적인 사상은 저급한 사상을 흡수함으로써 하나의 체계를 세워 수습해 나가는 것입니다. 신앙세계에 어떤 한 사상체계가 있으면 그 사상은 강(江)으로 말하면 하나의 지류(支流)와 같은 것입니다. 산꼭대기에 올라가서 보면 남쪽으로 흘러가는 강인데도 불구하고 북쪽으로 흘러가기도 합니다. 이렇게 자기 멋대로 흘러가지만 점점점 흘러감에 따라 대해(大海)로 들어가는 입구에 이르게 됩니다. 이것이 하나의 본류(本流)를 거쳐 하나의 통합된 결과를 맞아 대해로 들어가는 것입니다. 그때는 반드시 하나의 방향으로 가게 됩니다.

1 - P.343, 1956.12.30   오늘날 인류가 믿고 있는 하나님은 내 하나님인 동시에 인류의 하나님입니다. 우리의 하나님인 동시에 세계적인 하나님이요, 세계적인 하나님인 동시에 하늘땅의 하나님입니다. 그와 동시에 우주적인 부모입니다.

96 - P.90, 1977.12.18   하나님은 개인의 아버지고, 가정의 아버지고, 종족의 아버지, 민족의 아버지, 국가의 아버지, 세계의 아버지입니다. 아버지는 다 같습니다. 세계가 그 아버지의 사랑으로 연결되고 싶어합니다.

13 - P.25, 1963.10.16   하나님은 만민의 아버지입니다. 그런고로 그 아버지의 인격 · 경제 · 권세 · 진리는 모두 만민의 것입니다.

22 - P.137, 1969.2.2   하나님은 온 세계의 하나님입니다. 하나님은 세계를 하나의 사랑권 내에 품으려는 분이기 때문에 설령 대한민국을 사랑하지 않는다고 하더라도 선생님은 원망하지 않습니다. 그 말을 들을 때, 대한민국 사람은 기분 나쁠 것입니다. 그렇지만 하나님은 대한민국만의 하나님이 아닙니다. 대한민국을 버리고 세계를 취하느냐, 세계를 버리고 대한민국을 취하느냐 할 때 어떤 것을 취하겠는가? 세계를 위하여, 세계를 사랑하기 위하여 몸부림치는 사람은 자기 나라가 망하더라도 그 나라를 다시 부활시켜서 세계를 상속받을 수 있는 사람이 될 수 있습니다. 대한민국은 그런 민족이 되어야 합니다.

8 - P.351, 1960.2.28   하나님은 만민의 의논의 상대자요, 만민의 보호자요, 만민의 비밀을 맡아서 지켜주는 분입니다. 그러기에 여러분은 심

1. 하나님은 모든 종교의 하나님이다

중으로 의논하고 싶은 그분을 만나야 합니다. 진정으로 애달픈 마음을 전부 털어놓고 의논하고 싶은 그분을 만나야 합니다. 그러한 친구를 가져야 합니다. 자기 생명의 고충도 잊어버리고 보호해 주는 친구, '네 마음의 모든 비밀을 맡아주마' 할 수 있는 동지를 이 땅 위에서 찾아야 됩니다.

85 - P.183, 1976.3.3

　기독교인들은 하나님 하게 되면, 전부 다 자기들의 하나님인 줄로 알고 있습니다. 하나님은 만민의 하나님입니다. 어느 누구의 하나님이 아니고 우리 모두의 하나님입니다. 종교를 믿는 것은 하나님을 모시는 것입니다.

85 - P.263, 1976.3.3

　오늘날 성인을 거느릴 수 있는 하나님은 어떤 분이냐? 하나님은 말하기를 '너는 나한테 충성의 도리를 다 하라' 라고 가르치지 않는다. '나를 버리고라도 만민을 사랑하고, 이 지구성에 있는 모든 것을 해방하는 동시에 영계에 있는 영인들까지 사랑하고 나서 나를 사랑하라' 고 하는 것입니다. 하나님은 그런 분이기 때문에 만군의 여호와라는 명칭을 영원히 지닐 수 있는 것입니다.

7 - P.66, 1959.7.12

　하나님은 한국만의 하나님도 아니요, 미국만의 하나님도 아니요, 영국만의 하나님도 아닙니다. 우주의 하나님이요, 우리의 하나님이요, 내 하나님입니다.

106 - P.43, 1979.11.11

　하나님은 가정의 하나님만이 아니라 교회의 하나님이요, 나라의 하나님이요, 세계의 하나님입니다. 하나님은 우리 교회와 우리 집에 있어서의 아버지요, 나라에 있어서의 아버지요,

세계에 있어서의 아버지입니다. 그리고 나 놓고는 못 사는 아버지입니다.

72 - P.28, 1974.5.7   하나님은 만국의 하나님입니다. 세계를 하나의 가정과 하나의 나라로 세우고 싶은 분이 하나님입니다. 따라서 나라를 희생시키면서라도 세계를 살려야 된다는 사상이 생겨나지 않으면 세계를 하나로 만들 수 있는 길은 없습니다. 그러니 초민족적인 자리에 서지 않으면 안 됩니다.

103 - P.228, 1979.3.1   하나님은 만민의 하나님이요, 전세계 인류의 하나님이요, 천주의 하나님이지 내 종파의 하나님이 아닙니다. 하나님은 말씀하시기를 '나는 신본주의를 갖고 있는 동시에 인본주의도 갖고 있고, 물질주의도 갖고 있다'고 합니다. 그것을 주창한 분이 하나님입니다. 하나님 자신이 영적이라는 것입니다.

219 - P.110, 1991.8.27   선생님이 아는 하나님은 인간이 논리를 갖추어 집대성한 교리 내용에 집착하지 않습니다. 하나님은 우리 모두의 부모이며 근원자이기에 참사랑을 중심삼고 인종과 종파와 문화를 초월해 계시기 때문에 차별을 두지 않습니다. 그러므로 종교인은 모름지기 만민 구원과 더불어 평화이상세계를 실현하려는 신의 참사랑의 뜻에 완전히 따라야 합니다. 종교는 현실에 안주하지 말고, 살아 계신 하나님과 더불어 참사랑과 참생명력 있는 대화를 해 나가는 산 신앙의 길로 나가야 합니다.

133 - P.273, 1984.8.13   하나님은 교단주의나 교리나 파당주의를 초월해 계십니다. 하나님의 목적은 언제나 전인류를 구원하는 데 있고, 특정 민

1. 하나님은 모든 종교의 하나님이다

족이나 인종이나 종교단체만을 구원하려는 것이 아니었으며, 이것은 지금 이 시간에도 변함이 없습니다. 종교인으로서 우리가 상호간의 싸움과 적대행위를 종식시키지 않는다면 세상을 구원하려는 하나님을 도울 수가 없습니다.

234 - P.221, 1992.8.20

한 분이신 하나님은 모든 종교의 하나님입니다. 그러므로 종교는 각 종교 자체를 정화시켜야 하고, 우주적인 원리로서 승화시켜야 합니다. 종교의 중심적 가치는 하나님의 참사랑입니다. 참사랑은 다른 사람을 위하여 살라는 가르침으로 설명될 수 있습니다.

229 - P.295, 1992.4.13

기독교는 오늘날 자기 제일주의, 독단주의자입니다. 주님이 구름 타고 와서 세계 모든 것은 다 쓸어버리고 자기들을 구원시켜 준다는 꿈 같은 이야기를 하고 있습니다. 하나님의 뜻은 분파되어 싸우는 이 종파가 아닙니다. 세계를 구원하는 게 목적입니다. 만국에 있는 10억 기독교인을 제물로 삼아서라도 60억 인류를 구해야 할 하나님의 뜻을 모르는 기독교의 말로는 지옥행이 될 수밖에 없습니다.

12 - P.53, 1962.10.7

하나님은 한갓 교황청이나 가톨릭만의 하나님이 아닙니다. 하나님은 세계 종교의 하나님이요, 인류의 하나님입니다. 세계는 바야흐로 하나님이 소망하는 이상의 세계로 수습되어 가고 있습니다. 때문에 하나님은 봉건시대의 교황청이나 가톨릭에만 계실 수 없습니다. 앞으로 세계는 기필코 하나의 세계가 되어야 하고 또 될 것입니다. 하나님이 바라시기 때문입니다.

138 - P.187, 1986.1.21   하나님은 교파주의자가 아니라 세계주의자입니다. 세상을 사랑할 수 있는 교파를 하나님은 바랍니다. 예수님이 세상을 구하기 위해서, 만민을 사랑하기 위해서 죽음의 길을 찾아갔으니 사랑을 다 못 하고 죽어 간 예수님의 한을 풀기 위해서 기독교인들은 만민을 사랑하는 데 있어서 선두에 서서 죽음길을 자처해 가야 합니다. 이랬으면 세계 통일은 벌써 한꺼번에 되었습니다. 2천년이나 걸리지 않습니다. 로마교황을 중심삼고 천하를 통일한 지 오래여야 되는데, 세상을 수습하지 못하고 참사랑을 소화하지 못했기 때문에 인본주의자들이 나와서, 사탄이 재침입해서 역사를 망치는 비참사가 벌어졌습니다.

74 - P.62, 1974.11.12   오늘날 종교인들의 사명이 무엇이냐? 자기가 구원받는 것보다도 하나님의 뜻인 세계를 구하는 데 협조자가 되어야 합니다. 이것이 종교인의 사명이요, 지상세계의 사명입니다. 이것을 오늘날 우리는 생각지도 못했다는 것입니다.

2. 하나님과 인간의 본연의 관계회복

209 - P.023, 1990.11.25

　　종교라는 것은 신을 중심삼고 시작되는 것입니다. 오늘날 철학이라는 것은 지식을 중심삼고 신을 찾아 나가는 것입니다. 신이 있느냐 없느냐 하는 문제는 역사적으로 생각하는 모든 사람들에게 있어서 중심 표제가 되어 왔습니다. 그런데 20세기 후반에 들어와서는 신을 잃어버렸습니다. 신을 해명할 수 없게 되어 버렸다 이겁니다.

　　종교라는 것은 신과 더불어 생활하는 데서부터 출발한 것입니다. 신을 중심삼고 출발한 것이 종교라는 거예요. 그렇기 때문에 종주들을 중심삼은 세계적 모든 종교의 배후에는 모두 영적 세계의 내용이, 신과 관계되는 세계의 내용이 언제나 개재되어 있는 것입니다.

　　거기에 개재된 내용이 우리 현실 생활을 중심삼고 역사과정을 거쳐오면서 확대 문화권을 형성하여 온 것이 오늘날 4대 문화권이라고 볼 수 있습니다. 그렇기 때문에 모든 종교는 동양이 근거지가 되어 있다는 거예요. 4대 성인 하면 공자, 석가, 마호메트, 예수 그리스도를 말하는데 이 성인이란 분들은 모두 종주가 되어 있습니다.

그러면 그들이 하나님과 더불어 시작한 종주들로서 하나님을 확실히 밝혀 놓고, 하나님과 우리 인간과의 관계를 확실히 해명해 놓았다면 해명된 그 터전 위에 공동적인 방향성을 제시했느냐? 이게 문제입니다.

하나님은 절대적인 분이기 때문에 하나님이 생각하는 것은 둘이 아닙니다. 절대적으로 하나여야 됩니다. 또한 영원한 이상을 이룰 수 있는 주체의 내용이 있어야 됩니다. 이랬다저랬다 할 수 없다는 것입니다.

여러분, '절대자가 바라는 뜻은 절대적인 동시에 절대적인 이상이다' 하는 결론을 낸다고 보게 될 때, 하나님을 확실히 알아 가지고 그분의 뜻의 시작으로부터 과정을 거쳐 종착점에 틀림없이 도착했더라면 오늘날 인류상은 이와 같이 안 됐을 것이다 하는 것이 이론적인 결론입니다. 이렇게 볼 때에 모든 종주들이 신에 대한 확실한 결론을 못 냈다는 것입니다.

209 - P.025, 1990.11.25

근본으로 돌아가서 하나님이 있느냐 없느냐 하는 것이 문제입니다. 여기서부터 풀려면 문제가 큽니다. 오늘날 철학세계에서 말하는 의식이 먼저냐 실재가 먼저냐 하는 의식과 실재 문제, 사유와 존재 문제, 이것이 근본 문제입니다. 이것이 결정 안 됨으로 말미암아 무신론 유신론 두 세계로 분립되어 가지고 투쟁 내용을 중심삼고 인류 역사 앞에 막대한 피해를 입혔다는 것입니다. 피해를 입히는 것까지는 좋다 이거예요. 문제는 그 피해를 입힌 터전 위에서 인류에게 희망적인 해방을 가져올 수 있는 해결점을 모색할 수 없는 혼돈상이 벌어졌다는 것입니다.

그러면 과연 신이 있느냐? 신이 있다면 신과 나와의 관계를

2. 하나님과 인간의 본연의 관계회복

맺어야 할 텐데, 과연 신이 있느냐 이거예요. 간단히 신이 있느냐 없느냐 하는 문제를 한번 생각해 보자구요.

하나님은 볼 수 없습니다. 하나님을 볼 수는 없지만 계시는 것입니다. 우리 인간이 눈으로 볼 수 있는 것에는 한계점이 있습니다. 우리가 볼 수 없는 세균도 얼마나 많아요? 우리가 볼 수 없는 경지의 깊은 곳에 하나님은 존재하는 것입니다.

우리가 각자에게 '양심을 보았느냐?' 할 때, 어때요? 양심 봤어요? 양심을 알고는 있지만 봤다는 사람은 없습니다. 그러면 양심이 있다는 것은 어떻게 아느냐? 양심을 통해서 우리 인간 생활의 모든 주체적인 내용을 제시하는 것입니다. 이것은 안 되고 이것은 된다 하면서 지도하고 있다는 것입니다. 양심의 세계에는 법이 필요 없습니다. 다시 말해서 양심은 신이 있다고 할 때 인간이 신과 관계를 맺기 위한 제일 가까운 도리의 하나의 초점, 하나의 전초지라고 할 수 있는 것입니다. 그것이 양심입니다. 그렇기 때문에 양심은 무엇을 대신하느냐? 신을 대신할 수 있는 것입니다.

그러면 몸은 무엇을 대신하느냐? 이 몸과 양심에 상충이 벌어지고 있습니다. 이게 문제예요. 왜 몸과 마음이 싸우느냐? 여러분도 그렇지요? 몸과 마음이 하나되어 있어요? 세상의 문제 중에 제일 큰 문제가 뭐냐? 세계에 전쟁이 일어나고 국가가 혼란스러운 것도 문제지만, 제일 큰 문제는 내 몸과 마음이 하나 안 돼 있다는 것입니다. 그 이상의 문제가 없습니다. 몸 마음이 하나 안 돼 있다는 것입니다. 언제 이 과제를 해결하느냐? 이것은 인간에게 숙명적으로 남겨진 해결 문제입니다. 운명적인 입장에서도 해결 못 한다는 것입니다.

숙명이라는 것은 결정적인 말입니다. 예를 들어 내가 아무개의 아들로 태어났다 할 때, 그것을 부정할 수 있어요? 태어날 때 아무개 아들이 됐으면 영원히 그 아버지의 아들이지, 거기에 다른 사람을 대치할 수 없습니다. 그러나 운명이라는 것은 대치할 수 있어요. 천운은 동서사방을 통해서 돌기 때문에 그 동서사방을 통해서 운명은 대치할 수 있는 것입니다. 그러나 숙명이라는 것은 수직의 세계예요, 수직. 수직은 대치할 수 없습니다.

이렇게 볼 때, 신을 확실히 알고, 그분과 더불어 나는 일시적인 인연이 아닌 영원한 숙명성을 지니고 있다는 것을 알아야 됩니다. 그렇기 때문에 그분이 행복하면 나도 행복하고, 그분이 불행하면 나도 불행하고, 그분이 승리적 권한을 갖고 나타날 때에는 나도 그렇게 나타날 수 있는 권한이 있는 것입니다.

이렇게 볼 때, 하나님과 더불어 우리 인간은 '참되고 영원한 부자지관계'에 있다는 것입니다. 우주의 중심 본체 되시는 그분과 더불어 내가 부정할 수 없는 숙명적인 아들의 입장으로 태어났다 할 때에 두려울 것이 뭐 있겠어요? 못 할 것이 어디 있겠습니까?

오늘날 우리 인간들의 욕망이 너무 커서 그 욕망을 달성할 수 없다고 말하지만, 아니에요. 영원한 존재성과 영원한 이상성을 갖고 있는 하나님을 참된 부모로 모시고 그 하나님의 숙명적인 아들이 됐다 할 때는, 그분과 내가 숙명적인 부자(父子)의 관계를 이루었다 할 때는 우리 인간의 욕망은 한계 내에 있는 것이지만 절대적인 하나님의 욕망은 한계성을 넘어 있기 때문에 우리의 모든 욕망 이상의 소원성취도 가능하다는 것입니다.

2. 하나님과 인간의 본연의 관계회복

209 - P.038, 1990.11.25

하나님이 있느냐, 없느냐 하는 것을 얘기하자구요. 의식이 먼저냐, 실재가 먼저냐? 공산주의자들은 상식적인 모든 개념에 있어서 하나님이 없다고 그럽니다.

내가 비사로 가끔 드는 예지만, 여러분 매일 아침 세수할 거예요. 그때 얼굴을 가만히 한번 보라구요. 눈을 볼 때 이 눈이 이 세상에 태양이 있다는 것을 알고 이렇게 생겨났소, 모르고 이렇게 생겨났소? 모르고 생겨났다면 그건 미친 녀석이에요. 그거 모르고 생겨났다면 미친 녀석입니다. 태어날 때 벌써 천문학에 대한 모든 것을 알고 있었다는 거예요. 태양이 있는 것을 알았기 때문에 태양을 볼 수 있게 태어난 것입니다.

그 다음에 보라구요. 이 속눈썹이 왜 생겨났어요? 태어나기 전에 공중에 먼지가 나부낀다는 걸 알았어요, 몰랐어요? 괜히 이렇게 태어났어요? 벌써 나기 전에 다 알았다는 거예요. 이건 살도 아니에요. 털을 왜 갖다 붙였어요? 그 털이라는 것을 어떻게 선별해서 붙였어요? 또 그 다음에 누선(淚腺)이 있습니다. 태어나기 전에 벌써 이 지구성에는 복사열에 의해 가지고 수분이 증발된다는 걸 알았다는 것입니다. 물을 안 뿌려 주면 큰일나는 거예요. 그렇기 때문에 눈이 되기 전에 모든 박물학적 의식의 내용을 중심삼고 거기에 완전한 장치를 해 가지고 태어났다는 것입니다. 그 사실을 부정할 수 있어요?

보라구요. 이 눈썹이 사람이 서서 다닐 것을 알았다구요. 볼도 넓적한데 뭐하러 여기에 눈썹을 시꺼멓게 붙여 놨어요? 서서 다니니까 비가 오면 큰일나는 거예요.

또 코를 보라구요. 왜 이렇게 해 가지고 여기에 금이 생겼어요? 금이 생기고 싶으니까 생겼어요? 금이 요렇게 생겼으면 얼마나 좋아요? 이거 누가 이렇게 해 놨어요? 이미 태어나기 전에 다 그렇게 됐다는 것입니다.

또 귀를 보라구요. 이게 일층 이층 삼층으로 돼 가지고 화음이 되게 돼 있습니다. 만약에 이게 이렇게 뒤집어졌더라면 어떻게 되겠느냐 이거예요. 코가 거꾸로 됐다고 생각해 보라구요.

사람의 일신이 신비의 왕궁입니다. 그 모든 면에 있어서 지금 수백만의 의학박사들이 있지만 아직까지도 미지의 세계가 무궁무진하다는 거예요. 그런데 그것이 그냥 자연히 돼? 미친 녀석들, 정신이 나가도 유만부동이라는 거예요.

이렇게 볼 때 의식이 먼저입니다. 그렇기 때문에 보이지 않는 것이 먼저 시작된 것입니다. 실재라는 것은 보이지 않는 그 자체에 대한 환경적 요소로서의 상대적 실체물입니다. 우리 원리로 보면 성상(性相) 형상(形狀)이에요. 사람은 마음을 닮아 있다는 것입니다. 보이지 않는 마음을 닮아 있어요. 어디가 주체냐 하면 몸이 아니에요. 마음입니다. 왜? 천지의 이치가 그래요. 하나님은 보이지 않기 때문에 거기에서 시작하는 것입니다.

여러분이 생각할 때 하나님이 보였으면 좋겠지요? 만약에 하나님이 우리 눈에 보였으면 어떻게 되겠어요? 한번 생각해 보라구요. 하나님이 깡패 대장한테 끌려다니고 야단날 것입니다. 심보 사나운 것들은 아마 하나님을 잡으려고 매일같이 따라다닐 거라구요. 그러니 보이지 않기를 잘한 것입니다. 가장 귀하신 분인데 그분을 어디에 갖다 감추겠어요? 배를 째고 뱃속에 감추겠어요? 거기에 감추면 배를 째고 뽑아 간다구요. 내가 하나님이라도 별수 없이 안 보이는 원칙을 취했겠구나 하는 것을 깨달았어요.

2. 하나님과 인간의 본연의 관계회복

그래, 하나님이 안 보이기를 잘했습니다. 그래서 우리 같은 사람들, 욕을 먹고 쫓겨다니면서 그저 밀실에 들어가 가지고 기도하는 사람들, 보이지 않는 세계에서 노력하는 사람들만이 알 수 있게끔 되어 있기 때문에 좋으신 분이라는 것을 찬양하는 데 당당하다는 것입니다.

이제는 하나님도 알았고 참사랑도 알았습니다. 하나님과 참사랑은 절대 없어서는 안 된다는 것도 알았습니다. 그러면 하나님이 누구냐? 우리 아버지입니다. 무슨 아버지? 참된 아버지입니다. 무슨 참된 아버지? 참사랑을 그 기원으로 해 가지고 참생명과 참핏줄을 이어 주는 아버지예요. 그 생명은 절대적이요, 그 사랑도 절대적이요, 그 핏줄도 절대적입니다. 그걸 누가 그릇되게 할 수 없습니다.

039 - P.253, 1971.01.15

이제 여러분은 하나님이 계신 것을 알았으니, 하나님이 없다고도 못할 것입니다. 여러분의 몸을 생각해 보세요. 우리 인간의 몸 속에는 4백조 정도의 세포가 있는데 그것이 전부 다 다릅니다. 인간의 몸은 신비의 왕궁입니다. 아무리 의학박사들이 손가락 하나를 몇 천년, 몇 만년 연구하더라도 정확히 밝혀 내지 못한다는 거예요. 그러면 보물 중에 귀한 보물을 가진 인간의 가치가 왜 이렇게 떨어졌느냐? 인간의 가치가 그렇게 떨어져서는 안 되겠다는 거예요.

인간 본연의 가치를 다시 회복해야 됩니다. 우리 통일교회에서 복귀라는 말을 하지요. 여러분은 이제 하나님을 알았으니, 인간과 하나님은 어떤 관계가 되어야 하는지 생각해 보세요. 어떤 관계가 되어야 할지 대개 짐작할 것입니다. 그렇게 되면 나쁘겠어요, 좋겠어요? 좋겠지요?

145 - P.311, 1986.06.01

　　본래 '나'라는 것은, 이상권에 설 수 있는 '나'라는 것은 어떤 존재냐? 오늘날 주변으로부터 생활에 어떤 위협을 받아 가지고 생활고에 시달려 죽느니 사느니 하며 신음하는 '나'가 아닙니다. 본래 하나님의 사랑권 내에서 일체가 되었더라면, 타락이 없었던 그 이상세계는 단시일 내에 물아일체(物我一體)의 세계, 하나님이 이상하는 가정 이상형을 이루어서, 그 가정으로부터 사랑을 중심삼고 종족 편성, 민족 편성, 국가 편성이 이루어지게 되는 것입니다. 그러면 그 국가에 있어서 세워질 전통이 법으로 나타나 가지고 세계 전체를 통할하고 방향성을 수습할 수 있는 세계가 되는 것입니다. 그러면 그야말로 하나님의 사랑을 중심삼고 하나의 통일된 세계가 될 것이었습니다.

　　그러면 통일세계, 통일된 세계의 핵심이 무엇이냐? 하나님의 사랑입니다. 하나님의 사랑을 중심삼고 인간과의 관계에 있어서는 어떻게 되느냐? 하나님의 올바른 핏줄을 이어받아야 된다 이거예요. 그러면 하나님은 그야말로 우리 아버지가 되는 겁니다.

019 - P.015, 1967.11.02

　　선생님은 이 길을 처음 나설 때 우주의 근본이 무엇일까를 생각하며 파고들었습니다. 그것은 아버지와 아들의 관계인 것입니다. 따라서 복귀의 근본 내용은 부자의 인연입니다. 역사는 이 관계를 복귀시켜 놓아야 합니다. 그러므로 복귀역사는 본연의 아버지와 아들딸의 관계를 회복하는 것입니다.

209 - P.040, 1990.11.25

　　여기에 서 있는 이 사람이 통일교회를 만들게 된 동기가 어디 있느냐? 또 이와 같은 일을 하게 된 동기가 어디 있느냐?

2. 하나님과 인간의 본연의 관계회복

하나님이라는 분을 진짜 알고 보니, 하나님이 어떻다는 것을 진짜 알고 보니 이 세상을 가정에서부터 사회·국가·세계까지 전부 뒤집어 놓지 않으면 안 되게 돼 있더라는 것입니다. 그릇된 세상이에요. 이런 그릇된 결과를 종교세계에서는 단적으로 '타락했다'고 하는 것입니다. 떨어졌다, 궤도를 벗어났다, 본원지에서 이탈됐다 이겁니다. 제1 원인이 제2 결과에 연결될 수 없는 것입니다. 원인과 결과가 통할 수 없다는 것입니다. 그러니 타락된 그 인간은 원인을 알 수 없고 결과를 알 수 없는 것입니다.

타락은 무엇이냐? 여러분, 악마라는 것이 영계에 있습니다. 사탄이가 있는데, 그 사탄이 뭐냐? 하나님의 사랑의 간부예요, 사랑의 간부. 이것은 문총재가 세계적으로 처음 발표한 말입니다. 악마가 도대체 뭐냐? 천사장이, 종이 미래에 하나님의 부인 될 수 있는 사람을 겁탈했습니다. 아담 해와가 누구냐? 하나님의 몸입니다. 성경 고린도전서를 보면 '너희 몸이 성전 된 것을 알지 못하느냐' 그랬어요. 하나님의 집이에요, 집. 성경에 아담이 이름 지은 대로 되었다는 말이 있는데, 그게 무슨 뜻이에요? 하나님이 그 마음속에 들어와 계신다는 것입니다.

그럼 아담이 누구냐? 체(體)를 입은 하나님입니다. 기성교회에서는 이런 거 다 몰라요. 그러면 무엇 갖고 '하나님 아버지'라고 하느냐? 무엇이라고 답변할래요? 무엇이 하나님 아버지예요? 아버지는 무슨 아버지예요? 의붓아버지예요, 무슨 아버지예요? 하나님은 참아버지입니다. 진짜 아버지예요. 왜 그러냐? 참사랑을 가지고, 참생명을 가지고, 참혈통을 가지고 타락하지 않은 본연적인 완성한 참된 부모가 하나님과 더불어 참된 사랑을 중심삼고 연결되어 가지고 구형적 이상의 가정 형태를 이루었다면 하나님의 사랑이 거기 있는 것이요, 하나님의 생명력과 하나님의 혈통을 이어받을 수 있는 아담 해와가 되었을 것입니다.

그러면 하나님의 사랑과 하나님의 혈통과 하나님의 생명을 어디서 이어받느냐? 입이 아닙니다. 교주가 돼 가지고 이런 말 한다고 쌍스럽게 생각하지 말라구요. 본연적 기준에 있어서 사랑의 왕궁, 생명의 왕궁, 혈통의 왕궁이 어디예요? 그게 생식기라는 것입니다, 생식기. 그런데 그걸 왜 쌍소리라고 해요? 쌍것이 됐다는 것입니다. 하늘나라의 사랑의 왕궁을 파탄시켰고, 하늘나라의 생명의 왕궁을 파탄시켰고, 영원무궁토록 계승해야 할 하늘나라의 혈통을 파탄시킨 본원지이기 때문에 쌍것이라고 하는 것입니다. 그게 악마의 소굴이 됐다는 거예요.

그러면 왜 능력 많은 하나님이 이처럼 무력한 하나님이 되어 가지고 지금까지 이 세계를 수습하지 못하느냐? 그걸 알아야 됩니다. 본래 사랑 때문에 천지창조를 했으니 사랑의 인연을 맺게 되면 모든 것의 주인이 되는 것입니다. 주인이 되게 돼 있어요.

사대부집 외동딸이 그 집의 머슴하고 사랑관계를 맺게 되면 그 딸은 아버지 어머니의 딸이에요, 머슴의 사람이에요? 머슴의 사람이 되는 것입니다. 마찬가지입니다. 천지의 대도를 밝히려는 하나님의 창조이상세계에 머슴살이하던 녀석이 철부지 해와를 유인해 가지고 사랑관계를 맺었기 때문에 하나님이 제일 싫어하는 원수의 사랑을 통해서 하나님이 제일 미워하는 악마의 생명, 악마의 핏줄을 잇는 본궁이 되었다는 것

2. 하나님과 인간의 본연의 관계회복

입니다. 아담 해와가 이렇게 뿌렸기 때문에 가을절기가 되는 끝날이 오게 되면 온 세계는 음란으로 화하는 것입니다. 청소년들의 윤락시대가 온 천하에 창궐하게 되면 끝날이 온 줄 알아야 됩니다.

그때는 하나님의 사랑과 하나님의 생명과 하나님의 혈통을 통해서 철추를 가지고 심판할 것입니다. 그런 때가 오는 것입니다. 그때에 메시아가 오는 것입니다. 메시아가 어떤 분인지 알아요? 구세주가 어떤 분인지 알아요? 본연적 사랑의 질서를 찾아 본연적 하나님의 영원한 생명과 사랑과 혈통의 본궁을 찾아 행복의 기지를 바로 세우고 그와 연결된 가정과 일족을 넘어서 민족과 국가, 세계 앞에 하나의 사랑의 주도권으로 세우기 위해서 오시는 분인 것을 알아야 됩니다.

본연적 하나님의 사랑을 중심삼고 아버지 어머니를 부르고 싶었던 우리 인류 시조가 아버지 어머니를 불러 보지 못했어요. 본연적 형제지간의 사랑을 중심삼고 천년사를 넘어 절대적인 사랑으로 하나된 자리에서 '형아!' '동생아!' 하고 불러 보지 못했습니다. 그 자리에 서서 '아들아! 딸아!' 하고 불러 보지 못한 한을 가진 하나님인 것을 알아야 합니다.

참감람나무가 되라고 했는데 돌감람나무가 되었으니 접붙이는 비사가 성경에 나오는 것입니다. 중생(重生)해야 돼요. 다시 나지 않으면, 거듭나지 않으면 구원을 못 받는 것입니다. 이것은 고마운 말입니다. 이런 것을 알게 될 때 성경에 대한 의문이 환히 풀리고 경서의 모든 미비한 것이 다 풀리는 것입니다.

3. 앞으로 세계가 필요로 하는 종교

133 - P.284, 1984.11.03

하나님과 인간이 소망하는 것은 평화의 세계, 이상적인 하나의 세계입니다. 평화스러운 이상세계는 싸움이 없는 통일의 세계입니다. 그런데 전세계에 걸쳐 통일을 모색하기 이전에 한 국가의 통일이 먼저 모색되어야 합니다.

마찬가지로 통일된 국가가 있기 전에 통일된 종족이 있어야 하고, 통일된 종족이 있기 전에 통일된 이상적 가정이 있어야 겠으며, 더 나아가 통일된 가정이 있기 전에 모순·갈등이 없는 이상적 개인이 있어야 합니다.

이렇듯 개인에서부터 세계에 이르기까지의 문제해결은 자체 내의 선악 두 향선(向線)의 상극적 대립을 극복함으로써만 가능합니다. 이 일의 성취를 위한 역사적 가르침은 종교섭리를 통해 베풀어져 왔으며, 메시아는 이 섭리의 중심인물이요 표본인 것입니다.

참된 평화세계가 이루어지면 그 세계는 영원히 존속하는 것이며, 또한 초국가·초인종·초종교적일 수밖에 없으니, 그것은 실로 전인류가 한 부모 아래 한 형제자매의 인연으로 얽힌 하나의 대가족사회가 되는 것입니다.

3. 앞으로 세계가 필요로 하는 종교

하나님의 뜻과 인류의 염원이 이러함에도 불구하고 오늘의 세계는 어떻습니까? 지구촌을 말하고 하나의 세계를 운위(云謂)하면서도 다원화·전문화의 추세는 개인주의적 이기주의적인 풍조를 부채질하고 있으며, 개별화(個別化)의 현상은 그 극에 이르러 존재세계의 연체적 질서까지 크게 해치고 있습니다. 환경오염과 자연훼손은 지구 전체를 생태학적 위기로 몰고 가는가 하면, 컴퓨터에게 맡겨진 전쟁 무기의 조작은 이제 그 발명자인 인간이 그 밑에 노예처럼 공포에 떨고 있는 상황까지 초래하고 있습니다.

종교를 중심삼았던 기존 가치체계들은 왜 무너져 갔습니까? 그것은 종교 자체가 본래의 임무를 저버린 채 분열·분쟁이 그칠 사이 없었고, 그래서 현실에 대한 지도역량을 상실했기 때문입니다. 기존 종교들은 하나님과 인생과 우주를 명확하게 가르치지 못한 나머지 선과 악, 의와 불의의 구별을 확실히 할 수 없었고, 특히 하나님의 존재 여부에 대한 질문에 명쾌한 답을 주지 못하였습니다. 종교가 무력해지자 인간 앞에 물질은 수단이 아니라 목적으로 화하였고 향락이 당연한 것으로 되었으며, 인간성은 육욕(肉慾)과 물욕(物慾)에 의해 마비되고 동물화(動物化)되었으니, 이런 토양 위에 참된 사랑과 봉사, 그리고 의나 거룩함 등의 기존가치관이 계속 존립할 수가 없는 것입니다.

더욱이 현대사회의 조직화·대형화·기계화의 경향은 비인간화 또는 인간소외의 현상을 가속화하고 개인의 왜소화, 부품화 추세를 부채질하고 있습니다. 인간의 창조본성이 질식당하고 있는 이 상황과 질곡에서 인류를 해방할 새로운 가치관의 출현은 우리 모두의 절대적 요구라 아니할 수 없습니다.

새 가치관은 현대의 문제를 소화시켜 현대인을 설득할 수 있는 새 종교에 연원(淵源)을 두어야 합니다. 하나님께서 인류의 부모이심을 교육하고, 우주의 시원(始源)이 물질이 아님을 규명하고, 인간에게 영성(靈性)과 인격이 있어 하나님의 상속자로서 우주를 다스릴 권한이 있음을 밝혀야 합니다. 또한 창조본연의 사랑이상을 확인시키며 삼라만상이 이중목적의 연체(聯體)로 되어 있어서 우주 대질서 속에는 조화만이 있게끔 되었던, 태초의 이상을 밝히는 등의 일들을 새 가치관은 감당해야 할 것입니다.

032 - P.199, 1970.07.15　　지금까지의 종교는 어디까지나 개인 구원을 목적으로 하고 개인을 악에서 구한다는 내용을 가르쳐 왔습니다. 그러나 앞으로 세계가 필요로 하는 종교는 개인을 중심삼은 그런 종교가 아니라, 가정을 구축할 하나의 기틀을 마련할 수 있는 그런 종교입니다. 천의(天意)에 의해서 보장받을 수 있고 인의(人意)에 의해서 공인받을 수 있고, 천정과 인정이 합하여진 자리에서 어떠한 시련도 견뎌 낼 수 있는 가정 구원의 출발이 역사상에 새로이 나타나면 그러한 종교운동이 세계적으로 벌어질 것입니다. 그것은 어떠한 한 곳, 이를테면 한국이라는 특정한 민족을 중심삼는 것이 아니라 초국가적 초민족적인 기준에서 가정의 이념을 중심삼고 하는 운동입니다. 그런 운동을 하는 종교가 있다면 그것은 금후에 있어서 절대 필요한 종교가 아니겠느냐 하는 것입니다.

172 - P.143, 1988.01.10　　인간들은 인간이 살고 있는 자체 세계에 대해 모르지만, 신이 있다면 그 신이 바라는 것도 인간이 바라는 것과 마찬가지

3. 앞으로 세계가 필요로 하는 종교

일 것이기 때문에 신도 하나의 조국을 인간 앞에 주고 싶고, 하나의 세계를 인간 앞에 부여해서 평화의 세계를 건설하기를 바랄 것입니다. 그래서 신이 있다면 신은 이러한 분립역사, 전쟁역사로 얼룩져 온 역사상의 수많은 조국들을 하나로 묶는 놀음을 할 거라구요. 무엇을 통해서? 종교라는 것을 통해서! 그러니 종교가 나와야 됩니다.

그렇기 때문에 어떤 나라의 종교를 막론하고 종교는 반드시 하나의 목적을 지향하고 있습니다. 그 목적이라는 것은 민족적 한계 내에서의 목적이 아닙니다. 그 한계선을 넘어 세계적입니다. 세계적이면서 또 자기 일생만을 중심삼은 그런 종교이념을 가진 것이 아니라 영생을 중심삼은 종교이념을 갖는 것입니다. 환경을 극복하고 초월할 수 있는, 미래의 세계관적 내용을 중심삼은 입장에서 주장해 나오는 거예요. 그것이 종교의 배경입니다.

그러면 종교를 중심삼고 볼 때, 세계가 필요로 하는 종교는 어떠한 종교냐? 보다 평화를 제시할 수 있는 종교입니다. 그러한 종교가 되는 것은 자기를 중요시하고, 또 자기 중심삼은 소유관념이나 소유욕을 가지고는 불가능합니다. 그것은 역사시대에 자기들의 조국을 중심삼고 자기 민족을 중심삼은 주체적 관념에 지배받던 그런 형태를 벗어나지 못합니다. 이걸 벗어나게 하려고 '자기를 희생시켜라! 자기를 희생시켜야만 된다' 하는 것입니다.

그러나 자기의 이익을 추구하는 세계의 역사를 따라가게 될 때는 전쟁역사 그 자체 내에서 벗어나지 못합니다. 그것을 아는 하늘은 '자기를 희생시켜라! 자기를 부정해라!' 한 거예요. 또한 자기가 주체의 자리에 서더라도 자기 주체 이익을 추구하는 것이 아니라 상대의 이익을 추구할 수 있는 길을 택하라고 한 것입니다. 그래서 희생을 강조하고, 봉사를 강조하고, 자기 스스로를 부정하는 길을 찾아 나가는 것이 종교의 길이더라 이겁니다.

그래서 종교는 자기 부정으로부터 희생봉사를 강조하면서 참된 길을 찾아 나온 것입니다. 인간생활에 있어서의 일시적인 자기 생활 이념을 중심삼은 생애의 길을 가는 것이 아니라, 영원한 생애의 노정을 가면서 영원한 평화를 그려가는 것이 종교다 이겁니다. 고차원적인 종교일수록 그런 내용이 충실하게 되어 있는 것입니다.

162 - P.100, 1987.03.30

역사를 종합해 보면 로마교황청을 중심으로 한 신본주의도 실패하고, 인본주의인 민주주의도 실패하고, 물본주의인 공산주의도 실패했습니다. 그래서 신본주의 인본주의 물본주의를 전부 다 합할 수 있는 초국가적인 · 초이상주의적인 세계가 있으면 어떨 것이냐, 이런 생각을 하게 되는 것입니다. 그런 것을 종합할 수 있는 사상적 체계가 필요함과 동시에 종교적체계가 융합된 그런 하나의 길이 필요하다 하는 것이 절대 요구되는 시대권으로 넘어가고 있다는 것입니다. 그러니까 사상도 필요하지만 종교주의도 필요하다는 것입니다. 그것은 왜냐하면 신을 중심삼은, 인간 이상의 것이 필요하다 이거예요. 인간 가지고는 안 된다는 것입니다. 인간끼리는 싸우는 거예요. 세계역사의 모든 정치적 취향이 이런 방향으로 넘어 가기 때문에, 여기에 통일교회가 그것을 통합하기 위한 방편적인 길을 모색해서 발표하는 것이 두익입니다.

사람은 정신과 몸뚱이와 물질이 필요합니다. 그것은 역사에

3. 앞으로 세계가 필요로 하는 종교

있어서 종적으로 영적 지도권에 의한 신본주의 시대, 몸적 시대인 인본주의 시대, 물질 중심한 물본주의 시대로 끝에 다 왔습니다. 그러면 이것을 무엇으로 합하게 하느냐 이거예요? 몸뚱이가 정신을 합할 수 없고, 물질이 몸뚱이를 통해서 정신을 합할 수 없습니다. 그러니까 정신이 해야 되는 것입니다. 마음이 해야 되는 것입니다. 마음이. 그러면 마음 중의 무슨 마음? 최고의 마음, 최고의 정신기준이 완전해야 되는 것입니다. 그 마음이 역사 내의 마음이 아니라 역사권을 초월하여 작용할 수 있는 마음적 사상체계이어야 됩니다. 인간 역사시대를 초월한 신의 섭리시대와 연결되고, 한계적 사상권이 아니고 초한계적 사상, 다시 말하면 시한적인 사상이 아니라 초시한적 사상, 일생을 중심삼은 이상을 추구하는 것이 아니라 영원을 중심삼고 이상을 추구하는 이런 내용이 전시됨으로 말미암아 우리 생각하는 인간에게 있어서 비로소 생각을 중심삼고 안착할 수 있는, 정착할 수 있는 세계의 기준이 생겨날 수 있다는 것이 그래도 이론적인 논리입니다.

이렇게 볼 때 지금 제일 문제가 뭐냐 하면 인종을 어떻게 연합시키느냐 하는 문제와 몸뚱이를 대표한 인본주의하고 정신을 대표한 신본주의 종교권하고 어떻게 연결시키느냐 하는 문제입니다. 인종주의와 인본주의와 종교권을 연결해야 되는데 어떻게 연결시키느냐 이거예요. 세속적인 인본주의는 자기 일개국, 미국이면 미국 제일주의를, 프랑스면 프랑스 제일주의를 못 넘어갑니다.

그래서 무슨 결론이 나오느냐 하면 공산주의도 정신을 포함한 이상주의를 흡수해야 되고, 인본주의도 국가를 초월하여 세계주의 혹은 그 이상의 주의를 추구해야 되고, 종교도 자기 교단을 중심삼은 교파를 초월한 전체의 대표 종교로서 전인류를 위한 종교권으로 화합해야 된다는 결론이 나옵니다. 그런 내용을 갖지 않고는 세계를 수습할 수 없다는 것입니다. 앞으로 이런 것을 놓고 수습할 수 있는 주의, 이 최고의 정신과 연결되는, 즉 두익이 필요하다는 말이 나오는 거예요.

그러면 통일교회는 도대체 뭐냐? 우익을 안고 좌익을 안고 이것을 서로 붙들고 어디로 갈 것이냐? 여기에서 몰려서 싸우는 투쟁의 세계를 넘어서 하늘이 인도하는 행복의 세계로, 유토피아의 세계로 인도하는 것입니다.

이걸 안아 가지고 평면적으로 가서는 안 됩니다. 종적으로 들고 내려와도 이게 전부 다 붙어 다녀야 됩니다. 이걸 이렇게 하더라도 평면적으로 가서는 안 됩니다. 그것이 무슨 말이냐 하면, 통일교회가 사상적으로 체제에 의해서 몰락하고 실패했던 것을 전부 다 수습할 수 있는 논리 체제를 갖춤과 동시에 이를 품어 가지고 횡적으로 움직일 수 있는 동시에, 종적인 기준에서 움직일 수 있는 영적 체험의 기반을 중심삼은 초월적 실체를 추구하지 않으면 안 될 내용을 가져야 된다는 것입니다.

통일사상은 인간적인 면에서의 인본주의나 물본주의의, 지금까지 과거의 모든 신본주의도 체계적으로 이론화시켜서 그것을 통합할 수 있는 내용을 가짐과 동시에 종적인 면에서 종파를 초월하여 연결해 나갈 수 있는 체험적인 종교사상을 갖고 있지 않으면 안 됩니다. 영적인 사실을 알아야 된다는 것입니다.

'통일교회' 라는 이 교회가 세계 기독교만 통일하자는 것이

3. 앞으로 세계가 필요로 하는 종교

냐? '교회(教會)' 하게 되면 그것은 '가르치는 곳'이지만, '종교(宗教)' 하게 된다면—기독교도 종교라고 하는데—종교라는 말은 '마루 되는 것을 가르치는 곳'이다 이거예요. 그럼 기독교를 통일해서 무엇을 할 것이냐? 기독교를 통일해 가지고 뭘 하자는 것이냐? 기독교를 통일한 후에는 수많은 종교를 통일해야 된다는 것입니다. 그것은 왜 그래야 되느냐? 하나님이 있다면 하나님은 절대적인 분이기 때문에 그분이 바라는 소원도 절대적인 것이니 둘이 아니라 하나이기 때문입니다. 하나님은 전지전능하신 분이기 때문에 그분이 바라는 완전한 것은 전부 다 하나라는 것입니다.

그렇게 볼 때 하나님의 뜻 가운데, 하나님의 소원 가운데 기독교를 통일하고는 그 나머지 모든 종교들은 폐품같이 쓸어버릴 것이냐? 그렇다면 하나님이 세계를 구하겠다는 그 구원의 개념이 달라지는 것입니다. 세계를 구하겠다는 하나님이기 때문에 기독교를 통일하고 나서 그 다음에는 그 주변에 있는 종교, 기독교가 주류 종교라면 방계적 종교를 수습해야 되는 것입니다.

그 다음에 만약 종교권을 통일했다 하면 어떻게 될 것이냐? 오늘날 기독교 신자들이 믿기를 '끝날에 천년왕국시대가 오면 주님이 옴으로 말미암아 공중에 들려 올라가 천년왕궁에서 왕 노릇 한다!' 이러고 있습니다. 하나님이 그러한 하나님일 것이냐 이겁니다.

하나님의 구원섭리는 우주를 구원하는 섭리라고 생각하는 사람이 없습니다. 하나님의 구원섭리는 이 지구성뿐만이 아니라 우주까지도 구원해야 된다는 것입니다. 그 말은 뭐냐? 과거·현재·미래의 인간, 이 지구성에 인간으로 살다 간 모든 사람을 구원해야 된다는 것입니다. 지옥이 있다면 지옥에 있는 사람까지도 구원해야 되는 것입니다. 이렇게 볼 때, 종교를 통일한 후에는 하나님이 진정한 주인이요, 진정한 사랑과 자비를 가지신 주체라면 기필코 이 세계를 하나 만들어서 구해 놓아야 된다는 것입니다.

206 - P.098, 1990.10.03

이번 종교의회에서 '종교는 전부 어디로 가야 하느냐?' 하는 것을 제시했습니다. 하나님을 중심삼고 부모로 모실 수 있는 생활이념을 다시 재봉춘(再逢春)하기 위해 가르치는 것이 종교의 도리이기 때문에 종교권 내에서 역사가 오래 된 종교라고 해서 귀한 게 아니에요. 종교의 가는 길 앞에는 종의 종교가 있고, 양자의 종교가 있고, 서자의 종교가 있고, 직계 자녀의 종교가 있다는 걸 알아야 됩니다. 그 기반 위에 부모의 종교가 나와 가지고 21세기의 평화의 천국을 향하여 들어가는 것입니다. 그러므로 모든 종들에게 주인을 대해서 갖추어야 될 생활의 도리를 가르쳐 줘 가지고 종이 가야 할 정상적인 길을 가게 해야 되는 것이요, 양자에게도 아들의 이름을 가졌기 때문에 부모님이 행복할 수 있고 부모님의 가정이 태평성대를 이룰 수 있는 내용을 가르쳐 줘야 되는 것입니다. 서자에게도 마찬가지고, 직계자녀에게도 마찬가지입니다. 종교의 맨 핵심의 내용은 마찬가지지만 같다고 해서 전부 다 같은 것이 아니에요.

종교의 역사적 사명에 있어서 종의 종교, 양자의 종교, 서자의 종교, 직계자녀의 종교, 부모의 종교가 있다는 것입니다. 이 부모의 종교의 책임을 지고 온 사람이 레버런 문이니 이 종교를 따르지 않으면 안 된다 하고 때려 버린 것입니다. 이

3. 앞으로 세계가 필요로 하는 종교

게 아니라고 부정할 수 있으면 설명을 해봐라 이거예요.

그 말이 뭐냐? '그 통일교회는 새로운 종교이기 때문에 우리보다 아무것도…' 이렇게 볼 수 있다는 거예요. 그러나 맨 나중에 나오는 종교는 부모의 종교다 이거예요. 그 종교는 어떠해야 된다는 세 가지 목표를 딱 잡아 놓고 '이것을 실천궁행하지 못하는 모든 종교는 낙방이요, 석양에 어둠을 찾아 지옥을 향하여 가는, 최종적 슬픔을 맞이하는 망국지교(亡局之敎)가 되는 거다' 이렇게 딱 때려 놓는 거예요. 심판하고 다니는 것이지. 그래야 숙연해지는 것입니다.

260 - P.128, 1994.05.01

하나님이 이 시대를 경륜하기 위하여 바라시는 종교는 '부모 위치에 있는 종교'입니다. 부모의 심정을 품고 사는 종교를 요구하십니다. 선생님은 참부모사상을 교육하고 각자가 그 전통을 닮은 참부모들이 되라고 가르치고 있습니다. 우선 가정에서 참부모가 되고 종족에서 참부모가 되는 종적 메시아 사명을 다 하도록 지도하고 있습니다. 참부모의 심정을 품은 교인, 참부모의 심정을 실천하는 종교가 되어야 갈등과 증오와 죄악의 세계에서 하나님의 뜻을 실현할 수 있습니다. 다른 종교나 교파를 경멸하고 적대시하는 종교는 세계평화 실현에도 하나님의 섭리에도 유용하지 않습니다.

천운은 조화된 평화세계를 지향합니다. 그런데도 현실은 어떠합니까? 냉전시대가 종식되었으면서도 아직 극복해야 할 대결과 분쟁의 소지는 너무도 많습니다. 인종간의 분쟁, 종교간의 갈등 등의 근본을 해결해서 인류 한 형제, 세계일가의 화합시대를 이루어야 하는 과제는 참부모주의를 통해서만 가능합니다.

통일교회 40년 개척의 기반 위에 참부모와 성약시대를 맞이한 우리는 참부모주의 실천으로 새로운 심정문화세계를 창건해 가야 합니다. 하나님과 인간이 참사랑의 부자관계로 통일이 이루어질 때 그 사랑의 조화 속에서 인간은 이상과 행복의 실체가 됩니다.

이 참사랑으로 이룩된 심정권은 아무리 작아도 우주와 연결되고 그 속에서 일어나는 일들의 파장은 만상과 영계까지 파급되는 것입니다 영계를 포함한 천주는 모두 동일한 하나님의 참사랑의 원리 아래 존재하기 때문입니다. 하나님과 인간 사이의 종횡, 전후적 참사랑 관계는 인간 상호간의 이상적 참사랑 관계의 근본이요, 그 완성은 4대 심정권을 이룬 이상가정에서만 이룩됩니다. 심정문화는 이러한 4대 심정을 이룬 이상가정의 통일권 안에서 평화와 행복과 자유와 이상의 심정을 교감하고 공동 체휼하는 생활 속에 꽃피는 것입니다.

이러한 세계에는 종교가 필요하지 않습니다. 특별한 신앙의식이 요구되지 않는 생활 전체가 하나님을 모시고 참사랑의 일체(一體) 심정권 안에서 더불어 지내는 것입니다. 생육하고 번성하며 만물을 주관하라 하신 하나님의 축복을 이루어 사는 천국생활 그것 자체인 것입니다. 이것이 하나님이 이상하셨던 창조목적의 완성입니다.

4. 문선명 선생의 종교연합사상

140 - P.009, 1986.02.01

　인간시조가 타락함으로 말미암아 인류역사는 비참한 역사가 계속돼 왔고, 또 계속하고 있습니다. 이 모든 비참상은 우리 인류 시조의 타락으로 말미암아 빚어진 결과입니다. 이런 타락권 내에 살고 있는 사람들은 갈 길을 모르고 있습니다. 어디서 와서 어디로 가는지, 또 무슨 목적으로 사는지 모르고 사는 사람이 많습니다.
　지금 세상에는 수많은 사람이 살고 있지만, 그 사람들이 가는 길이 도대체 어떠한 길이냐? 이렇게 생각하게 될 때 여러 모양의 길을 가고 있는 것입니다. 더욱이나 지금과 같이 모두 전문화된 분야로 나누어져 있는 현실사회에서 직장 혹은 자기가 맡은 소관을 통해서 가는 길은 각각 다른 것입니다. 그 길이라는 것을 볼 때, 국가에 하나의 목적이 있으면 국가의 목적을 달성하기 위해서 여러 방향의 그 제도 하에 있는 단체들이 자기 나름의 길을 가 가지고 하나의 국가목적에 맞춥니다.
　이렇게 볼 때, 세계에는 한 나라뿐이 아니라 여러 나라가 있는 것입니다. 그 여러 나라가 가는 방향이 달라요. 그렇게 방향이 다른 나라를 중심삼고 그 나라의 모든 기관들의 분야가 가는 방향이 다르다고 볼 때에, 인간들이 가는 방향도 전부 다르다는 거예요.

예를 들어 말하면 하나의 강물줄기가 생기기 시작하는 것도 조그만 개울에서부터 시작하는 거예요. 이것이 강이 되고, 그 강이 주류를 중심삼고 여러 지류를 갖추어서 큰 바다로 들어가게 되는 것입니다. 이렇게 볼 때 인류역사도, 인류역사를 엮어 가는 인간생활도 자기들은 모르지만 하나의 목적, 즉 세계의 목적을 향해서 가고 있는 것은 틀림없는 사실입니다. 인간만으로 엮어지는 세계가 아닙니다. 인간의 배후에는 반드시 신의 섭리가 있어서 그것을 중심삼고 신이 지향하는 하나의 목적세계를 향하여 가고 있다, 이렇게 우리는 보고 있는 것입니다.

신이 바라는 목적의 세계는 둘일 수 없습니다. 하나입니다. 절대적인 신이 바라는 목적은 하나여야 된다는 거예요. 절대적이기 때문에 그가 계획하고 그가 바라는 세계는 하나일 것입니다. 그러면 그 신이 시작한 창조의 시대로부터 지금까지 인류를 중심삼고 엮어 가는 모든 역사적인 방향은 하나가 되어야 할 텐데 하나되지 못한 사실 자체를 우리가 보게 될 때, 이것은 무엇 때문이냐? 타락되었기 때문에, 무엇인가 고장났기 때문에, 길을 잃어버렸기 때문에 이와 같이 다양한 방향을 거쳐가는 인류의 군상이 된 것이다 하는 것을 부정할 수 없습니다.

이렇게 다양한 방향을 어떻게 해서 하나의 목적에 향할 수 있게 하느냐 해서 나오는 것이 지금까지 혼란과 고통 가운데 처해서 가고 있는 인류를 구하려는 하나님의 섭리라고 보는

4. 문선명 선생의 종교연합사상

것입니다. 그 하나님의 섭리의 뜻을 대할 수 있는 하나의 기관이 오늘날 인류역사 배후에 나타나지 않으면 안 되겠기 때문에, 나타난 그 자체들이 문화배경이 다르고 시대와 환경이 다를지라도 종교라는 것을 중심삼고 방향일치를 위한 수습대책을 마련해 나오고 있다는 사실을 우리는 인류역사를 미루어 보아서 알 수 있는 것입니다.

그러면 종교의 목적은 무엇이냐? 종교의 목적은 하나의 세계를 지향하는 것입니다. 종교에서 믿는 신은 이름이 여러 가지고 그 표현이 다르지만, 그 종교에서 신봉하는 중심존재는 하나의 신에 귀일되고 있다고 보는 거예요. 지금 대체로 보면 종교문화권은 기독교문화권, 회교문화권, 인도의 힌두교문화권, 동양의 유·불·선을 중심삼은 불교문화권의 4대 문화권이 있습니다. 이렇게 보게 될 때, 그 종교가 가르치는 방향과 목적은 언제나 하나를 표준으로 하고 나가는 것입니다. 그래서 최후에는 모든 종교가 자기 나름의 길을 수습해 가지고 일대 하나의 변혁시대를 맞이해야 됩니다.

023 - P.125, 1969.05.18

오늘날 이 땅 위에는 수많은 종교가 있습니다. 인류가 분산되어 있기 때문에 이것을 수습하려니 자연히 각 민족에 따른 종교가 필요합니다. 각자 역사와 환경, 문화의 배경과 풍속, 습관이 다르기 때문에 이러한 여러 형태를 하나의 목적으로 수습하기 위해서는 수많은 종파가 있어야 하는 것입니다. 예를 들어 강을 보면, 상류에는 수많은 지류(支流)가 있습니다. 이 수많은 지류가 내려가면 내려 갈수록 서로 합하여지면서 그 수가 점점 줄어들어 가지고 결국 하나의 강이 되어 대해(大海)에 들어갑니다. 마찬가지로 수많은 종교도 하나의 줄기

▲ 1990년 세계종교의회에서 선생님 내외분과 포즈를 취한 주요 종교지도자들.

로 합해 나와 최후에는 하나님을 심중에 모시고, 하나님의 사랑을 점령하는 곳에 하나가 되어 머무르게 되는 것입니다.

149 - P.082, 1986.11.17

　오늘날 종교를 보면 세계적 대종교로 기독교가 있는 반면에, 회교가 있고, 불교가 있고, 유교가 있습니다. 문화권의 배경이 다른 그 지역을 중심으로 이것을 수습해서 하나의 세계로 연결시킬 수 있는 과정적 단체를 형성해 나왔습니다. 그런 종교문화권을 배후로 해서 하나의 세계로 전진해 가야 되는 것입니다.

　그래서 절대적인 신의 섭리를 세워 나가는 뜻 앞에 있어서 끝날이 가까우면 가까울수록 종교연합운동이 연결되어 나가야 됩니다. 지상에 있는 사람들은 종교 배후에 있는 신의 역사를 모르지만, 신이 주동되어 움직이는 영향을 받는 지상세계의 이 종교권은 하나의 세계를 향해 전진하는 과정에 협조

4. 문선명 선생의 종교연합사상

할 수 있는 체제를 형성하지 않을 수 없기 때문에 종교연합이라는 세계적 운동을 전개시켜 나가게 되는 겁니다.

여기에 반해 가지고 종교와 반대적 입장을 취해 나가는 하나의 체제 형성이 오늘날 사탄을 중심삼은 형성입니다. 악한 신을 중심삼은 형성 체제가 종교에 반대되는 이념으로 벌어져 나오는 거예요. 신을 부정하면서 물질을 절대시하는 유물주의를 주장하고, 인본주의를 주장하는 겁니다. 신과 관계없는 자리에서 하나의 세계 형태를 갖추는 일이 벌어져 나온다는 것입니다.

오늘날 민주세계 자체를 두고 볼 때, 민주주의 자체는 어떤 주의에 입각해 있느냐? 이것이 지금 문제라는 거예요. 오늘날 공산주의자들은 말하기를 '신민주주의!' 이래요. 새로운 민주주의라는 거예요. 이런 주장을 하면서 세계 제패를 꿈꾸며 나가고 있는 반면에, 오늘날 자유세계의 민주주의는 무엇을 중심삼고 있느냐? 신을 모체로 하고 있지 않다는 거예요. 인본주의, 순전히 하나님을 빼 버린 인간을 중심삼은 만능주의라는 거예요. '세계는 인간이 바라는 소망의 뜻대로 이루어져 나갈 것이다' 하는 주의. 인본주의와 황금만능주의가 합하면 오늘날 종교권이 없더라도 세계를 하나로 만들 수 있다는 주의예요. 이와 같은 움직임이 현재의 민주주의의 움직임입니다.

그러면 이제 세계에 어떤 싸움이 남아 있느냐? 인본주의를 중심삼고 보더라도 국가라는 체제를 중심삼고 전부 다르게 나가고 있다는 거예요. 이것이 세계적인 하나의 형태를 갖추지 못했습니다. 민주주의의 형태 아래 있지만 국가체제를 중심으로 그 기준을 초월해 있지 못하다는 거예요. 미국은 미국을 위주로 전세계의 민주주의를 꿈꾸고 있다 이거예요. 영국은 영국 나름대로, 불란서는 불란서 나름대로 역시 마찬가지입니다. 국가를 초월한 입장에 있지 못해요.

신이 소원하는 목적지라는 것은 둘이 있을 수 없습니다. 하나입니다. 절대적 신이 바라는 최후의 목적지는 둘이 있을 수 없어요. 하나입니다. 그래서 절대적 신이 하나의 세계를 추구하는데 반하여 악신도 하나의 세계를 추구하지 않을 수 없다는 거예요.

그러면 악신과 선신이 대립해 가지고 투쟁하는 데 있어서 그 방향이 어떻겠느냐? 방향이 완전히 다르다는 거예요. 하나님이 동으로 가면 사탄은 반드시 서쪽으로 간다는 거예요. 하나님이 남으로 가게 되면 사탄은 반드시 북으로 가는 거예요. 모든 것이 반대의 생활 체제를 중심삼고 가고자 하는 것이 역사시대의 끝날에는 반드시 벌어진다는 거예요. 그러므로 수많은 종교는 이런 세계를 바라보면서 하나의 신의(神意)에 의한 하나의 종교연합운동으로 연결되는 것입니다.

229 - P.263, 1992.04.13

인간은 어디로 가야 되느냐? 물론 이상세계로 가야 됩니다. 이상세계는 둘이 아니라 하나입니다. 옛날 사람도 추구하는 것이 하나요, 오늘날 현대 사람도 추구하는 것이 하나요, 미래 사람도 추구하는 것이 하나의 평화세계다, 이렇게 되는 것입니다.

그러면 이 평화세계를 주장할 수 있고 혹은 그것을 리드할 수 있는 주체적 관(觀)이 뭐냐 이거예요. '관'이라고 하면 사상관이라든가 인생관 등이 있지요? 이처럼 체제에 있어서의 단계적 환경 여건이 하나의 방향성을 가지고 사상 체계의 같

4. 문선명 선생의 종교연합사상

은 영향과 활동적 내용을 지니게 될 때 관이라고 얘기하는 것입니다. '볼 관(觀)' 자예요, '볼 관' 자. 그걸 약하면 '글월 문(文)' 자 변의 '볼 견(見)' 자입니다.

거기에는 수많은 지류가 있어요. 수많은 지류가 있지만 그 지류 나름에 있어서의 주류를 따라가야 되는 것입니다. 그런데 바다를 접한 주류와 저 산곡(山谷)에 있는 지류와는 180도 방향이 다를 수 있다는 거예요. 이쪽은 남으로 흐르는데, 저쪽은 북으로 흐른다 이거예요. 이건 서로 흐르는데, 저건 동으로 흐른다 이거예요. 이처럼 가지각색으로 지류의 방향은 다르지만, 그 주류의 가는 길은 한 방향이라는 것입니다.

왜 그러냐? 물이라는 것은 높고 낮음이 있으면 낮은 데로 흘러가는 것이 분명하다구요. 그렇기 때문에 북쪽을 가더라도 낮은 데로 찾아간다는 것입니다. 북쪽으로 갔다가도 낮은 데가 있으면 그 낮은 데로 따라갑니다. 아무리 곡절의 길을 가더라도 그 흐름의 주류는 낮은 데를 향해서 흘러가는 것입니다.

거기서 수많은 지류들이 합해서 큰 강을 이루면, 그 강 가운데 흘러나온 주류가 있어서 주류를 따라서 흐를수록 빨리 바다에 들어갑니다. 바다에 들어갈 때에는 큰 강이 됐다면 전부다 주류와 보조를 맞춰 가지고 거기에 통일적 방향을 갖추지 않으면 바다에 들어갈 수 없는 것입니다.

그러면 인류 문화사라든가 역사 발전에서 가지각색의 습관·풍속·문화 배경이 다 다르지만, 그 흐름은 높고 낮음과 같이 선(善)을 중심삼아 가지고 악(惡)한 데로 흐르는 것이 아니라, 높은 선(善)에서부터 낮은 선(善)으로 통해야 됩니다. 통할 수 있는 내용이 같아야 됩니다. 이런 면에서 종교라는 것은 하나되게 하는 것이다 이거예요. 높은 선의 위치, 높은 선의 기준을 중심삼아 가지고 낮은 선의 인간의 기준에 어떻게 연결시키느냐 하는 것이 문제예요. 이것이 차이가 있으면 차이 있는 곳에 보급해 가지고 정화할 수 있는 것입니다. 이렇게 주류를 거쳐서 확대시키는 배경을 엮어 오기 때문에 그러한 배후의 사상을, 인간에 대한 문제라든가 신에 대한 문제를 완전히 넓게 투여받게 되면, 그 주류는 깊고 넓은 주류가 되어 큰 강을 이룰 수 있다는 것입니다. 이론적인 결론이라구요.

168 - P.304, 1987.10.01

하나님의 구원섭리는 세계적 섭리인 것입니다. 구원섭리는 만민을 위한 섭리라는 거예요. 어떠한 특정 종교를 중심삼고, 특정 종교권 내에 있는 사람을 구하기 위한 것이 아니라 만민을 구하기 위한 것입니다. 만민을 구원하고 만국을 해방시키기 위한 것이 구원섭리라는 거예요.

만국을 해방해 가지고 무엇을 할 것이냐? 하나님의 뜻에 일치될 수 있는 하나의 나라를 만들려는 것입니다. 만종교를 규합해서 무엇을 할 것이냐? 뜻에 일치될 수 있는 하나의 종교에 결속시키려는 것입니다. 그리하여 하나님의 창조이상 본연의 세계로 돌아가지 않으면 안 된다는 것입니다.

093 - P.199, 1977.06.01

종교라는 것은 어떤 민족의 목적을 완성시키기 위한 것이 아니요, 어떤 단체의 목적을 완성시키기 위한 것이 아니요, 어떤 개인의 목적을 완성시키기 위한 것이 아니라, 오로지 하나님의 뜻을 완성시키기 위해 나왔다는 것입니다. 지금까지 수많은 종교인들은 이 사실을 몰랐습니다. 종교의 목적은 단

4. 문선명 선생의 종교연합사상

지 하나님 뜻의 완성을 위해서라는 거예요. 그것을 위해서 종교는 공헌해야 된다는 거예요.

　수많은 종교들이 선을 말하고 사랑을 말하는데, 그 선과 사랑이라는 것은 국가·민족이라든가 종교권 내에 머물 수 있는 선과 사랑이 아니라, 이것을 초월해 가지고 세계적 기반을 넘어 인류를 향한 선과 사랑을 논하는 데까지 연결돼야 된다는 것입니다. 지금까지 종교 자체 내에 들어가 가지고 종교 자체 내의 세계를 추구하는 사람은 많았지만, 종교 자체를 하나로 만들고 그 자체에서 벗어나 종교 외의 세계를 책임지고 이것을 구해야 된다는 생각을 하는 사람은 많지 않았다는 거예요.

　그렇기 때문에 종교는 국가를 넘어서야 된다는 것입니다. 이것이 하나님의 뜻인데도 불구하고, 지금까지 종교는 국가 내에 위치하여, 국가 내뿐만 아니라 문화권 내에서도 벗어나지 못하고, 또 그 종교 교리를 벗어나지 못한 입장에서, 자기 자체의 구원을 목표로 하고, 자기 자체의 완성을 목표로 하여 지금까지 나오고 있는 것입니다. 그렇기 때문에 하나님은 세계를 외적으로 수습하고 종교를 내적으로 수습해 가지고 이 둘을 하나의 세계로서 역사발전의 방향을 지도하지 않을 수 없었던 것입니다.

　이렇게 볼 때, 오늘의 전세계는 하나의 세계, 평화의 세계를 추구하는 모든 이상주의자들이 나와서 이것을 부르짖는데도 불구하고, 오늘날 종교인들은 아직까지 교파주의를 탈피하지 못했다는 것입니다. 이러한 사실은 하나님의 뜻에서 볼 때, 지극히 후퇴적이요, 지극히 몰지각한 입장이라 보지 않을 수 없습니다.

하나님은 여러 종교를 필요로 하지 않는다는 거예요. 불교가 있기를 바라고, 회교가 있기를 바라고, 유교가 있기를 바라고, 기독교가 있기를 바라지 않는다구요. 하나님은 종교들이 있다고 한다면 그 종교들이 하나님의 뜻에 의거해서 서로서로 하나돼 가지고 세계의 해방을 위하고, 이 땅 위의 악을 철폐시키고, 선의 세계를 이루는 데 하나의 목적을 중심삼고 전진해 나가기를 바라지, 종파적인 입장에서 싸우고, 세계야 어떻게 되든지 세계를 망각한 그런 종교는 원치 않는다는 거예요.

이렇게 볼 때 고차적인 문화가 저급의 문화를 흡수하던 것과 마찬가지로 고차적인 종교는 저급의 종교를 흡수하게 됩니다. 강제적으로 그렇게 되는 것이 아니라 자연적으로 그렇게 될 수밖에 없다는 거예요. 왜냐하면 그건 좋은 세계로 발전하기 때문에 불가피한 것입니다. 그러한 관점에서 하나님의 뜻, 하나님을 중심삼고 볼 때, 하나님이 중심이라면 하나님은 반드시 지상에 종교를 세워서 세계 구원섭리를 한다는 것입니다. 이것을 우리가 생각하게 될 때 반드시 그 종교는 세계성을 띤다는 것입니다. 그 종교의 교리는 하나의 세계를 이룬다는 내용이 돼야 된다는 거예요. 하나의 세계가 된다는 것은 하나님과 관계 없는 하나의 세계가 아니에요. 하나님을 주체로 해 가지고 하늘과 땅이 완전히 밀접한 하나된 그런 종교적 교리를 지닌 내용이 있어야 될 것입니다. 그리고 모든 주의, 사상과 싸우는 것이 아니라 그것을 자동적인 입장에서 소화시킬 수 있는 주체적 능력이 있어야 될 것입니다.

거기에는 자기 편의 사람, 자기 민족, 자기 문화배경만 가진 그런 내용과 더불어 하나되는 것이 아니라 별개의, 반대적인

4. 문선명 선생의 종교연합사상

모든 내용을 흡수할 수 있는, 소화적인 능력이 없어 가지고는 불가능하다는 것입니다. 그러므로 거기에는 자기가 좋아하는 사람만 하나되는 것이 아니라구요. 자기 원수는 제거해 버리고 자기 편만 하나되기 위한 그런 주장이 아니고 원수까지도 놓치지 않고 하나되자고 하는 그런 종교 내용이 있어야 될 것입니다. 이러한 종교를 하나님이 원할 것이고, 예수 그리스도는 그러한 종교를 목표로 하고 왔을 것입니다.

그렇게 볼 때에 하나님이 원하는 것은 기독교도 하나되고 모든 종교도 하나되고 모든 인류가 하나되는 것입니다. 이렇게 볼 때, 하나님이 제일 귓맛 좋고, 예수 그리스도가 제일 귓맛 좋은 말이 뭐냐 하면 이 말입니다. 이것 이상 기분 좋은 말이 없을 것입니다.

그러므로 예수님이나 하나님에게 시급한 문제가 있다고 한다면 예수님이 와 가지고 '야, 하나되자!'라고 안 할 수 없고, 하나님도 말하기를 '야, 예수의 말대로 하나되어다오!'라고 안 할 수 없다는 거예요. 그 말밖에 있을 수 없다구요. 그렇지 않으면 하나님은 유대교만 싫어하는 것이 아니라 장로교도 싫어하고 감리교도 싫어하고 천주교도 싫어하고 다 싫어한다는 결론이 나옵니다. 단지, 하나되겠다고 생각하는 무리, 하나라고 생각하는 무리, 한 교회, 한 교파라고 생각하는 무리만을 하나님께서 사랑하실 거라구요.

그런데 오늘날 세계에는 그런 종교가 없다구요, 그런 가운데 오직 반대받고 핍박받는 이 무니(Moonie;통일교인)밖에 없다구요, 무니.

여기 레버런 문은 한국 사람인데, 한국 사람만 가지고는 뜻을 못 이루는 거예요. 미국 사람만 가지고도 뜻을 못 이루고 일본 사람만 가지고도 뜻을 못 이루는 거예요. 이것을 다 초월해야 된다구요. 하나의 세계, 하나의 뜻과 하나의 길을 찾아가야 된다는 주의가 아니고는 뜻을 못 이루는 거예요. 그렇기 때문에 이런 혼란된 세상에 통일교회라는 이름을 갖고 나온 이 사실은 오늘날 역사시대에 있어서 필연적으로 요구되는 하나의 과제가 아닐 수 없습니다.

251 - P.052, 1993.10.17

우리 통일교회가 뭘 하는 곳이냐? 통일교회는 종교를 대표한 하나의 종파로서 시작했습니다. 그런데 왜 '통일'이라는 말을 갖다 붙였느냐 이거예요. 종교가 많다 하더라고 그 종교의 가는 목적은 하나입니다. 세계가, 모든 인류가 바라는 유토피아의 종착적인 그 세계라는 것은 하나예요, 하나. 하나밖에 없습니다. 둘이 될 수 없다구요. 둘이 되면 반드시 또다시 싸워야 된다구요. 하나의 평화세계로 가는 것입니다.

그러면 하나님이 종교를 일깨워 나오는데 왜 수많은 종교를 일깨워 나왔느냐 하면, 전세계에 퍼진 모든 인간들의 삶의 환경이 달라요. 문화 배경이 다르고 또 사는 생활 상태가 다르기 때문에 거기에 맞게끔 다방면으로서 수습해 나가야 된다 이겁니다.

큰 강이 생겼다 하면 그 강이 생기게 될 때까지는 산곡(山谷)의 생수로부터 지하수가 터져 생긴 샘물도 있고 비가 와 모이고 이래 가지고 이루어지는 것입니다. 그러면 천태만상의 방향이 갖추어집니다. 산곡에서는 강의 주류가 있다면 그 주류와 반대로 흘러가는 것도 있고 꼬불꼬불하게 별의별 모양을 다 거쳐가는 거예요. 지류를 전부 다 관찰하면 동서사방 360도 방향을 달리 해 가지고 그 흐름의 주류를 따라 하나의

4. 문선명 선생의 종교연합사상

큰 강을 이루는 거와 마찬가지입니다.

이렇게 볼 때 문화적 배경을 달리한 어떠한 씨족이 있으면 씨족을 중심삼고 가는 길이 다르지만 그 가는 목적은 큰 강에 가는 것과 같습니다. 산곡에서 흐르던 것이 하나의 개울이 되고 하나의 강이 되어 큰 강으로 바다로 들어가는 것입니다. 바다로 들어가게 되면 한 길을 통해서 가는 것입니다. 그와 마찬가지로 본다는 거예요.

과거지사에 많은 길이 있지만 결국 그 길은 주류된 큰 강을 통해 바다로 들어가는 것입니다. 그러면 물이라는 것은 어떻게 흐르는 것이냐? 물은 공통적으로 높은 데서부터 낮은 데로 흐르는 것입니다. 거꾸로 흐르는 것이 없다구요. 그러나 지금 현재의 물은 이렇게 흘러가는데 저 산곡에서는 반대로도 간다구요. 북쪽으로 흘러요. 남쪽에서 북쪽으로 흘러가더라도 그것이 낮은 곳을 찾아서 남쪽을 통해 가지고 전부 다 이게 합하기 마련입니다.

그렇기 때문에 거기에는 길이 다르니만큼 문화적 배경이 다르지만 거쳐오면서 서로서로 합류하는 거예요. 큰 지류를 따라서 큰 강을 이루어 나가는 거와 같이 종교도 마찬가지라는 것입니다. 여러 가지 종교가 있다 이거예요. 그 종교를 보게 되면 자기가 반대적 과정을 갔지만 하나님을 섬기고, 신을 섬긴다는 것은 그 가는 길이 길고 짧은 그것은 다르더라도 가는 길은 하나의 목적입니다. 하나의 이상적인 하나님의 섭리의 뜻을 향해서 가야 되는 것입니다.

하나님은 절대적인 분이기 때문에 절대적인 분이 세운 뜻이라는 것은 절대적인 것입니다. 절대적이기 때문에 그 뜻은 변함이 없다는 것입니다. 수많은 종교권 내에서 전부 다 서로가 자기들 중심삼고 제일주의를 주장합니다. 한강이면 한강을 잘라보게 되면 여기서 보는 이 강을 중심삼고 흐르는 걸 평가할 때 자기 앞에 있는 그 한강밖에 모르는 거예요. 그렇기 때문에 그 위도 모르고 아래도 모르기 때문에 요것만이 제일이라고 할 수 있는 것입니다.

그러나 한강은 흐르고 있는 거예요. 그것이 높은 산골짜기에서부터 연결되어 지금까지 왔고 지금 내가 보는 이 물은 또 낮은 곳을 향해서 흘러가고 있다는 것입니다. 그렇기 때문에 높은 곳을 알고 낮은 곳을 알고 나서 '한강을 이렇다' 할 수 있는 평을 내리게 되면 그것이 어떻다는 대략적인 관이 서는 거예요. 그러지 않고 보는 그것만 가지고 제일이라고 했다면 그건 통하지 않습니다.

그러면 통일교회라는 것이 무엇이냐 이거예요. 통일교회가 뭘 하자는 거예요? 통일교회라는 것이 종교인데 그 종단이 나타나서 뭘 하자는 거예요? 물이 강을 이루기 위해서는 산곡에서부터 시작해 천태만상의 방향성을 거쳐와 강으로 가고, 그 강은 반드시 바다로 가는 것입니다. 바다로 가야 된다구요. 이와 같은 흐름을 하고 있는 거예요.

인류 역사라는 것이 큰 강이라 한다면 앞으로 이 모든 강은 대해(大海)로 향해 들어가는 것입니다. 그와 마찬가지로 우리 인간들이 가는 최고의 목적은 바다와 같은 영계에 가는 것입니다. 영계는 무한한 세계, 방대한 세계입니다. 그 세계도 그냥 흐르는 것이 아닙니다. 창조주가 하나라면 그 하나의 뜻을 따라 지음을 받았다면 지음 받은 목적이 있는 것입니다. 그 존재는 '출발에서부터 어떻게 가야 된다. 어떻게 되어야 된다' 는 그런 과정을 거쳐서 이루어지는 거와 마찬가지입니다.

4. 문선명 선생의 종교연합사상

영계도 마찬가지라는 거예요. 영계도 반드시 그냥 그대로 정지할 수 없습니다. 흐르는 것입니다.

006 - P.319, 1959.06.14

하나님의 사랑의 경지는 개체가 전체, 전체가 개체를 통할 수 있는 경지입니다. 영계는 이런 사랑을 기반으로 하는 초자연적인 인식세계입니다. 그러므로 그 세계는 시간과 공간의 지배를 받지 않습니다.

태양빛을 중심삼고 만물이 그 빛을 흠모하여 방향을 돌리는 것과 마찬가지로 어느 누구든지 인간의 본성이 요구하는 하나님의 정적인 기반을 갖고 나타나면 그 앞에 만민이 머리 숙일 것입니다. 그런 때가 반드시 와야 된다는 것입니다.

203 - P.340, 1990.06.28

종교라는 것은 하나님을 만나 가지고 새롭게 사는 생활적인 면을 갖고 있는 것입니다. 서로 문화배경이 다르지만 거기서부터 화(和)해 가지고 꼭대기에 올라가게 되면 다 합하는 것입니다. 지금 산 밑은 넓으니까 4대 종교권이 그냥 그대로 있지만 올라가면 올라갈수록 합해야 돼요. 교류하든가 뭘 하든가 해서 자꾸 화합해야 됩니다. 자꾸 교류하면 화합하는 것입니다. 어떻게 화합하느냐? 보다 더 이익 될 수 있으면 화합하는 것입니다.

205 - P.276, 1990.10.01

에베레스트 산정을 중심삼고 볼 때 수많은 산들이 전부 그 것을 주봉으로 해서 연결되는 것과 마찬가지로, 에베레스트 산정 하나를 만들어 놓음으로 말미암아 그 연봉으로 된 산맥이 사는 것과 마찬가지로 종교도 지금까지 살아 가지고 역사시대에 공헌했다는 입장에 서야 하는 것입니다. 연한 봉들이 합해 가지고 에베레스트산을 추앙할 수 있는 기준에 속해 있는 것같이 종교권도 그와 같아야 저나라에 가서 해방이 벌어지는 것입니다. 주봉이 없는 제멋대로의 세계, 연봉이 못 된 입장에서는 아무리 주장해도 그건 무가치한 것입니다.

그렇기 때문에 모든 종교권을 묶어 가지고 새로운 신의 21세기로 갈 수 있는 새로운 종교는 역사와 더불어 시대와 더불어 막연한 관념적인 하나님을 주장하는 것이 아니라 실제 생활에 주도적 역할을 할 수 있는 생활 이면의 동기적 요소로서 생활의 행동을 제재하고 주도할 수 있는 종교 배경을 갖추어야 하는 것입니다. 이렇게 됨으로 말미암아 종교해방이 벌어지는 것입니다. 종교라는 이름이 없어지는 것입니다. 생활을 이렇게 하는 것이다 이겁니다. 종교의 이상적 결실을 이룬 생활권으로 넘어가야 됩니다. 그런 세계가 하나의 방향을 갖추게 될 때 지상천국이 명명되는 것입니다.

5. 하나님 해방을 위해 평생을 바쳐오신 선생님

176 - P.242, 1988.05.11

종교를 믿는 사람은 두 종류가 있어요. 하나님 앞에서 '저에게 복을 주소' 기도하고 야단하는 패가 있고, '나에게 복을 주다니요. 당신의 어려운 십자가를 나에게 지워 주소' 하는 두 패가 있는데 하나님이 보게 될 때 어떤 사람이 참된 사람의 자리에 가까이 설 수 있겠어요? 십자가를 지워 달라고 하는 사람이 가깝지 않겠느냐! 그것 맞는 말이에요, 안 맞는 말이에요? 맞는 말이에요! 그게 문제입니다. 오늘날 종교를 가진 사람들은 복을 받기 위해서 믿는 거예요, 하나님 때문에 화를 받기 위해서 믿는 거예요? 어느 거예요? 보편적인 종교인들의 관념, 관습은 어떤 거예요? 복받겠다는 거예요. 하나님은 울고 계신데도 기도할 때 '서러운 것은 당신이 맡고 저에게는 복만 주소. 복만 주소' 하는 종교는 다 망해야 돼요. 끝날에는 망해야 된다 이거예요.

이렇듯 이 세계도 두 종류의 사람이 있고, 종교인 가운데도 두 종류의 종교인이 있어요. 그러니 종교를 수습해서 두 종류의 인류를, 유심사관 유물사관의 세계에 있어서 유심사관을 가지고 수습할 수 있는 사람들은 어떠한 사람들이겠느냐? 덮

어놓고 나 편히 잘살고 복받겠다고, 내 교단 잘살고 우리 민족 잘살겠다고 비는 그런 기복 종교는 사라져 가는 거예요. 그런 것을 알았기 때문에 통일교회는 내 일신을 희생해서라도 하나님을 도와주고 하나님을 해방하자는 거예요.

통일해서 뭘 해요? 하나님을 해방하자는 것입니다. 참된 하나님의 권위를 중심삼고 이상경에서 인류 시조와 함께 무한한 행복을 찬양하면서 살 수 있는, 모심 가운데 모심을 받으면서 지내실 수 있는 하나님이 이렇게 비참하게 됐다는 사실을 알았기 때문에 그 하나님을 우리의 손으로 해방시키자는 것입니다. 이것은 놀라운 제언이에요. 그러한 내용이 종교계에서 나왔다는 사실은 하나님에게 있어서 지극히 기쁜 소식입니다. 하나님편에 있어서 복음이에요. 인간편에 있어서 복음이 아니에요. 이렇게 볼 때 불교를 세우신 분도 하나님이요, 유교를 세우신 분도 하나님이요, 회교를 세우신 분도 하나님이요, 기독교를 세우신 분도 하나님이에요.

성인들을 가르쳐 주신 주모자가 누구냐 하면 하나님이었습니다. 그런데 그 하나님이 슬픈 자리에서 가르쳐 줬는지 기쁜 자리에서 가르쳐 줬는지 알지 못하는 사람, 알지 못하는 종주들은 탈락되는 거예요. 탈락합니다. 끝날이 되면 될수록 하나님은 둘을 취하지 않습니다. 선발시대는 둘 셋, 많은 가운데서 골라 가지고 최후의 자리까지 가지만 최후에 챔피언을 뽑을 때는 하나를 결정하는 것입니다.

그러면 종교세계에 있어서 하나님 앞에 환영받을 수 있는 패는 어떠한 패냐? 하나님의 어려움을 내가 대신 짊어지고 기쁠 수 있는 소망의 터전에 하나님을 모시겠다고 할 수 있는, 어려움의 십자가는 내가 지고 하나님을 쉬운 자리에 모시

**5. 하나님 해방을
위해 평생을 바쳐오신
선생님**

겠다고 할 수 있는 효와 충의 마음을 가진 무리들입니다. 그들을 통해서 하나님은 이 세계의 대구원의 역사를 종결지을 것이다 하는 것은 이런 치리적 논리에 따른 결론이었더라 이거예요.

210 - P.140, 1990.12.17

　여러분이 종교를 믿는 것은 내가 구원을 받기 위해서가 아닙니다. 회교를 믿고 기독교를 믿는 것은 내가 구원을 얻기 위해서가 아니야! 마호메트를 해방하기 위해서, 예수를 해방하기 위해서, 하나님을 해방하기 위해서라구요. 그러려면 세계를 해방해야 돼요. 그거 무슨 말이예요? 종교의 목적이 그렇다는 것을 내가 확실히 알았다는 것입니다.
　다음에 영계에 가 보라구요. 레버런 문이 가르친 게 틀렸나. 마호메트도 자기보다 인류와 하나님을 사랑하기를 원하고, 예수도 자기보다도 인류를 더 사랑하고 하나님을 더 사랑하기를 원한다는 것입니다. 레버런 문도 자기보다도 인류를 사랑하고 하나님을 더 사랑하라고 가르치고 있어요. 마찬가지의 결론입니다. 레버런 문도 마찬가지 입장이에요. 나를 위해서 통일교회를 믿으려고 생각 안 해요. 나 이상 인류를 사랑하고, 또 인류보다 하나님을 더 사랑한다는 것이 철칙이에요.
　종교인들의 목적은 어떻게 종교 지도자들을 해방하고, 어떻게 인류를 해방하고, 교회의 중심인 하나님을 어떻게 해방하느냐 하는 것입니다. 그런 큰 목적을 위해서 지금까지의 입장을 넘어서 대해(大海)를 전부 찾아보고 비교해 가지고 새로이 자리를 잡아야 됩니다. 더 나은 것을 향해서 자리를 잡겠다고 하는 곳에 하나님의 운세가 같이하지, 그렇지 않으면 전부 다 쇠퇴해요. 청년들이 부패해 가는 거예요. 그렇게 아시고, 앞

▲ 종교자유연합 주최의 '하나님과 자유' 만찬회 전경

으로 이 운동을 위해 서로 협조하자 이겁니다. 그것이 인류의 해방과 하나님을 해방하는 것이 돼요. 내가 협조를 받겠다고 하는 것이 아닙니다. 그래야 우리가 다 하나님 앞에 설 수 있기 때문에 이런 결론을 내리는 것입니다.

151 - P.102, 1962.10.28

앞으로 여러분들의 종교가 최후의 심정세계를 연결시킬 수 있는 종교라면 하나님이 제일 불쌍하다 하는 것을 세밀히 가르쳐 주는 종교일 것입니다. 하나님이 좋고 훌륭하다는 거 아니예요. 불쌍하고 억울한 하나님, 분통하고 한이 넘치는 하나님이에요. 이것을 세밀히 가르쳐 주는 종교가 나와야 됩니다. 그래야 효자가 될 수 있는 거예요.

여러분들이 슬픈 하나님을 모를 때에는 해방시켜 주는 하나님을 모르고 심판하는 하나님을 몰라요. 그러므로 역사적인

5. 하나님 해방을 위해 평생을 바쳐오신 선생님

하나님의 심정을 통할 수 있는 종교가 나와야 역사적인 종교의 사명을 다하는 거요. 시대적인 하나님의 심정을 가르쳐 줄 수 있는 종교가 나와야 시대적인 종교의 사명을 다할 것이며, 미래적인 하나님의 심정을 가르쳐 주고 그런 심정을 통할 수 있게 해 가지고 그 심정을 대신하여 하나님을 위로할 줄 아는 종교를 만들어야만 그 종교가 끝날에 남아질 종교일 것입니다.

288 - P.308, 1998.01.01

오늘날 통일교회가 일반 종교와 다른 것이 무엇이냐 이거예요. 우시는 하나님, 고통받고 기가 막힌 절망 가운데 있는 하나님을 구해 주자 하는 효자가 되자, 효녀가 되자고 해야 됩니다. 나라를 대신한 왕이 될 수 있는 하나님이었는데 효자 효녀가 되자, 충신이 되자, 열녀가 되자, 성인이 되자, 성자가 되자가 아니라 성자의 아들딸이 되어서 결혼식을 해 가지고 하나님을 해방해 주자 하는 뜻을 가진 종교단체가 통일교회입니다.

133 - P.274, 1984.08.13

선생님은 일찍이 영적 탐구의 길에서 하나님과 여러 차례 대면하였고, 세계 종교의 창시자들과도 영적으로 만났습니다. 지금도 선생님은 계속해서 하나님의 임재와 그로부터 오는 영감의 교신을 생활 속에서 체휼하고 있습니다. 하나님이 안 계신다면, 억압받고 착취당하던 약소민족의 땅 벽촌에 태어났던 한 사람이 어떻게 몰이해와 핍박 속에서 세계적인 영적 기반을 닦을 수 있었겠으며, 오늘 세계종교지도자들의 이 수준 높은 모임을 주최하고 이런 연설을 할 수가 있겠습니까? 우리 통일운동의 목표와 수단들은 하나님께서 주신 지침에 의해 설정되고 채택되어 왔다는 사실을 밝혀 두고자 합니다. 즉 여기 이 모든 것은 본인의 사적 소견이나 활동이 아니고 바로 하나님으로부터 연유된 것들입니다.

091 - P.101, 1977.02.03

통일교회운동에는 깊은 영적인 근원이 있습니다. 그것은 하나님의 명령에 의해서 특정한 이 시대에 나타났습니다. 나는 하나님의 인도하심을 받고 있습니다. 많은 사람들이 내가 내 방법대로 모든 일을 행하고 있는 것으로 알고 있지만 실상은 그렇지 않습니다.

어떤 면에서 나는 세상의 부정적인 평판이나 미국인에 의해 부정적으로 해석하는 것에 다소는 감사하고 있습니다. 이것은 내가 받는 계시가 새로운 것임을 입증하는 것이 되기 때문입니다. 예수님을 포함한 모든 종교의 선구자들은 그 시대 사람들에게 박해를 받았습니다. 마찬가지로 때가 이르면 오늘날의 사람들도 나를 이해하게 되고, 사도 바울처럼 극적인 전향(轉向)이 이루어질 것입니다. 미국에 건너왔을 때 시험과 시련을 겪게 될 것을 처음부터 나는 알고 있었습니다. 그러나 그러한 시련과 박해는 우리 교인들과 나를 더욱 강하게 만들 뿐입니다. 참된 종교운동은 수난에 의해서 번영하고 발전하는 것입니다.

나는 종교적으로 깊은 경지에 있기 때문에 불굴의 의지를 지니고 있습니다. 그리고 수많은 시련과 고난으로 단련되었습니다. 하나님께서 섭리의 뜻을 계시하시고 그 사명을 맡기시려 할 때, 나는 그의 심정을 쉽게 이해할 수 있었습니다. 나는 그 사정을 알고 통곡했습니다. 나는 그때 나의 생명을 모두 바쳐 하나님의 애끓는 심정을 위로해 드리리라 결심했습

5. 하나님 해방을 위해 평생을 바쳐오신 선생님

니다. 그때부터 하나님의 고통을 내 어깨에 짊어지는 것이 나의 영광이요, 특권이 되었습니다. 나의 모든 행동의 목표는 하나님을 슬픔으로부터 해방시키는 것이 되었습니다.

227 - P.326, 1992.02.16

오늘날 통일교회의 문총재가 하나님을 해방한다는데 그 개념이 뭐예요? 이스라엘 민족이 망한 것도 하나님을 해방해야 한다는 걸 몰랐기 때문입니다. 하나님을 해방하기 위해서는 어떻게 해야 되느냐? 하나님의 소원은 만민 해방이라는 것입니다. 하나님이 해방된 다음에는 만민이 해방되어야 됩니다. 이스라엘권이 형성되어 있으면 하나님이 해방되자마자 만민해방은 즉각적으로 가능한 것입니다. 타락함으로 말미암아 아담 해와의 구속과 더불어 하나님이 구속되었어요. 구속된 그 동기와 기준은 천주사적이지만, 하나님이 해방되게 되면 모든 전부가 이스라엘권을 중심삼고 연결돼 있으면 하나님의 해방과 인류의 해방이 직결되는 것입니다. 그래서 종교를 세운 목적은 하나님 편에서 보면 인류를 해방하기 위한 목적도 되는 것입니다. 그러면 해방을 누가 먼저 받아야 되느냐? 본연적인 기준에서 인류가 먼저 해방받는 것이 아니라 하나님이 해방돼 가지고 인류가 해방되어야 된다는 것입니다.

203 - P.288, 1990.06.27

하나님을 문총재 이상 아는 사람이 없습니다. 하나님의 심정을 알아요. 하나님의 마음의 역사를 알아야 됩니다. 그러려니까 역사를 알아야 합니다. 하나님 마음의 역사에 있어서 배후의 슬픈 곡절은 인류역사의 곡절과 대응관계가 돼 있습니다. 그걸 알아야 됩니다. 그래서 '아하, 하나님을 해방하는 사람이 하나님의 제일 사랑받는 아들이 되는구나' 깨닫게 되는 것입니다. 그거 다 논리적입니다. 하나님을 어떻게 해방하느냐? 인류를 해방해야 된다는 것입니다.

141 - P.309, 1986.03.02   선생님은 세상의 불효자예요. 어머니 아버지한테 효도 못했어요. 또 애국자 할 때 내가 애국자인가요? 대한민국이 나를 애국자라 해도 난 애국자가 아니에요, 대한민국 사람을 좋아하는 사람이지. 얼마만큼 좋아하느냐? 내가 희생되더라도 대한민국 사람을 살려야겠다고 생각하는 사람입니다. 그게 애국자예요? 나는 모르겠어요, 애국자인지.

또 세계를 두고 봐도 난 세계에 뭐 한 것 없다구요. 단 한 가지 세계의 불쌍한 사람, 타락한 사람들이 병이 들어 죽게 되었으니 저 사람들을 해방시켜 주겠다고 지금까지 노력한 그것밖에 없다구요. 그것은 왜? 나를 위해서가 아니에요. 그들을 위해서예요. 그게 다른 거예요.

또 하나님이 비참하시다는 것을 알고 나서는 하나님을 해방시켜 드리기 위해서 내 비참한 모든 것을 잊겠다고 한 거예요. 그러다 보니 하나님이 어떻게 생각하시느냐 하면 제일이라고 생각하시는 거예요, 제일. 내가 우리 어머니 아버지 앞에는 불효자입니다. 어머니 아버지께는 선물 하나도 안 사다 드렸어요. 학창시절에 일본을 드나들면서도 어머니한테 손수건 하나 안 사다 준 사람이에요. 왜? 내가 원리를 아는 사람이기 때문입니다. 가인을 사랑하고 가인 부모를 자기 부모보다 더 사랑하지 않고는 자기 부모를 사랑할 수 없다는 이론을 아는 사람이기 때문입니다.

198 - P.162, 1990.02.01   돌이켜 보면 본인의 70년 생애는 그야말로 형용할 수 없는

5. 하나님 해방을 위해 평생을 바쳐오신 선생님

형극의 길이었으며 투쟁과 역경의 길이었습니다. 사경에 처하여 '이제 마지막이다'라고 생각한 적도 한두 번이 아니었습니다. 사실 본인이 지금까지 살아 있다는 자체가 오히려 기적이라 아니할 수 없습니다.

본인은 나의 아버지가 되시는 살아 계신 하나님을 안 후부터는 1분 1초도 다른 데 여념이 없었으며, 오직 하늘에 계신 나의 아버지의 뜻을 이루어 드려야겠다는 일념으로 일생을 일관하여 왔습니다.

하나님은 인류를 그렇게도 사랑하고 계시지만 이 지상에는 하나님의 그 사랑을 진실로 아는 자가 많지 않습니다. 하나님께서는 이 지상의 온 인류를 행복하게 하시려는 생각과 지상에 천국을 건설하시려는 생각에 불타고 계십니다.

하나님의 본성은 참사랑이시고, 본래 하나님과 인간의 관계는 부자의 관계였습니다. 그러나 역사를 두고 인간들은 그 하나님을 모르게 되었을 뿐만이 아니라 그 하나님의 가슴에 계속 불효의 못을 박아 왔습니다. 하늘에 계신 인류의 아버지께서는 자식을 잃어버린 부모와 같은 단장의 슬픔에 한이 맺히신 것을 본인은 발견한 것입니다. 본인의 인생의 목표는 하나님의 맺히신 그 한을 풀어 드리려고 한 것이었습니다. 그 슬픔의 하나님을 슬픔과 외로움과 고뇌로부터 해방시켜 드리려고 했던 것이 본인이 살아온 목적이었습니다. 본인이 70년을 두고 해 내려온 모든 일은 그것이 종교활동이든 언론이든 경제든 정치든 기업이든 그 모든 동기는 여기에서 출발하였던 것입니다.

여러분! 본인은 많은 일을 했습니다. 많은 돈도 투자하였습니다. 그러나 본인은 돈을 벌기 위하여 투자하지 않았습니다.

본인은 명예를 위해서도 일하지 않았습니다. 본인은 오직 하나님을 슬픔과 고통에서 해방시켜 드리기 위해서, 참다운 인류의 평화를 위해서 피와 땀과 눈물을 흘려 왔습니다. 인간이 개인적으로나 가정적으로나 국가적으로나 세계적으로나 먼저 하나님을 슬픔과 고통에서 해방시켜 드려서 기쁘게 해드리지 않고는 인류의 참평화가 있을 수 없습니다. 본인은 이것을 철저히 깨닫고 몸소 실천하여 왔습니다.

그래서 본인은 '위하여 사는 길'을 가르쳐 왔습니다. 이기주의야말로 하나님의 최대의 원수인 것을 알았습니다. 이타주의(利他主義), 남을 위해서, 국가를 위해서, 세계를 위해서 모든 것을 몰입하고 희생 봉사하는 삶이 이 세상에서는 가장 멍청한 바보의 인생철학과 같이 보일는지 모르지만, 정말 심오한 진리를 깨닫고 보면 오직 이 길만이 인간세계에 가장 유익한 길이요, 영원히 인간이 행복할 수 있는 비결이라는 것을 알게 되었습니다. 그래서 세계 130개 국가에서 인종과 국경을 초월하여 나를 따르는 신도들에게 '오직 희생과 봉사로 일관하여 위해서 살라'는 인생관을 가르쳐 왔습니다.

209 - P.106, 1990.11.27

우리는 하나님을 참으로 알고 참된 남자 참된 여자, 그들이 태어난 본연이 무엇이냐? 위해서 태어났기 때문에 위해서 투입하고 잊어버리는 참사랑의 길을 위해서 미친 듯이 찾아야 되는 것입니다. 장난이 아니에요. 밤을 지새워 가면서 미친 듯이, 하나님의 아들딸을 찾기 위해서 미친 듯이, 밤잠을 잊어버리고 먹는 것을 잊어버리고 자기 청춘을 잊어버리고 미친 듯이 찾아야 됩니다. 그리고 스스로를 다짐하면서 하늘을 위로하기 위해 바쁘게 달리고 또 달리고, 하루를 잃어버리지

5. 하나님 해방을 위해 평생을 바쳐오신 선생님

않기 위해서 밤 열두 시가 넘어 새벽 한 시가 되더라도 내일 하루를 찾기 위해 몸부림치면서 하늘의 슬픈 눈물을 한 방울이라도 막아 주겠다고 하는 효자 효녀가 있을 때에는, 하나님과 같이 투입하고 잊어버릴 수 있는 참의 길을 찾아서 허덕이는 무리가 있을 때에는 천지가 진공상태가 되기 때문에 만복이 고기압에서 자동적으로 순환원리에 의해 원치 않더라도 나를 밀어서 천지의 대복지로 들어 올리는 것입니다.

세상의 모든 만민들이 문총재를 지옥에 갖다 박으려고 했습니다. 미국이 그랬고, 소련이 그랬고, 기성교회가 그랬지만 다 지나왔습니다. 이제는 힘으로 해도 내가 기성교회를 당하고도 남습니다. 1천만이 아니라 얼마라도 당하고도 남아요. 돈으로 해도 당하고 남습니다. 나 혼자 하고도 남아요. 그 기반을 다 닦았습니다.

누구를 위해서? 하나님을 위해서. 문총재를 위한 것이 아닙니다. 통일교회가 레버런 문을 위한 곳이 아닙니다. 하나님의 해방을 위해서, 하나님이 그렇게 투입한 것을 받아 가지고 하나님에게 돌려 드리기 위해서 성(誠)과 열(熱)과 눈물과 피땀을 투입해 가지고 내일의 아침을 오늘의 아침으로 모시고, 내일의 저녁을 오늘의 저녁으로 모시고 투입 투입하면서 지쳐 쓰러져 가는 것이 우리들의 소원이라고 생각하는 패가 통일교회 패들인 것입니다.

미래의 소망을 위하여 하나님을 해방하는 자리에서 천지의 왕으로 모시고 해방의 그 날을 위하여 참아 가는 자 앞에 눈을 감고 눈물과 더불어 복을 비는 엄숙한 형제의 정을 지니고 있고 형제지인연을 자랑할 수 있는 것이 통일교회의 모습입니다. 그 어떠한 종교도 하지 못하는 일을 하고 있는 것입니다.

167 - P.194, 1987.07.14

　　우리는 통일을 해야 되고, 아시아를 리드해야 되고, 세계를 리드해야 됩니다. 민주세계와 공산세계를 리드해 가지고 평화의 정착지를 닦아야 됩니다. 누구와 더불어? 신의 그 기준을 따라서, 인류의 소망적인 평화의 길을 따라서, 종교목적의 해방의 길을 따라서 우리는 가야 할 운명의 가치 기준에 서 있습니다. 싫어도 가야 되고 좋아도 가야 할 운명에 서 있습니다. 못 갔으면 죽어서도 가야 됩니다. 내가 여러분보다 나은 면이 있다면 낫다고 쉴 수가 없습니다. 편안하다고 쉴 수 없어요.

　　가야 됩니다. 같이 가야 돼요. 그래서 인류해방과 더불어 하나님을 해방하는 내가 되어야 됩니다. 하나님을 해방하자! 통일교회는 그래요. 인류해방과 더불어 하나님을 해방하자! 하나님은 지금까지 진정한 사랑을 가지고 인간을 사랑하지 못했습니다. 여러분들이 종교생활에서 깊은 영역의 영적 체험을 하면 그런 사연의 세계에 들어갈 수 있는 거예요. 하나님을 해방한다고 할 때, 무엇으로 해방하느냐? 사랑으로. 인류애를 중심삼고 어느 집이나 하나님이 주관할 수 있는 사랑의 통치 기반이 안 되어 있다는 거예요. 그렇기 때문에 사랑을 중심삼은 다리가 안 놓여져 있다는 것입니다. 그 하나님의 해방과 인류의 해방이 벌어져야 여러분이 해방되는 것입니다. 내 집이 편안하지 않은데 자기가 편안할 수 있어요? 나라가 편안하지 않은데 내가 편안할 길이 없어요. 세계가 편안치 않은데 내가 편안할 수 있어요? 하나님이 편안치 않은데 우리가 편안할 수 없다는 거예요. 인류해방과 더불어 하나님의 해

5. 하나님 해방을 위해 평생을 바쳐오신 선생님

226 - P.133, 1992.02.02

방을 위해서 가는 데는 여러분들에게 딴 길이 없어요.

아내를 버리고, 일족을 버리고, 일국을 버리더라도 세계를 구해야 되는 거예요. 하나님이 세상을 이처럼 사랑하사 독생자를 주셨다고 했으니, 세계를 구해야 되는 거예요. 이스라엘을 희생시키고 미국을 희생시켜서라도 세계를 구해야 되는 뜻이 있다는 것입니다. 그것이 하나님의 구원의 도리입니다.

하나님을 해방해야 돼요. 아들딸이 싸워 가지고 사탄의 그물에 걸려서 도탄 중에서 신음하고 있는 것을 바라볼 때, 하나님의 마음이 편안하겠어요? 불쌍한 하나님을 해방해야 돼요. 만국을 통일시켜 가지고 해방해야 하나님이 해방되는 것입니다. 만교(萬敎)가 필요 없습니다. 종교가 필요 없어요. 하나의 나라가 되어야 돼요. 에덴동산에서 아담 해와가 종교를 세웠어요?

이제 통일교회에 들어옴으로 말미암아 왕자의 도리, 형제의 도리를 배울 수 있고, 왕가의 장손, 장녀로서의 부부의 도리를 배울 수 있는 것입니다. 그래 가지고 하나님이 창조한 이후에 모든 것을 다 이루어 가지고 기뻐할 수 있는 아들딸의 성숙을 찬양하던 것과 마찬가지로, 아담 해와도 부모가 되어 하나님 대신 온 세계에 축복을 안겨 주는 것과 같은 자리에 서게 되면, 하나님이 기뻐하던 것을 제2차적으로 기뻐할 수 있는 것입니다.

4

종교연합을 통한
세계평화의 실현

1. 평화의 기지는 어디냐

254 - P.102, 1994.02.01

　전세계는 평화의 세계로 가는 방향도, 통일세계로 향하는 중심도 잃어버리고 사망과 도탄의 와중에서 신음하고 있습니다. 세계는 죄악 세계가 되었습니다. 국가도 사회도 가정도 개인도 그러합니다. 어째서 세계가 이렇게 악하게 되었는가 하면 개인은 역사를 통하여 몸과 마음이 싸우고 있습니다. 이 싸움은 역사와 더불어 시작하여 지금까지 계승되고 있는 것입니다. 싸우는 개인에서 자연적으로 싸우는 가정, 싸우는 국가, 싸우는 세계가 되어 악한 사탄세계, 지옥세계를 형성하였습니다. 싸우는 세계의 시발점, 개인들은 남자 여자 두 사람이 문제입니다.

　전세계의 복잡다단한 문제는 개인의 심신 통일과 남녀 문제만 해결한다면 해결을 볼 것입니다. 왜 심신이 분열되었느냐? 남녀가 왜 화동하여 통일 못 되었느냐? 타락되었기 때문입니다. 타락으로 말미암아 인간의 심신이 분열되었고, 남녀의 분쟁이 벌어져 하나님을 잃어버리고 말았습니다.

　하나님을 알면 그 뜻을 확실히 알 것이며, 그가 이상 하는 심신과 남녀를 확실히 앎으로써 하나님과 같이 하나가 되어 살 수 있었을 것입니다. 문제는 하나님을 찾는 일이요, 사탄을 추방하는 일입니다. 에덴에서 아담과 해와가 타락하여 하나님은 아담 해와를 쫓아냈습니다. 아담 해와는 아들딸을 낳았습니다.

쫓겨난 아담 해와를 하나님이 찾아가 결혼식을 해주었을 리 만무하니, 사탄을 중심하고 결혼하여 자녀를 낳았다는 것입니다. 그리하여 아담 해와는 사탄의 혈통을 상속받게 되었습니다. 핏줄이 더럽혀졌다는 것입니다. 사탄 된 천사장은 하나님의 간부(姦夫) 입장에 서게 되었습니다. 천리 원칙이 사랑 관계를 맺으면 소유권은 결정되게 되어 있으므로 인간조상은 사탄의 소유가 되어 버린 것입니다.

본래 하나님의 사랑을 중심하고 마음과 몸이 하나되었을 것이었는데, 마음적 하나님이 사랑을 완성하기 전에 사탄 사랑에 맺어졌으니 사탄은 몸에 뿌리를 내려, 마음이 본래 플러스 입장에 있었는데 또 다른 플러스적 몸을 이루어서 반발함으로써 마음세계를 끌고 다닌 것입니다.

마음이 완성하여 하나님의 사랑을 중심하고 일체가 되었으면, 심신은 영원히 하나님의 사랑에 의하여 통일되어 자연히 인류는 하나님과 같이 심신이 통일된 일체 이상을 이루어 전체를 하나님 뜻과 이상을 상속받았을 것이었습니다. 몸은 지옥을 향하는 기지가 되어 있고, 마음은 천국을 향하는 기지가 되어 있는 것을 알고, 몸 마음을 통일하여 평화의 입장에 서서 하나님의 혈통을 재전수받지 않으면 하나님의 품으로 돌아갈 수 없습니다.

우리 인간 개개인은 타락의 한을 깊이 깨닫고, 하나님과 하나 못 된 것을 참사랑을 중심하고 하나가 되어 사탄 몸을 완

1. 평화의 기지는 어디냐

전히 점령하여 본래의 상태로 돌이켜야 되는 것입니다. 이것이 우리 개개인의 생애의 목적입니다.

그래서 하나님은 종교를 통하여 마음을 중심하고 몸을 절대 굴복시키려고 하는 것입니다. 심신이 통일되어야만 하나님이 계신 곳으로 돌아가는 것입니다. 타락한 조상은 거짓 조상이 되었으니 거짓 사랑, 거짓 생명, 거짓 혈통, 거짓 개인·가정·사회·국가·세계의 지옥을 타파하고 하나님을 중심한 참부모의 참사랑·참생명·참평등을 복귀하여 본연의 세계로 돌아가는 것이 종교의 길이요, 구세주 메시아가 오는 목적인 것입니다.

203 - P.350, 1990.06.28

지금 이 세계에서 제일 긴박한 과제가 뭐냐? 세계 전쟁은 하다가 끝납니다. 나라 간의 싸움은 끝날에 가서는 끝나지만 영원히 계속되는 전쟁이 몸과 마음의 싸움입니다. 어느 성현도 이걸 적발해 가지고 고치겠다고 선언한 사람이 없었는데, 단 한 사람 문총재가 이걸 선언했습니다. 문총재의 말대로 하게 되면 마음을 중심삼고 몸뚱이를 완전히 정복하게 되는 거예요. 거기에 평화의 기준이 있는 것입니다. 어머니 아버지가 영원히 하나되고, 부부가 영원히 하나되고, 부자지관계가 영원히 하나되고, 일족이 영원히 하나될 수 있는 평화의 기지가 벌어지는 것입니다. 그 평화의 기지가 개인을 넘고 종족을 넘고 민족을 넘고 인종을 넘어 가지고 세계 끝까지 그 기준이 돼 있어야 세계평화가 이루어지는 거예요. 그렇기 때문에 인간 개조혁명이 필요하다는 것입니다.

263 - P.316, 1994.10.27

오늘 참된 인간 하면 참된 남자와 참된 여자, 둘을 말하는 것입니다. 세계의 복잡다단한 오만 가지의 문제가 많지만 그 문제의 근원은 남자와 여자, 두 사람의 문제입니다. 두 사람이, 남편이라는 존재와 아내라는 존재, 이들이 뭘 하느냐? 둘 다 싸우고 있으니 네 사람이 싸우고 있는 거예요. 이러니 평화가 있을 수 없습니다. 평화의 기원이 세계가 하나된 평화의 기지를 말하느냐 하면, 아니라구요. 대한민국 하면 남북이 통일된 평화를 말하느냐 하면 그것도 아니에요. 그 기준은 가정도 아니에요. 부부가 평화를 이루기 전에 내 몸 마음이 평화의 기지를 상실하고 있다는 사실을 몰랐어요. 이것은 중차대한 문제예요.

이 싸움을 누가 말리게 하느냐? 지금까지 역사상에 4대 성인이 왔다 갔습니다. 4대 성인들이 왔다 갔어도 가르쳐 준 것은 대외적인 세계의 나라 문제를 시정하려고 했지만 마음의 전쟁을 모르고 갔다구요. 이 전쟁을 멈추겠다고 생각한 사람이 없습니다.

257 - P.028, 1994.03.13

통일이라는 걸 싫어하는 사람은 없다구요. 여러분, 혼자서 통일이라는 걸 말할 수 있어요? 모두 통일입니다. '후-흡, 후-흡' 하며 호흡하는 것도 통일이라구요. 수수작용입니다. 이거 눈도 모두 통일입니다. 작용을 같이합니다. 이것도 둘이 모두 통일이에요, 통일. 걷는 것도 모두 통일이라구요. 통일된 위에서가 아니면 넘어지고 맙니다. 평균 기준인 것입니다.

통일되게 되면 거기에는 평화가 정주할 수 있기는 하지만, 그 이외에는 평화도, 행복도, 자유도, 아무것도 없어요. 그래서 통일교회라는 이름은 세계에 있어서 위대한 이름입니다. 개인, 개인을 어떻게 해서 통일시키느냐? 여러분의 마음과

1. 평화의 기지는 어디냐

몸은 싸워요, 안 싸워요? 자기 자신이 싸우고 있는데 평화를 바라고 행복을 바라고 자유로워지기를 바라요? 그런 논리는 없어요. 그걸 해결하지 않으면 세계가 평화롭더라도 싸우고 있는 자신과는 아무런 관계가 없습니다. 평화의 기지가 어딘가 하면, 세계도 아니고 집도 아니며 자기 자신입니다.

224 - P.281, 1991.12.15

여러분의 몸뚱이는 사탄 편에 있어도 마음은 하늘 편에 있습니다. 본래 하나님의 마음은 플러스고 몸뚱이는 마이너스로 돼야 될 텐데, 이 몸뚱이가 플러스가 돼 있습니다. 사탄 사랑을 중심삼고 플러스가 돼 있다는 것입니다. 그러니 싸우는 것입니다.

그래서 종교에서는 몸뚱이를 정복하라고 하는 것입니다. 이놈의 몸뚱이를 치는 것입니다. '금식해라, 기도해라, 봉사해라, 희생해라, 낮은 데로 내려가라' 그런데 사탄은 자꾸 높아지려고 그래요. 자기를 위주로 하는 것입니다. 잘먹고 잘살고 편안하게 사는데, 자꾸 고통을 주니까 사탄이 도망가는 것입니다. 그래서 자기가 이렇게 가려고 하는 대로 마음도 같이 따라가니까 하나되는 것입니다. 이렇게 서로 반대입니다.

종교의 책임은 마음을 중심삼고 몸뚱이를 완전히 정복해서 영원히 하나됐다 할 수 있는 자리를 완성시키기 위해서 수난길을 가야 되는 것이다 이거예요. 마음은 종적인 나라고 했습니다. 종적인 나를 중심삼고 횡적인 내가 90각도에서 완전히 하나될 수 있는 나를 정복해야 되는 것입니다. 그걸 찾기가 쉬워요? 그렇게 된 때가 있다고 생각했어요? 그렇게 됐다고 생각한 적이 있어요?

수많은 종교, 수많은 성인들이 외적인 세계에 대해서는 뭘 할까 생각했지만 근본적인 문제를 가르치는 데는 생각이 못 미쳤습니다. 그러나 통일교회는 이런 근본적인 문제를 파헤쳐서 나에서부터 평화의 기지와 승리의 기반이 있고, 나에서부터 행복의 기반이 있다는 걸 가르치는 것입니다. 아무리 상대의 세계에 그런 기반이 있더라도 내가 그런 기반을 갖지 않으면 나하고 관계가 없다 이거예요.

257 - P.112, 1994.03.13 나라가 망하는 것은 큰일이 아닙니다. 아담의 세계에는 나라가 없었습니다. 자기 가정만 수습하면 된다구요. 그러니까 종족 메시아를 중심하고 가정수습을 선생님은 명령했던 것입니다. 가정만 바로 서면 된다구요. 결국엔 양심과 육신의 일체와 가정입니다. 알겠습니까? 부부, 남녀가 하나되는 것이 세계적 문제예요. 이것이 하나되면 세계는 모두 평화의 땅에 들어갑니다. 세계 문제는 어렵지 않습니다. 두개밖에 없어요. 심신일체, 부부일체 하면 됩니다.

　이 세상은 악의 세계이므로 싸우는 세계예요. 왜 싸우냐면, 심신이 싸우기 때문입니다. 남녀는 둘이서 다투게끔 되어 있어요. 공식이 되어 있습니다. 그래서 세계평화의 기지는 도대체 어디냐? 일본도 아니고 세계도 아닙니다. 천국도 아닙니다. 내 자신입니다. 심신이 분쟁하는 그 거점을 평화로 하지 않으면 평화는 영원히 없습니다. 이런 가르침을 들은 적은 없습니다. 그리고 남녀, 가정문제입니다.

258 - P.339, 1994.03.20 평화의 기지는 어디냐? 일본이 평화가 이루어져도 여러분의 마음이 분쟁하면 평화의 기지는 없는 것입니다. 평화의 기지는 어디냐? 심신 분열이 없는 자기 자신, 그리고 가정입니

1. 평화의 기지는 어디냐

다. 그 이외에 없다구요. 4대 심정권, 3대 왕권이라는 것, 그것이 평화의 기지입니다. 그것을 공식적으로 확대하면 나라와 딱 맞는다구요.

243 - P.228, 1993.01.17

지금까지 세계의 평화를 논의하고 있는데, 세계의 평화는 어디서부터 시작하느냐? 가정에서부터입니다. 씨족 가지고 안 된다구요. 가정에서부터 시작하는 것입니다. 여러분의 집안에도 여러 가지 문제가 있지요? 할아버지 할머니의 문제가 있고, 어머니 아버지의 문제가 있고, 남편 아내의 문제가 있고, 아들딸의 문제가 있다구요. 이렇게 할아버지 할머니, 어머니 아버지, 남편 아내, 아들딸, 네 가지의 문제가 있습니다. 모두 몇 사람이에요? 이렇게 여덟 사람이 문제입니다. 여덟 사람인데, 각 개인에게도 그 문제가 있습니다. 개인도 몸과 마음이 싸우는 것이 문제입니다.

한 가정을 중심삼고 이렇게 하나, 둘, 셋, 넷, 다섯, 여섯, 일곱, 여덟 사람 전부가 문제입니다. 이것이 둘씩이 되면 열 여섯입니다. 열 여섯이 서로 문제라는 것입니다. 그런데 평화의 세계를 어디서 찾겠어요? 이렇게 되면 개인에서도 평화는 찾을 수 없습니다. 개인도 몸과 마음이 싸우고 있다는 것입니다.

이렇게 볼 때, 이 세계의 평화라든가 행복이라든가 자유라든가 희망의 세계를 갖지 못하는 그 원수의 기지가 누구냐 하면 나예요, 나. 원수의 기지가 여기에 있다구요. 자기 자신도 해결하지 못하면서 어떻게 가정을 해결하겠느냐는 것입니다. 어떻게 행복한 가정, 행복한 종족, 행복한 세계를 가질 수 있겠느냐는 거예요. 몸과 마음이 싸우는 데는 자유도 있을 수 없는 것입니다. 암만 자유를 준다고 해도 그게 자유예요? 미국이 자유를 사랑한다구요? '푸푸푸푸!' 자유가 웃는다구요.

이렇게 마음과 몸뚱이가 싸우고 있는데 시집을 가서 잘살겠다고 해서 잘살 수 있어요? 그러니까 사랑도 전부 다 싸우는 사랑이라는 것입니다. 행복도 전부 다 싸우는 행복이라구요. 지금까지 행복을 찾아간다고 했지만 그것도 전부 다 싸우는 행복입니다. 세계에 불이 붙고, 세계에 원자탄이 떨어져서 멸망하는 것이 아닙니다. 나에게 불이 붙고, 나에게 원자탄이 떨어져 있다는 사실을 알아야 됩니다.

개인을 하나 만드는 방법을 가지고 오지 않고는 세계의 평화는 있을 수 없는 것입니다. 하나님도 어쩔 수 없는 것입니다. 하나님도 지금까지 평화세계를 못 이루고 있습니다. 예수님이 왔던 2천년 전이 평화의 세계예요? 기독교 싸움판만 벌어져 가지고 전부 다…. 교회는 예수님의 피의 공로를 믿지만 전부 다 싸움판입니다. 예배를 보고 돌아와서도 부처끼리 싸움만 하고 있다구요. 전부 다 지옥 가는 것입니다.

218 - P.203, 1991.07.29

인간이 평화의 세계를 추구해 나가는 데 있어서 평화세계 기지가 어디냐 하면 그 기지는 세계도 아니요, 어떤 나라도 아니요, 어떤 종교도 아니다 이거예요. 그 바탕은 몸과 마음이기 때문에 몸과 마음의 통일 기지를 갖지 않으면 평화의 근원적 기반을 못 가짐으로 말미암아 그 바라는 소망의 평화세계를 달성할 수 없다고 하는 결론이 나온다구요.

그래, 평화의 기지는 세계도 아니고, 나라도 아니고, 종교도 아니라는 것입니다. 나다 이거예요. 통일교회하고 회교권이 지금 나로 말미암아 연합운동이 시작됐는데, 이것이 서로 하

1. 평화의 기지는 어디냐

나 될 수 있는 공통분모를 이제부터 어떻게 찾아가느냐 하는 것입니다. 종교간의 평화를 찾아내지 못하면 종교와 세계간의 평화, 정치와 종교세계의 갈등을 넘어선 평화의 세계를 건설할 수 없기 때문에 여기에 연결될 수 있는, 하나될 수 있는 동기가 뭐냐 하는 것이 심각한 문제라구요.

그것이 무슨 종교간에 있는 것이 아닙니다. 전부가 우리 개인에게 돌아오는 것입니다. 개인의 몸 마음의 통일을 완성하게 될 때는 다른 모든 것의 완성도 거기서부터 영향이 미쳐집니다. 그렇기 때문에 내 자신의 통일을 어떻게 하느냐 하는 것이, 내 자신의 평화를 어떻게 건설하느냐 하는 것이 중요한 문제라는 것입니다.

지금까지 역사시대를 거쳐와서 살았던 사람들의 평화라는 것은 전부 다 외적인 세계의 평화라고 알고 있었습니다. 나라가 평화롭게 되고, 세계가 평화롭게 되어야만 평화의 세계가 온다고 생각했는데, 그렇지 않다는 것입니다. 외적인 세계의 그 무엇이 평화를 초래해 주는 것이 아니라 내적인 자기 자신에서부터 평화적 기준을 어떻게 완성하느냐 하는 것이 가장 중요한 숙제였다는 것을 생각하지 않고 사는 인간들이 되어 버렸다는 것입니다.

종교에는 타락이라는 개념이 있는데, 그러면 그 타락이 무엇이냐? 몸 마음이 완성을 이루어 통일되지 못하고 평화의 기반이 못 된 것은 타락함으로 말미암은 것이고, 타락으로 말미암아 서로 싸우고 투쟁하게 됐다는 것입니다. 이것을 수습하기 위한 하나의 길이 있다면, 그것은 하나의 마음적 세계를 대표한 개인적 기반, 종족·민족·국가·세계적 기반으로 발전시킬 수 있는 종교권이라는 것입니다. 그 다음에 몸적인 분야를 중심삼고 개인·가정·종족·민족 투쟁역사로 세계적 판도를 만들어 놓았습니다. 그래서 민주세계를 중심삼고 이렇게 두 블록으로 나뉘어진 상태에서 지금까지 외적인 몸뚱이가 마음을 침해하고 유린해 가지고 나온 것입니다. 마찬가지로 마음을 대표하는 종교세계의 발전 기반을 몸적인 정치세계가 언제나 쳐 나왔고, 언제나 희생시켜 나오는 싸움이 계속되어 지금까지 나왔다는 것입니다. 정치세계는 언제나 종교세계를 침해했다 이거예요. 몸이 마음을 친 거와 똑같은 양상입니다.

　이것을 어떻게 통일하느냐 하는 것은 근본문제와 직결되는 것입니다. 하나님이 있느냐 하는 문제와 참된 사랑이 뭐냐 하는 문제에 귀결되는 것입니다. 하나님이 있다고 한다면 하나님은 완전하고 절대적인 신이기 때문에 절대 평화의 기준을 하나님 자체도 가져야 되고, 대상권도 가져야 된다, 즉 하나님과 그 대상권이 완전히 통일적 기준을 완전히 가져야 된다 이거예요. 그렇기 때문에 하나님이 확실히 있느냐 하는 문제를 깨달음으로 말미암아 이런 내성을 알 수 있고, 그 다음에 내가 진짜 하나님과 관계가 어떻게 되느냐 하는 인간문제, 이 두 문제에 귀착되는 것입니다.

　여기서 질문을 하나 하자면, 하나님도 몸과 마음이 싸우느냐? 그건 절대 그럴 수 없다 이거예요. 그러면 그런 주체가 있다 할 때 그 주체 앞에 관계를 맺기 위해서는 우리 인간도 그러한 인간이 되어야 할 텐데, 그런 입장에 서지 못했으니 그 인간이 '당신과 관계를 맺을 때가 어느 때입니까?' 이렇게 물어 볼 수도 있는 것입니다.

　주체와 대상이 하나되기 위해서는 내적인 면과 외적인 면이

1. 평화의 기지는 어디냐

같은 입장에 서지 않고서는 안 되는 것입니다. 이것이 다르다면 언제 하나되느냐? 이건 종교를 통해서 최고로 우려할 문제요, 정치세계·사상세계 어느 분야에 있어서도 최종 결론을 지어야 할 중차대한 문제가 아닐 수 없습니다. 종교·정치·경제·문화 모든 면에서 그렇다는 것입니다.

이러한 문제를 두고 볼 때, 왜 통일교회라고 이름을 지었느냐 하는 것이 문제일 것입니다. 도대체 통일교회를 어떻게 하자는 거예요? 그러면 통일교회의 근본 바탕을 어디에다 두느냐? 그것은 하나님에게 바탕을 두어야 하는 것입니다. 통일교회의 주인이 누구냐? 그것이 하나님입니다. 그렇기 때문에 통일교회는 몸과 마음이 하나가 되고, 남자와 여자가 하나가 되면 세상 만사가 다 끝나는 것입니다.

남자와 여자가 세상에 태어나 부부가 되어 '나는 행복하다. 나는 평화스럽다' 하는 마음으로 하나됐다 할 때는 하나님은 자연히 하나된 자리에 찾아와서 관계합니다. 이것이 신인(神人)관계를 맺을 수 있는 제일 동기입니다. 이렇게 하나님과 인간이 관계를 맺었을 때, 하나님과 인간에게만 좋은 것이 아니라 관계되어 있는 동물세계·식물세계·광물세계의 모든 인연도 그 통일적 내용을 환영하고 감사할 수 있는 그런 내용이라는 것입니다.

2. 섭리역사로 본 종교통일

110 - P.228, 1980.11.18

　예수님이 만약 죽지 않았으면 어떻게 됐을 것이냐? 예수님의 소원이 통일이 아니겠어요? 하나님의 뜻을 이루어야 된다구요. 그래서 유대교를 통일하는 거예요. 그 다음에 잡다하게 많은 교파를 통일해야 되고, 유대 나라를 통일함과 동시에 가나안 복지에서 12지파를 편성한 아랍권을 통일해야 된다는 것입니다. 아랍권 통일을. 예수님이 가야 할 길은 종교의 길을 따라서 자기의 종족·민족을 통일시켜야 되는 것입니다. 그가 죽지 않고 해야 할 일이었는데 이 일을 선포한지 3년도 못 가서 죽게 되지 않았어요? 30년을 넘어서라도 이 일을 계속해야 할 텐데 3년도 못 가서 몰려 죽었다 이거예요.
　그때의 로마 정세로 말하게 된다면, 그때 로마제국은 피폐해져 가지고 반란이 일어날 수 있는 그런 경지에서 예수님이 탄생했다는 거예요. 또 극동을 종교 배경으로 보게 된다면, 불교를 배경으로 한 인도가 있었고 유교를 배경으로 한, 세계에 호령할 수 있는 중국이 문화권을 형성하고 있었어요.
　그러면 예수님이 종교의 길을 따라가야 할 텐데 유대교를 통일하고 나서는 어디로 가야 돼요? 불교문화권, 유교문화권

2. 섭리역사로 본 종교통일

으로 가야 할 것입니다. 이러한 기반을 형성하는 날에는 로마제국의 반발을 받을 것입니다. 만약 로마의 압제를 받아 12지파가 단절되게 될 때에는 인도의 협조가 가능하고 중국의 협조가 가능했다는 거예요. 아시아를 기반으로 모든 전체권을 중심삼고 로마와 대치해 가지고 서구의 로마를 소화시킬 수 있는 당당한 권위를 가지고 그야말로 명실공히 만왕의 왕이 될 수 있는 것입니다. 이런 특권의 기회를 놓쳐 버렸다 이거예요.

이런 것을 그 누구도 생각지 않았어요. 하나님이 뭘 하려고 유교를 만들고, 뭘 하려고 불교를 만들었겠어요? 메시아가 오게 되면 방계적인 입장에서 협조할 수 있는 간접적인 기반이라도 닦아 놓기 위해서입니다. 그래 가지고 아시아권에 있어서 유대교를 중심삼아 가지고 로마제국을 능가할 수 있는 당당한 세력권을 만들어 가지고 로마를 흡수했다면, 하나의 세계가 가능했을 텐데 유대교가 믿지 못함으로 말미암아, 유대 나라가 믿지 못함으로 말미암아 그후 2천년의 역사 동안 유대 민족은 피 흘리는 민족이 되어 버렸다 이거예요.

215 - P.251, 1991.02.20

본래 하나님의 섭리는 아시아 대륙을 중심삼아 가지고 나왔다구요. 동양에 인도교가 있고, 불교를 세운 거예요. 중국에는 유교를 세우고, 시리아라든가 혹은 이라크 같은 데는 유프라테스 강을 중심삼아 가지고 조로아스터교라든가 그런 종교권을 만든 거라구요. 이 삼각권 내에서 유대교를 중심삼고 세계의 통합을 위한 것이었습니다. 그런데 이스라엘 민족의 열두 지파가 하나 못 됨으로 말미암아 사탄세계인 로마가 점령했다구요. 지금 중동의 모든 것이 모세시대에 편성된 열두 지파입니다. 이게 하나 못 되었다구요.

그렇기 때문에 이스라엘은 쫓겨났고 회교가 이 지방을 직접 지배하는 거예요. 원래는 예수님이 죽지 않았으면 인도하고 중국을 중심삼고 자동적으로 신앙적 기반이 되어 있기 때문에 통하게 돼 있는 거예요. 최고의 영계를 통해 가지고 하나 되게 되어 있는 거예요. 이것이 로마하고 반대되면 될수록 가까이 합할 수 있는 때였다구요. 이스라엘을 중심삼고 볼 때 그때가 로마 정권의 힘이 피폐할 때였어요. 메시아가 와 가지고 독립을 중심삼고 하나 만들려고 할 때 여기에 반대하면 그 중동의 나라들이 하나되게 되고, 이게 하나되게 되면 유교권이라든가 불교권이라든가 힌두교권이 협조하게 되어 있었다는 거예요. 그래서 예수님이 해야 할 것은 종교연합운동과 국가연합운동을 해야 되었던 거예요.

215 - P.252, 1991.02.20

예수님이 죽음으로 말미암아, 십자가에 돌아감으로 말미암아 어떻게 되었느냐? 하나님의 섭리는 나라를 중심삼고 좌우를 둘러엎으려고 했던 거예요. 이렇게 볼 때에 오른쪽은 유대교고 이스라엘 나라는 왼쪽이라구요. 내적인 마음과 같고 외적인 몸과 같습니다. 나라에 있어서 마음의 종교와 몸뚱이의 정치가 하나된 그 위에서만 하나님을 대할 수 있지 하나 못 되면 안 되는 거예요. 여기서 왼편 강도는 하나님이 없다고 하고 오른편 강도는 하나님이 있다고 했다구요. 종교 유대교와 이스라엘 나라가 예수님을 팔아먹었으니 하나님 편에 못 선다는 거예요. 사탄 편에 섰다는 거예요.

그러니까 완전히 유대교하고 이스라엘 나라가 갈라져 버렸다는 거예요. 오른쪽이 없어지고 왼쪽도 없어졌어요. 죽어 가

2. 섭리역사로 본 종교통일

지고 천국에 들어갔지 살아서 천국에 못 들어간다 이거예요. 예수님이 죽음으로 말미암아 복받은 건 바라바예요. 사탄은 실체 바라바를 중심삼아 가지고 하나님 앞에 서고 하나님은 뒤에 서게 되는 거예요. 하나님은 뒤에서 따라가는 거예요. 그래서 예수님이 올 때까지, 재림할 때까지 뒤에서 따라가는 거예요.

그렇기 때문에 기독교하고 회교는 원수라는 거예요. 회교가 나온 7세기에 있어서의 이스라엘 나라와 유대교가 전부 다 쫓겨나게 되었을 때 중동권이, 이스라엘이 가진 열두 지파권이 완전히 바라바권이 되었다구요. 바라바는 누구냐? 아브라함의 첩을 통해서 태어난 이스라엘을 중심삼고 반대적인 입장에서 가인 아벨과 같이 갈라져 나온 거예요. 아브라함의 첩인 하갈이 사라하고 싸워 가지고 원수가 되었어요. 원래는 하나되어야 되는 거예요. 둘이 하나되었으면 하나님도 그 일을 안 했을 거라구요. 첩하고 본처하고 싸움이 벌어진 거예요. 그래서 사라가 하갈을 쫓아 버린 거예요.

그렇게 갈라진 것이 예수님 시대에 와서도 하나되지 못했다는 거예요. 예수님이 신부를 찾아야 할 입장에서 이스라엘 나라의 보호 가운데 이루어 가지고 이것이 하나되어 가지고 영육을 중심한 부모의 자리에서 통일천하 해야 할 텐데 죽음으로 말미암아 좌우는 좌우대로, 전후는 전후대로 갈라졌다는 거예요. 여기서 누가 낙원에 갔느냐 하면 오른편 강도가 들어갔어요. 그래서 두 종류예요. 나라로 말하면 좌익적인 나라가 생겨났고, 종교적인 면에서는 기독교와 반대적인 종교가 나와 가지고 중동세계를 리드해 나온 거예요. 바로 딱 요렇게 됐다는 거예요.

이와 같이 잘못한 것을 탕감해야 돼요, 탕감. 이것은 국가적 기준에서 잃어버렸으니 세계적 기준에서 요것을 성사시키고, 세계적 그 바라바권과 이것을 뒤집어 가지고 하늘나라에 돌아가기 위해서는 탕감해야 되겠기 때문에, 예수님 시대에 갈라진 것을 지금 오시는 주님을 중심삼고 통일해야 되겠으니 재림주님은 이 땅에 와 가지고 우익과 좌익을 하나 만들어야 된다는 거예요. 메시아가 나오기 위해서는 개인적으로 몸 마음이 갈라진 것을 뜻을 중심삼고 하나 만들어야 돼요. 그러면 하나된 몸뚱이를 가지고 예수님이 실패했던 기준 유대교와 이스라엘 나라와 같이 메시아 재림주가 태어난 그 나라에 있어서 종교와 주권을 중심삼고 그 사이에서 투쟁하면서, 반대 받으면서 이걸 묶어서 나라를 넘어가야 된다는 거예요.

168 - P.304, 1987.10.01

로마제국의 압제 하에서 식민지와 같은 입장에 있던 이스라엘 민족은, 메시아만 오면 일시에 로마 나라를 타파해 버리고 세계를 자기들이 원하는 대로 전부 다 굴복시켜 가지고, 자기들은 택한 민족이기 때문에 세계를 전부 밟고 마음대로 할 줄 알았다는 것입니다. 오시는 메시아는 권능을 가지고 세계를 심판해 버리고 모든 것을 자유자재로 할 수 있기 때문에 이스라엘이 특권적 세계 기반을 갖춰 가지고 모든 주체적 행사를 할 수 있겠다 하는 소망을 가졌다는 것입니다. 그건 뭐냐? 세계 전체를 자기들 앞에 결속시켜야 된다는 것입니다. 그래서 세계를 전부 다 희생시키더라도 자기들이 중심이 되어 가지고 높아져야 된다는 생각들을 갖고 있었던 것입니다.

그러나 하나님의 뜻은 그렇지 않다는 거예요. 이스라엘 나라라는 것은 조그마한 나라요, 이스라엘 교단이라는 것은 작

2. 섭리역사로 본 종교통일

은 교단인 것입니다. 하나님은 그 교단을 중심삼고 세계를 지배하려고, 세계를 하나 만들려고 했던 것입니다. 세계를 구하려고 했다는 거예요. 그런데 이스라엘 나라가 세계로 끌려들어가지 않았다는 거예요. 여기서는 세계를 향하여 주는 길을 가지 않고는 세계를 연결시킬 수 없고, 이스라엘 교단이 세계 종교 교단 앞에 주는 길을 취하지 않고는 세계의 교단을 묶을 수 있는 길이 없는 것입니다.

그런데 이스라엘이라는 민족, 선택받았다는 유대교는 인류를 하나로 포섭하고 종교를 포섭해 가지고, 내적 상징인 종교와 외적 상징인 나라가 하나돼 가지고 전세계를 포섭해 하나로 묶어야 할 책임이 그들이 해야 할 사명인데 그들은 그것을 몰랐던 것입니다. 이스라엘 나라와 이스라엘 민족은 그러한 입장에 있었던 것입니다.

그러면 하나님의 뜻을 받들어 가지고 오시는 메시아는 어떠한 사명을 가졌느냐? 이스라엘 교회와 이스라엘 나라를 세워 가지고 이들을 희생시키더라도 아시아의 인도와 불교, 유교와 중국, 이러한 환경을 수습해야 된다는 사명을 가지고 왔던 것입니다. 이스라엘 민족과 유대 교회를 희생시키더라도 동방에 있는 세계적인 큰 종교권을 수습해야 할 책임을 하나님도 느끼고, 예수님도 느끼고 온다는 거예요. 그뿐만이 아니라 나중에 가서는 원수인 로마 제국까지도 구해 줘야 된다는 거예요.

하나님의 생각과 예수님의 생각은 그런데 이스라엘 민족과 이스라엘 교단은 로마니 무엇이니 동방의 모든 전부가 궁극에는 이스라엘 나라의 종과 같이 되어서 자기들을 받들어 섬길 수 있게 만들어 가지고 자기들 마음대로 할 수 있는 세계를 생각했다는 것입니다. 그 마음대로 할 수 있는 것은 좋다는 거예요. 이스라엘권이 승리하고 나서는, 세계적 판도에 있어서, 혹은 하나님의 전체 종교적 판도에 있어서 승리하고 난 후에는 그럴 수 있을는지 모르지만 그때 이스라엘이 처해 있는 입장에서는 그럴 수 없는 것입니다. 하나님의 섭리는 그렇게 돼 있지 않다는 것입니다. 이스라엘 나라와 이스라엘 종단을 희생시켜서라도 동방의 수많은 종교권, 헬레니즘을 중심삼은 이 로마권까지도 포섭해야 된다는 것입니다. 이게 하나님의 섭리라는 거에요.

그런데 이스라엘 나라가 유대교를 중심삼고 하나돼 가지고 바라는 소원이 무엇이냐? 그때의 모든 교법사들이나 제사장들의 생각이 다 마찬가지였습니다. 이스라엘 나라에 주님만 오게 되면 자기들을 최고의 자리에 내세우고 세계를 마음대로 주무르고 마음대로 할 줄 알았다는 것입니다. 그 생각이 틀렸다는 거예요.

229 - P.173, 1992.04.12   예수님도 아시아계로 태어났습니다. 그런데 아시아에서 몸을 잃어버렸다구요. 그걸 탕감복귀하기 위해서 지금까지 서구문명은 로마를 중심삼고 반대로 온 거예요. 본래 예수님이 죽지 않았으면, 인도의 불교권, 극동 아시아의 유교 종교권이 기독교를 중심삼고 통일권을 먼저 이루어야 했습니다. 종교권이 통일을 이루어야 했다구요. 종교권에 서 있는 최고의 지도자는 영계와 통하기 때문에 앞으로 하늘이 가는 방향을 알아요. 그렇기 때문에 예수님께서 나라를 수습하여 로마에서 독립해 가지고 이스라엘의 열두 지파권이 가나안 복귀해서 분배된 그 땅이 통일되었다 할 때는 틀림없이 아시아가 흡수된다구요.

2. 섭리역사로 본 종교통일

169 - P.206, 1987.10.31

만약 예수님이 죽지 않았으면 로마로 가지 않았을 것입니다. 죽었기 때문에 갔지요! 그 당시 인도에는 힌두교와 불교가 있었고, 중국에는 유교가 있었습니다. 종교권이 아시아권 내에 있었어요. 이것은 벌써 2천년 전에 메시아가 올 것에 대비해 주체적 문화권에 대한 상대적 문화권을 만들어 놓았던 거예요. 주체적 문화권이 벌어지면 상대권 문화권이 맺어져야 돼요. 그러니 이것이 자연적으로 흡수될 수 있는 것입니다. 예수님이 죽었기 때문에 로마로 갔어요. 인도를 흡수하고 중국을 흡수해 가지고 대아시아권을 형성하게 되면 로마는 자동적으로 들어오게 되어 있었던 것입니다.

그런데 예수님이 죽어서 몸뚱이를 잃어버렸기 때문에 몸뚱이를 찾기 위해서 탕감의 역사는 재차 때를 맞이해야 되는 것입니다. 서쪽으로 사탄이 예수님의 몸적 권한을 가져갔기 때문에 할 수 없이 로마에 들어가 죽음을 당한 것입니다. 이래가지고 4백년 동안 탕감을 해서 교황청을 건립한 것입니다.

이 교황청을 중심삼고 이태리반도로부터 세계평화의 길을 만들어야 될 텐데, 이 로마 교황청이 세계를 위해서 생겨났다고 생각하지 않았던 것입니다. 세계를 위해서 로마 교황청이 있다고 생각하지 않고 로마 교황청을 위해서 세계가 있다고 봤어요. 관이 달랐다는 것입니다. 세계를 희생시켜서 로마 교황청이 잘 돼야 된다는 착취관을 갖게 됐다는 거지요. 관이 달랐어요. 하나님의 뜻은 로마 교황청을 희생시켜서라도 세계만민을 해방하려고 했는데 그러지 못했어요.

168 - P.067, 1987.09.01

섭리적으로 볼 때, 예수님이 죽지 않았으면 유대 나라를 중심삼고 인도와 중국문화를 통일할 것이었습니다. 인도문명을 대표해 한국에 연결됐던 것이 불교고, 그 다음에는 중국문화를 대표한 것이 결국은 유교예요. 그 다음에는 서구 문화, 기독교가 서쪽인 로마에 가서 로마의 국력을 중심삼고 승리해서 거두어 가지고 이것이 한국에서 세계적 종교로 열매맺힐 수 있는 대표적 기준을 갖추었기 때문에 한국이 유대 민족을 넘어서서 하나님의 축복의 기지가 되지 않을 수 없다는 사실을 잘 알아야 된다구요.

인도의 열매가 불교인데 그것이 한국에 심어졌고, 중국의 유교가 한국에 심어졌고, 기독교가 한국에 심어져 가지고 여기에서 이루어지는 것입니다. 예수님 때에 그러한 문화권을 중심삼고 기독교가 세계 통일을 못 했으니, 2천년이 흘러 한바퀴 거꾸로 돌아와 가지고 동양의 한 기지를 찾아서, 한국에서 불교문화 통일, 유교문화 통일, 기독교문화 통일을 이루어 새로운 통일세계로 등장하는 것이 섭리적으로 볼 때 불가피한 귀결입니다. 유대 나라 역사에는 그런 것이 없기 때문에 유대 나라도 한국을 따라가야 되는 것입니다. 유대 나라에는 이런 것이 없기 때문에 세계적 재림주가 안 오고, 세계를 리드할 수 있는 사람이 못 나오는 것입니다.

로마 교황청을 중심삼고 서구 사회의 통일세계를 만들었으나 다 깨뜨려 버렸거든요. 그래서 서구 세계의 통일과 더불어 아시아 세계까지 통일할 것을 못 했다는 거예요. 그러니 딱 그 로마의 교황청과 같은 새로운 통일교회 교황청을 중심삼고 서구와 아시아를 연결시키는 통일 문화권의 형성이 벌어져야 됩니다. 반도를 중심삼고 새로운 세계적 문화권이 나와야 된다는 것입니다.

그렇기 때문에 지금까지 이 현대문명이 로마를 중심삼고

2. 섭리역사로 본 종교통일

1200년의 역사를 대표해 가지고 로마의 권위를 세운 것과 마찬가지로, 아시아를 중심삼고, 한반도를 중심삼고 새로운 천년 세계를 거쳐서 영원한 문화권이 형성된다고 보는 것입니다. 그걸 실제로 탕감해야 되는 것입니다. 이게 로마 반도예요. 그래서 이제는 대서양 문명권을 움직인 로마와 같은 그런 반도를 중심삼은 통일문화권, 새로운 이상적 왕권시대로 넘어간다는 것입니다. 섭리가 그런 거예요.

3. 종교연합의 실현 방안

205 - P.270, 1990.10.01

　이제부터 문제는 종교권이 연합해야 됩니다. 종교권이 연합해 가지고, 지금까지는 종교권이 정치문제에 관여하지 않았지만 이제부터는 본격적으로 마음이 몸을 지도하듯이 종교권이 정치분야에 완전히 영향을 미칠 수 있게끔 주도적 역할을 해야 됩니다.
　지금 대학가에 있는 젊은 사람들이나 교수들을 보면 전부 연합이 안 되어 있습니다. 종단장으로부터 모든 종교인들을 연합해 가지고 앞으로 부정한 정권자들을 전부 정화해 나가야 됩니다. 보이지 않는 마음이 무한한 힘의 배경을 갖춘 것과 같이 종교권이 연합운동을 해 가지고 그야말로 이 세계를 지도해야 합니다. 그래서 세계평화종교연합이라는 것을 창설했고, 거기에 대치해서 세계평화연합을 창설한 것입니다, 안팎으로.
　인간 타락 이후 몸 마음이 갈라져서 역사시대에 투쟁과정을 통해 나오던 역사의 방향을 전진적인 섭리의 발전에 따라서 수습해 가지고 자유세계와 공산세계, 좌익 우익을 하나님의 뜻 앞에 수습해야 되는 것입니다. 우익이 이 책임을 못 한 것

3. 종교연합의 실현 방안

입니다. 공산주의의 무신론이 유신론권을 완전히 유린해 버렸다는 것입니다. 그 결과 하나님을 떠난 세속적 인본주의사상이 재현할 수 있는 시대로 움직여 나가는 것입니다.

이것을 막기 위해서 어떻게 해야 되느냐? 연합적 종교체제가 필요한 것입니다. 이것은 세계사적인 퇴폐사상으로 연결되어 있기 때문에 기독교만 가지고, 일개의 종교만 가지고는 안 된다는 것입니다. 그러니까 종교연합의 힘을 중심삼고 인본주의 청산운동을 해야 할 시대가 들어온다는 것입니다.

164 - P.026, 1987.05.03

하나님이 양심 기반을 세계적으로 확장시켜 가지고 종착점을 중심삼고 규합하는 통일적 양심 기준을 확정지어야 되겠기 때문에 종교연합운동, 통합운동을 그 누군가 해야 되는 거예요. 기독교는 '아, 기독교를 중심삼고 하나되자' 하고 있고, 로마 가톨릭은 '가톨릭을 중심삼고 하나되자' 하는데 그게 아니라구요. 뭘 중심삼고 '하나되자' 해야 되느냐 하면, '하나님을 중심삼고 하나되자' 해야 되는데 이걸 모르고 있다는 거예요. '신교 패들은 신교를 중심삼고 하나되자' 하고 있고, 장로교 패들은 '장로교를 중심삼고 하나되자' 하는데 그건 미친 자식들이에요. '하나님을 중심삼고 전부가 하나되자' 해야 하는 원리를 잃어버리고 있더라 이거예요. 그걸 몰라요. 어떻게 하나님하고 하나되느냐 하는 것을 몰라요. 전부 다 몰라요. 불교도 모르고 유교도 모르고, 전부 다 몰라요. 아는 단체는 통일교회밖에 없어요. 내가 통일교회 교주라서 이렇게 말하는 것이 아니라구요.

하나님이 아담 해와와 하나되고, 하나님이 우리 어머니 아버지가 될 수 있다고 말하는 사람은 역사 이래 나밖에 없는 거예요. 신학자도 없었어요. 내가 처음이에요. 처음인 동시에 마지막이에요. 그 근본을 모르면, 자아가 어떻다는 것을 완전히 모르면 어떤 것이 옳은지 그른지 모른다구요.

　미터면 미터의 원기(原器)가 있어요. 그 원기가 있는 곳에 가서 대봐야 돼요. 그것은 기후의 변화라든가 환경의 변화라든가, 지역의 변화를 받지 않고 언제나 동일해야 돼요. 불변해야 됩니다. 불변한 거기에다 대보고 '이것은 가짜다' 이래야 되는 거예요. 안 그래요? 진짜 사람은 어떠냐? 불변해야 된다구요. 불변, 불변, 영원 불변. 그런 존재가 누구냐? 여러분, 양심이 영원 불변해요? 하나님, 하나님의 마음, 하나님의 사상이 절대적이니까 영원 불변한 그 기준이 축조가 돼야 하는 거예요.

　그래서 우리 인생에 있어서는 마음이 하나님이 임재할 수 있는 안테나와 같이 종적 기준의 초점이 돼 있고, 우리 생활에 있어서 사랑을 중심삼고 횡적 기준의 각도가 90도로서, 이게 한 바퀴 돌면 360도를 그리면서 주고받을 수 있는 내재적인 힘을 가지고 있어야 됩니다. 그러한 본연의 사랑이 이런 중심 초점에서 연결되고 확산돼야 합니다.

166 - P.055, 1987.05.28　종교세계가 지금 어떻게 되어 있느냐 하면, 지금까지 규합운동을 해 나오던 4대 종교가 모두 무력한 상태에 빠져 정지 상태에 있을 뿐만 아니라, 퇴화현상을 일으켜 가지고 이 세상에서 후퇴하는 모습을 드러내고 있는 것입니다. 그러나 하나님이 있다면 후퇴할 수 없습니다. 와해가 되고 혼란이 벌어지면, 세계적인 하나의 대종교를 중심으로 한 모퉁이에서는 통일운동, 종교연합운동을 일으키는 거예요.

3. 종교연합의 실현 방안

그러한 의미에서 통일교회는 사상적 통일을 중심삼고 두익운동을 하는 것입니다. 좌익(左翼), 우익(右翼) 하게 되면 뭐냐 하면 날개를 말합니다. 그런데 두익이, 머리가 무슨 날개예요? 아닙니다. 좌라 하면 왼쪽, 왼편을 의미하듯이 '두익(頭翼)' 하면 머리 편, 머리 쪽, 이렇게 생각하면 돼요. 그것은 예수님의 십자가를 중심삼고 시작한 거예요. 예수님이 이 땅 위에서 새로운 세계적인 분립역사를 어디에서 했느냐 하면 십자가상에서입니다. 예수님을 중심삼고 좌우로 오른편 강도, 왼편 강도, 바라바권, 이렇게 3세계권으로 분립한 것입니다. 그 다음에 사탄권, 이렇게 4대 분립권으로 들어간 거예요.

끝날에 가서는 이렇게 좌우가 딱 되어 있고 예수님과 같이 머리가 나오고 바라바가 있는 거예요. 바라바는 뭐냐 하면, 공산세계도 아니고 민주세계도 아닌 세계로 아랍진영 같은 세계입니다. 종교를 중심삼은 종교단체도 아니고 정치단체도 아닌 이런 아랍권 문명이 있다구요. 그게 바라바 문명권이다 이거예요. 이것은 이 둘(좌익과 우익)이 싸우면 싸울수록 이(利)가 되는 거예요. 그래서 지금 중동문제는 수습할 수가 없는데, 이제 이것은 예수님이 다시 나타나 가지고 수습해야 되는 거예요.

그런 끝날이 되어 있기 때문에 좌우로 갈라졌고, 바라바, 제3세계가 생겨났습니다. 제3세계는 뭐냐 하면 족익(足翼)이에요, 족익. 발이 제일 추하다고 하지요? 아무렇게나 살지요? 이게 흑인세계예요. 이것을 수습할 수 있는 것은 인간이 아닙니다. 인간 남자도 아니고 여자도 아니에요. 그러면 하나님이 할 수 있느냐? 하나님 가지고도 안 된다 이거예요. 무엇을 가지고? 사랑, 하나님이 이상하는 사랑의 실현만이 그것을 가능하게 한다 이겁니다. 좌·우익을 하나 만들고, '발 족(足)자' 족익, 3세계를 하나 만들고, 하나님의 뜻의 세계, 이상세계로 하나 만들 수 있고 동서남북 사방을 규합시킬 수 있는 그러한 내적 힘은 오른쪽도 아니요, 왼쪽도 아니요, 머리쪽이에요. 발도 아닙니다. 이게 뭐냐 하면 이것을 모두 조화시킬 수 있는 참된 사랑입니다.

그러한 사상을 대표한 사랑, 좌익과 우익을 대표하고 3세계를 대표한 사랑, 역사세계의 초월적인 사랑의 이념을 가지고 나오는 그러한 종교에 의해 종교를 통합할 수 있는 동시에 오늘날 사상을 통일할 수 있고, 모든 과학세계까지 통합할 수 있는 운동이 하나님이 계신다면 사랑이상 실현을 위해서 벌어져야 합니다. 그렇게 결착시킬 수 있어야만 종말시대에 희망이 있지 그러지 않으면 모든 존재세계와 인류에게는 절망과 파멸밖에 없을 것입니다. 그러한 의미에서 통일교회, 통일사상을 가지고 나온 레버런 문이 명실공히 초종교적 연합운동을 하고 있는 것입니다

249 - P.085, 1993.10.08

종교계는 하나되지 않으면 안 된다는 것입니다. 그래서 인도 대회에서 무엇을 제언했느냐 하면, 축복 문제입니다. '세계평화의 선두에 서지 않으면 안 되는 것이 종교권의 임무다! 절대적으로 하나님이 요구하는 임무다! 거기에 반대하는 사람은 이 자리에 없을 것이다. 평화로 가는 제일 단거리, 가까운 길이 무엇이냐? 그것은 종파를 넘어 청년들을 결혼시키는 것이다' 라고 한 거예요. 결혼하는 이외에는 길이 없다구요. 분쟁하는 종파끼리 결혼한 경우에는 반은 감하는 것입니다.

종교연합을 통한 세계평화의 실현 · 183

3. 종교연합의 실현 방안

그걸 두 번만 하게 되면 평정되어 버리는 것입니다. 그거 틀림없는 일이라구요. 그렇게 해서 선생님이 이런 제언을 했습니다. 모든 종교가 통일교회 선생님의 말씀은 듣는다고 생각하는 것입니다. 그러므로 '통일교회 청년을 중심삼고 각 종교의 청년들과 교차결혼을 시키자' 한 것입니다.

일본과 한국이 원수였는데 교차결혼으로 말미암아 화합되는 것입니다. 축복받은 가정들을 볼 때 아무리 주변에서 끌어 모아도 그 이상의 상대가 없다 할 정도로 선생님이 멋지게 맞추어 주니까 반대하던 어머니 아버지들도 그 부부들을 보고 생각이 달라지는 것입니다.

또 한국은 아무것도 아니라고 생각했는데 와서 보면 일본과 다르지 않다는 것입니다. 오히려 한국의 며느리나 사위를 보면 일본 사람같이 살살거리지 않는다는 겁니다. 하는 행동이 대담해서 남자 같다구요. 선물을 하더라도 일본은 이렇게 작습니다. 한국인은 열 번 하는 것보다 한 번에 한다는 거예요. 그런 의미에서는 사위라든가 사돈이 대우하는 것도 일본에서 본 것 이상이라는 거예요.

그렇기 때문에 '야, 사는 것은 잘사는 것 같지 않지만 하는 것은 대담하다' 하는 것입니다. 희망을 가지고 있다구요, 희망을. 그래서 일본의 아내들과 남편들, 그리고 부모들은 전부 감동한다구요. 또 선생님에게 교육받았으니까 부모를 모시는 것은 문제없다구요. 예의 바르게 아침 저녁 인사를 매일하고, 예의가 바르다는 것입니다. 그러한 사위, 그러한 며느리는 세계에 어디 가도 얻을 수가 없어요. 그래서 일주일 이내에 모두 하나되는 것입니다.

그러니까 세계의 종파가 교차결혼을 함으로 말미암아 원수의 나라가 하나되는 거와 마찬가지로 원수의 종교가 하나로 된다는 거예요. 그것이 세계평화를 이루는 직단거리입니다. 그걸 이루지 않는다면 하나님이 종교를 세운 의미가 없습니다.

249 - P. 256, 1993. 10. 10

하나되는 데는 결혼 이상 빠른 길이 없습니다. 국경을 중심삼고 전부 원수가 되어 있다구요. 그래서 내가 일본과 한국의 교차결혼을 시킨 것입니다. 교차결혼 알아요? 한국 남자 한국 여자는 전부 다 일본 여자 일본 남자를 얻는 거예요. 교차예요, 교차. 일본 남자 일본 여자는 한국 여자, 한국 남자를 얻을 거예요. 교차결혼시키는 겁니다. 2차를 끝냈습니다. 그래도 반대하는 통일교인들 없어요. '선생님이 이렇게 결혼시켜 주어서 잘못 됐다'고 데모하면서 쫓아내려는 사람이 없어요. 이론이 맞아요. 왜? 원수끼리 결혼시키는 것 이상 평화로 가는 직단거리가 없다는 것입니다.

그래서 지금 세계 종교대회에서 이슬람과 통일교회가 결혼하자고 나오는 것입니다. 13개 종단 대표들이 모여서 앞으로 세계평화로 가는 직단거리는 이 길밖에 없다는 결론을 내린 거예요. 종교가 앞장서야 되는 것입니다. 마음이 평화를 주도해야 된다구요. 마음권이 종교이니만큼 말이에요. 선생님이 2대 세계 연합을 만들었어요. 세계평화종교연합과 세계평화연합이 그것입니다. 마음권이 종교연합입니다. 그 종교연합으로 무엇을 할 것이냐? 종교세계에 가인 아벨이 없습니다. 종교세계에 가인 아벨이 없으니 어머니가 설 수 있는 발판이 없습니다. 이 원칙을 중심삼고 부모가 설 수 있는 자리에 서야 된다구요. 지금의 종단장들이 천사장 자리에 서야 되는 것

3. 종교연합의 실현 방안

입니다. 그것이 싫을 거예요. 싫더라도 단행해야 됩니다.

어머니가 세계 순방할 때 12쌍 이상씩 해야 돼요. 그 사람들이 통일교인들과는 하지만 장로교라든가 천주교와 같은 교인들과는 안 하겠다는 것입니다. 다른 종교와는 안 하겠다는 것입니다. 통일교회 사람 1천3백 명을 모아서 한 종단에 10명씩 13개 종단을 결혼시켜 주면 문이 열리는 것입니다. 그걸 어떻게 만드느냐 하는 것이 문제입니다. 그런 시대에 들어왔다구요. 그럼으로 말미암아 원수가 하나되는 것입니다.

통일교회 사상이 얼마나 무서운지 정말 내가 놀랐습니다. 원수를 사랑하는, 뜻을 이룰 수 있는 선봉의 기수가 되려면 백인 여자가 제일 못난 흑인 남자와 결혼해야 된다고 했을 때 놀라 자빠지는 것이 아니라 70퍼센트가 흑인과 결혼하겠다고 나오더라구요. 백인과 흑인이 비교가 됩니까? 잘생긴 백인 여자들은 봄날의 꽃 같다구요. 한국 여자들은 암만 단장하더라도 호박꽃에 침을 놔서 물 나온 것에 칠을 한 것 같아요. 상대가 안 된다구요. 그림 같은 여자들이 흑인에게 가겠다고 하기에 내가 하도 미안해서 '야, 너 뒤로 가서 앉아라' 하고 몇 사람 빼 준 적이 있지만 안 가겠다는 거예요. 그걸 보고 '내가 죄를 진다면 큰 죄를 지을 것이고 복을 받는다면 큰 복을 받겠다'고 생각했습니다. 백인에 대해서 그런 죄가 어디 있겠어요? 백인들이 좋아하겠어요, 나빠하겠어요? 나빠하게 되어 있습니다. 흑인들은 철이 없어서 좋다고 입을 벌리고 밤이나 낮이나 웃고 돌아다니고 있다구요. 그러면 밥이 생기고 세상이 생겨요? 자주적인 능력이 없이 그러고 있더라구요. 그런 모든 것을 가려 가면서 길을 잡아 주어서 하나의 동일한 국민을 만들어 나가고 있습니다.

234 - P.249, 1992.08.24

　　통일원리가 제시하는 본인의 이 가르침을 가장 주류적으로 실천하는 기관이 세계기독교통일신령협회, 곧 통일교회입니다. 이제 전지구상에 통일교회가 없는 나라가 없습니다. 모든 인종·민족·국가에 통일교회는 다 정착했습니다. 내일 서울 올림픽 메인스타디움에서 거행될 3만쌍 국제합동결혼식은 바로 인류는 하나님을 중심한 대가족임을 증언하는 그 현장이 될 것입니다.

　　통일교회를 뿌리로 하여 본인은 그동안 각 방면에 걸쳐 하나님을 중심한 인류 가족이 자유와 이상과 행복을 구가할 평화세계의 건설을 위해서 수많은 기구를 창설하고 광범한 활동을 전개해 왔던 것입니다.

　　이번 세계문화체육대전에서는 그 대표적인 기구의 활동을 한자리에서 펼쳐 보이고 앞으로 상호간에 더욱 긴밀한 관계와 협력을 다지기 위한 통일된 조직과 기구를 창설하게 될 것입니다.

　　즉, 국제과학통일회의, 세계평화교수협의회, 세계언론인회의, 세계평화정상회의, 세계종교의회, 세계평화연합, 세계평화종교연합, 세계평화여성연합, 국제연예공연단체 및 세계대학생원리연구회 등이 국제합동축복결혼식을 전후하여 평화세계의 건설을 위한 우리들의 지성의 계발과 헌신을 다짐하는 장을 마련할 것입니다.

　　본인이 베푸는 통일교회의 국제합동축복결혼식이야말로 인류가 원죄를 청산하고, 하나님의 참사랑·참생명·참혈통을 되찾는 부활과 중생의 축복인 것입니다. 인종과 민족과 국경을 초월한 진정한 인류 형제 대가족의 이상을 실현하는 평화의 산실이 되는 것입니다.

3. 종교연합의 실현 방안

이제 본인은 이 모든 단체와 기구의 창설자로서 다시 한 번 이 단체들이 하나님과 인간의 이상인 세계평화를 구현하기 위한 것이라는 사실을 천명하는 바입니다. 특정한 단체나 종단, 특정 민족이나 국가의 이익을 위해서 창설된 것이 아니라, 만유의 주인이신 하나님과 전세계 인류의 행복과 평화와 자유를 위해 창설된 것입니다.

따라서 우리의 운동은 지구성에 있는 모든 인류의 가정을 구하고, 모든 민족과 국가를 구하고, 나아가 이 세계를 구하는 구가(救家)·구국(救國)·구세(救世)의 운동이 되어야 하는 것입니다.

불륜과 퇴폐로 치닫는 성도덕의 문란은 우리의 가정을 파괴시키고 있습니다. 국가마다 도덕의 파괴와 범죄로 고통을 당하고 있으며, 당파와 계층간의 대립은 물론 빈곤과 무지가 아직도 끊이지 않고 있습니다. 세계는 국경 분쟁, 종교간의 편견과 인종과 민족간의 갈등이 해결될 기미를 보이지 않고 있으며, 국가나 민족 이기주의로 말미암아 세계평화는 계속적인 위협을 받고 있습니다.

또한 전지구성은 지금 온갖 환경 파괴와 오염문제로 말미암아 인류의 미래에 심대(甚大)한 위기가 도래하고 있습니다. 국경을 초월하고 초민족적인 사랑과 인류애를 발휘하지 못할 경우 인류는 공멸(共滅)의 길로 전락할지도 모르는 위기가 바로 우리 앞에 와 있습니다.

본인은 인류가 직면하고 있는 이 위기를 타개하는 길은 통일원리, 곧 하나님주의에 입각한 참사랑 운동뿐이며 하나의 통일된 세계를 건설할 기반을 다져야 함을 다시 한 번 강조하는 바입니다.

260 - P.129, 1994.05.01

　심정문화세계를 창건하기 위하여 우리는 참사랑, 참부모사상의 교육을 통한 인격을 함양하여 하나님의 축복아래 참사랑의 가정을 이루는 운동을 더욱 넓혀 나가야 합니다. 생활신앙의 연단을 통해서 위하고 투입하고 또 투입하는 참사랑의 인격이 만들어져야 이상적인 부부, 이상적인 가정이 이루어집니다. 이 길만이 극단적인 이기주의, 개인주의, 물질주의의 타성에서 벗어나 인류에게 밝은 미래를 기대할 수 있는 길입니다. 이 길만이 불륜과 청소년들의 타락, 가정파탄을 막는 길입니다.

　국제합동축복결혼을 통한 참사랑의 가정 운동으로서만 민족과 인종간의 분쟁을 근본적으로 해소할 수 있습니다. 종교의 담을 넘어서서 이와 같은 천의에 따른 참사랑이 가정이상을 이루는 기적적인 일이 이루어졌으며 내년(1995년)에 있을 36만쌍 국제합동축복식 때에는 더욱 많은 종단이 동참할 것입니다.

　심정문화세계를 이루어 가는 과정에 종교의 역할은 참으로 큽니다. 종교간의 화합과 협력이 없이 세계평화는 이룩될 수 없습니다. 그동안도 이 일에 전력하여 왔지만, 앞으로도 종교인들이 종파의 높은 담을 헐고 하나님의 뜻을 지상에 실현하는 큰 목적 아래 연합활동을 해 나가는 일에 솔선할 것입니다. 세계평화종교연합을 적극 지원하고 또 세계경전을 배포, 교육함으로써 종교 상호간의 공동선(共同善)을 깨우치게 노력할 것입니다. 종교인들이 실천과 협력과 모범을 통하여 하나님의 뜻을 이루는데 앞장설 것입니다.

4. 종교연합을 통한 세계평화의 실현

161 - P.237, 1987.02.22

　하나님은 세계를 전부 수습해서 통합하는 운동을 해 나오고 있습니다. 사탄에게 있어서 제일 문제는 하나의 세계가 되는 것입니다. 하나의 세계로 돌아가게 되면 인류를 전부 다 빼앗겨 버리기 때문에 사탄은 여기에 대해 무신론, 신이 없다는 부정적 사상을 주장하고 그 다음에 종교를 없애려는, 붕괴시키려는 종교전쟁을 계획하고 있는 것입니다. 여러분이 이걸 알아야 돼요. 현재는 공산주의라는 사상체계를 중심삼고 세계를 풍비(風飛)하고 있어요. 공산주의가 배후에서 조종해 가지고 종교를 분립시키고 종교전쟁을 컨트롤하고 있다는 사실을 여러분이 알아야 되겠습니다. 특히 기독교 문화권이 주류 문화권인데 그 주류 문화권의 핵심인 백인이 세계를 지배하고 있기 때문에 흑인문제, 인종차별문제, 종교전쟁을 유도해 나올 것이라는 거예요. 이것이 금후의 세계적인 위험성이라는 것입니다.
　그러한 시대적 환경으로 몰아가는 역사시대를 아시는 하나님은 반드시 종교를 통일할 수 있는 운동을 하십니다. 기독교를 연합하고, 모든 인종을 규합하고, 사상적으로 공산주의를 방어하고, 종교전쟁을 일으키려는 모든 종교를 연합하고, 인종전쟁을 일으키려는 것을 방어할 수 있는 준비를 하지 않을 수 없다는 것입니다.

　공산주의가 나와 가지고 공산주의 이념으로 무장해 가지고, 그 다음에 기독교사상까지도 무장시키고, 또 백인을 무장시켜서 흑인세계에 투입하고, 흑인을 무장시켜서 백인세계와 싸울 수 있는 침투공작을 일으키고 있다는 거예요. 이렇게 볼 때 사탄편이냐 하늘편이냐 둘로 나누어 보게 되면, 지금 세계는 하나님편보다도 사탄편에 기울어지고 있다는 것입니다. 그러한 세계에 있어서, 이 끝날에 있어서 오늘날 이 세계를 하나로 만드는 통일운동을 하나님이 안 할 수 없다 이거예요. 어떻게 해서든지 통일운동을 해야 되겠다는 것입니다. 그래서 그러한 운동을 출발해야 되겠기에 오늘날 세계적 공산주의 방어와 기독교의 모든 종파를 초월한 초교파운동과 종교를 초월한 초종교운동이 이 끝날에 나오지 않고는 하늘편이 수습할 수 있는 길이 있을 수 없고, 하나님이 없다는 결론이 나온다는 것입니다.

210 - P.117, 1990.12.17

　선생님은 종교 지도자입니다. 사업가도 아니고 정치가도 아니고, 그런 다른 것을 넘어서서 하나님의 뜻을 성취하기 위한 종교 지도자라구요. 그런데 종교 지도자지만 내가 손을 안 댄 데가 없습니다. 안 하는 것이 없다구요. 내가 갖춘 모든 배경이라는 것은 레버런 문이라든가 통일교회를 위해서 갖춘 것이 아닙니다. 그것은 인류를 위해서, 또 수많은 종교인들을 위해서 준비한 것입니다.

　지금 종교들을 보게 된다면 자기 교파 제일주의를 중심삼고

4. 종교연합을 통한 세계평화의 실현

전부 다 배척적이에요. 이런 환경이 되어 가지고는 앞으로 세계에 상당한 어려움의 시대가 온다는 것을 알고 있기 때문에 이런 준비를 한 것입니다. 앞으로 하나의 평화의 세계를 구성하는 데 있어서 종교가 어떤 도움이 되겠느냐? 이 종교들의 담벽을 헐지 않으면 종교가 인류 평화에 막대한 피해를 가져올 것이라고 생각하기 때문에 이런 일을 하는 것입니다. 종교라는 것은 국경을 넘고 수천년 문화 배경을 넘어 가지고 초민족적으로 신자들을 포용하고 있기 때문에 이 담을 헌다는 것은 지극히 어려운 일입니다. 4대 종교들을 보게 되면 기독교가 있고 회교가 있고 불교가 있고 유교가 있는데, 이들은 모두 수천년의 역사를 거쳐 나왔어요. 앞으로 이들이 대립해서 싸우게 되면 세계의 평화는 파괴되고, 인류는 멸망한다는 것입니다.

지금까지 4대 종교의 종주들은 어떻게 세계에 자기의 종교를 전파하느냐 하는 문제를 중요시해 나왔지만, 이 종단들을 어떻게 하나 만드느냐 하는 생각을 한 도주는 없었다 이거예요. 이렇게 나간다 하게 되면 결국은 종교전쟁이 붙어요. 종교전쟁이 붙게 마련이에요. 수천년의 역사를 지닌 동·서양의 종교들이 부딪치지 않을 수 없는 비참상이 벌어진다는 것입니다.

그런 관점에서 볼 때 이러한 종단들이 어떻게 싸우지 않고, 싸움을 방지해 가지고 하나의 평화의 세계를 향하여 서로 교류하면서 연합체제를 취하게 하느냐 하는 것이 문제예요. 이것은 우리 인간보다도 하늘이, 영계가 그렇게 지향하기를 바라기 때문에 그 뜻을 따라서 레버런 문은 통일교회란 명사를 중심삼고 세계적인 운동을 전개하고 있는 것입니다.

▲ 뉴델리 IRFWP 대회에서 행한 '종교일치와 화해를 위한 평화행진'

133 - P.273, 1984.08.13

　　선생님은 지금까지 하나님의 이상을 가르치는 데에만 그친 것이 아니고 지상에 하나님의 뜻을 실현하는 일에 생애를 바쳐 왔습니다. 그동안 본인이 추진해 온 선교, 교육, 학술, 승공, 종단 및 교단간의 화해, 사회봉사 등의 활동이 그것입니다. 이중에서도 특히 강조하고 싶은 것은 종단 및 교단간의 화해운동입니다.

　　오늘날 인류가 당면하고 있는 한 가지 큰 문제가 수많은 기독교파들 사이에서, 여러 세계 종교들 사이에서, 그리고 각 세계 종교 내부에서 빚어지고 있는 상호 몰이해의 현상입니다. 이 문제를 해결하고자 하는 다양한 노력에도 불구하고, 종교 공동체들간의 대립과 적대감은 여전히 계속되고 있습니

4. 종교연합을 통한 세계평화의 실현

다. 지난 수세기 동안에 벌어졌던 종교전쟁은 오늘도 그치지 않고 있습니다. 상호일치를 위한 수많은 운동들이 시도되어 왔으나, 독실한 신앙자들 사이에는 아직도 불관용, 종교적 편협 및 종교적 교만의 풍조가 팽배해 있습니다. 그래서 대부분의 종교들이 같은 하나님을 섬기고, 심지어 같은 교리를 갖고 있는 경우가 빈번하였음에도 불구하고 종교인들은 상호 탄압과 적대행위를 계속해 왔습니다.

우리는 하나님이 교단주의나 교리나 파당주의를 초월해 계신다는 사실을 깨달아야 되겠습니다. 하나님의 목적은 언제나 전인류를 구원하시는 데 있어 왔고, 특정 민족이나 인종이나 종교단체만을 구원하시려는 것이 아니었으며, 이것은 지금 이 시간에도 변함이 없습니다. 종교인으로서 우리가 상호간의 싸움과 적대행위를 종식시키지 않는다면, 세상을 구원하시려는 하나님을 도울 수가 없습니다. 많은 종교지도자들이 이것을 절감하여 왔으나, 여러 복잡한 이유 때문에 이 문제의 해결은 번번이 좌절되어 왔습니다.

본인이 강조해 온 것은, 세계평화를 위한 필수적인 조건이 바로 종교간의 화목이라는 것이었습니다. 지금까지 어느 한 종교가 하나님을 완전하게 대변하는 일은 불가능하였기 때문에, 종교들이 갖고 있는 다양한 견해들은 필연적인 산물입니다. 그러나 우리 모두는 한 하늘 부모의 자녀들인 연고로, 우리는 한 대가족 안의 형제자매들인 것이며, 따라서 종교간의 갈등과 증오는 불필요한 것들입니다.

211 - P.099, 1990.12.29

통일교회라는 말이 무슨 말이냐? 교회를 통일하자는 것입니다. 통일교회를 통일하자는 게 아니에요. 모든 성인들의 가르침은 세계적으로 복음을 전파하라고 했지만, 세계에 복음을 전파해 가지고는 오늘날 4대 종교문화권이 서로 싸우는 싸움판만 만들어 놓았습니다. 지금 페르시아만을 중심삼고 종교전쟁의 위험성이 팽배되고 있습니다.

후세인 이놈의 자식이, 미국이 공격하는 날에는 유대 나라를 공격하겠다고 엄포를 놓고 있어요. 만일 아랍권의 원수인 유대 나라를 치게 되면 유대 나라의 뿌리 되는 기독교의 대표국인 미국 부시가 여기에 가담하는 거예요. 그렇게 되면 회교권과 기독교권의 싸움이 벌어지는 것입니다. 악마의 술수에 빠지는 거예요.

선생님이 50년 전에 이걸 말했어요. 공산주의가 무너진 뒤에는 회교가 제일 문제입니다. 그렇기 때문에 문총재는 지금까지 회교를 수습하기 위해 남이 모르는 수난길을 거치면서 천신만고 끝에 회교권의 영수들을 묶어서 종교연합을 만들어 놓은 것입니다.

이제 공산주의 무너졌지요? 공산주의는 무너졌지만, 외적인 사탄세계는 무너졌지만, 내적인 사탄세계는 아직 무너지지 않았어요. 내적인 사탄세계가 바라바권과 마찬가지예요. 종교권의 회교예요. 이것은 유대교와 모든 종교의 좋은 점을 취하여 편성해 가지고 나온 것입니다. 노동자, 농민을 대표하는 종교예요. 공산주의는 노동자 농민을 대표한 외적인 세계주의고 회교는 노동자 농민을 대표한 모슬렘 흑인권입니다. 못사는 사람들의 종교입니다. 안팎의 종교, 이 두 종교를 문총재가 소화하지 않으면 통일의 세계가 되지 않아요.

그래서 페르시아만 전쟁 때 내가 부시 행정부에 권고한 것이 뭐냐? 부시 자신이 미국 자체를 앞장세우면 큰일나는 거

4. 종교연합을 통한 세계평화의 실현

예요. 공산당끼리 싸우게 해야 돼요. 고르비가 미국 편에 서니 고르비를 내세워 가지고 쿠바의 카스트로, 리비아의 카다피, 북한 김일성을 시켜 가지고 싸우게 하라는 거예요. 지금 하루에 2천5백만 달러가 소모되는 것입니다. 몇 배 돈을 주더라도 공산권을 묶어 가지고 그들의 병사를 사서 김일성 병사, 카다피 병사, 카스트로 병사를 동원해 가지고 싸우게 하라고 했어요. 그리고 거기에 유엔군이 대비하라고 내가 지시하고 있는 것입니다. 그러지 않으면 큰일난다구요. 종교전쟁이 벌어지면 백인은 이 지구상에서 날아가는 것입니다. 이런 말을 통일교회에 들어왔으니 들을 수 있는 거지요. 벌써 50년 전부터, 내가 설교집을 요즘에 참고해 보니까 50년 전부터 다 가르쳐 줬더라구요. 그러니 문총재 말을 함부로 듣지 말라구요.

210 - P.129, 1990.12.17

지금 이라크가 문제인데 이라크를 중심삼아 가지고 모슬렘이 하나되어서 기독교하고 싸움하게 되면 이것이 세계전쟁이 되는 거예요. 국경전쟁 다음에는 종교전쟁이 온다고 보는 거예요. 이것을 어떻게 방지하느냐 하는 것이 레버런 문의 필생의 사명으로 알고 있어요. 그 일을 준비하고 있다는 것을 여러분이 알아야 돼요.

209 - P.249, 1990.11.30

미국이 이라크에 대해 잘못 대들었다간 큰일난다는 것입니다. 왜 큰일나느냐? 아랍권 전체는 종교권으로 형성돼 있습니다. 이 종교권이라는 것은 나라를 초월하는 것입니다. 그렇기 때문에 만일에 후세인이 아랍권을 향해 '아랍권을 전부 멸망시키려는 것이 기독교문화권이다. 저들은 12세기 십자군전쟁의 원통한 역사적 복수를 위해서 아랍권 절멸작전(絶滅作

戰)을 해 나오는 것이다' 하고 인터뷰만 하게 되면, 그날로부터 온 아랍권은 미국을 종교의 원수라고 들고 나오는 것입니다. 그러면 종교전쟁이 벌어지는 것입니다. 기독교와 회교의 전쟁이 벌어집니다.

종교전쟁이 일어나면 이는 곧 인종전쟁으로 벌어지는 것입니다. 아랍권은 대부분이 흑인이예요. 인종전쟁이 벌어지게 되면 8억5천만 백인은 지구상에서 완전히 사라져 버리는 것입니다. 그것으로 끝나지 않아요. 종교의 싸움은 계속되는 것입니다. 그렇기 때문에 종교전쟁까지 붙게 되면 인류는 그야말로 암흑세계에 떨어진다고 보는 것입니다. 우리 같은 사람은 세계적인 일을 하다 보니 이런 문제까지 책임 안 질 수 없는 것입니다.

248 - P.212, 1993.10.01

지금 선생님이 생각하는 것이 뭐냐 하면, 종교인들을 중심삼은 종교 유엔을 만들려고 계획하고 있어요. 그런 단계에 들어가고 있습니다.

세계 유명한 종교 지도자들이 나를 다 알고 있습니다. 그들은 나를 존경해요. 그들에게 내세운 제안이 뭐냐 하면, 종교가 세계평화를 가져오는 데 선두자가 되어야 된다는 것입니다. 종교라는 것은 역사와 더불어 사라져 간다는 것입니다. 거기서 남을 수 있는 길을 내가 제시할 테니 내 말을 들어라 이것입니다. 그게 뭐냐 하면, 종교 지도자들까지 한 하늘을 모시자는 것입니다. 하나님은 한 분입니다. 절대적이라구요.

그러니까 아무리 종교가 많다고 하더라도 하나의 중심을 중심삼고 연결되어야 된다 이것입니다. 아무리 4대 종교의 도주(道主)가 있고 교주가 있다 하더라도 그 교주 가운데 중심

4. 종교연합을 통한 세계평화의 실현

이 있어야 된다는 것입니다. 하늘이 절대적인 하나라고 하면 절대적인 하나의 뜻 앞에 하나의 대표자가 있어야 되는 것입니다.

종교 세계가 하나되어 가지고 세계평화를 가져올 수 있는 놀음을 해야 하는 것입니다. 그것을 하지 않으면 지금까지 종교는 역사적 규탄을 받게 된다는 것입니다. 착취가 아니다 이것입니다. 사기가 아니라구요. 그런 종교는 다 지나가는 것입니다. 그러니 내 말을 들어라 이것입니다. 어떻게 해야 되느냐?

이제 종단의 젊은 청년들은 합동결혼식을 하자는 것입니다. 간단한 것입니다. 내가 현재 13개 종교단을 중심삼고 하나의 경전을 만들었습니다. 그래서 이제는 종단간의 초결혼식을 하자는 거예요. 종단간에 싸우고 있는데 이거 안 해 가지고는 평화의 길을 갈 수가 없습니다. 그래 가지고 세계평화를 맞춰 나가는 것입니다.

이렇게 되면 전세계에 종교 의회라는 것을 만들 수 있다구요. 종교인들을 중심삼고 하나의 나라를 만들 수 있기 때문에 이 사탄세계에서 싸우는 것은 완전히 청산할 수 있는 것입니다. 그렇기 때문에 종교 의회를 중심삼은 유엔 기구를 편성할 것을 생각하고 있습니다. 그것이 말만이 아니라구요. 지금 그 일을 하고 있습니다.

220 - P.136, 1991.10.16 지금은 세계 종교들이 세계평화의 실현을 위한 중심적 책임을 하기 위하여 적극적인 실천의 길로 나설 때입니다. 행복한 인류의 미래는 물질적 번영을 추구하는 것만으로 이룩될 수 없으며, 종교간의 이해, 정신적인 화합을 통하여 사상과 문

화·인종간의 갈등을 극복하고서 맞이하는 것입니다.

신의 참사랑을 중심한 '위하여 존재하는' 위타주의적 창조 이상은 마음과 몸이 조화 일체를 이룬 이상체로서의 개인을 통하여 이상적인 가정·사회·국가, 나아가 이상세계를 이룩하는 것입니다.

우리 사회와 세계의 분쟁 기원이 사탄의 거짓 사랑에 의하여 개체 속 심신의 갈등에서 비롯되었기에, 참된 평화는 신의 참사랑으로 먼저 개체 속의 화합통일을 통해서만 이루어집니다. 평화세계를 실현할 기지는 세계가 아닙니다.

마음적 세계를 대표하는 것이 종교와 사상의 영역이라면 몸적 세계를 대표하는 것은 정치와 경제의 영역입니다. 그런데 인간에 있어서 마음이 주체이고 몸이 대상인 것처럼, 종교와 정치의 관계도 주체와 대상의 입장에서 조화, 통일권을 하나님의 참사랑으로 이루어야 이상사회가 도래하게 되는 것입니다.

신은 경전 연구나 종교적 의식보다 신의 세계를 구원하려는 큰 뜻을 알고 그것을 생활 속에 실천하기를 요구하십니다. 오랜 기간 종교들은 살아 계신 신을 확실히 목격하고 인연 맺는 데 실패했습니다.

본인은 신의 섭리 방향을 따라 세계를 개혁하고 지상에 신의 참사랑의 이상을 회복하는 일에 본인의 모든 정성을 다해 왔습니다.

5년 전에 세계 종단장의 합의와 본인의 지시에 따라 이번에 출판한 '세계경전'은 세계 종교들의 보편적인 가치적 내용이 집대성된 성스러운 경전으로서 인류의 심령을 밝혀 줄 최고의 빛이 될 것입니다. 특히 하나의 지구촌 가족으로 엉켜 살

4. 종교연합을 통한 세계평화의 실현

아야 할 청소년들에게 종교와 피부색과 문화의 담을 뛰어넘을 수 있게 교육할 소중한 교과서가 될 것입니다.

우리가 진실된 눈으로 이 시대를 바라보게 될 때 지금이야말로 종교인의 믿음뿐 아니라 실천 행동까지 요구되는 절박한 때임을 알게 됩니다.

세계평화종교연합 운동을 통하여 역사적인 종교 전통들이 조화를 이루면서 세계평화를 향한 실천운동으로 전진할 때, 세상을 이끌고 갈 정신적 기초가 굳건히 세워지고 신의 참사랑을 중심한 평화이상은 완성될 것입니다. 전세계 종교계가 통일된 방향을 가질 때 통일된 세계평화는 도래할 것입니다.

5. 종교시대를 넘어 가정시대로

085 - P.205, 1976.03.03

　　인간에 대한 하나님의 소원을 누가 해결하느냐? 이것을 해야 하는 것이 무엇이냐? 그것은 나라도 아니요, 종교입니다. 그런데 기독교가 그런 일을 못 하니 기독교에서 새로운 분파(分派)로서 하나님이 축복을 해 내세운 통일교회가 이 일을 해야 된다구요. 그렇기 때문에 통일교회는 세계적 인격의 가치로서의 개인을 규합하고, 세계인으로서의 가정을 규합하고, 세계인으로서의 종족을 규합하고, 세계 만민 평등적 사랑의 국가 이념으로 하나의 국가를 형성하자는 겁니다. 그 국가 형성은 하나님의 선의 주권을 세워 가지고 하나님이 통치할 수 있는 세계의 중심적 모델 국가를 만들자 하는 것이 하나님의 구원섭리의 목적인 것을 알아야 되겠어요.

　　그래서 오늘날 통일교회는 선생님을 위주로 해 가지고 참부모라는 이름을 중심삼고 참다운 자녀의 인연을 세워 가지고 초민족적·초국가적·초종교적인 견지에서 결성하기 시작한 것입니다.

284 - P.156, 1997.04.16

　　'세계기독교통일신령협회'라는 것은 개인 구원입니다. 가

5. 종교시대를 넘어 가정시대로

정이 아니라구요. 이제는 그 시대가 지나고 완전히 가정 구원섭리 세계 일원화 시대로 전환하기 때문에 간판을 내 버리고 세계평화통일가정연합으로 변경시키는 것입니다.

'세계기독교통일신령협회'는 가정의 개념이 없어요. 이것이 이제는 예수님, 아담가정시대를 지나가서 종족연합을 만들어야 할 때가 되었기 때문에 요것은 예수님시대에 국가왕권 수립할 수 있는 시대에 들어가서 이것이 일원화되게 된다면 세계 왕권시대로 넘어가는 것입니다.

그렇기 때문에 그것을 알아야 돼요. '세계기독교통일신령협회' 시대는 아담가정을 찾아 나오기 위한 역사였습니다. 그래서 아담가정을 일원화해 가지고 종친연합을 찾아나가는 길이고, 종친연합이 연결되어서는 국가연합을 찾아가는 길이고, 국가연합은 세계연합 시대로 넘어가는 것입니다. 그런 시대에, 대전환시기에 들어갔기 때문에 통일교회는 없어지고 가정연합으로 전환하는 것입니다.

285 - P.167, 1997.05.01

여러분이 알아야 될 것은, 교회라고 하게 되면 교회는 지금 개인구원시대라구요. 지금부터는 어떤 시대냐 하면 축복받은 가정을 중심삼고 가정구원섭리시대입니다. 가정들이 연합하게 되면 종친구원섭리, 국가구원섭리시대로 넘어간다는 것입니다. 종친이 축복을 받으면 종친이 구원받는 것입니다. 나라가 축복을 받으면 나라가 구원을 받는 시대로 들어가는 것입니다. 차원이 비약한다는 것을 여러분이 알아야 돼요. 교회시대는 지나간다는 것입니다.

타락은 아담 해와 개인이 타락해서 가정을 뒤집어 박았기 때문에 이것을 복귀해야 되는 것입니다. 몸과 마음이 하나되고, 가정이 하나되고, 나라가 하나되고, 세계가 하나되고, 이 것을 하나 만들어야 됩니다. 통일해야 됩니다. 아담가정에서 는 사탄으로 말미암아 새로운 혈통이 연결이 되어서 전부 다 분열되었습니다. 이제는 참부모가 와 가지고 몸 마음이 하나 된 개인과 부부를 중심삼고 가정이 하나되어서 전세계가 복 귀될 수 있는 평준화시대, 통일시대로 들어왔다는 것입니다.

참부모님이 참혈통을 가지고 오셔서 개인의 몸 마음이 연결 지어서 완전히 하나된 남녀가 가정을 중심삼고 완성 결합을 하게 되는 것입니다. 그래서 이러한 완성 가정이 확대되어서 자동적인 횡적 확장의 세계가 하나님이 통치하시는 천국입니 다.

그래서 일반 종교시대는 지나갔다는 것입니다. 지금까지 종 교는 개인구원을 목표로 했지 가정구원이라든가 국가구원, 세계구원이 없었다는 것입니다. 그렇기 때문에 이제 전부 다 간판을 내려야 된다구요. 하나님과 아담 해와가 혈통적으로 일체가 되어서 가정을 완성했다면 그것으로써 끝나는 것입니 다. 지상천국·천상천국이 되어 종교라든가 구주라든가 성인 이 필요가 없다는 것입니다.

271 - P.243, 1995.08.28

이젠 가정시대가 오는 것입니다. 가정시대입니다. 파괴된 가정시대에 하나님이 망할 수 없겠기 때문에 참다운 가정이 세계의 태풍권으로 들어와서 주류가 돼 가지고 모든 것을 휩 쓸어 버리는 것입니다. 그 주류, 태풍권을 이루어 놓기 위해 서 지금까지 이 놀음하는 것입니다. 내가 미친 사람이 아닙니 다. 360만이 태풍권이에요, 비태풍권이에요? 그거 하는 것입 니다. 틀림없이 여기 말려 들어가게 될 것입니다. 가능성이

5. 종교시대를 넘어 가정시대로

있을 것 같아요, 없을 것 같아요?

자기 한 사람 결혼하기 위해서도 동네방네에서 지금 찾지 못해서 방황하는데 720만 명이 한 곳에 모여 가지고 그 상대를 영원한 상대로 전부 국경을 넘고 땅 끝에서 땅 끝의 사람끼리 오색인종이 종교를 통해서 결혼할 수 있는 것이 말로써는 가능하지, 실제 가능할 수 있어요, 없어요? 절대적으로 없다는 사실이 절대적으로 이루어졌다는 것입니다. 이건 하나님의 힘을 안 가지고는 안 되는 것입니다. 인간의 힘으로는 안 되는 것입니다. 그런 것을 다 알고 봤어요. 많은 기적들을 다 봤다구요.

그러니까 360만쌍은 아무것도 아닙니다, 나에게 있어서는. 여러분이 못 하면 내가 합니다. 종단장을 움직일 수 있는 것입니다. 그래서 문총재를 중심삼고 종단 종단끼리 결혼하자 이거예요. 재미있는 것이, 13개 종단이 전부 세계적인 종단인데 통일교회 사람들에게는 전부 다 문 열어 놓은 거예요. 회교 사람들은 통일교회 교인이라면 전부 다 결혼하겠다고 하고, 힌두교 사람들도 통일교회 남녀면 자기 교인하고 결혼하게 하겠다고 하고, 불교 사람도 그러고, 모든 종단 사람들이 그럴 수 있는 전통을 다 만들었습니다.

301 - P.243, 1999.05.02

종교 통일이 어떻게 되는지 알아요? 영계의 영인들이 재림해 가지고 통일을 하는 것입니다. 종교 통일을 하면 세계통일을 하는 것입니다. 완전한 세계를 이루는 것입니다.

거기에 종교가 필요해요? 필요 없습니다. 이상적 가정입니다. 가정, 가정, 가정! 종교의 간판을 내릴 때는 종교시대는 지나가는 것입니다. 그 세계에 가야 돼요. 밥을 먹으면서도,

자면서도 그 세계에 가겠다고 사무쳐 있어야 됩니다. 천주를 창조하신 하나님이 지금까지 역사해 오시다가 오시는 재림주가 이걸 딱 메우면 이 세상을 뒤집어 박겠어요, 안 박겠어요? 생각해 보라구요. 뒤집어 박아야 합니다. 하루에 다 때려부술 것입니다.

275 - P.036, 1995.10.30

요즘에 지구촌이라는 말을 하지요? 지구 가정시대를 향해 들어가는 것입니다. 지구촌도 아니에요. 지구 가정! 오늘날 가정연합이 나온 것과 상대적인 세계를 이루는 것입니다. 하나님의 뜻을 중심삼고 가정연합이 나왔기 때문에 세계의 환경이 상대적으로 이루어지지 않으면 안 된다는 거예요. 이것이 대등한 시대에 들어왔으니, 세계는 한꺼번에 시작만 하면 일시에 세계화되는 시대에 온 것입니다. 선생님이 말하는 것이 꿈 같은 얘기가 아닙니다.

이 사망의 세계는 갈 길이 없어요. 개인적 중심, 가정적 중심, 모든 중심이 없어요. 그러나 통일교회는 개인적 중심, 가정·종족·민족·국가·세계·천주·하나님까지도 알 수 있는 중심이 꽉 짜여 있기 때문에 이건 일일 육성하는 것입니다. 그렇기 때문에 세계는 망해 가고 통일교회는 흥해 가는 것입니다.

그러면 흥해 가는 세계를 이어받을 수 있는 가정적 자세를 갖추기 위해서는 어떻게 해야 되느냐? 세계를 중심삼은 주체인 하나님의 사랑의 대상권을 갖추지 않고는 그 세계와 관계를 맺을 수 없습니다. 그렇기 때문에 이것을 강요하고, 추구하는 데 있어서 일일 분석해 가지고 미급한 자체는 제거하고 여기에 가국적(家國的) 내용을 양육해 가지고 그걸 취해 가야

5. 종교시대를 넘어 가정시대로

301 - P.266, 1999.05.02

된다는 것입니다. 이것이 가정 생활의 모토(motto)라는 걸 알아야 됩니다.

모든 사회 조직의 전체는 가정 조직의 모델을 편성시킨 조직이 된다는 것입니다. 천국이 그래요, 천국이! 가정이 중심이 된 가정 모델과 같이 회사도 그렇고 세 사람만 모여도, 열 사람 모이면 더할 것이고, 세 사람만 모여도 가정 조직을 이룰 수 있어요. 형 동생이 되고 어머니 아버지가 되는 것입니다. 반드시 혼자 움직일 수 없는 거예요. 혼자 움직이면 사탄 되기가 쉽다는 거예요. 짝패를 만들어야 돼요. 짝패해서 움직이라는 것입니다.

종적인 것은 부자지 관계요, 횡적인 것은 부부관계요, 전후는 형제관계입니다. 그것이 가정이에요. 그런 체제를 어디에나 편성하면 조직이 된다는 것입니다. 이 얼굴들 보더라도 부자지 관계예요. 이것은 하늘 부모와 아들딸, 만물입니다. 눈은 부모, 코는 아담과 해와, 입은 만물이에요. 이 셋이 삼위일체입니다. 이 눈도 3위 3층으로 되어 있어요. 하나, 둘, 셋, 세 층으로 되어 가지고 들어오게 되어 있어요. 3위기대라는 것입니다.

그러니까 그걸 보고 말하게 되면 부모관계, 부부관계, 자녀관계, 그리고 재산까지도 다 들어가는 것입니다. 그것이 가정이에요. 그것을 나라에 적용하면 나라의 주권은 부모가 되고, 나라의 백성은 자녀가 되고, 만물은 전부 다 소유관계가 되는 것입니다. 나라 하게 되면 주권과 백성과 영토가 필요한 것입니다. 가정도 그렇잖아요? 가정도 그런 것이 필요한 것입니다. 회사에 가면 회사의 사장이 부모고, 그 다음 회사의 요원들이 자녀고, 회사 자체가 만물이라는 것입니다. 마찬가지라는 거예요. 만물은 구약시대, 자녀는 신약시대, 부모는 성약시대예요. 부모를 찾아가는 것입니다.

가정에서 부자지 관계, 부부관계를 전부 다 제멋대로 할 수 없습니다. 전부 다 자기가 돈을 벌어오게 되면 여편네니 무엇이니, 부모 앞에 바쳐 가지고 아들딸과 공동으로 계획해 가지고 살아야 되는 것입니다. 이것을 전부 다 부모가 채가면 그 집은 망하는 거예요. 망하는 것입니다. 나라도 마찬가지예요. 국가 재산을 납치해 가지고 간 도적놈 새끼는 망하잖아요? 전부 다 깨쳐 버려야 되겠다구요. 가정 조직이 안 되어 있어요.

국가 기반은 가정 조직이 확장된 것과 마찬가지입니다. 마찬가지로 세계 기반은 국가 조직이 확장된 것과 같은 것입니다. 거기에는 부모가 있고, 자녀가 있고, 전부 다 만물이 있는 거예요. 나라의 주권·백성·땅과 마찬가지라는 것입니다.

나라도 주권은 변하지 않아요. 부모를 중심삼고는 변하지 않아요. 그 다음에 백성이 있지요? 그건 자녀예요. 그리고 땅이 만물이에요. 이런 조직이 되는 것입니다. 그렇기 때문에 이제부터 조직을 이렇게 하기 때문에 여기의 책임자는 아버지고 책임자 부인은 어머니 입장이라는 것입니다. 거기에 있는 모든 회사, 단체의 위원들은 아들딸의 입장이고 거기에서 소속된 재물은 전부 다 그 가정의 재물이에요.

그걸 자기 마음대로 할 수 없어요. 한 면이 마음대로 움직이면 안 된다는 것입니다. 망하는 거예요. 야당이니 여당이니 하는 것은 전부 다 자녀인데, 이것이 싸움터가 되어 가지고 도적질 해먹고 있다는 것입니다. 나라를 팔아먹고 있어요. 하

5. 종교시대를 넘어 가정시대로

나되지 않았다는 것입니다.

　대통령이 부모라면 여당 야당은 자녀로서 하나되어야 된다는 것입니다. 서로가 반대하고 별의별 짓을 다하고 말이에요. 그러면 망하는 거예요. 그래 가지고 국가적 재산은 전부 다 나라의 것인데 불구하고 당이 마음대로 하려고 하는 것입니다. 전부 이 놀음을 하고 있다는 것입니다. 전부 다 국회의원 마음대로예요. 전부 다 뜯어먹으려고 한다는 것입니다. 그러면 전부 다 망하는 것입니다.

　하나님이 가정의 왕이요, 선생님이 가정의 왕이니만큼 야당 여당을 하나 만들어서 나라를 보호하고 나라의 재산을 보호하고, 국민을 보호하고 나라의 주권을 보호해야 할 책임을 해야 된다는 것입니다.

　유엔(UN)도 말이에요. 유엔이 세계 국가를 대표한 나라의 형태가 안 되어 있어요. 여기 부모의 자리하고 백성이 없어요. 그 다음에는 땅이 없다는 것입니다. 그걸 만들어야 돼요. 그래서 전부 다 세계평화 초종교초국가연합을 중심삼고 이것을 형성하는 것이 선생님의 책임이라는 것입니다. 가정의 세계화를 이루는 것입니다. 종교 세계는 마음 세계를 대표하고, 국가 기반은 몸 세계를 대표하는 것입니다. 지금까지는 그 둘이 갈라져서 싸웠어요. 지금 그것을 어떻게 하나로 만드느냐 하는 것이 문제입니다. 그 둘을 하나 만드는 것이 원리관입니다. 유엔이 그걸 만들어야 된다는 거예요.

　유엔이 나라가 없어요. 나라가 없다는 것입니다. 세계의 나라가 아니에요. 유엔이 나라의 형태를 갖춰야 됩니다. 그러려면 거기에 여성연합부터 들어가야 되고, 청년연합이 들어가야 되고, 학생연합이 들어가야 되고, 종교연합이 들어가야 된다는 것입니다. 거기에 만반의 준비를 해 가지고 이것을 다 쐬우려고 생각하고 있는 것입니다. 그 넷이 하나되어 가지고 국가 기반을 이룰 수 있는데, 유엔에는 그러한 국가적인 기반이 없습니다.

종교하고 상원의원을 하나 만들어 가지고 하원의원까지, 정치와 종교를 하나 만들어야 된다는 것입니다. 그걸 선생님이 지금 기획하고 있는 것입니다. 1999년 6월 6일, 세계평화 초종교초국가연합을 창설할 것을 알아요? 가정, 가정들이 그렇게 되는 거예요. 전세계 가정들이 전부 다 인연을 맺고 국가도 전부 다 연결되는 것입니다. 이걸 가정이 컨트롤해야 되는 것입니다.

267 - P.260, 1995.01.12

선생님은 종교 지도자로서 인류를 전쟁과 죄악으로부터 구원하고, 평화세계를 정착시켜야 한다는 일념으로 생애를 살아왔습니다. 한·일 두 나라 관계를 비롯하여 진정한 평화세계의 실현은 정치적 이데올로기에 의해서나 군사력 혹은 물질적인 조건만에 의하여 되는 것이 아닙니다.

천운은 세계가 한 울타리요, 인류가 하나의 지구가족이 되는 것을 요구하고 있습니다. 과학기술의 놀라운 발달은 정보, 통신, 교통의 혁명적인 개발과 더불어 인류 전체를 하나의 끈으로 묶어 가고 있어서 초국가적인 협력을 필요로 하고 있으며, 하나뿐인 지구를 보존하기 위해서도 국제적인 공동 보조를 요구하게 되었습니다.

그런데 무엇으로 인간의 이기적이요 자기 본위적인 생각을 바꾸게 할 것이며, 자국 이익 중심의 국가경쟁을 근본적으로 해결하겠습니까? 각자가 자기의 시원이요 뿌리인 하나님에

5. 종교시대를 넘어 가정시대로

대한 근본적인 자각과 천리를 따르는 데서 그 답을 찾아야 합니다. 하나님의 참사랑, 즉 주고도 또 주고 싶고, 베풀고도 기억하지 않는, 그리고 대상을 자기보다 더 사랑하는 참사랑을 중심하고만이 답이 나올 수 있습니다.

모든 인류는 한 참부모 아래서 한 형제라는 자각이 있을 때 답이 나옵니다. 하나님과 참부모 아래 인류가 하나의 대가족을 이루어 서로 위하고 화합할 때 모든 문제가 풀립니다. 본인은 생애를 통하여 참사랑의 도리를 교육하고 실천해 왔습니다. 위하고 베풀면서 세계적인 기반을 닦아 왔습니다. 세계 160여 개국에 위하면서 이타적 실천생활을 하는 젊은이들을 양성해 왔습니다. 그뿐 아니라 초국가·초인종·초종교적인 참사랑의 이상가정을 이루는 국제축복 결혼행사를 주도해 왔습니다. 1992년에도 3만 가정이 축복결혼을 하였으며, 금년 8월에는 36만 가정의 축복결혼 행사가 준비되고 있습니다. 이 일은 인류문화의 역사를 바꾸는 일입니다. 참사랑으로 국경을 헐고, 인종의 벽을 뚫어 미움과 투쟁을 극복하고, 서로 위하는 이상가정이 탄생되므로 새 문화세계가 형성되어 가고 있는 것입니다.

5
세계적인 종교연합운동의 실제

1. 세계종교연합운동의 출발

164 - P.254, 1987.05.17   종교권이 세계적으로 반대하고 불신하는 환경을 넓혀 나와 가지고 근세에 와서 40년 전에 기독교문화권을 중심삼은 세계적인 종교일치화 시대를 맞았습니다. 그 종교일치화 시대로부터 세계 만민 일치화권을 중심삼고 비로소 지상에 종적인 하나님의 권한이 자리잡게 되었습니다. 영적으로나마 그 기준을 연결시킬 수 있었던 때가 2차대전 시기입니다. 2차대전 직후의 때다 이겁니다.

    세계가 수많은 민족으로 갈라져서 거꾸로 나가던 것이 비로소 돌아서는 거예요. 하나님에게로 돌아서 가지고 한 곳으로, 한 중심을 향해서 집중하는 역사적인 한 때, 전세계가 하나님을 중심삼은 종족권 앞에 일치화를 볼 수 있는 그때가 2차대전 직후입니다.

19 - P.081, 1967.12.29   재작년부터(1965년) 초교파운동을 벌이고 있습니다. 다시 말하면 기독교를 중심삼고 초교파적 활동을 전개시켜서 그들과 우리가 공통적인 입장을 취하고 있다는 것을 자타가 공인하고, 국가적인 차원에서도 역시 통일교회의 교리가 최고라

는 것을 공인하도록 해야 한다는 것입니다. 이것이 초교파운동을 시작한 목적입니다.

그 다음에 사상적인 면으로 보면 철학적인 이념을 중심으로 민주주의와 공산주의로 나뉘어져 있습니다. 지금까지는 공산세계에게 민주세계가 몰리고 있는 형편입니다. 그것은 민주주의에게는 공산주의를 능가할 수 있는 사상의 내용이 없기 때문입니다. 이런 관점에서 우리가 앞으로 사상적인 면에서 공산주의를 능가할 수 있는 주의와 사상을 세워야 하는데, 그것이 천주주의(天宙主義)입니다.

천주주의를 중심삼고 공산주의를 비판할 수 있는 길을 모색해야 합니다. 이 일을 1962년부터 준비해서 1965년부터 시작했습니다. 공산주의를 이길 수 있는 단체는 바로 전국에서 크게 성과를 거두고 있는 승공계몽단입니다.

그 다음에는 현재의 철학사조를 움직일 수 있는 거점지가 학교인만큼 세계 대학가의 철학분야를 움직이기 위하여 원리연구회를 창설했습니다. 그런데 지방에서는 원리연구회에 대해 관심이 없는 것 같다구요. 선생님은 측면 작전을 도모할 수 있는 최고의 기점을 원리연구회에 두었습니다. 일본에서도 원리연구회가 처음에는 인식이 안 좋았지만 나중에는 인식이 좋아져 아주 좋은 결과를 가져 왔습니다.

앞으로는 원리연구회 활동을 통하여 학생들과 교수들, 특히 철학과 교수들까지 이론적인 면에서 우리의 이념을 당할 수 없다는 것을 증명하게 하여 그것을 세계적으로 인식시킬 것입니다.

공산주의에 대해서 문제를 일으키고, 종교에 대해서도, 철학에 대해서도 문제를 일으켜야 합니다. 이런 것들을 하기 위

1. 세계종교연합 운동의 출발

하여 지금까지 준비해 나온 것이 초교파운동입니다.

초교파운동도 중요하지만 금년(1967년)부터는 종교일치운동을 시작할 것입니다. 이제는 종교적으로 봐도 통일교회를 당할 수 없고, 사상적으로 봐도 통일교회를 당할 수 없습니다.

91 - P.135

하나님은 지상에 천국을 건설하는데 있어 봉사할 주역으로서 미국을 선택하셨습니다. 미국은 이러한 사명을 다하기 위한 챔피언의 자리에 서야 하는 것입니다. 그러나 미국의 기독교정신은 그 토대가 무너지고 있으며 세속적인 물결이 일고 있어, 어떠한 중대한 정신적 변화나 개혁이 없이는 미국이 그 사명을 완수할 길이 없습니다. 나는 미국이 이러한 사명을 완수하게 하기 위하여 이곳에 왔습니다. 나는 이 나라의 메마른 심령에 새로운 불을 붙여 잃어가는 기독교정신을 부흥시키는 기독교혁명을 일으키려고 합니다. 그러므로 하나님께서 이 나라에 맡겨 주신 사명을 완수하도록 인도할 것입니다.

현재 미국의 도덕적인 타락은 가정과 청소년들을 구제 불능한 위치로 이끌어가고 있습니다. 어떤 새로운 원칙에 의한 청소년운동이 일어나지 않고서는 미국의 장래가 매우 암담합니다. 그러나 이제는 통일교회에 의해서 미국 청소년들의 새로운 정신혁명이 일어나고 있습니다. 하나님은 세계 앞에 영향력 있는 이 미국에서 통일교회의 운동이 활발하게 전개됨으로 세계의 다른 국가에도 쉽게 당신의 뜻이 퍼져 나갈 수 있다고 생각하신 것입니다. 이것이 내가 미국에 오게 된 이유입니다.

나는 1971년 12월 18일 워싱턴에 도착했습니다. 그 날이

▲ 1974년 10월 16일 워싱턴에서 열린 희망의 날 강연회 장면.

바로 우리의 운동을 미국에서 본격적으로 전개하기 시작한 날이기도 합니다. 내가 미국에 온 이유를 깨닫는 날, 그 날이 진정한 미국의 희망의 날이 될 것입니다. 내 개인의 뜻으로 이곳에 온 것이 아니고, 나 자신의 메시지를 가지고 온 것도 아닙니다. 나는 하나님의 명령으로 하나님의 말씀을 가지고 왔습니다.

032 - P.203, 1970.07.15

내가 바라는 것은 대한민국을 위한 구원이 아닙니다. 세계를 위한 구원입니다. 하나님의 뜻이 세계를 구하기 위한 것이라면, 대한민국은 세계를 구하기 위한 대한민국이 되어야 하고, 통일교회는 대한민국을 구하기 위한 통일교회가 되어야 하는 것입니다. 그래야 통일교회도 잘되고 대한민국도 잘되는 겁니다.

1. 세계종교연합 운동의 출발

악은 무엇이냐? 자기를 중심삼고 끌어들이는 것입니다. 선은 무엇이냐? 자기를 버리고 무한히 주는 것입니다. 그런 사람이라야 성현의 반열에 설 수 있습니다. 역사를 보면 국가를 중심삼은 위인들은 많았습니다. 어떠한 나라든지 위인들은 많았습니다. 우리 한국을 중심삼고 보더라도 이순신 장군 같은 분도 위인의 반열에 들 수 있는 당당한 권위를 갖추었습니다. 그렇지만 어디까지나 대한민국이라는 특정한 국가를 중심삼고 볼 때 위인이지 성인은 못 되는 것입니다. 성인은 하나님을 기반으로 하여 가르친 도리를 중심삼지 않고는 성인이 될 수 없습니다.

여러분들도 아시다시피 종교적인 지도자들은 성인의 도리를 가지면 가질수록 그는 초민족적이요, 초국가적이요, 초세계적입니다. 그것이 성인의 가르침입니다. 하루의 생활도 그런 관점에서, 일생도 그런 관점에서 이것을 실현시켜 나가는 것입니다. 그러면 망하지 않는다는 관점에서 통일교회를 발족시켰습니다.

종국에는 대한민국을 구할 수 있고, 세계를 구할 수 있는 종교가 못 되면 망하고 말 것입니다. 사람들에게 '그 종단을 믿을 수 없구나' 하는 인식이 들면 망한다는 것입니다. 종교의 결합운동을 통하여 새로운 이상적인 가정으로부터 종족·민족·국가·세계를 어떻게 모색하느냐 하는 것이 금후에 있어서 필요한 문제라는 것을 아시기 바랍니다.

마지막으로 종교협의회 여러분에게 한 가지 말하고 싶은 것은 통일교회는 종협에 신세지는 교단이 아니라는 것입니다. 대한민국에 신세를 지는 통일교회도 아닙니다. 세계에 신세를 지는 통일교회도 아닙니다. 세계가 우리에게 신세를 지게 하고, 대한민국이 신세를 지게 하고, 종협이 우리에게 신세를 지게 하는 종단으로 남아지겠다는 것이 나의 소신이자 우리의 뜻을 중심삼고 활동하는 전체 요원들의 입장입니다.

225 - P.019, 1992.01.01   1954년 통일교회가 시작하기 전부터 선생님은 공산주의가 73년 이상을 못 간다고 가르쳐 나온 것입니다. 그래서 공산주의가 문제가 아니다 이거예요. 공산주의가 끝난 다음엔 모슬렘을 포함한 종교권이 문제가 되는 거예요. 유대교와 기독교의 싸움을 누가 말리느냐 하는 문제에 대해서 벌써 50년 전에 내가 말씀한 것입니다. 이걸 방어할 수 있는 준비를 그때서부터 선생님이 한 거라구요.

성경 말씀도 '화평케 하는 자는 하나님의 아들'이라 했습니다. 인류 역사 이래에 이와 같은 종교권·나라권·민족권을 총망라해 가지고 핍박을 받으면서도 이것을 화해시키려고 역사 중에 제일 일생을 바쳐 싸운 사람은 레버런 문 하나밖에 없습니다.

그러나 레버런 문은 혼자가 아닙니다. 하나님과 같이 종교 세계의 일치운동을 위해서 그 기초를 놓아 온 것입니다. 그래서 종교통일의 결실을 가져온 챔피언이 된 것입니다. 이것은 관념이 아닙니다. 이것은 훈련 과정이 아니라 실재라구요. 그게 역사적 사건이라는 것입니다.

하나님의 뜻의 세계를 만들기 위한 환경을 이루자

122 - P.254, 1982.11.16   레버런 문은 비가 오나 눈이 오나 바람이 부나, 낮이나 밤이

1. 세계종교연합 운동의 출발

나 가던 거와 마찬가지로 여러분들도 그렇게 한다면, 그거 얼마나 멋지냐? 레버런 문은 밤이나 낮이나 언제나 전진을 다짐하는데, 지금 여러분들도 그런다고 생각할 때 하나님이 얼마나 대단하다고 생각하겠느냐? 레버런 문이 맨손 들고 세상에 1970년도부터 본격적으로 활동하기 시작한 거라구요. 1970년도부터니까 지금으로부터 12년 전이지요?

자, 내가 과학자대회를 시작할 때에 누가 협조했어요? 여러분들도 '왜 선생님이 저렇게 돈 쓰나?' 했다구요. 이제 한 십 년 지나서 되돌아보니, 세계의 유명한 학자들도 레버런 문 만나 보자 한다구요. 요즘엔 뭐 유명한 사람이 만나자 했지만 내가 안 만나 주는 거예요. 지금은 학계에서 학자들이 나를 믿을 단계에 들어왔다구요.

그 다음에 신학계를 중심삼고 볼 때에 신학계의 기반도 굉장하게 닦았다구요. 현대 신학이 더 이상 갈 수 없게끔 허덕이고 있는 이 운명에서 새롭게 도약할 수 있는 차원을 제시하고 있습니다. 그 다음엔 법사협회로부터 언론가협회, 수상협회, 자본가협회, 그것들을 다 할 수 있는 거예요. 나 아니면 안 된다는 결론에 도달했다는 거예요.

그거 왜? 뭘하자는 거예요? 하나의 세계를 만들기 위해서, 하나의 하나님의 뜻의 세계를 만들기 위해서예요. 누군가가 해야 돼요. 외적 학자세계에서는 절대가치를 중심삼고 묶고 내적인 종교계에서는 하나님에 관한 회의(God's conference)를 중심삼고 묶고 있다구요.

그래서 수많은 종교, 수많은 종단 책임자들, 교수들을 묶어가지고 이번에 한 것이 하나님을 위한 세계 청년회의(World Youth Seminar For God)예요. 종단을 초월해 가지고 유대교인, 회교인 등…. 이거 뭐 전부 다 만날 사람들이 아니라구요. 유대교인, 기독교인이 서로 만날 사람들이 아니라는 거예요. 이들을 전부 다 엮어 가지고 세계의 문을 열 수 있는 놀음을 이제 하고 있는 거예요. 이제는 내가 명년에 안 하겠다고 해도 '또 하자' 할 수 있는 환경이 되었다 이거예요. 그것이 이렇게 엮어져 나가는 거예요.

공산당들은 틀림없이 종교끼리 싸우게 해서 종교전쟁을 하게 하고 인종전쟁을 유발할 것입니다. 그런 것을 알고 있기 때문에, 그것을 초월하기 위해서 합동결혼식을 시켜 오색인종을 묶는 놀음을 하고 있는 거예요. 그것은 미국이 아무리 힘을 가지더라도, 대통령의 힘을 가지더라도 안 되고, 공산주의 세계에서도 안 되는 놀음이에요. 역사 이래 오직 레버런 문만이 이런 일을 할 수 있었다 이거예요. 그래서 뭘 하자는 거예요?

이 무니가 천에서 만, 만에서 백만, 천만, 일억이 넘고 다 그럴 때를 생각해 보라구요. 미국에 무니가, 통일교회 교인들이 한 3분의 1만 되었다 하면 미국정부가 암만 반대하더라도 통일교회는 확장하고 발전하게 돼 있다구요. 미국보다도 클 것을 아는 거예요. 미국보다 클 것을 내가 알고 있는 거라구요. 내가 농담으로 이 얘기하는 거 아니라구요. 진실이에요. 참되게 얘기하는 거예요. 지금부터 20년 전에 선생님이 말하던 거하고 지금 말하는 거하고 생각해 보고, 20년 전에서 지금까지의 환경을 이룬 것을 보게 된다면, 이제부터의 10년, 20년은 이 몇백 배, 몇천 배 확대될 것을 알 수 있습니다.

1. 세계종교연합 운동의 출발

198 - P.159, 1990.02.01

세계일가사상의 실천

본인이 시작한 세계적인 활동들은 모두 국경을 넘고, 인종의 담을 헐고, 그리고 초종교적인 것이어서 범세계적인 운동의 전형입니다. 세계의 통일교인들은 하나님의 참사랑을 중심한 의식개혁으로 새로운 세계관을 지니고 이미 하나의 인간가족으로 생활하고 있습니다.

미국 안에서 흑백의 마찰과 그 둘 사이에 벽이 없는 유일한 곳이 통일교회입니다. 미국이 기독교사상에 바탕해서 인권과 평등을 외치면서 노력했으나 해결하지 못한 흑백의 분규를 우리가 해결한 쾌거입니다.

또한 일본과 미국, 그리고 독일 출신의 선교사들이 과거의 원한과 갈등의 역사적 사연을 뛰어넘어 낯선 나라에 도착하여 서로 일면식도 없으면서 3인 1조의 공동 헌신생활로 선교를 함으로써 세계일가사상(世界一家思想)을 실천했습니다.

그뿐 아니라 유대교, 기독교, 회교, 불교 등 각 종단의 화합을 위해 본인이 매년 거금의 지원을 하면서 종교일치 회의를 개최함으로써 세계 각지의 종단장들로부터 칭송을 받고 있음은 이미 알려진 사실입니다.

국제축복 행사로 명문대학 출신의 일본 아가씨를 신부로 맞은 한국 농촌 청년이 마을 잔치를 통해 축하를 받았습니다. 혈족으로 맺어지는 인연 속에 한·일간의 민족적 감정이 문제가 되겠습니까?

통일교회가 주관하는 모임에는 어느 때 어느 곳이든 인종간의 갈등이나 민족적인 차별의식이나 종교적인 편협성이 없습니다. 동·서양을 불문하고 통일교인들은 본인의 사상을 따라 인격이 변화되어 이기적인 자기 중심의 자세를 청산하고 남을 위하고 베푸는 생활을 함으로써 미래 이상세계 시민의 표본이 될 것을 지향하고 있습니다.

통일운동이 아직 양적으로는 미흡하지만 오늘의 실적이 갖는 의의는 우주사적인 것입니다. 역사 이래 많은 성현의 가르침들이 이와 같은 실적을 목표로 하지 않았습니까? 또 이 지구상의 많은 양심적인 인사들이 올바로 살기 위하여 그 길잡이를 찾고 있지 않습니까? 그리고 얼마나 많은 뜻있는 젊은이들이 새로운 가능성을 찾아 밝은 미래를 꿈꾸며 방황하고 있습니까? 그것을 찾다가 낙망하고 좌절한 젊은이들은 또 오죽이나 많겠습니까?

다 와서 보십시오! 편견 없이 보십시오. 사람이 동기가 되지 않고 천운이 함께 했음직한 기반을 연구하십시오. 그리고 밝은 내일을 설계하고 명확한 가치관을 세우십시오. 세계 통일교인들이 남녀노소를 막론하고 헌신의 길을 가면서도 얼마나 기쁨에 차 있습니까! 특히 젊은이들이 혼탁한 세파 속에서도 최상의 윤리 도덕적 기준을 지니고 자긍심을 갖고 활동하는 것을 보십시오. 본인은 세계의 통일교회 젊은이들을 인류의 희망, 하나님의 희망으로 바라보고 있습니다.

좁은 교파, 종파의 관념을 넘어서 지구인이란 큰 차원에서 생각해 봅시다. 만일 본인이 창도한 사상에 의하여 인격이 변화되고 남을 위하여 살 수 있게 된다면 나라의 장래가 어떻게 되겠으며, 우리에게 남북통일이 어려운 과제일 수 있겠습니까? 또 온 세계 인류가 이 뜻을 받아들인다면 평화롭고 번영된 세계는 보장되는 것이 아니겠습니까?

본인의 더 큰 것을 위하는 철학은 통일교회 자체를 발전시

**1. 세계종교연합
운동의 출발**

키고자 함이 아닙니다. 하나님과 세계가 교회를 위해 있는 것이 아닙니다. 교회가 하나님과 세계를 위해 봉사해야 합니다. 본인은 지금 계속해서 봉공(奉公)하는 길을 찾고 있으며, 이 발걸음의 연속으로 생애를 마칠 것입니다.

2. 새종교일치연구회 창립과 하나님 대회

167 - P.098, 1987.06.30

하나님은 어떤 교리로 생활하는 분이 아니며, 종교의식이나 형식에 얽매인 분도 아닙니다. 하나님은 살아 있는 영적 존재로서 우주의 창조자입니다. 종교는 전인류에 대해 올바른 가르침의 본보기가 되어야 합니다. 하나님이 같은 종교 내의 쟁의에 의한 교파간의 투쟁이나 타종교간의 투쟁을 바라보실 때 하나님의 심정은 가장 고통스럽습니다.

본인은 미국통일신학대학원을 중심한 두 개의 일치화운동으로서 뉴 에라(New ERA:새종교일치연구회)와 하나님회의를 창설하고 이들을 통하여 기독교 내의 교파간은 물론 타종교간의 조화와 통일에 대한 가능성과 필요성을 시도해 본 결과, 이러한 조화와 통일은 인내와 희생, 그리고 참사랑의 값진 결실로서 실현된다는 것을 확인하게 되었습니다.

그리고 각 종교간의 진지한 대화와 조화를 실현함으로써 지상에 하나님의 뜻을 촉진하고 세계평화를 실현코자 본인은 세계종교의회와 세계종교회합을 설립하였는데, 현재 이러한 기구들은 정체된 종교계에 기적을 일으키고 있습니다. 그리고 본인은 청소년들의 인종분쟁 및 종교전쟁을 막고 하나님

2. 새종교일치연구회 창립과 하나님 대회

의 이름 아래 이상적 평화세계를 세우는 데 적극 기여할 기구를 설립하였는데, 세계청소년회의와 청소년종교봉사단이 그것입니다. 본인은 이러한 모든 기구를 통하여 종교계에 새로운 대안을 제시하고 있습니다.

113 - P.215, 1981.05.05

여러분은 모르겠지만 뉴 에라(New ERA;새종교일치연구회)라는 새로운 모임을 통해 우리가 한 5년 동안 480명이 넘는 세계의 유명한 신학자들을 우리 배리타운 신학대학을 거쳐가게 했다구요. 이 신학교를 거쳐가는 사람들은 그야말로 완전히 세뇌당한다구요. 그래서 신학계에서 지금 레버런 문과 통일교회 문제는 유명해졌다 이거예요. 이제 망하는 기독교에 있어 단 하나의 소망은 우리 교회밖에 없다는 결론에 도달했습니다.

121 - P.306, 1982.10.30

현재 미국에서는 뉴에라(New ERA)운동을 하고 있어요. E는 에큐메니칼(ecumenical;교회일치), RA는 리서치 어소시에이션(research association;연구협회)입니다. 그야말로 초교파 운동이지요. 이래 가지고 유명한 신학자들을 모으다 보니 수를 헤아릴 수도 없는 거예요. 그들을 전부 다 활동시켜야 되겠다 이거예요. 그래서 한 천 명 정도 모아 놓고 질적 향상을 위해서 지금 선별해 나가고 있습니다.

미국에는 미국 전체 신학대회가 있어요. 그런 대회에 1975년, 6년에는 통일교회 학자들은 얼굴도 못 내밀었어요. 그런 무대 위에 이미 통일교회의 신학이 하나의 굉장한 자리를 잡고, 수십 권의 책을 판매할 수 있는 기반이 되어 있다는 사실을 오늘날 반대하는 한국 신학계의 무리들은 꿈도 못 꿉니다.

▶ New ERA 회의에서 발표한, 데롤 브리안트 박사(1982).

알지도 못 한다구요.

 왜 이런 놀음을 하느냐? 아무리 보더라도, 하나님이 이 교계에 대해서 소원이 있다면, 하나님에게 '당신의 소원이 뭐요?' 하고 묻게 된다면, '아, 싸우는 신학자들을 전부 다 하나 만들어 가지고 내 뜻에 일치될 수 있는 길로 가도록 수습했으면 좋겠다!' 하는 그런 답변을 하지 않을 수 없다는 것입니다. 그러한 사실을 알았기 때문에 나야 이단이란 소리를 들어도 좋아요. 몰리고 쫓겨도 좋아요. 그 누군가 이것을 연결하는 길을 개방하는 사람이 하나님이 필요로 하는 사람이 아니겠느냐. 그러한 운동을 했어요.

121 - P.309, 1982.10.30

 내가 작년(1981년)부터 시작한 것이 뭐냐 하면 하나님대회입니다. 갓스 컨퍼런스(God's Conference)예요. 하나님대

2. 새종교일치연구회 창립과 하나님 대회

회라는 타이틀을 중심삼아 가지고 하나님에 대해서 자신 있는 사람 다 와서 말해 봐라 이거예요. 불교, 유교, 회교, 힌두교, 유대교, 전체가 모여 가지고 하나님에 대해서 전부 말해 봐라 이거예요. 그 가운데에 참석한 사람들은 각 종단에 있는 세계적으로 유명한 학자들입니다. 기독교만이 아닙니다. 불교면 불교 종단, 회교면 회교 종단, 유교면 유교 종단, 각 종단에서 세계적으로 유명한 학자들이 안 모일 수 있어요? 이래 가지고 하나님 대회를 했습니다. 거기에 있어서 초종파적인, 초종교적인 입장에서 세계로 출발하기 시작한 것입니다.

자, 그런 놀음을 하기 위해서 세계의 학자들을 묶는 일을 했어요. 세계의 유명한 학자들을 묶다 보니 거기에는 유명한 종교학자, 철학자가 전부 다 들어오는 거예요. 이런 것을 지금으로 12년 전부터, 내가 미국으로 건너가기 전인 1970년도부터 시작을 해 가지고, 세계과학자대회라는 명분을 중심삼고 학자들을 묶었습니다. 기성교회에서 반대를 하고 야단을 하지만 이제는 세계의 학자 세계에서는 내가 유명한 사람이 되었습니다. 자랑이 아닙니다.

그러면 유명해서 뭘 할 것이냐? 돈이 생겨요, 명예가 생겨요? 나 명예 필요 없는 사람입니다. 나 돈이 필요 없는 사람이에요. 지식이 생겨요? 지식, 뭐 얻을 게 없어요. 내가 아는 것을 중심삼고 하지, 그 사람들에게 배울 게 없다구요. 그럼 무엇 때문에? 하나님의 섭리의 완성의 길은 종교를 초월해야 갈 수 있다는 것을 알았기 때문이에요.

그 다음엔 무엇을 해야 되느냐? 종교계가 통할 수 있는 구멍을 뚫자 이거예요. 초종교적인 입장에서 담벽을 부숴 치워야 한다구요. 서로가 잘났고 서로가 하나님의 선민이라고 야단하고 있는데 그렇다고 그것이 그대로 되느냐 이거예요. 영계에 가 보라는 거라구요. 그거 안 된다 이거예요. 초종교적인, 초종단적인 기준을 연결시켜 가지고 세상을 구할 수 있는 하나님의 뜻, 뜻의 섭리의 완성을 기할 수 있는 종착점을 향하여 한 길로 전진하기 위해서는 이것이 필히 거쳐야 할 과정으로 알았기 때문에, 내 아무리 못나고 내 아무리 욕을 먹더라도 하나님의 뜻 가운데서 이 길을 누군가가 개척해야 할 것을 알았기 때문에 막대한 희생을 각오하고 일을 개척하다 보니 이제는 종단 세계에서도 내가 유명해졌습니다.

116 - P.062, 1981.12.13   과학자들을 모아서 과학자대회를 한 10년 하다 보니 전부 다 레버런 문을 좋아한다구요. 또 신학자들도 그래요. 갓스 컨퍼런스(God's conference ; 하나님의 회의)에 세계 유명한 신학자들이 모이는데, 뉴 에라(New ERA ; 새종교일치연구회)라 해 가지고 그 신학자들이 전부 다 '레버런 문 좋다'고 그런다구요. 이번에는 부인들까지 해서 1,100명이나 모여 가지고 레버런 문의 제안을 대해 가지고 결의문을 채택한 사실을 알아요? 그게 있을 수 있느냐 이거예요. 역사 이래 한번밖에 없는 일이에요.

116 - P.110, 1981.12.27   종교에 있어서 이 시대적인 모든 지식인들을 수습하고 학자들을 전부 다 이렇게 얽어매어 가지고, 세계를 구하겠다는 종교지도자는 없어요. 나밖에 없다구요. 여러분들, 하와이에서 갓스 컨퍼런스(God's conference ; 하나님 회의) 한 것 알아요? 그때 한 2백 명이 모였어요. 세계적인 거예요. 신학자들, 신학교 대표자 등…. 종교지도자로서 오늘날 학자세계나, 신

2. 새종교일치연구회 창립과 하나님 대회

학이나, 모든 사상가들을 망라해 가지고 지성인들을 묶고자 하는 놀음을 한 사람은 레버런 문밖에 없다 이겁니다.

또 기독교가 그렇게 원수시하는데, 레버런 문은 기독교를 구해 줘야 된다고 하고, 유대교가 그렇게 극성으로 반대하는데 유대교를 제일 맏형이라고 말하고 있다 이거예요. 그런 의미에서 성경에 있는 '원수를 사랑하라' 하는 말을 실천한 사람은 레버런 문밖에 없다 이겁니다.

초종교적인 입장에서 하나님을 중심삼고 하나되어야

117 - P.046, 1982.01.31

지난(1981년) 연말에는 여러분들이 알다시피 우리가 하나님의 대회를 했다 이거예요. 지금 여러분들이 뭘 하느냐 하면 세계의 수많은 종교, 이 종파를 초월하는 거예요. 기독교, 힌두교, 회교, 불교 할 것 없이 전부 다 초세계적인 대학자들을 모으는 거예요. 그건 역사상에 처음이에요. 공동목표가 하나님의 대회다 이거예요.

그래서 내가 제언한 종교의회라는 타이틀을 중심삼고 지금까지 해 나왔지만 '너희들 힌두교면 힌두교 종파들이 갈라져 가지고 싸우는데 통합운동하는 대회가 있으면 내가 돈 대주마! 불교도 그렇고, 유교도 그렇고, 회교도 그렇고, 기독교도 그렇다'고 한 것입니다. 힌두교면 힌두교의 교파가 있고, 불교면 불교에 교파가 있어 가지고 서로 싸우고 있다구요. 기독교는 뭐 엉망진창으로 싸우고 있다 이거예요. 이렇게 레버런 문의 지원을 받고 대회를 한다는 자체를 생각할 때에, 자기들끼리 싸운다는 것은 얼굴 들고 말할 수 없는 수치다 이거예요. 레버런 문이 세계의 종교를 하나 만들려고 그러는데 교파끼리 싸우고 있다구요. 산산조각이 나요.

 그런 대회를 하면서, 초종교적으로 청년들을 지도해 가지고 세계적 활동단계의 조직을 금년 하기방학 기간에 하는 거예요. 중동에 가게 되면 모슬렘의 제일 유명한 학자들을 모아 놓고 강의하고, 아시아에 오게 되면 불교라든가 유교의 제일 유명한 학자, 미국에 오게 되면 미국에서 제일 유명한 기독교 학자…. 그렇게 움직이는 거예요. 이런 운동이 벌어지게 되면 종파, 교파 싸움은 다 끝난다 이거예요. 이렇게 세계 최고의 정상 학자들을 모아 가지고 종교대회에 참석시켰다는 네임밸류를 갖게 될 때는 이미 자체 내의 분파 투쟁시대는 지나간다 이거예요. 그게 이론적이라구요.

 돈은 전체 종교인들이, 전체 종파들이 반대하는 레버런 문이 내고 있다구요. 그러면 레버런 문 앞에서 기독교 교파를 주장할 수 있어요? 지금 종교 자체들까지도 평하지 못하게끔 통합운동을 하려고 하는데, 레버런 문 앞에서 불교가 어떻고 유교가 어떻다고 싸움하게 되어 있어요?

 요전에 왔던 세계적인 모든 학자들이, 각 종교의 세계적인 지도자들이 와 가지고 진짜 통일교회를 몰랐다고 하는 거예요. 통일교회에 대해서 하나도 몰랐다는 거예요. 맨 처음에 와 가지고는 '무늬들이 해?' 이러더니 나중에 가 가지고는 '잘못했습니다' 했다구요. 그래 가지고 결론내린 게 뭐냐 하면 종교세계에 희망의 길이 트였다는 거였어요.

 그 자리까지 나가기 위해서 내가 신학대학을 만들어 가지고 배후에서 얼마나 고심했다는 걸 여러분들은 모르지요? 작년 하고 금년 2년 동안에 우리가 세계적인 학자들을 모아 가지

2. 새종교일치연구회 창립과 하나님 대회

고 대회를 30회 이상을 했다는 걸 여러분들은 모르잖아요? 작년 일년은 천 명 이상의 사람들을, 수천 명의 교수들을 움직인 거예요. 얼마나 위대한 일을 하고 있나 하는 것을 생각해 보라구요. 종교세계에 있어서 문제되는 그런 새로운 부흥의 하나의 태양이 오늘날 통일교회의 무브먼트(movement; 운동)로 말미암아 떠오른다 이거예요. 이것으로서 세계적 종교를 재부흥할 수 있는 기치가 들리고 있다는 사실은 현실적 사실로 드러나고 있다 이거예요. 이게 꿈이 아니에요.

이걸 볼 때에 세계에서 제일 어려운 문제 가운데서 정신적인 것을 종교가 담당했는데도 불구하고, 이게 몰락하는 것을 재기시키고 재부흥할 수 있는 차원을 발견하지 못했었는데, 오늘날 통일교회 레버런 문으로 말미암아 가능할 수 있는 희망이 싹트게 됐다 하는 사실은 놀라운 사실이라구요. 이젠 고개를 넘을 단계에 들어왔다구요. 시작이 아니라 고개를 넘을 단계에 왔다 이거예요.

117 - P.263, 1982.03.28

미국 내에 있어서 유대인과 한국 민족이 문제라는 거예요. 미국은 기독교 국가예요. 유대인은 유대교고, 미국은 기독교회고, 한국은 통일교회예요. 이들 세 민족이 하나되는 날에는 세계는 돌아간다 이겁니다. 그걸 어떻게 합하느냐 이거예요. 이것이 하나되는 날에는 세계도 하나되는 거예요. 이것을 가능하게 하기 위해서 레버런 문은 하나님 회의를 만들어서 수많은 종교들, 회교, 기독교, 불교 등 다 이 안에 집어 넣은 거예요. 이제부터는 유대교하고 통일교와 기독교의 접근 시대로 들어온다구요. 그러면 다 끝나요. 그것이 가능하거들랑 세계는 하나의 세계로 넘어갈 것입니다. 공산세계는 여지없이 무너져 나갈 것입니다.

인종전쟁 종교전쟁을 막기 위해 하는 하나님의 회의

126 - P.170, 1983.04.19

　지금 인류에게 제일 큰 문제가 뭐냐? 지금까지 보면, 기독교하고 회교가 싸우고 있는 겁니다. 또 회교하고 천주교가 싸운 거예요. 종교전쟁을 지금 비참하게 하는 거예요. 지금 유대교하고 회교하고 싸우는 거예요. 지금 중동전쟁이 그 싸움이라구요. 이스라엘하고 중동권의 싸움인데 그것이 뭐냐 하면 유대교하고 회교의 싸움입니다.
　그런 종교전쟁을 유발시키고 있다구요. 이렇게 되면 어떻게 되느냐? 어디까지 가느냐? 대개 회교 사람들은 흑인들이에요. 흑인들이 많다구요. 7할 이상이 흑인이에요. 이건 대번에 인종전쟁이 되는 거예요. 인종전쟁으로 끌고 나가는 거예요. 지금까지 인류역사에 있어서 흑인이 그렇게 못사는 것은 흑인이 못나서 못사는 것이 아니라 백인들이 착취해 먹기 때문에 못산다, 이런 이론적 조건을 세워 가지고 인종전쟁을 유발하는 날에는 백인세계가 완전히 멸망합니다.
　공산당은 지금까지 공산주의를 세워 나오면서 세계 인류 수억을 학살했어요. 신문 기자들이 낸 통계 숫자만 보아도 1억5천만 명 이상을 60년 내에 전부 다 학살해 버린 겁니다. 그런 일이 간단히 벌어졌어요.
　그러한 역사를 공산당이 만일 흑인세계 앞에 이것을 내세워 백인과 싸우게 한다면 무슨 짓을 하더라도 백인 전멸공작을 할 것입니다. 그 싸움은, 백인과 흑인이 싸우게 되면 여기는

2. 새종교일치연구회 창립과 하나님 대회

유색인종이 전부 다 흑인 편에 가는 거예요. 세계가 그야말로 멸망의 함정으로 떨어질 수 있는 이러한 위험한 시대가 오는 거예요.

그걸 누가 막느냐? 이렇게 종교전쟁을 유발하기 때문에 지금까지 내가 미국에 가서 한 것이 뭐냐 하면, 어떡하든지 세계 종교 지도자들을 규합하는 것입니다. 그래서 지금까지 학자세계에 과학자대회 같은 학자대회를 10년째 해오는 거예요. 이제 세계 유명한 학자 중에 나 모르는 사람이 없다구요. 내가 이제 유명한 학자들을 활용할 수 있는 기반을 다 닦았다구요. 그 학자들 가운데 각 종교의 유명한 종교 학자들을 모아 가지고 이번에 '하나님의 회의'를 개최한 거예요.

미국 신학자들은 지금 하나님이 있는지 없는지 모른다구요. 하나님이 있다고 믿는 신학자들은 30퍼센트도 안 돼요. 알겠어요? 이래 가지고 신신학(新神學)이란 새로운 길을 주장해 나오는 것입니다. 지금까지는 해방신학이라고 하는 공산당의 획책 가운데에 들어가는 이런 입장에서 개인구원을 포기하고 사회구원을 주장하는 혁명신학이라는 것입니다. 해방신학이라는 것은 공산당의 이론에 일치되는 겁니다.

그러기 위해서는 한두 사람 피를 흘리게 해도 괜찮다는 거예요. 내가 피를 흘려도 괜찮은 동시에 남을 피를 흘리게 해도 괜찮다는 거예요. 이렇게 돼요. 희생은 자기가 출발하고 그 희생의 모습을 상대 세계에 확대시키는 놀음을 하는 거예요. 지금 WCC(세계교회협의회)는 완전히 공산당편이 되어 가지고 세계 기독교를 망치고 있는 거예요. 이런 위기일발의 세계정세에 놓여 있다 이겁니다.

그럼 이걸 누가 막느냐 이거예요. 누가 이걸 교육하느냐?

수많은 종교 지도자들이 거기에 대해 모른다는 것입니다. 무책임하다구요. 방임한다는 겁니다. 미국정부도 그걸 뻔히 알면서 방임하는 거예요. 종교가 분열되어 싸우는 정세가 목전에서 벌어지게 됐는데 이걸 소화할 수 있는 아무런 능력이 없다 이겁니다.

그렇지만 우리 같은 사람은 아니까 그런 운동을 지금까지 학자들을 움직여 가지고 하는 거예요. 그래서 모든 종교, 회교라든가 불교라든가 유교라든가 힌두교라든가 유대교라든가 하는 이런 종교의 유명한 학자들을 묶어 가지고 하나님의 회의를 명년에 하는 거라구요.

지금까지 모든 종교의 최고의 신학자들을 규합하는 운동을 하는 거예요. 그래서 하나님에 대한 것을 너희들이 말하고 싶으면 말하라 이거예요, 하나님에 대해서. 회의라는 것이 많지만 하나님의 회의가 있다는 말은 처음 듣는 거지요? 그건 내가 만든 거예요. 하나님을 다시 찾아야 돼요.

'하나님이 있느냐?' 하는 이 의문에서 시작해 가지고 역사적인 과정을 섭리사와 더불어 비판하여 '현세에 이러이러한 실정에 있는 것은 하나님이 있기 때문에 그렇다. 그래서 이렇게 안 할 수 없다' 하는 것을 이론적으로 뒷받침해 가지고 지금 하나님이 없다는 신학자들, 모든 종단의 신학자들을 전부 재교육하는 것입니다.

그렇기 때문에 그런 종파의 최고의 학자들을 연결시킬 수 있는 기반을 하나님의 회의를 통해 가지고 닦는 겁니다. 그 다음에 젊은 청년들을 묶는다구요. 그들이 앞으로 거기 지도자들이 된다구요. 그래서 청년들이 중요한 거예요. 젊은 사람들이 그 나라의 후계자가 되는 거예요. 앞으로 세계를 이어받

2. 새종교일치연구회 창립과 하나님 대회

을 후계자가 젊은 지성인들이거든요.

그래서 수많은 종교 가운데 8개 종단, 우선 세계의 종교 가운데 8개 종단을 빼 가지고 거기에서 제일 우수한 사람, 그 학자들이 추천하고 그 교단들이 추천하는 20명씩을 뽑아 전체 160명을 자기 종단뿐만이 아니라 8개 종단의 성지를 순례하면서 교육을 하는 거예요.

이번에는 네팔에 가 가지고 3일씩 교육을 받는 거예요. 3일 교육뿐만이 아니에요. 대회까지 하는 거예요. 이 사람들이 160명 갔다 하면…. 그 나라에도 여러 종단이 있거든요. 그 책임자들에게는 이미 자기 종단으로부터 전부 연락이 오는 거예요. 이러한 젊은이들이 가게 되면, 세계적으로 새로운 운동을 대치시켜 가지고 앞으로 공산당을 방어할 것이고, 그것은 이 길밖에 없다는 걸 다 알게 되는 거예요.

이래 가지고 한 나라를 방문하게 될 때는 그 나라에 있는 모든 종단들 앞에 꼭대기에서 전문을 보내 가지고 대회를 하는 겁니다. 대회를 하는 데는 말이에요, 초종교대회를 하는 거예요. 이럼으로 말미암아 교파 싸움이 없어져요. 무슨 장로교, 성결교, 감리교 하던 그런 시대는 지나간다고 보는 거예요. 그런 일이 지금 이루어지고 있는 거예요.

이것이 금년에 2차인데, 맨 첫번째 작년에 할 때는 상당히 어려웠지만 이제는…. 그건 통일교회가 없으면 못 하는 거예요. 내가 없으면 그건 누가 생각조차 못 하는 막대한 일이에요. 160명이 50일 동안에 대회를 하는 데 돈이 얼마가 드느냐 하면 2백만 불이 들어요. 2백만 불 하면 돈이 얼마냐? 16억 원이에요. 16억 원이라구요, 50일 동안에.

그거 누군가가 해야 돼요. 누군가가 해야 돼요. 이러지 않고는 금후의 종교의 갈 방향이 완전히 혼란상에 떨어질 뿐만이 아니라 공산당들의 밥이 되어 버리고 마는 것입니다. 내가 세계의 첨단에서 공산당과 대치해 싸우는 이상 이런 모든 문제를 가려 줘야 한다는 책임감을 느끼기 때문에 이런 방대한 자금을 투자해 가지고 지금까지 이 일을 한 거예요.

 2차, 3차만 하게 되면 세계적으로 조직이 되어 가지고 큰 문제가 벌어질 거예요. 역사에 없는 이런 놀음을 하는 거예요. 그거 왜 하느냐? 종교전쟁을 일으키려는 소련 공산주의의 정책을 방어하기 위해서는 불가피적으로 종교 규합을 해야 돼요. 그건 나밖에 하지 못해요. 미국이 못 하고 다른 큰 종단이 못 하니 할 수 없이 핍박받고 몰리는 나라도 하지 않으면 안 되겠으니 하는 겁니다. 하나님이 보더라도 이 이상 놀랍고, 역사적으로 바람직한 일이 없다 이겁니다.

130 - P.240, 1984.01.29

 우리 통일교회는 세계를 구하기 위한 종교입니다. 기독교와 미국을 희생시켜서라도 세계를 구해야 된다는 이러한 전통적 사상을 통일교회는 들고 나온 것입니다. 통일교회에서 내가 가르치고 말하는 그 전통은 레버런 문의 전통이 아닙니다. 모든 것이 하나님의 전통이라구요. 이제 여러분들이 레버런 문의 사상을 받았는데, 하나님의 전통과 레버런 문의 전통을 이어받기 위해서 불가피적으로 가지 않으면 안 됩니다. 이건 운명이예요, 운명.

 이 전통의 길을 통해서 천국에 가는 거예요. 암만 지금 기독교가 예수님을 믿는다고 해도 안 된다구요. 어떤 종교로도 안 됩니다. 그렇기 때문에 나는 기독교의 연합운동을 하고, 종교의 연합운동을 하는 것입니다. 막대한 투자를 해 가지고. 이

2. 새종교일치연구회 창립과 하나님 대회

걸 안 하면 종단장들이 참소하고 모든 종파나 영계가 참소하기 때문에, 내가 지상에서 그러한 놀음을 지금 하고 있는 것입니다. 수많은 민족을 규합하고, 수많은 학자들을 규합하고 이런 놀음을 지금 하고 있는 거예요.

여러분들 갓스 컨퍼런스(God's conference;하나님 회의) 알지요? 그 갓스 컨퍼런스가 앞으로 무슨 컨퍼런스가 되느냐? 레버런 문스 컨퍼런스(Rev. Moon's conference)가 된다구요. 레버런 문을 알지 못하고는 하나님의 전통을 알 수 없다구요.

3. 세계종교청년세미나

121 - P.311
　　지금 공산당은 어느 단계에 왔느냐 하면, 종교 싸움을 붙이려고 하는 때에 왔어요. 회교하고 기독교하고, 그 다음엔 기독교하고 유대교하고 싸움을 붙여 중동에서 야단입니다. 불교하고 유교하고 싸움 붙이려고 그래요. 요 싸움이 끝나면 어떻게 할 것이냐? 인종 전쟁으로 몰고 나간다는 걸 알고 있어요.
　　그래서 하나님대회를 작년에 했는데 세계의 유명한 종단 책임자들이 다 모였더라 이거예요. 내가 이스트 가든에 있으면서 보고를 받고는 '자, 하나님의 뜻으로 볼 때에, 나이 많은, 종단을 지도하는 세계적인 명성을 가진 학자도 필요하지만 그들은 이제 10년, 20년이면 다 가 버리는 손님이 되는 것이다. 그들이 쓴 책을 평가할 사람들은 현대의 30세 미만의 똑똑한 석사 코스 박사 코스에 들어가 있는 젊은이들이다. 이들을 한 종단에서 20명씩 빼 가지고 규합해서 세계의 성지 순례를 시켜야겠다'고 했어요.

119 - P.013, 1982.07.03
　　여러분들, 모슬렘이 반대하고, 유대인도 반대하고, 기독교인도 반대하지요? 기독교만 해도 분파가 얼마나 많아요? 몇

3. 세계종교청년 세미나

백 분파가 있는데 서로 싸우고 있다구요. 여러분들이 고생하는 걸 볼 때, 종교 꼭대기에서 어떻게 컨트롤하고 어떻게 묶느냐 하는 문제를 생각하는 거예요. 그동안 서구사회에서 학자, 일반 과학자를 묶고, 요즈음에는 갓스 컨퍼런스(God's Conference;하나님 회의)라 해 가지고 종교 학계의 수많은 종교학자들이 묶어졌다 이거예요. 그래서 지금 이 배리 타운에는 인터내셔널 유스 포 갓(International youth for God)이라 해 가지고 141명이 옵니다. 초종파적인 지성인들이 모여 가지고 이제 세계 성지순례를 하는 운동이 벌어진다는 것입니다.

그들이 지성인들이기 때문에 어느 나라를 가든지 상당히 영향을 미칠 거예요. 이것이 이제 한 3년만 지나면 기독교 기독교끼리 싸우고, 유대교와 기독교가 싸우는 것을 이들이 '푸-' 할 수 있다 이거예요. 그들이 앞으로 그 종단의 후계자들이라구요. 이 움직임이 얼마나 영향을 끼치고 있느냐 하는 사실을 알아야 돼요. 중국은 여간 해서는 들어갈 수가 없는데, 중국까지도 환영한다 이거예요, 공자묘를 가겠다니까 종교의 담을 전부 허무는 거예요.

이 일을 하는데, 이 한 움직임에 돈이 얼마나 들어갔느냐 하면 101만 불이 들어갔어요. 백만 불이 넘는다 이거예요, 이 일을 하는데. 여러분들 그걸 모르는 사람은 '선생님은 우리 선교부나 도와주면 얼마나 좋아' 그렇게 생각하지요? '우리 선교부나 돕지, 고생을 지지리 하는데. 만 불이 뭐야? 천 불만이라도…' 한다구요. 그거 다 안다구요.

그러면 왜 이런 놀음을 해야 되느냐? 이는 종교계를 살리기 위해서예요. 종교계를 묶지 않으면 앞으로 큰일난다 이거예

▲ 1983년 한국에서 개최된 세계종교청년세미나 전경.

요. 그걸 왜 선생님이 생각하느냐 하면, 공산당은 회교와 기독교를 싸움 붙이고, 유대교와 기독교를 싸움 붙이는 놀음을 하고 있어요. '본래 역사적으로 회교하고 기독교는 원수가 아니냐?' 해 가지고 대번에 싸움 붙였지 않아요?

그것은 뭐냐 하면, 회교는 흑인이 많고 기독교는 백인이 많아요. 흑인 대 백인으로서 인종전쟁으로 유치시킨다 이거예요. 이렇게 돼요. 그런 인종전쟁이 벌어집니다. 그러면 백인을 지구상에서 완전히 제거하는 운동이 벌어진다 이거예요. 거기에는 아시아인이 가담할 거고, 중동 사람들이 가담할 거고, 흑인 전체가 들어가 가지고 큰 문제가 벌어진다는 것입니다. 백인들이 식민지를 관리하면서 착취한 걸 중심삼아 가지고 복수하려고 불만 들면 큰일난다구요.

세계적인 종교연합운동의 실제 · 239

3. 세계종교청년 세미나

여러분이 아프리카라든가 미개지역에 가보니까 백인에 대한 뭐라 할까, 원한, 원성이 높은 걸 다 알겠지요? 여러분들이 상상할 수 없었던 거지요? 여기에 불만 붙여 놓으면 백인 세계는 지구성에서 완전히 없어진다고 난 본다구요. 뭐 원자탄 가지고 싸우는 게 아니에요. 일대일로 싸우는 거라구요. 무기가 문제가 아니고 문명이 문제가 아니라구요. 그런 것을 방어하는 일은 불가피합니다. 그래서 회교면 회교 종파 가운데도 다른 교파가 있거든요. 서로 싸우는 그걸 통합하는 데 내가 돈을 대주고 있다구요.

여러분들은 고생시키고, 우리 선교사들을 고생시키면서까지 그 막대한 자금을 자기 교회를 위해 쓰지 않고 인류를 위해 쓰고 있다는 사실이 후대에 알려질 때는 이 세계가 한꺼번에 통일교회로 들어온다는 것입니다. 또 우리가 가르치는 전통이, 자기 교회를 희생시켜 가지고 세계 교회를 구하고, 자기 나라를 희생시켜 가지고 세계 나라를 구해야 한다는 그 가르침이 실천되고 있다는 사실이 증거된다는 것입니다.

선생님이 이렇게 하게 되면 여러분을 누가 도와주느냐? 내가 도와주지 않고, 이 일을 움직여 가지고 감명받은 사람들이 도와주는 거지요. 예를 들면 과학자대회에 참석한 사람들이 여러분들을 도와주지요? 하나도 관계 없는데. 그런 일이 벌어진다구요. 그렇다구요. 그 환경은, 여러분과 교수들의 거리가 끝과 끝인 먼 거리인데 거기에서 접속돼 가지고 하나된다는 거예요. 그게 얼마나 놀라운 사실인가 하는 것을 알아야 된다구요.

205 - P.276, 1990.10.01 종교연합운동은 어디서부터 해야 되느냐? 대학가에서부터

해야 합니다. 교수들로부터 대학생, 중고등학교 학생들을 중심삼고 이것을 해야 합니다. 이제 2세시대입니다. 우리가 2세를 중심삼고 종교연합운동의 봉화를 올리지 않으면 금후의 모든 종교가 세계적인 기반으로서 인류에 공헌할 수 있는 길을 잃어버리는 것입니다. 그러니까 품어 주는 큰 울타리는 다른 종단이 제시하던 목적보다 더 뚜렷해야 되는 것입니다. 그래야 그 목적을 향해서 종교가 가는 것입니다

205 - P.271, 1990.10.01

　종교연합운동을 대학가에서부터 해야 됩니다. 대학가의 뜻있는 청년 남녀들이 하나되어 가지고 종교연합을 할 수 있게끔 주도해 나가야 되는 것입니다. 이번에도 그렇잖아요? 우리 유스 세미나(Youth Seminar;세계종교청년회의)에 참석했던 사람들을 이번에 갖다 박아 놓았기 때문에 종단장들이 꼼짝못한 것입니다. 종단장들이 뭐냐고 말입니다.

　이번에 표제가 무엇이었느냐 하면 '종교 전통과 사회 및 후세에 대한 전수'였습니다. 그러니까 사회가 종교를 받을 수 있는 입장이 안 되어 있고, 후세가 종교를 받을 수 있는 입장이 안 되어 있다는 것입니다. 그걸 누가 받을 수 있게 해야 되느냐? 그것을 가르쳐 주어야 할 책임이 누구에게 있느냐? 종단장들이 아닙니다. 종교인들과 종교권 내의 2세들입니다. 그렇기 때문에 우리가 지금까지 8년 동안 유스 세미나를 통해서 움직여 나오던 똑똑한 사람들을 각 요소요소에 다 배치한 것입니다.

　이제는 각 종단에 우리와 관계 안 되어 있는 사람이 없습니다. 명령만 내리면 완전히 돌아가는 것입니다. 교리는 차치하고 종교 지도자라면 레버런 문과 같아야 된다는 것입니다. 종

3. 세계종교청년 세미나

단 내의 이익을 넘어 세계를 구도하겠다는 관을 가져야 된다는 것입니다. 2세들은 전부 다 그러한 틀림없는 관을 갖고 있습니다. 하나의 방향성이 딱 설정되어 있습니다.

이런 사람들이 이번 세미나에 그룹별로 모여 가지고 선배들과 종단장들에게 지금까지 뭘 했느냐고 들이댄 것입니다. 권력투쟁만 하지 않았느냐는 거예요. 전통적 사상, 본래 종교의 발원지의 원조들이, 혹은 원래 초대 교인들이 바라던 뜻과는 달리 종단장을 중심삼고 일개 독재체제와 같은 형태가 되어 버렸다고 분개하고 공박을 하니까 종단장들이 꼼짝못한 것입니다.

210 - P.127, 1990.12.17

여러분이 유스 세미나(세계종교청년세미나)를 잘 알 거라구요. 이것은 열두 종단을 중심삼은 초종파적인 연합체인데 여기서 8년이 지나는 가운데 무엇을 했느냐? 종단의 책임은 세계를 구해야 하는 것임을 알았습니다. 여기서 모든 종단의 젊은 지성인들이 한 8년을 거치는 동안 깨달은 것이 뭐냐 하면 '우리 종단장도 교리와 교파는 다르지만 레버런 문과 같이 종단을 넘어서 세계를 구하겠다는 사상을 가지면 좋겠다'는 거예요. 이런 터전을 만들어 주었기 때문에 종교의회까지 발전해 나온 거라구요.

종교가 외적인 세계보다 앞서야 돼요. 외적인 세계의 고르바초프하고 부시가 하나되어 가지고 세계의 평화를 주장하는데 종교인들이 그래서 되겠느냐 말이에요. 뭘 했어요, 종교인들이? 그래야 될 것 아니에요? 종교가 결속하게 되면 앞으로 불신 풍조를 완전히 몰아내고 세계를 평화의 세계로 옮겨 가게 할 수 있는 것입니다.

절대적인 하나님의 뜻은 하나입니다. 둘이 아니에요. 그게 뭐예요? 평화의 세계예요. 하나님을 중심삼은 가정이 되어가지고 모두…. 자기를 중심삼고 싸우는 가정이 아니에요. 하늘나라와 같이 통일된 가정 형태를 지상에 남기자 하는 것입니다.

4. 종교재단 설립과 세계종교의회

174 - P.063, 1988.02.17

지금은 나라도 일개국가체제 시대는 지나갔어요. 연합국가 체제를 거치지 않으면 생존하지 못합니다. 종교도 마찬가지예요. 또, 사회가 과학기술을 중심삼고 급변하고 있어요. 급변하는 사회에 보조를 맞추기 위해서는 하나의 종단의 교리 가지고는 도저히 보조를 맞출 수 없습니다. 자꾸 떨어져 나간다 이거예요. 여러 종단이 울타리가 되어 동서남북으로 크게 쌓여 있어야 남아지지, 그렇지 않으면 변천하는 사회에 밀려서 설 자리가 없게 됩니다. 그러니까 연합전선을 안 할 수 없다구요. 세계 추세는 이렇게 되는 거예요.

아무리 뭐 제일이라고 자기를 주장하고 전통적 교파, 종단이라고 주장하더라도 안 통한다 이거예요. 자꾸 사회의 젊은 사람들로부터, 지식인들로부터 떨어져 나갑니다. 종교를 자꾸 몰아내거든요. 그러니까 연합전선을 취해 가지고 새로운 방향 노선, 즉 민주주의 퇴폐사상의 제거문제라든가 공산주의의 방어문제라든가 하는 세계적인 그런 문제들에 있어서 새로운 방향 노선을 취하지 않으면 생존할 수 없는 단계로 몰려 나간다 이거예요. 그러니까 연합을 안 할 수 없는 겁니다.

그래서 내가 국제종교재단을 만든 것입니다.

132 - P.289

본인은 국제종교재단(1983년 4월 25일 설립)을 만들어 세계종교의 통합운동을 일으키고 있으며, 뉴에라(New ERA)라는 초교파운동을 일으켜 각 종파의 신학자들이 모여 하나님에 대한 이해를 증진하고 서로가 융합하게 하며, 또한 현대의 가장 위대한 신학자와 철학자들이 모여서 하나님의 회의를 개최하게 합니다.

205 - P.274, 1990.10.01

종교세계를 수습해야 되는 것입니다. 그래서 종교재단을 만들기 시작했던 것입니다. 그걸 보고 남들은 미친 놀음 한다고 했지요. '레버런 문 왜 저래? 세계가 수천 년 동안 기독교 하나도 통일 못 했는데 종교를 어떻게 해?' 하고 별의별 욕을 했지만, 그 결과는 놀라운 사건으로 나타났어요. 이런 모든 것은 세계적 사건입니다. 그런데 언론기관들이 책임 못 해 가지고 이걸 다 흘려 버렸다는 것은 역사적인 지적을 받고 규탄을 받아야 할 중차대한 사건입니다.

133 - P.274, 1984.08.13

국제종교재단(IRF)은 1993년에 세계종교의회를 개최하려고 계획하고 있습니다. 이 행사는 1893년에 시카고에서 열렸던 세계종교의회의 100주년을 기념하기 위한 것입니다. 1993년의 이 행사를 준비하기 위해 두 차례의 예비 모임이 있게 될 것인데, 그 하나는 1985년 말에 뉴욕시 근교에서 있을 예정이며, 또 하나는 1989년에 있게 될 것입니다. 이 예비 모임에는 각각 700명 이상의 종교지도자, 학자, 평신도 대표, 예술가, 그리고 청년들이 참석하게 될 것입니다. 이 두 예비

4. 종교재단 설립과 세계종교의회

행사와 1993년의 본행사는 그것들로 그치지 않고 미래의 더 큰 모임들에 연결되도록 추진될 것입니다.

어쨌든 이 행사들은 세계적으로 초종파의 광장을 마련하도록 설계되고 있으며, 그 목적은 모든 생명체에 내재하고 있는 보편적인 원리를 밝혀 나아가고, 그 원리의 다양한 발현을 충분히 고양시키려는 데 있습니다. 이와 더불어 세계종교의회는 전인류가 희구하는 세계평화의 성취도 모색할 것입니다. 그 참석자 전원에게 현대의 영적 상황과 당면한 문제들에 관한 각자의 의견을 주고받을 기회가 제공될 것입니다.

그 목적은 정치적 또는 교리적인 입법을 하자는 것이 아니고, 세계 종교들간의 상호존경심을 북돋우고, 종교간의 협조를 장려하는 데 있습니다. 그리고 그 의회의 주제는 영적 쇄신과 신 중심의 세계평화 실현'이며, 이에 연관되는 여타의 다양한 문제들도 아울러 토의될 것입니다.

140 - P.102, 1986.02.08

미국의 종교계에 AAR이란 것이 미국의 종교인협회입니다. 그 종교인협회의 이사가 일곱 명인데 그 중에 다섯 사람이 내가 파송한 사람이에요. 무슨 말인지 알겠어요? 볼장 다본 거 아니오? 응? 7년 전에는 문전에서 우리 패들, 우리 신학교 교수들이 추방당했지만 이젠 제일 좋은 코너에 통일교회 코너가 있어요. 별의별 나팔 다 불고 선전하더라도 문제가 없습니다.

또, 지금 세계 성지를 순례하는 종단이 8개 종단입니다. 이제는 종교연합을 해야 되겠으니까 사상연합을 위해서 학계를 동원해서 연합체를 만들어 지금 82개 국가에 아카데미를 만들어 놓고 하나의 세계 창건을 이미 1983년 12월 18일에 아예 선포해 버렸어요. 그렇게 유명한 날이지만 여러분은 처음 듣는 말이지요. 뭐 역사는 밤에 이루어진다고 하지요? 모르는 사이에 이루어진 게 나다 이거예요. 성지 순례하는 8개 종단의 책임자, 그 8개 종단, 기독교·회교·힌두교·불교 등 합해서 8개 종단이 성지를 찾아가게 되면 말이예요. 덮어놓고 일주일 동안은 전부 듣는 거예요.

그 사람들은 최고의 지성인들입니다. 각 종단에서 석사 이상의 지성인들이에요. 앞으로 대외 종교정책에 있어서의 책임자가 될 사람들이라구요. 국제무대에 책임자로 세운 사람이니 영어도 잘하고 모두 몇 개 국어를 할 수 있는 사람들이에요. 이렇게 무식장이가 아닌 똑똑한 엘리트들만 모이니까 종단끼리 경쟁이 크다구요. 그러니까 거기에 제일 꼭대기인 총회장 하는 사람을 중심삼고 그 사람들이 뭉치게 되어 있다구요. 이 미국의 종교연합 단체의 의장이 우리의 순회단장이에요. 아시겠어요? 그럼 다 된 거 아니에요?

그래서 이번에 내가 여기에 오기 전에 종교의회를 연 거예요. 종교의회라는 게 뭐냐? 국회에서처럼 법을 만들자 하는 거예요. 그 제1차 종교의회 대회를 한 8백 명 모아 가지고 갈

▼ 세계종교협의회는 걸프전 위기시 중동 종교지도자를 초청하여 카이로 정상회의를 개최하였다.

세계적인 종교연합운동의 실제 · 247

4. 종교재단 설립과 세계종교의회

방향을 제시해 주었어요. 그 한다하는 패들에게 재미있는 것이 말이에요. 지금 내가 뭘하고 있느냐? 불교면 불교 교파가 많아요. 모슬렘이면 모슬렘도 그렇고, 힌두교면 힌두교도 교파가 많아요. 그 교파통합 운동을 위한 작년 예산이 6백만 불이었어요. 그래서 6백만 불을 지급했다구요, 작년에. 그거 통일교회 통합운동이 아니에요. 기독교 통합운동이 아니에요. 기독교에서 전부 다 지옥 간다고 하는 열교들을 연합하기 위한 예산이 6백만 불이었다구요.

내가 댄버리 형무소에서 그 회를 편성했어요. 스미스라는 사람이 세계적으로 유명한 종교 학자인데, 그 사람은 감리교 신학박사이고, 그 다음에 힌두교 신학박사이고, 불교 신학박사예요. 세계적으로 유명한 사람이에요. 그 사람을 회장시켰어요. 그 사람이 댄버리 감옥을 찾아왔길래 '당신은 이제부터 종교의 꼭대기 괴수들 연합운동을 하라'고 했어요. 한다하는 패들 연합하려면 그 회를 편성해 놓고 전부 다 준비해야 될 거 아니예요. 이번에 WCC(세계기독교협의회) 중앙위원 중의 한 사람인 꼭대기 회장이 우리 종교의회에 벼락같이 왔다 갔어요. 내가 언제라도 부르면 잘 날아올 거라구요. 세상이 이렇게 되어 가고 있어요.

그렇게 알고, 기독교 믿는 양반들, 모두 알아 둬요. 내가 장로교를 당신들보다 더 잘 아는 사람이에요. 감리교를 여러분보다 더 잘 아는 사람이에요. 내가 그만큼 교파싸움을 했는데 그걸 모르겠어요? 그들의 신앙 다 검토하고 그랬어요.

우리 집안도 장로교 집안이었어요. 그 장로교 집안에서 내가 이단자의 몸으로 태어난 것도 하나님의 명령에 의해 태어났어요. 내 출발이 보통 출발이 아닙니다. 내가 하고 싶어서 한 게 아니라 하늘이 끌어내어 이렇게 나와라 해 가지고 나온 것입니다.

204 - P.073, 1990.07.01

재미있는 것이 뭐냐? 시리아에 호메이니와 같이 회교의 장으로서 전권을 움직일 수 있는 그랜드 머프티라는 사람이 있는데, 이 사람은 40년 전부터 유대교와 기독교와 모슬렘을 통일해야 한다는 하나님의 명령을 받아 가지고 40년 동안 그것을 위해 일하다가 감옥에도 가고, 별의별 고생을 다 했어요. 이러다가 누군가가 세계종교의회라는 걸 중심삼아 가지고 서로 싸우는 세계 종단들을 하나 만들기 위해서 돈 대 주고 있다는 보고를 듣고 나가자빠지도록 깜짝 놀랐다는 거예요. 그게 누구야? 그게 문총재인 걸 알고 지금까지 문총재가 해 나온 것을 보니 세계의회를 만들어 가지고 세계에서 났다는 모든 종주들을 거느려 페어 차 가지고 세계로 끌고 다니며 대회 하면서 모든 종교의 담을 헐고, 민족의 담을 헐고, 인종의 담을 헐었다는 것을 알았다는 거예요. 내가 그 놀음을 한 것입니다.

205 - P.216

시리아의 그랜드 머프티 같은 사람은 벌써 40년 전부터 유대교하고 기독교하고 이슬람교를 하나 만들기 위해 노력해 왔습니다. 그러다가 반대받아 감옥에도 많이 가면서 뜻을 못 이루고 낙심한 가운데 있었는데, 내가 종교의회를 중심삼고 일하는 것을 보고 깜짝 놀라 가지고 찾아와서 만나 보고는 '이 양반이 선두에 서면 할 수 있다!'고 한 것입니다. 그래 가지고 회교권을 중심삼은 자기 사제들 2만5천 명이 모인 자리에서 '내가 40년 동안 노력하던 종교 통일적 모든 방안을 레

4. 종교재단 설립과 세계종교의회

버런 문이 이미 실천궁행하고 있으니, 나를 따르는 모든 사람들은 이제 레버런 문을 협조하는 데 나와 더불어 총동원하자!' 하고 발표해 버린 것입니다. 세상이 그렇게 변해 나가는 거예요.

140 - P.178, 1986.02.09

내가 종교의회 대회를 할 때에, 아프리카의 큰 나라 세네갈의 회교 책임자, 명실공히 3백만을 지도하는 책임자를 만났는데 영계로부터 문선생을 만나라는 명령을 받았다는 거예요. 그래서 2년 전부터 정성들여 가지고 만나러 왔다는 거예요. 그거 꿈같은 얘기지요.

아프리카에서 워싱턴에 와서 자기 교단의 유학생을 만나 물어 봐 가지고 온 거예요. 그 계시 가운데 미국에 가게 되면 선생님의 원수가 얼마나 많은지 절대 레버런 문을 만나러 미국에 왔다는 얘기를 하지 말라고 가르쳐 줬다는 거예요. 그래서 한마디도 안 하고 워싱턴에 와서 두 주일 동안 헤맸다는 것입니다.

그런 가운데 하늘이 인도하여 미국에 유학 온 자기 교단의 사람을 만난 거예요. 그 다음에는 길거리에서 얘기 안 하고 저 모퉁이에 끌고 들어가서 얘기를 한 거예요. '당신, 종교 지도자로서 이렇게 이름 난 레버런 문을 아느냐?', '알고 말고', '집을 아느냐?', '알고 말고', '그게 어디냐?', '뉴요커' 천하가 다 아는데 모를 게 뭐예요, 뉴욕 거리에서. 이래 가지고 찾아온 거예요.

와 가지고도 말이에요, 뉴요커에 오게 된다고 선생님 만나게 돼 있나요? 내가 공산당하고 저 첨단에서 싸우느니만큼 나를 모해해서 죽이겠다고 하는 녀석이 얼마나 많아요. 별의별 테러단들이 쭈그리고 앉아 있고 구멍만 있으면 그저 쑤시고 들어오려고 하는 판국이기 때문에 보안 조치를 해 놓아 가지고 못 들어온다구요. 못 들어와요.

이렇게 되어 있는데 세네갈에서 흑인, 까무잡잡한 사람이 와서 만나자고 하니 만나 줄 게 뭐예요? 그게 안 통하는 거지요. 그러고 있는데 하는 말이 '나는 여기서 죽으면 죽었지 우리 나라에는 못 간다'는 거예요. 왜 그러느냐고 하니까 문선생님을 만나기 전에는 죽어도 못 간다 이거예요. 그것 왜? 하늘의 명령이니까. 만나고 가지 않으면 안 된다는 겁니다.

그렇게 연연하고 있는데, 흑인 우리 식구가 가만 보니까 어떤 흑인이 와서 그러고 있거든요. 그래서 무슨 푸대접을 하나 하고 가서 '당신 어디서 왔소?' 하고 물어 봤다구요. 물어 보니까 세네갈에서 왔다는 거예요. '세네갈 어디서 왔느냐' 그러니 '나 회교의 아무개'라고 하는 거예요. 그 사람은 그 나라 백성이 완전히 다 아는 거예요. 자기도 옛날에는 회교를 믿고 다 이러면서 일했는데 자기가 아는 그 종단의 총책임자라 이거예요. 이름은 들었지만 만나기는 처음 만났다 이거예요. 그래서 '아 그러시냐고' 해 가지고 부랴부랴 곽정환이를 통해 연결된 거라구요. 이래 가지고 나를 만나자고 하는 것을 내가 한 2주일 동안 기다리라고 했습니다. 종교의회 대회에 모슬렘 장로라고 하는 세계 대표의 사무총장이 올 테니 그때 다리를 놓아 만나자고 해야지 만나자고 한다고 만나게 되면 안 된다 이겁니다.

2주일 동안 기다리게 해 가지고 거기에 데려가서 오라고 했다구요. 그것도 종교의회를 일주일 하는데 만 닷새 이후

4. 종교재단 설립과 세계종교의회

에, 하루가 남았기 때문에 만나 주었다구요. 그 사람은 와서 밥도 안 먹고 자지도 않고 기도했다는 거예요. 정성이라구요. 선생님이 안 만나 주면 어떻게 하겠느냐고 하면서 죽어야 된다고 하는 거예요. 그러니 안 만나 주니까 얼마나 심각하겠어요.

종교의회 때 모슬렘, 세계 각 나라의 종교 대표들이 모였는데도 불구하고 거기에는 관심이 없어요. 그래 내가 만나 가지고 쭉 해 가지고 앞으로 어떻게 어떻게 하라고 지시했습니다. 여기서 돌아가자마자 자기가 5천 명을 모아서 기도단을 만들고, 그 다음에는 모슬렘 세계의 영통하는 사람들에게 전부 다 연락하여…. 지금 그런 일을 하고 있다구요. 대통령을 중심삼아 가지고, 이제 모슬렘 세계의 사무총장을 대통령 이름으로 초대하여 신령한 운동이 세계에 한 단계 비약할 수 있도록 세계적인 조직을 하자고 한 거예요. 이러다 보니까 모슬렘 세계의 사무총장으로부터, 그 다음에는 세계의 연합회장으로부터 연결되는 것입니다. 우리와 관계되어 있으니까 꼭대기에 붙어 가지고 연결하고 있다구요. 그렇게 되어 들어가는 거예요. 지상에서 이런 연결이 되어 들어온다는 거지요.

202 - P.044, 1990.05.01

문총재는 그저 지나가는 사람이 아니에요. 현실에 있어서 위대한 업적을 세계 앞에 남기려는 사람이기 때문에 국가를 저버리지 않아요. 그렇기 때문에 종교계를 수습해요. 이번 8월에 세계종교의회를 만듭니다. 종교의회를 왜 만드는지 알아요? 종교의회가 뭔지 알아요? 요사스런 반대하는 종교계 국가들은 빼고 우리 하나되어서 이웃사촌 되어서 하나의 통일적인 나라 형태를 만들어서 형제같이 살자는 거예요. 종교의회에서 비자만 내주면 어디든지 갈 수 있게 하는 거예요. 그런 운동 하는 거예요.

191 - P.084, 1989.06.24

종교의회가 도대체 뭐냐? 종교가 나라가 없어요. 세계적 나라가 없다는 거예요. 종교의 주인 나라가 어디예요? 그것을 이루어 나가려니 종교의회를 통하여 초종교적 입장에서 우리 세계의 종교연합 나라를 만들어서 종교 이론에 배타적인 공산주의 문제, 인류도덕을 파탄시키는 사악한 인본주의 사상을 소화하겠다고 제창한 거예요. 거꾸로 올라가야 되는 거예요. 이런 큰 이상이 있어요.

그래서 하나의 성경! 모든 경서(經書), 이것 가지고 싸움이 벌어지는 거예요. 그 경서가 아닌 천리 대도의 핵이 무엇인가를 밝혀 가지고 그것을 기반으로 한 몇 퍼센트의 대종단에 대한 그 진리의 핵심을 빼 가지고 하나의 바이블을 편성하기 위해서 벌써 3년 전부터 세계적인 연구기관을 중심삼고 연구하고 있는 거예요. 그러니 앞으로 암만 여기서 큰소리했댔자….

그래서 세계 종교 대표자를 모아 가지고…. 그거 나 외에는 모을 사람이 없습니다. 자기들끼리 싸움해요. 이슬람교도 세 파가 싸움하는 거예요. 우리 곽정환이가 가게 되면 전부 다 한군데 모이지만, 없어지면 다 도망가는 거예요. 이 녀석들, 싸우고 앉아 가지고 이러고 있잖아요. 그리고 그 종파들이 싸우는 것을 통합하기 위한 일을 하는데 돈을 내가 대주고 있어요. 아시겠어요?

우리 통일교회 발전 사업을 보류해 놓고 각 종단의 종교단체들이 교파분열로 싸우고 있는 것을 통합하는 운동을 지금

4. 종교재단 설립과 세계종교의회

까지 후원해 나오는 거예요. 그러니까 종교계에서는 이 세계사적인 종교 지도자 대표는 레버런 문이라는 게 판이 박혔어요. 판이 박혔다구요. 그렇기 때문에 내가 '야, 모여라!' 하면 거성들이 모일 수 있는 기반을 다 닦아 놓은 거예요.

203 - P.131, 1990.06.23

내가 지금까지 아이커스(ICUS;국제과학통일회의)를 통해 교수들을 중심삼고 절대가치를 풀고 나왔습니다. 절대가치는 하나님의 사랑입니다. 천대를 받으면서 지금까지 끌고 나왔지요? 이때가 올 것을 알았어요. 벌써 16년째입니다. 그 기간의 모든 재료가 아이커스 연합에 다 있는 것입니다. 세계통일에 대한 문제의 모든 원자재가 수십 권의 책이 준비돼 있습니다. 이것을 제시하는데 부정할 수 있어요?

그것을 중심삼아 가지고 백과사전 만들 것을 계획하고 있어요. 그리고 각 종단의 경전을 하나로 만들어야 됩니다. 월드바이블(세계경전)을 계획하고 있는 것입니다. 그게 다 뭐예요? 세계평화를 위한 한 준비입니다. 세계평화고속도로니 뭐니 하는 것도 다 내가 준비했어요. 어느 나라가 그것을 했고, 그것을 한 종교 지도자가 어디 있어요?

또 종교를 중심삼은 의회를 설정하는 것입니다. 의회가 뭘 하는 거예요? 나라를 만들자는 것이잖아요? 종교인들이 협력해 가지고 새로운 나라를 만들자는 것입니다. 그것을 다 내가 한 것입니다. 안 그래요? 다 준비해 놨어요. 이제 감투만 씌우면 돼요. 감투 안 써 봐라 이거예요. 부시 안 써 봐라, 고르바초프 안 써 봐라 이거예요. 내가 제이, 제삼자를 현지에 가서 설득해서 세울 것이다 이겁니다. 나는 그렇게 생각하고 있어요. 여기 여러분들을 나는 믿지 않아요. 최후의 결정은 내가 하는 것입니다. 그러면 다 끝나요.

205 - P.272, 1990.10.01

　　내가 샌프란시스코 종교의회에서 제시한 것이 무엇이냐? 우리 인간은 모르지만 세계를 구하기 위한 하나님의 섭리로 볼 때 민족과 문화배경이 다름에 따라 종교도 종의 종교, 양자의 종교, 서자의 종교, 직계자녀의 종교가 있는데, 종의 종교도 주인의 가정에 일치될 수 있게끔 가르쳐야 되고, 그 다음에 양자도 아들이니까 부모를 중심삼은 종교시대가 오면 양자의 종교도 부모 종교시대에 일치될 수 있게끔 가르쳐야 되고, 서자의 종교도 마찬가지고, 직계자녀의 종교도 마찬가지라는 것입니다. 종교의 근본에 들어가면 다 마찬가지라는 것입니다.

　　그렇기 때문에 하늘을 부모로 모실 수 있는 준비를 해야 된다는 것입니다. 그래서 도주들을 하늘 대신, 부모 대신 모실 수 있게 준비시켜 나온 것입니다. 그러므로 교리의 근본에 들어가면 다 같으니 오래 된 종교가 제일이다 하는 생각을 깨뜨려 버리자는 것입니다. 오래 된 종교일수록 종의 종교라는 것입니다.

　　새로운 종교시대, 세계를 수습할 수 있는 새로운 종교시대가 옴으로 말미암아 참부모 종교가 현현한다는 것입니다. 그러니까 땅 위의 모든 종교의 교인들이 교주를 모셔 왔던 것은 부모를 모시기 위한 훈련이었다는 것입니다.

　　이런 내용을 제시했기 때문에 이것은 종교계에 차원 높은 혁명이 벌어질 수 있는 하나의 주체관인 것입니다. 그런 내용을 중심삼고 레버런 문이 참부모 종교의 뜻을 대표한 하늘의 소명을 받은 사람이라고 아예 선포해 버린 것입니다. 내 말

들으라 그 말이지요.

　종교 대표들이 모두 와 가지고 세계평화종교연합 창설을 위한 성명서에 사인을 하고 그것을 그 자리에서 나에게 바친 것입니다. 이 뜻을 받들어 세계평화종교연합으로 진출하겠다는 결의대회를 한 것입니다. 그래 가지고 선포해 버린 것입니다.

　이것은 역사적인 사건입니다. 그 누구도 지금까지 종교권을 한 틀거리에 갖다 묶는다고 생각도 못 한 사실입니다. 이런 일이 이루어졌다는 사실은 역사적인 사건입니다.

　이런 것이 신문에 나가니까 레버런 문이 메시아 선포를 했다고 기독교에선 야단입니다. 메시아 선포보다도, 기독교인들은 메시아가 중요하지만 이건 참부모 선포거든요. '참부모 종교의 주도자는 레버런 문이다' 이런 식으로 돼 있지만, 그 내용을 보면 메시아 선포입니다.

　이것을 미국의 세계적인 유선방송인 CNA에서 전세계적으로 방송해 버린 것입니다. 그래 가지고 한때 샌프란시스코를 비롯해 전미국에 야단이 벌어졌어요. 그렇지만 이미 다 알고 있는 사실입니다. 메시아가 사람으로 온다면 메시아가 될 수 있는 사람은 레버런 문밖에 없다 하는 것이 판정이 아닌 결정적인 것입니다.

5. 《세계경전》 출간

212 - P.321, 1991.01.11

　　본래 인간이 타락하지 않았으면 몸 마음이 하나 되었을 것입니다. 그랬으면 정치고 종교고 다 하나님의 창조이상대로 나가는 거예요. 전세계가 한 길이지, 오늘날과 같은 여러 잡종 문화가 있을 수 없는 것입니다. 아담이 우리 인류 조상이라면 아담문화 일방통행인 것입니다. 그런 것이 안 나와 있기 때문에 몸과 마음이 싸우는 것입니다. 싸우기 때문에 갈라진 것이 세계적으로 커져 가지고 하나는 좌익 하나는 우익이 되어 하나는 신이 있다고 하고 하나는 신이 없다고 하는 것입니다.

　　양심은 신이 있는 것을 안다구요. 몸뚱이는 신을 부정하는 거예요. 그렇기 때문에 거기에서 악과 선의 투쟁역사가 벌어지는 것입니다. 하나의 뿌리에서 갈라졌으니 나중에 그 기원이 하나 안 돼 가지고는 세계가 이상의 길을 갈 수 없다는 것입니다. 하나님이 있는데 무신론자들이 지금 득세하고 있는 것입니다.

　　현재 신학자들 가운데 신이 없다고 하는 신학자들이 75퍼센트입니다. 나 혼자서 이들과 싸워 나온 것입니다. 신이 없다는 신학자들은 다 모여라 이거예요. 나 그들을 설득할 수

5.《세계경전》 출간

있다구요. 그게 주먹구구로는 안 됩니다. 이론적으로 설득해야 되는 것입니다. 그러려면 종교역사로부터 철학사상을 중심삼고 비판해 가지고 현시점에 있어서의 시대적 감정을 통해서 볼 때, 현재 하나님이 있다면 하나님이 주도하는 역사 가운데 어떤 시점에 왔다, 그렇기 때문에 다음에는 이런 시대로 감으로 말미암아 이렇게 되는 것이다, 이렇게 딱 해야 믿게 되어 있습니다.

그런 면에서 기반을 닦기 위해서 세계의 사상계 학자들과 투쟁했고 종교세계와 투쟁했습니다. 종교세계와 투쟁해 가지고 이번 샌프란시스코 대회 때 결정한 것이 뭐냐 하면《세계경전》입니다. 금년에 출판하지요? 하나의 바이블(Bible;성경), 바이블을 하나로 만들어야 된다는 것입니다.

신을 중심삼은 목적은 절대자의 목적인데 절대자의 목적이 둘일 수 없습니다. 뜻이 둘일 수 없다는 것입니다. 하나라는 거예요. 그런 관점에서 볼 때, 절대자 신을 중심삼은 이상경을 추구해 나가는 이것이 섭리관이라 할 때 반드시 교육이 필요합니다. 경전이라는 것은 교과서와 마찬가지인데, 그 교과서가 둘일 수 없는 것입니다. 그렇기 때문에 이것을 지금까지 준비해 나온 것입니다. 한 5년 가까이 걸렸습니다. 5년 동안 세계적인 대학자들, 이슬람교 학자로부터 힌두교 학자, 불교 학자, 천주교 학자, 신교 학자까지 모든 종교의 학자들을 통해서 자기 경전을 중심삼고 세계에 남길 수 있는, 앞으로 나올《세계경전》에 요걸 빼서는 안 되겠다고 하는 최고의 내용을 뽑아 봐라 한 거예요. 깊은 내용은 대개 다 마찬가지라구요.

지금 각 종교의 경전의 결점이 뭐냐 하면 창조설이 없다는

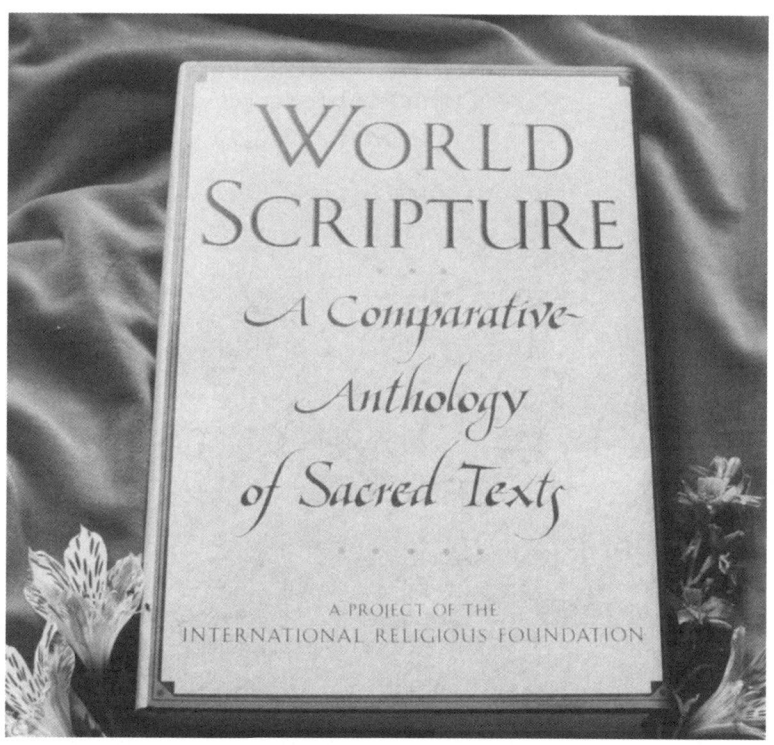

▶ 세계종교의 보편적인 가치내용이 집대성된 《세계경전》.

것입니다. 하나님이 창조한 프로그램이 없다는 거예요. 그래서 별의별 논리를 중심삼아 가지고 논고를 쓰는 것입니다. 창조설이 없으니까 창조 방향과 창조목적을 모르는 거예요. 이러니까 세상이 제멋대로고, 뭐 진화론이니 하는 것들을 들고 나와 가지고 자기 뜻대로 해먹고 자기 마음대로 행동해 나왔다는 것입니다. 그러니까 창조설이 어떻다는 것을 확실히 알아야 되는 것입니다. 그 다음에는 방향성과 목적성이 있어 가지고, 이것이 이런데 왜 이런 악한 세계가 되어 있느냐 하는 그 이유를 규명해야 됩니다. 그 원인을 규명해 가지고 성서라든가 역사적인 과정에, 인류역사 가운데 망한 나라들이 왜 망했느냐 하는 그 모든 기원을 풀어 나가야 되는 것입니다. 일

세계적인 종교연합운동의 실제 · 259

5. 《세계경전》 출간

반 상식적인 입장에서 누구든지 타당성 있게 공인할 수 있는 논리적 체제를 갖춘 역사관이 있어야 된다는 것입니다.

이런 면에 있어서 종교에 역사관이 없어요. 하나님이 있다면, 하나님의 섭리라는 말은 있지만, 섭리를 해 나오는데 어느 시대에는 섭리를 하고 어느 시대에는 섭리를 안 했느냐는 거예요. 그러면 하나님의 사랑의 논리가 부정되는 것입니다. 타락하기 전부터 섭리해 가지고, 타락한 그 한 사람을 자비의 마음을 가지고 어떻게 구원섭리를 해 나왔다 하는, 섭리상에 나타난 역사적인 논리기반이 없는 것입니다. 역사관이 없다는 거예요. 이것이 큰 문제입니다.

공산당 같은 데는 유물 변증법이라는 철학을 중심삼아 가지고 공산주의 제패로부터 유토피아 세계 통일 역사관을 중심삼고 전부 다 키우고 있는데, 그 이상 대치할 수 있는 내용이 없다는 것입니다.

그렇기 때문에 그런 종교를 중심삼고 이제 창조설을 확립해야 된다는 것입니다. 섭리사, 사관을 세워야 된다구요. '관(觀)'하게 되면 이게 '볼 관' 자인데, 관이라는 것은 개인관·가정관·종족관·민족관·국가관·세계관·우주관까지 있더라도 개인관이 다르고 우주관이 달라서는 안 된다는 것입니다. 그러면 일생이 어떻게 돼요? 일생이 우주와 못사니까 달라서는 안 된다는 거예요. 우주관에 상응할 수 있는 개인관·가정관·사회관·국가관이 전부 다 일치되어야 되는 것입니다. 그러면서 논리적으로 그것이 그렇듯 타당하다는 것을 전부 제시해 나가야 됩니다. 그러한 면에서 모든 종교의 교리를 중심삼고 하나의 경전을 선정해 나가는 것입니다.

205 - P.289, 1990.10.01

　　타락함으로 말미암아 마음과 몸이 갈라졌는데 이제 이것을 통일해야 할 시대에 왔다 이거예요. 그렇기 때문에 활동하는 모든 체제는 세계와 연결되어야 되는 것입니다. 지금 그렇게 되어 있습니다. 국가를 넘었습니다. 세계시대로 들어가는 것입니다. 모든 기업도 세계와 연결하지 못하면 살아 남지 못합니다. 전부 다 세계를 향해서 가는 때라는 것입니다. 역사적 방향이 그렇기 때문에 환경적 여건은 그 방향에 따라서 형성되는 것입니다. 그런 환경권을 도피해서 살 수 없는 인간이니만큼 우리도 불가피하게 하나의 방향성인 세계라는 문제를 다루지 않으면 안 된다 이겁니다. 그것은 이론적으로 어느 누가 이의를 가지고 말할 수 없는 것입니다.

　　그런 의미에서 하나의 경서를 만드는 것입니다. 벌써 몇 년 전부터 준비한 거예요? 5년 됐습니다. 회교면 회교권 박사들을 중심삼고 우리 배리타운 신학교에서 교육시키고, 불교권도 교육시키고 그러면서 다 키워 온 것입니다. 이건 해야 된다는 것입니다. 그래 가지고 자기 교리를 경전에 집어 넣게 해 놓고 목적은 한 목적을 향해 가는 것입니다. 하나의 종교, 부모의 종교를 향할 수 있는 한 목적을 두고 통일의 세계로 가는 것입니다.

　　통일교회 원리는 뺄 것이 없다는 것입니다. 그들의 교리에는 창조설이나 타락설이 없습니다. 또 복귀설이 없어요. 복귀설이 없으니 이상이 없다구요. 종교에 이상이 없어요. 그저 극락세계에 간다는 거예요. 그러면 극락세계에 가서 뭘 하느냐 이겁니다. 극락세계가 뭘 하는 데예요? 술 먹고 춤추는 데예요? 뭘 하는 데예요? 목적관이 확실하지 않아요. 그렇기 때문에 미래의 설정에 단계적인 발전성을 가져 올 수 없어요.

5. 《세계경전》 출간

영계도 발전하고 있다는 것을 모릅니다. 그러니까 통일교회 원리라는 것은 뺄 것이 없습니다. 그건 자기들이 긍정 안 할 수 없으니 이미 통일이 된 것입니다. 그래 가지고 이것을 편편이 다 연결시킨 것입니다.

195 - P.091, 1989.11.05

하나의 바이블을 만들려고 하는 거예요. 왜? 하나의 절대적 주인 앞에 하나의 절대적 사랑을 소유할 수 있는 하나의 교육의 재료, 교재가 필요해요. 둘이 아니에요. 그래서 지금 하나의 바이블을 만들고 있는 거예요.

백과사전도 하나의 백과사전, 하나님과 인간의 도리를 확실히 가르쳐 주고 해명하는 백과사전을 만드는 거예요. 당당하다구요. 오늘날 내가 이룩해 놓은 것은, 세상 천지에 내가 닦은 기반은 미국도 소련도 못 빼내고, 소련과 미국이 합해서도 빼내 버릴 수 없어요. 악마하고 합해서 삼위기대가 된다 해도 빼내 버릴 수 없어요. 왜? 하나님이 이 안에 들어가 계시기 때문에. 그러니까 문총재 말 절대적으로 믿지 않으면 안 된다는 말입니다.

205 - P.213, 1990.09.02

지금까지 종교가 하나 못 돼 있어요. 이것을 위해 10여 년 동안 막대한 인원과 자금을 동원하여 세계 학자들을 묶어 하나의 바이블, 하나의 경서를 편성하여 명년에 출판할 수 있는 단계까지 왔습니다.

210 - P.123, 1990.12.17

레버런 문이 하나의 바이블(세계경전)을 만들 것을 주장한 거예요. 이것은 종교의회에서 결정해 가지고 명년에 출판이 벌어진다구요. 그러려면 여러분이 다른 교파들을 전부 다 알아야 돼요. 모슬렘만 가지고는 안 돼요. 기독교도 알아야 되고, 유교도 알아야 되고, 불교도 알아야 되고, 통일교회도 알아야 된다구요.

왜 통일교회의 교리를 먼저 듣게 하느냐? 내가 이런 것을 제창했고 이론적인 면이라든가 보는 관에 있어서 앞서 있으니까 그것을 먼저 들으라는 거예요. 내가 여러분을 교화시켜 가지고 통일교인으로 만들겠다는 생각은 하나도 없어요. 그런 사람이 있더라도 반드시 돌려보내겠다고 생각하는 사람입니다. 여러분이 그것을 알아야 되겠다구요.

세계를 포섭할 수 있는 기반을 닦은 사람이 나밖에 없습니다. 여러분, 생각해 봐요. 하나의 바이블을 만드는 것이 쉬울 것 같아요? 이것을 누가 지지하겠어요? 하나도 없다는 것을 다 알아요. 알기 때문에 모슬렘의 세계적인 학자들로 8년 전부터 위원회를 만들고, 각 종파의 위원회를 중심삼고 '너희들의 교리에서 하나의 세계적인 바이블을 만드는 데 제출할 수 있는 내용을 전부 다 뽑아라' 해 가지고 편성했어요. 편성해 가지고, 공동 회의를 4회나 열어서 세계적인 대학자들의 심의를 거쳤어요. 누가 보더라도 가당하다고 할 수 있는 그런 내용들을 중심으로 편성해 가지고 명년에 출판되어 나온다구요. 이거 현실입니다. 이거 어떻게 부정하겠어요? 이번에 종교의회에서 제의해 가지고 결정한 거예요. 내가 마음대로 한 것이 아닙니다.

211 - P.340, 1991.01.01

명년에는 하나의 바이블(Bible)이 나옵니다. 모든 종교 종단장들이 연합하고, 그 종단장이 가르치고 있는 그 종단의 대신학박사들이 연합해 가지고 자기 종단의 대표 교리를 집어

5. 《세계경전》 출간

넣고 하나의 세계 종교 바이블을 만들기 위한 작업을 하는데, 수정을 네 번씩 봐 가지고 올해 샌프란시스코 종교대회에서 내년에 출판해서 판매하기로 한 것입니다.

그런데 살만 있지 뼈다귀가 없어요. 뼈다귀는 통일교회 원리예요. 거기에는 창조관이 없고 역사관이 없어요. 그 다음에는 종교가 주는 미래에 대한 이상관이 없어요. 이상론이 없어요. 통일교에만 그것이 있기 때문에 그걸 빼려야 뺄 수 없어요.

223 - P.270, 1991.11.12

《세계경전》을 만들기 위해서 얼마나 고생을 많이 했어요! 그거 문총재가 생각하고 꿈꾸고 만든 거 아니에요. 행정적 책임은 모든 종단장, 종주를 통해 가지고 하고, 그 다음에 세계의 학자들한테 전부 감수를 받아 한 거라구요.

224 - P.242, 1991.11.24

경서가 인간을 위해 있는 거라구요. 그래서 성서가 있는 거예요. 그렇지 않아요? 하나의 동기, 하나의 방향, 하나의 언어문제, 그것이 지금까지 7년 걸렸어요. 문총재가 그걸 공인했지만, 그것을 시인할 수 있기까지는 전부 다 종단장, 세계적으로 유명한 종단의 학박사들이 심의해 가지고 몇 번씩 고친 거예요. 그 책을 내서 팔아먹는다면 서로가 팔아먹으려고 싸움 나거든요. 그래서 변호사를 시켜서 역사가들의 고문을 전부 다 거쳐 가지고 문서 정리 같은 것을 다 하는 거예요.

이번에 그런 하나의 《세계경전》을 만든다구요. 거기에는 모든 교파가 다 들어가 있습니다. 불교면 불교, 유교면 유교 등 12개 종교의 대표되는 모든 경서를 모아서 전부 짜는 거예요. 지금까지의 경서는 출발이 불확실하고 끝이 불확실했어요.

이것을 레버런 문의 교리를 중심삼고 다시 짜는 거예요. 아무리 잘났다고 하더라도 자기들이 지어 놓은 것이 어때요? 전부 다 이 우주의 근본을 모르는 거예요. 창세로부터 모든 사관적인 논리를 갖춘 건 통일교회의 교리밖에 없습니다. 그러니 안 끼워 넣을 수 있나? 세계에 제일 유명한 신학자가 전부 다 편성 책임자가 되어서 만들어 가지고 이번에 대회 할 때 나한테 헌납하게 되어 있다 이거예요.

206 - P.276, 1990.10.14   이제 부모님이 나왔기 때문에 자식들의, 종교들의 싸움을 방어하기 위해서 바이블은 하나의 바이블이 돼야 됩니다. 경전을 하나로 만들어야 된다 이거예요. 그래서 지금까지 8년의 세월을 보내면서 모든 종단의 유명한 신학자들을 모아 가지고 자기들의 모든 교리를 중심삼고 빼 가지고 하나의 경전을 4년 전에 다 끝내서 지금 편수를 위한 감정요원을 중심삼고 학계 전문가를 동원해서 감수하고 있습니다. 그래 가지고 이런 사람들이 감수했다는 그 표본 밑에서 하나의 경전을 발표할 것입니다.

경전이 많아서는 안 된다는 거예요. 왜? 회교는 회교만 알아서는 안 됩니다. 회교권도 자유세계를 알아야 되고 기독교 문화권을 알아야 되는 것입니다. 소련도 원수인 미국을 중심삼고 알기 위해서 전체 방향을 전환하고 있는 이때에, 원수들이 무릎을 맞대고서 서로 잘살자고 하는 이때에 종교는, 이들을 지도해야 할 책임자들은 뭐예요? 말 안 들을 것이 뻔하기 때문에 2세들을 대해 모가지를 틀어서 하는 것입니다.

종교권의 수가 얼마예요? 전체 인류의 3분의 2예요. 하나님이 세계를 치리할 수 있는 때가 왔다는 것을 알아야 됩니

5. 《세계경전》 출간

다. 이렇게 되면 종교권이 나라를 바치기 시작하는 것입니다. 그런 세계를 빨리 만들어야 될 거 아니에요? 이것을 지금 하고 있는 것입니다.

그 일환으로 하나의 바이블, 하나의 경전을 명년에 출판할 준비를 하고 있어요. 그것을 간부들 모아 가지고 소개하니까 반대하기는커녕 '언제 그것 좀 볼 수 없습니까? 아이고, 빨리 보면 좋겠다' 이러더라구요. 각 종단들 교리 가운데서 골자들을 빼서 통일교회 원리를 중심삼고 묶었어요.

224 - P.332, 1991.12.29

우리 원리는 기독교 사상은 물론이고 사상 내면의 모든 것이 연결되어 있다구요. 지금 동양에는 불교권이 있고, 유교권이 있고, 회교권이 있고, 기독교권이 있지만, 회교권을 잡아다가 원리말씀을 교육하고, 불교권을 잡아다가 원리말씀을 하고, 유교권도 잡아다가 원리말씀을 하면 다 동화되게 돼 있다구요. 모슬렘이 지금 교육받고 있잖아요?

그렇기 때문에 유교나 불교를 믿다가 통일교회에 들어온 사람들이 많다구요. 아시아에 있어서 종교들을 연합시킬 수 있는 세계평화종교연합을 만든 것입니다. 이게 중요한 것입니다. 그 다음에 외적으로는 세계평화연합을 만들어 놓은 것입니다. 마음과 몸이 갈라진 것을 세계적으로 하나 만드는 것입니다. 그래서 《세계경전》, 하나의 바이블, 하나의 성경을 만든 것입니다. 이런 모든 전부가 말만이 아니라 지금 사실로 다 이룬 거라구요.

그래, 이것이 한 나라가 아닙니다. 60개 국 이상의 나라들이 합해 가지고 이 일을 한 것입니다. 거기에는 12개 종파 이상의 세계적인 대종단들이 들어가 있는 것입니다. 지금까지 선생님이 뭘 했느냐면, 종교 가운데 갈라져 있는 교파들을 전부 다 통합하는 운동을 했습니다. 한 15년 동안 투자해 나온 것입니다. 모슬렘하고 유대인은 서로 만날 수 없었습니다. 이걸 우리가 만날 수 있게 하는 것입니다. 유대교인 학자와 모슬렘 학자들을 전부 다 연결하는 놀음을 내가 해 나오고 있는 거라구요. 그러니까 통일교회를 중심삼고는 어디라도 갈 수 있는 것입니다. 우리는 국경이 없지요? 독일 식구 집에 가도, 영국 식구 집에 가도 전부 다 한 식구입니다. 한방에 같이 어울려 사는 것입니다.

222 - P.133, 1991.10.28

통일원리 아니면 미래 기독교의 전망은 없다는 결론을 문총재는 가지고 있습니다. 1979년에 세계 70여 국가의 세계적인 학자들이 모인 대회에서 이론 투쟁을 이미 다 끝을 내 놓았습니다.

그 때문에 문총재 사상을 연구하는 신학자들이 많이 생겨났습니다. 현대 신학계의 권위자인 니니안 스마트 같은 사람이 책임을 지고 지난 수년 동안 세계 모든 종교의 경전을 통합하여 세계경전을 편찬하여 8월 서울에서 창설된 세계평화종교연합 대회 석상에서 본인에게 봉헌하려고 한 것은 놀랍고 놀라운 일입니다.

이것은 종교통일에 대한 확실한 비전과 기반을 문총재는 다 가지고 있다는 뜻입니다. 이제 이 문총재가 주장하는 종교통일은 시간 문제입니다. 모든 종교를 바라보게 되면 시작과 끝이 확실치 않습니다. 그러니 과정이 혼란스러울 수밖에 없는 것입니다. 그러나 통일교회는 그렇지 않습니다. 통일교회는 개인노정, 가정노정, 종족·민족·국가·세계노정이 다 공식

5. 《세계경전》 출간

적으로 되어 있습니다. 신은 이렇게 시작하고 이렇게 결론을 낸다는 것이 확실하기 때문에 기성세계의 내로라 하는 사람들이 머리를 숙여 따라오게 되는 것입니다.

149 - P.379, 1986.12.28 　앞으로 전세계에 있는 최고의 종교 지도자들이 어디든지 가서 교육할 수 있는 시대로 들어간다는 거예요. 그래서 종교연합운동으로 초교파 연합운동을 시작했어요. 하나의 목적을 추구하는 바이블을 중심삼고 세계의 모든 종교를 규합할 수 있는 시대로 넘어간다구요.
　영계에서 회교 국가의 지도자들에게 가르쳐 줘 가지고 '너 통일교회에 가라!'고 하는 일이 벌어지고 있어요. 불교를 믿는 사람들에게도 통일교회를 가르쳐 주고 있는 거예요. 유교 믿는 사람이나 어떤 종교를 믿는 사람이나 통일교회에 가라고 가르쳐 주는 거예요. 안 가면 나중에 병이 나는 거예요.

226 - P.213, 1992.02.05 　전부 다 실력이 있어야 돼요. 이론적인 실력이 있어야 된다구요. 현대신학이면 신학을 중심삼아 가지고…. 우리 통일신학대학원에서는 불교 신학, 회교 신학 등 모든 신학에 있어서 그 방면의 유명한 교수들을 데려다 가르치기 때문에 비교종교학 같은 분야는 세계 최고의 자리에 올라 있습니다. 그렇기 때문에 여기 신학대학만 나오면 모슬렘에 가서 사제도 할 수 있다구요. 그래서 여기서 졸업한 사람을 파송하려고 한다구요.
　주로 무엇을 중심삼고 앞으로 교육하느냐?《세계경전》을 중심삼고 공부를 시키는 거예요. 그걸 중심삼고 우리가 코치하는 거예요. 세계평화종교연합도 그래서 만든 것입니다. 그

때 가서는 안 되니까, 다 만들어 놓고 다 여기 갖다 붙여야지요. 순식간에, 이제 2, 3년 이내에 뭐든지 가능하다고 보는 것입니다. 목전에 왔다구요.

223 - P.012, 1991.11.07

이제부터는 새로운 경전, 《세계경전》을 중심삼고 전부 다 강의하는 것입니다. 《세계경전》을 빨리 번역하라구요. 세계평화를 위한 종교연합에서 《세계경전》을 만들었는데, 이것을 중심삼아 가지고 강좌를 해 나가는 것입니다. 이래 놓으면 통일적인 교단이 자연히 나오는 거예요.

'당신이 《세계경전》에서 읽은 것 가운데 감동받은 분야를 가지고 얘기하소!' 하면 자기 교파 내에서 얘기하게 되어 있습니다. 그것은 그냥 하는 얘기가 아니라 '우리 교파의 이런 내용이 어느 교파와 연결될 수 있는 내용이 되어 있다' 하고 얘기하는 거예요. 그런 얘기를 함으로 말미암아 모인 청중이 서로서로 다른 교파를 이해할 수 있게 되고 서로 관계를 맺을 수 있는 길이 확대되는 것입니다.

그렇기 때문에 그것을 빨리 번역해야 돼요. 《세계경전》을 빨리 번역해 가지고 전부 다 나누어 주는 거예요. 도면 도의 대표자를 만드는 것은 뭐 몇 권 안 가지고도 넉넉하다는 것입니다. 이래 가지고 공동적으로 공부할 수 있게끔 리드해야 돼요. 우리가 먼저 빨리 번역해야 되겠습니다.

6. 세계평화종교연합과 세계평화연합

205 - P.163, 1990.8.20.   본인은 하나님의 사랑을 실천하는 데 전생애를 바쳤습니다. 하나님의 참아들의 자리에서 여러분도 통과해야 하는 것과 똑같은 노정을 걸어왔습니다. 우리가 거기서 완전히 성공할 수 있다면 우리가 해결하지 못할 문제는 없을 것입니다. 그래서 '세계평화종교연합(The Inter-Religious Federation for World Peace)'을 창설한 것입니다.

206 - P.276, 1990.10.14   예수님의 십자가는 진리를 표상하기 때문에 어느 시대에나 그렇게 선한 사람, 오른쪽을 지지하는 패와 반대하는 패가 있어요. 반대하는 패는 선한 사람을 이용해서 이익을 보는 거예요. 회교권은 기독교를 이용해 가지고 세계적인 종교가 된 것입니다.

그렇기 때문에 내가 부시한테 절대 아랍권하고 싸우면 안 된다고 한 거예요. 사담 후세인은 미국과 싸우게 되면 틀림없이 '12세기 십자군전쟁 때 패한 것이 분해서 그걸 역사적으로 복수 탕감하기 위해서 미국이 세계의 전권 기반을 가지고 회교를 전멸시키려고 전쟁한다' 하고 선동하게 될 때는 자기들도 모르게 합세한다는 것입니다. 나라가 문제가 아닙니다. 종교가 나라 위에 있는 아랍권입니다. 일시에 규합해 가지고 기독교권과 회교권 간의 전쟁이 벌어지는 것입니다. 그러면 오른편 강도하고 하나님 편이 사탄을 친 입장이 되니 세계의 평화의 문이 무너지는 것입니다. 그래서 절대 싸움하지 말라고 그런 엄명을 내린 것입니다.

그래서 아랍권의 회교 책임자인 그랜드 머프티, 시리아, 예멘 등의 종단장을 맡은 그 사람들을 중심삼고 10일 만나 가지고, 아랍권의 총수들을 모아 놓고 이라크의 회교 책임자의 모가지를 졸라매는 운동을 하려고 17일 긴급회의를 할 것을 지시한 것입니다. 기독교와 싸워서는 안 된다는 것입니다. 그것을 평화의 기점으로 삼을 것을 회교의 꼭대기에서 가르쳐 줘야 돼요. 그래야 그 지도자들이 기독교와 싸우자는 주장을 방어할 수 있기 때문에 그 놀음을 시키고 있는 것입니다.

지금 해야 할 것은 부시가 고르바초프를 중심삼고 공산권을 구해 줘야 됩니다. 그런데 문제는 뭐냐? 지금 김일성이라든가 카다피, 카스트로는 소련의 원조를 못 받기 때문에 돈이 필요해요. 고르바초프를 시켜서 병사들에게 월급을 3배, 5배만 줘 가지고 60일만 사다가 유엔군을 편성해서 아랍권으로 보내는 거예요. 소련이 김일성이도 돕고 카다피도 돕고 카스트로도 돕고 있잖아요? 안 그래요? 그러니 고르바초프를 세워서 이렇게 하지 않고는 큰일난다고 부시 행정부에 경고를 한 것입니다. 그래서 돈 내라 이겁니다. 돈 때문에 그러잖아요? 이라크가 한 8백억 불 빚진 것이 문제가 아니에요. 자유세계가 책임지고 물어 주는 입장에서 화해를 취해야 됩니다. 야곱이 에서를 구슬린 것과 마찬가지입니다. 이것 넘어가면

6. 세계평화종교연합과 세계평화연합

마지막입니다. 선생님의 설교집을 봐 보라구요. 경고한 것이 뭐냐면 나중에는 아랍권이 문제 된다고 했어요.

중국과 대만의 화해도 내가 붙인 것입니다. 이스라엘과 아랍권의 교수들을 화해 붙여 놓고, 그 다음에 교수들이 만나게 되면 종교권, 아랍권과 이스라엘과 기독교를 화해시키는 거예요. 시리아에 있어서 이란의 호메이니와 마찬가지의 인물이 있습니다. 이 사람은 유대교와 기독교와 회교를 하나 만들어야 된다는 계시를 40년 전에 천명으로 받았습니다. 그것을 위해서 지금까지 일하다가 나를 만나고 나서는 자기가 명령 받은 것을 레버런 문이 이미 다 해 놓았다고 하는 거예요. 그래서 자기 휘하에 있는 2만5천 사제들을 불러 모아 놓고 '내가 소원하던 것은 레버런 문을 통해 다 이루었으니 너희들은 레버런 문을 내 대신 모시고 따르라' 하고 훈령을 내리고 있다구요.

이번에 세계평화종교연합을 만드는 데 있어서 사인을 누가 대표로 했느냐? 세 종단입니다. 기독교 대표, 불교 대표, 회교 대표, 사위기대입니다. 그 종단 대표들이 사인해 가지고 세계평화종교연합을 만드는데 내가 거기의 총수로서 챔피언이 되었어요. 종교 가운데는 종의 종교가 있고 양자의 종교, 서자의 종교가 있어요. 그 모든 종교는 주인의 가풍을 따라, 어머니 아버지의 가풍을 따라서 가르쳐 주는 것입니다. 종은 주인을, 양자 서자는 어머니 아버지를 따라야 돼요. 그렇기 때문에 모든 종교 교리의 내용은 다 비슷해요. 그렇지만 종교의 급이 다릅니다. 종의 종의 종교가 있고 종의 종교가 있고 서자·양자·적자 종교가 있고, 맨 나중에는 부모의 종교가 옵니다. 그 부모의 종교의 총책임을 짊어진 사나이가 바로 레버런 문이라고 발표해 버렸습니다.

'어떤 종단을 위해서 보다는 아들딸을 위해서 나가는, 죄 지은 자식까지 용서해 주고 싶은 것이 부모의 심정이기 때문에 모든 것을 넘어서 큰 종단뿐만 아니라 말단 종단까지 수습하겠다는 부모의 마음을 가진 종단, 세계를 위해서 피살을 깎아서 바치며 가는 종단은 부모의 종단임에 틀림없으니 그런 철칙을 알아서 순응하라'는 제2, 제3조의 내용을 발표해 버렸습니다. 그러니까 종교들이 싸우지 못한다는 것입니다.

215 - P.256, 1991.02.20

내가 반드시 종교전쟁이 일어날 것을 알고 이것을 방어하기 위해서 세계적인 종교연합을 만들었습니다. 이 세계평화종교연합을 중심삼아 가지고 선생님이 세계적인 종교들을 묶어 가지고 통일적 하나의 세계 구도의 길로 전진하고 있는 거예요. 모든 종교권의 전쟁, 그 다음에는 미국과 소련의 전쟁 등이 모든 전부에 레버런 문이 가운데 끼어 있음으로 해서 평화를 이루게 되어 가지고 이게 돌아서게 되어 있습니다.

214 - P.173, 1991.02.02

문총재가 인종 전쟁을 방지하기 위해서 종교연합을 만든 지가 벌써 14년 전부터예요. 그래 가지고 그 2세들을 교육해 왔습니다. 유스 세미나(Youth seminar)를 해 가지고 자기 종주의 본고장, 종주의 출생지, 그런 성지를 순례하기 위해서는 어떤 교단을 가든지 입다물고 일주일씩 교육을 받도록 한 거예요. 그런 운동부터 시작했어요. 그러니까 그런 사람들이 10년 이상 가까워지니까…. 20대, 30대 그 청년들이 전부 다 앞으로 그 종단의 후계자가 될 수 있는 똑똑한 사람들이라구요. 박사 코스를 밟고 있는 요런 사람들이에요. 이 사람들이 10년

6. 세계평화종교연합과 세계평화연합

동안 지내오면서 문총재 하는 것을 다 알았거든요. 그러니까 적어도 종교 지도자라면 문총재 같은 마음을 가져야 된다 이거예요. 그런 교육을 했습니다.

그래서 이번 샌프란시스코 대회에서 내건 그 표제가 뭐였느냐 하면 '종교로서 전수시켜야 할 내용, 세계적 종교로서 세계 사회에 전수시켜야 할 내용' 이런 내용이었습니다. 자기네들에게 전수시킬 게 뭐 있어요? 사람을 넘겨 줘야 되고, 사람들이 세계의 공통적인 내용을 중심삼고 세계에 영향을 줄 수 있는 그런 실적의 내용을 가지고 있느냐 이거예요. 그것을 내가 준비한 것입니다.

이걸 한 10년 동안 하다 보니 말이에요, 지금 현재 어느 종단이든지 절대 실무 책임자들은 전부 다 내가 10년 동안 교육시켰던 사람들이에요. 그래서 내가 '야야, 40일 첫 수련이야, 너희 교단에 누구누구 뽑아 와!' 하고 지령을 그 사람들에게 내리는 거예요. 종단장한테 안 한다구요. 2부 조직이 다 되어 있어요. 젊은 사람들은 내 편이고 늙은 사람들은 종단 편이에요.

이런 준비를 했기 때문에 아무리 종단장이 반대하더라도 벌써 휘하의 중요한 요소 요소에는 내가 명령하면 그 지령을 연결시킬 수 있는 조직 편성이 다 되어 있다는 것입니다. 그렇기 때문에 '너희 종단 책임자 데리고 들어와! 데려와!' 하면 동원 안 할 수가 없습니다. 각 부처별로 이렇게 되어 있기 때문에.

그런 기반을 닦았기 때문에 이번 샌프란시스코에 12개 종단을 중심삼은 중추적인 인물, 세계적인 모든 지도자들 한 7백 명이 모였던 것입니다. 그 종파 가운데도 분파가 많아요.

회교만 해도 3개 분파가 있어요, 유대교도 그렇고. 전부 이러다 보니 거기에 기독교 같은 것, 열교 같은 것도 전부 다 몇 백씩 된다 이거예요.

그런 장들이 전부 다 모여 가지고 거기서 무엇을 제안했느냐 하면 말이에요, 세계평화종교연합을 창설하자는 것입니다. 그러기 위해서는 종교권 내에는, 역사적인 하나님의 섭리를 두고 볼 때 종교권 내에는 종의 종 종교가 있고, 종의 종 종교가 있는 동시에 종의 종교가 있고, 그 다음엔 양자의, 서자의, 직계 자녀의, 어머니의, 아버지의 종교가 있다 이거예요. 종교 가운데 그렇다 이거예요. 어머니, 아버지 종교가 지금 나와야 된다는 것입니다. 왜? 타락했기 때문에, 어머니 아버지로부터 잃어버렸기 때문에 참된 종으로부터, 참된 양자로부터, 참된 서자로부터, 참된 직계 자녀, 참된 어머니를 통할 수 있고 참된 아버지를 통할 수 있어야 합니다. 그렇기 때문에 기독교는 신부교회예요. 주님이 온다는, 신랑을 맞기 위한 참된 어머니를 준비하는 교회다 이거예요.

이런 문제를 두고 볼 때, 앞으로 최후에 남을 종교는 부모 종교이기 때문에 부모 종교가 나와야 된다고 선포한 것입니다. '역사가 오래 되었다고 해서 부모 종교가 되는 것이 아니다. 그것은 종의 종교다! 서자의 종교다!' 하고 들이 까 버린 거예요. 그 공식 연설 내용이 그거예요. '부모 종교의 사명을 받은 그런 책임자는 이 대회의 주제 연설을 하는 레버런 문임을 여러분은 알아야 됩니다' 이렇게 발표해도 세계가 숙연해지더라구요. 그러니 기독교에서는 통일교회 문총재가 재림주라고 소문이 났다 해 가지고 야단하는 거예요. 서구사회에서는 사람으로서 주님이 온다면 문총재 외에는 없다고 하는 것

6. 세계평화종교연합과 세계평화연합

215 - P.068, 1991.02.06

이 백 퍼센트의 결론입니다.

세계의 공산당으로부터, 부시로부터 정치권 세계의 대악마까지 굴복시켰으니 이제 사탄은 자기의 오른편 실체 부활 세계 판도를 완전히 빼앗긴 것입니다. 더 이상 갈 데가 없습니다. 영계밖에 갈 데가 없어요. 유대교권하고 회교권의 싸움 붙이는 것이 사탄이 남아질 수 있는 최후의 방편입니다.

선생님이 이미 50년 전에 예고한 것이 그거예요. '공산주의가 무너지는 것은 문제가 아니지만, 공산주의가 무너지고 난 후에는 종교권을 중심삼고 사탄이 침략해 들어오는 것이다!' 하고. 그 뜻을 선생님이 알기 때문에 이 문제가 생기기 전부터, 벌써 10여 년 전부터 회교 포섭공작을 한 것입니다.

지금 시리아의 회교 총수, 그 사람은 이란의 호메이니나 로마의 교황과 마찬가지의 위치에 있는 사람이에요. 그 사람에게 2차대전 전에 하늘로부터 명령이 있기를, 유대교와 기독교와 회교를 하나 만들라는 것이었어요. 그래서 40여 년 동안 그 일을 위해서 감옥에도 많이 갔고 그랬지만, 그 노력이 성사되지 못했어요. 선생님만큼 머리가 좋지 못하지요. 명령은 받았지만 원리를 모르니까 어떻게 손대야 할 지를 모르는 것입니다. 그러다가 세월만 흘러 40년이 다 지나가는데, 선생님이 세계종교의회를 중심삼고 종교연합 창설을 위한 지역별 최고 종교계의 정상급들의 모임을 개최했어요. 그때 선생님이 활동한 비디오를 보고는 놀라 자빠진 것입니다. '야! 내가 유대교와 기독교와 회교를 통일하라는 명령을 받고 그것을 성사시키지 못해서 지금 따오기 숨을 떨거덕떨거덕 쉬고 있는데, 문 아무개 선생이라는 사람은 벌써 세계 판도를 만들어

가지고 하나의 경전과 하나의 종교권을 중심삼은 세계종교의 회를 만들었구나!' 하고 놀라 자빠진 것입니다.

215 - P.069, 1991.02.06   이번 샌프란시스코 종교의회 때에도 한 7백 명이 모여서 세계평화종교연합을 창설하는데, 여기에는 회교권을 대표한 지도자들도 많이 오고, 불교권, 기독교권의 종교 지도자들이 다 모였습니다. 세계평화종교연합을 만들기 위해서 자기 종단을 넘어 유명한 세계적 대표들이 다 모인 거예요.

    이래 가지고 종교계에 문제가 벌어진 거예요. 기독교, 유대교, 회교 책임자들이 회의하는 곳에 가서 '통일합시다! 화해합시다!' 하면서 외친 거예요. 그것이 이집트 국회의장이 이라크의 테러단들한테 살해당한지 1주일밖에 안 됐을 때의 일이에요. 호텔에 들어가려니까 기관총을 대고 있어요. 그러니까 아랍권들이 부들부들 떨면서 이라크한테 한마디도 못하더라구요.

    그런 상황에서 선생님이 종교연합을 중심삼고 미국에 영향을 줄 수 있고 소련에 영향을 줄 수 있는 모든 내용을 제시한 것입니다. 그런 회의를 한 공문이 다 역사적인 재료로 남아진 것입니다.

210 - P.123, 1990.12.17   레버런 문이 종교 지도자로서 영계가 어떻다는 것을 모르고 하나님의 뜻을 모르고 이런 일을 하는 것이 아닙니다. 다 알아보고 하는 거예요. 나 똑똑한 사람이에요. 내가 과학을 공부한 사람이라구요. '그게 영적인 것인데 레버런 문이 그걸 어떻게 아느냐?' 할지 모르지만, 내가 1950년대부터 지금까지 예언한 믿을 수 없었던 일들이 다 맞아 왔다구요. 공산

6. 세계평화종교연합과 세계평화연합

주의가 73년 이내에 망한다고 했어요. 2차대전이 끝나게 될 때 모슬렘이 큰 문제가 된다는 것을 알았기 때문에 벌써부터 경고하고 거기에 대비해 나오고 있다는 것을 알아야 된다구요. 지금 이라크가 문제 되잖아요? 회교는 그렇게 되는 걸 원하지 않아요. 원치 않지만 그렇게 되는 거예요. 벌써 50년대부터 얘기해 오고 있는 것입니다.

 여러분이 알다시피 이라크의 쿠웨이트 침공사태가 나자마자 대번에 그랜드 머프티에게 사람을 보내 가지고 '기독교 지도자와 회교 지도자를 통해 이 싸움을 말려서 여기에 평화의 기지를 만들어야 된다'고 주장해 온 것이 나예요. 여기 있는 레버런 문이, 한국이 모슬렘하고 무슨 관계가 있어요? 아무런 관계도 없어요. 그런데 왜 그래야 돼요? 인류의 평화 때문에 그러고 있어요. 하나님의 뜻이 어디로 가는가를 알기 때문에 그러는 거에요. 그래서 그랜드 머프티가 수술을 받은 후 사람을 보내 가지고 그 화합한 내용을 다 듣고 왔지요?

 요전에 그랜드 머프티가 왔을 때 '세계평화종교연합을 만들어서 다른 종교 지도자와 함께 당신을 공동대표로 세우려고 하는데 어떻게 생각하느냐?' 하고 물어 봤더니 '어떻게 생각하느냐가 뭐냐, 그것을 내 의무로 생각하고 책임으로 생각하고 임무로 생각한다'고 그러더라구요. 그거 물을 게 뭐 있느냐는 것입니다. 그랜드 머프티 휘하의 장(長)들도 다 왔지요? 연령이 다 오십 넘은 사람들이 왔다는 사실! 이들이 와 가지고는 뭘 할 것이냐? 앞으로 레버런 문과 합해서 종교세계에 영향을 미칠 수 있는 구도적인 길을 닦자 이겁니다. 개척자를 만들자 그 말입니다.

 몸과 마음이 갈라져 가지고 두 세계가 싸우고 있는 꼴이 되

▲ 1991년 한국에서 개최된 세계평화연합 창설대회 전경.

었으니, 이제 마음의 세계를 상징하는 종교계를 세계평화종교연합을 중심하고 통일해야 되고, 몸 세계를 상징하는 이 세계 각국이 싸우고 있는 것을 수습해야 되는데, 이것을 위해서 세계평화연합을 창설하고 있는 거예요. 이미 다 결성돼 있는데 거기에서 공동 회의를 해 가지고 평화세계 건설의 임무를 중심삼고 출동 명령을 하게 될 때 종교인들이 앞장을 서야 된다는 거예요. 그때는 통일교회 사람들하고 그랜드 머프티의 직속 제자들하고, 그 다음에 다른 모든 종단의 계승자들이 세계 평화를 위해서 끌고 나가야 됩니다. 마음이 몸뚱이를 움직이는 것과 마찬가지의 놀음을 하지 않고는 평화의 세계는 안 온다는 것입니다.

6. 세계평화종교연합과 세계평화연합

212 - P.321, 1991.01.11

지금 사회에 있어서 보면 종교인들이 정치하는 사람들의 비위를 맞추며 따라가고 있습니다. 종교에 대해서 자기 마음대로 칼질하더라도 한마디 말하는 사람이 없다는 것입니다. 그런 것을 내가 알기 때문에 나밖에 나설 사람이 없는 거예요. 그래서 이번에 샌프란시스코에서 개최한 종교의회 대회에서 선언을 했습니다. 그 선언이 뭐냐 하면, 전종교의 종단장들을 중심삼고 세계평화종교연합을 만들겠다는 것입니다. 그래서 앞으로 세계평화종교연합이라든가 종교의회를 중심삼은 국제적인 세계에 있어서 종교인을 규합해야 됩니다.

264 - P.214, 1994.11.03

몸 마음이 갈라진 것이 세계적으로 확장된 것이 정치권과 종교권입니다. 정치권하고 종교권이 싸워 나가는 거예요. 몸적인 정치권이 언제나 마음적 종교권을 쳐 나왔다는 것입니다. 그것이 유엔(UN;국제연합)에까지 벌어졌습니다. 이것을 대치하기 위해서 종교연합, 세계평화종교연합을 창설한 것입니다. 또 세계평화연합을 만든 거예요. 사탄세계의 정치권이 말을 안 들으면 우리 아벨적 정치권을 만들어 가지고 소화해 나가야 되겠다는 것입니다. 정치권과 종교권을 일체화시키기 위한 것이 이 종교연합과 평화연합이라는 것입니다.

219 - P.227, 1991.09.08

선생님은 개인적인 영향, 가정적인 영향, 종족적인 영향, 민족적인 영향, 국가적인 영향을 미쳐서 세계적인 영향을 미치는 것입니다. 선생님은 타락으로 말미암아 몸 마음이 갈라진 세계에 있어서 마음을 대표한 종교를 거쳐 나왔고, 이제 정치 세계로 뻗어 나왔습니다.

몸이 마음을 친 거와 마찬가지로 정치가 종교를 희생시켜 나왔던 이것을 세계적으로 종말을 고하게 되는 이런 모임이 이번 한국에 있어서의 세계평화를 위한 종교연합이었다 이거예요. 세계평화종교연합, 여기서 통일이 되었다 이거예요. 묶었다는 것입니다. 그거 만들어 가지고 누가 영향을 주느냐? 지금까지 몸세계가 마음에 영향을 미쳤는데, 이제 마음세계가 영향을 미쳐야 됩니다. 역사에 있어서 마음세계가 몸세계에 영향을 미칠 수 있는 새로운 시대가 온다는 거지요. 달라진다는 것입니다.

앞으로 세계는 마음을 중심삼고 몸을 관리해 가지고 하나의 평화의 시대로 갈 수 있는 길이 눈앞에 머물렀고 우리의 생활권 내에서 이것이 교체되고 있다는 사실을 알아야 된다구요. 지금까지 역사과정에 있어서는 종교하고 과학하고, 종교하고 정치하고, 정치하고 과학하고, 그것들이 하나 안 되어 있다구요. 이것을 하나 만들 수 있어야 돼요.

211 - P.143, 1990.12.30

몸과 마음이 하나돼야 돼요. 종교 가운데도 내적인 종교와 외적인 종교가 하나돼야 된다는 겁니다. 여러분의 몸 마음이 싸우고 있지요? 몸 마음이 싸우고 있어요. 이 몸 마음이 왜 싸우느냐, 몸 마음이 왜 이렇게 갈라졌느냐 하는 근본 문제는 타락 때문에 그렇다는 겁니다. 그런데 이것을 아직까지 규명하지 못하고 있습니다. 많은 성인들이 나타나 가지고 진리를 가르쳐 주었지만 지금까지 몸 마음이 투쟁한다는 개념을 집어 넣어 준 성인은 없었다 이겁니다. 그저 선과 악의 도리는 가르쳐 주었지만, 외적인 세계관은 가르쳐 주었지만 근본 문제는 다 몰랐다는 것입니다.

그리하여 모든 종교의 종주를 중심삼은 성인의 가르침은 세

6. 세계평화종교연합과 세계평화연합

계 제패라는 확장 일로를 갔습니다. 4대문화권으로 확장시켰지만 그 확장시켜 놓은 그 교리가 끝에 가서는 하나됐느냐? 아니에요. 전부 다 투쟁이에요. 그렇기 때문에 이런 현상을 보는 하나님은 이 확장된 것을 수습해야 돼요, 확장된 것을. 종교가 넷이 있을 수 없어요. 하나돼야 됩니다.

이런 내용을 중심삼고, 그래서 통일교회라는 명사가 나온 거예요. 통일교회가 기독교이니만큼 지금 종교협의회를 중심삼은 10대 종파와 세계 종교 지도자를 중심삼고 12개 종단들을 포섭해 가지고 세계평화종교연합을 결성했습니다.

248 - P.173, 1993.08.03

이제 각 나라를 중심한 시대는 지나갑니다. 개개인의 나라를 중심삼고, 개별 민족 문화를 중심삼고 세계와 대치할 수 있는 시대는 지나간다는 것입니다. 아무리 독일이고, 영국이고, 불란서고, 미국이고, 소련이라도 할 수 없다구요.

그러면 세계가 무엇을 중심삼고 앞으로 평화의 세계, 혹은 통일의 세계가 될 것이냐? 나라보다도 큰 사상을 가진, 나라보다도 큰 정신력을 가진 곳이 지도한다는 것은 상식적인 결론입니다. 이렇게 볼 때, 세속적인 나라를 넘어 가지고 세계에 연결될 수 있는 것이 뭐냐? 나라 대신 그런 전체를 가진 것이 종교권이라는 것입니다.

지금까지 나라가 아무리 큰 나라라고 해도 종교를 지배 못했다구요. 종교가 나라를 지배했다는 것입니다. 사실이 그렇다구요. 그러면 이 세계적 종교권이 오늘날 평화의 세계를 이룰 수 있겠느냐? 지금까지 기성 종교들이 평화의 세계를 전부 다 이룰 수 있는 내용과 그런 방향을 가지고 진행했느냐 할 때, 그렇지 않다는 것입니다. 그러면 이 종교권을 누가 넘어서 새로운 세계로 갈 수 있는, 새로운 나라 이상과 종교 이상의 하나의 중심 기지가 되어 가지고 평화의 세계로 갈 것이냐? 이런 문제의 결론이 필요하다는 것입니다.

그러면 통일교회는 도대체 뭐예요? 이러한 역사시대에서 어떻게 학자 세계를 능가하느냐 이거예요. 어떻게 수많은 학자들과 언론계와 정보 세계를 능가하고, 어떻게 과학기술 세계와 종교권을 넘어설 수 있는 하나의 체제권을 만드느냐 이거예요. 이것이 성사되었다 할 때는 비로소 그것을 중심삼고 세계가 평화로 가는 하나의 길이 모색된다는 이론적인 결론이 성립되는 것입니다. 그 가운데 제일 어려운 것이 종교와 사상의 문제입니다.

통일교회는 이 사상 세계와 싸워 왔다는 것입니다. 민주세계의 사상과 공산주의의 사상, 역사시대의 어떤 사상과도 부딪쳐 가지고 싸워 온 것입니다. 그 대표적인 나라가 미국이요, 공산주의 국가였던 소련이었다는 것입니다. 그 다음에는 모슬렘하고도 대결하고, 기독교하고도 대결하고, 불교와도 대결하고, 유교와도 대결하고, 모든 종교들과 대결했다는 것입니다.

그래서 대결하는데 행정 책임자, 교단의 책임자로부터 학자 세계 전체를 중심삼고 대결하는 것입니다. 대결하면서 뭘 만들어 놓았느냐 하면 하나의 경전을 만들어 놓았습니다. 이 모든 종교들이 분립된 환경을 수습해 가지고 하나의 방향성을 설립하는 데 주도적 역할을 했다는 것입니다. 그것은 세계가 다 아는 사실입니다.

《세계 경전》을 만들 당시에 13개 교단의 신학자들이 전부 자기들의 교리를 더 많이 집어넣으려고 별의별 싸움을 다 했

6. 세계평화종교연합과 세계평화연합

다는 것입니다. 그때 8천 명도 더 모였어요. 전부 잘났다는 신학자, 크다는 사람을 다 내세워 가지고 자기네의 교리를 더 많이 넣으려고 싸움을 하는 가운데 형성된 것이 《세계 경전》입니다.

무엇보다도 레버런 문이 없으면 안 된다 이거예요. 모슬렘하고 유대교가 싸우고, 불교는 종단끼리, 기독교는 교파끼리 싸우는데 우리가 가게 되면 싸우던 패도 같이 모아서 예배를 볼 수 있고 수련할 수 있게 되더라는 것입니다. 그렇지만 우리를 빼게 되면 그런 것이 다 불가능하다는 것입니다.

그렇기 때문에 종단 세계의 유명한 학자나 유명한 행정 책임자들도 결국은 레버런 문 없이는 안 된다는 것이 하나의 표준이 되었다는 것입니다. 그 표준을 중심삼고 결집할 수 있는 세계적인 종교 클럽이 됐다는 사실을 여러분이 알아야 되는 것입니다. 그래서 이걸 총합해 가지고 세계적인 하나의 기구 형성을 만들어 놓은 것이 1991년입니다. 재작년이에요. 종교연합을 만든 것이 1991년 8월 27일입니다. 세계평화종교연합을 그때 형성한 것입니다. 그 다음 날을 중심삼고는 세계평화연합을 설정한 것입니다. 세계 공산권과 민주세계의 모든 것을 통합해 가지고 넘어가서 세계를 대표할 수 있는 두 기구를 만든 것입니다.

234 - P.221, 1992.08.20

지난해 우리는 국제과학통일회의 외에도 매우 특별한 두 가지의 회의에 참여했습니다. 그것은 바로 세계평화종교연합과 세계평화연합입니다. 이 두 기구는 새로운 세계 질서의 구축을 위해서 창설된 것입니다. 특히 세계평화종교연합은 세계 평화의 건설을 목적으로 세계의 종교를 하나로 만드는 데 공헌하게 되었습니다. 최근 걸프전에서 여러분은 세계가 어떻게 종교전쟁에 빠지게 되는가를 목격하였습니다. 또한 종교로 인한 지구의 재난은 앞으로도 계속 일어날 것입니다.

지금까지 많은 정치인들은 자기들의 목적을 위하여 종교적 적대감을 이용해 왔습니다. 그로 인하여 종교들은 무력해지고 혼란스러웠습니다. 그리고 종교들은 세계 평화를 위한 책임을 분명하게 깨닫지 못하고 있습니다. 이제 세계평화종교연합을 통하여 전세계에서 온 종교 지도자들은 서로 화해하게 될 것이고, 평화를 위한 지도자가 될 것입니다.

모든 문화에서 종교는 중심 핵이어야 했고 공의의 표준이어야 했습니다. 각 종교들은 자기 자신들의 전통을 끊임없이 지켜온 것에 대해서 긍지를 가지고 있습니다. 각자는 자신의 종교를 다른 모든 종교보다도 우수한 종교라고 생각합니다. 그러나 종교적인 가르침은 우주적인 요소를 가지고 있을 뿐만 아니라, 그 가르침은 하나님으로부터 나왔습니다.

한 분이신 하나님은 모든 종교의 하나님이십니다. 그러므로 종교들은 각 종교들 자체를 정화시켜야 하고 우주적인 원리로서 승화시켜야 합니다. 종교의 중심적 가치는 하나님의 참사랑입니다. 참사랑은 다른 사람을 위하여 살라는 가르침으로 설명될 수 있습니다.

개인은 가정을 위해서 살고, 가정은 사회를 위해서 살고, 사회는 국가를 위해서 살고, 국가는 세계를 위해서 사는 것입니다. 마찬가지로 내 종교는 다른 종교를 위해서 살아야 한다는 것입니다. 이와 같은 원리는 진리입니다.

우주적 원리의 근원은 하나님이십니다. 우주의 창조에서 하나님은 자신의 창조물을 위하여 자기 자신 전체를 투입하셨

6. 세계평화종교연합과 세계평화연합

습니다. 또한 역사를 통해서 제멋대로 사는 타락한 인류를 구원하시기 위하여 끊임없이 희생하여 오신 분이 바로 하나님이십니다. 하나님의 뜻을 안 예언자, 성자 그리고 철인들은 자신들의 삶 속에서 하나님의 원리를 따랐습니다.

그리고 그들 자신이 진리를 지키는 것으로 만족하지 않고 다른 사람들을 가르치기 위해서 희생의 길을 걸었습니다. 모세, 공자, 석가모니, 마호메트, 소크라테스, 그리고 예수님도 모두 고난을 받았으며, 사람들을 가르치는 데 있어서도 박해를 받았던 성현들이었습니다. 인류를 일깨우고 해방시키기 위해서 그분들의 삶을 희생했습니다.

세계평화연합은 세계 평화를 위한 정치인들과 국가 기관들의 협력기구입니다. 오늘의 세계는 국가주의로써는 지탱할 수 없습니다. 현재 동유럽에서 타오르고 있는 민족 분규는 민족주의의 파괴적인 특성을 입증하고 있습니다. 민족적 긍지나 자기 결정은 오직 세계 공동체에 이바지하는 가운데서 얻어질 때 옳고 선한 것입니다. 내 나라만을 우선으로 하고 다른 나라에 대한 증오를 증진시키는 국가주의는 남을 위해서 사는 우주원리에 상반되는 것입니다. 우주의 원리에 배치(背馳)되는 모든 주의는 소멸하게 될 것입니다.

지금 여러 나라들은 유럽공동체와 같은 다국적 연합체에 가입하려는 경향을 보이고 있습니다. 이러한 경향은 앞으로 더욱 심화될 것입니다. 그러므로 앞으로 모든 국가들은 지역공동체로 연합할 것입니다. 즉 유럽 국가연합, 동아시아공동체, 이슬람공동체, 아프리카국가공동체, 남북미공동체 등으로 말입니다.

정치인들이 국가 이기주의를 초월하려면 다른 나라들과 함께할 수 있는 통일된 가치관이 있어야 합니다. 그렇다면 유럽의 국가를 연합시킬 수 있는 것은 무엇입니까? 그것은 경제정책만으로는 불충분합니다. 아직도 그곳에는 산업 국가와 농경 국가들 사이에 많은 갈등이 있습니다. 그리고 유럽국가 연합에 있어서 사회정책은 또 하나의 논쟁거리입니다. 만일 우리가 유럽통합의 요소를 찾는다면 그것은 바로 기독교 문화권입니다.

중동 사람들이나 동양 사람들과 비교할 때, 유럽 사람들은 많은 것을 공유하고 있습니다. 즉 공통의 문화, 공통의 사회관습, 그리고 가장 중요한 것은 공통의 논리와 세계관들을 공유하고 있다는 것입니다. 이러한 공통적인 유럽 문화의 뿌리는 기독교 정신입니다. 기독교 문화는 유럽의 지적·사회적·정치적 삶의 기초입니다.

그러나 유럽의 기독교는 그 자체가 깊은 역사적 분열에 의하여 시달리고 있습니다. 북아일랜드와 유고슬라비아의 분쟁에서 보듯이 우리는 그들의 갈등이 개신교와 가톨릭, 그리고 희랍정교회들 사이에 풀리지 않는 종교적 분쟁에 의한 것임을 깨달을 수 있습니다. 그러므로 종교의 조화와 통일은 정치적·사회적 평화와 통일보다 선행되어야 할 필요성이 있는 것입니다.

새로운 세계 질서는 국가 공동체들로 이루어질 것이고, 각 공동체는 공통의 종교문화에 의해서 묶어진 기대 위에서 경제와 정치가 원만한 관계를 통해 결합될 것입니다. 본인은 이러한 역사의 흐름을 수십 년 전부터 예견했습니다. 이것이 본인이 40여 년이 넘도록 많은 희생을 무릅쓰고 종교간의 대화와 화합을 위한 활동을 증진시켜 온 이유입니다.

6. 세계평화종교연합과 세계평화연합

새로운 세계 질서가 실현되기 위해서는 종교간의 대립과 전쟁을 방지해야 합니다. 이러한 문제를 해결하기 위해서 본인은 모든 종교를 품을 수 있는 기반을 닦기 위한 수고를 아끼지 않았습니다. 본인은 본인의 성직을 수행하기 전에 영계에 있는 예수님, 석가모니, 공자, 그리고 마호메트 앞에서 본인에게 계시되어진 원리를 제시했습니다.

그리고 그들은 원리가 옳다고 증거했습니다. 뜻 있는 종교 지도자들은 세계 평화를 위하여 모든 종교인들이 본래의 가르침을 중심하고 서로 화합하고 일치하는 실천운동으로 나서야 할 것을 깨닫고 있습니다. 하나님을 중심하고 종교를 하나로 통일시키는 일이 하나님께서 본인에게 주신 사명입니다.

세계평화종교연합과 세계평화연합은 각각 마음과 몸과 같은 관계로서 함께 유기적으로 일할 것입니다. 지금까지 타락한 인간들은 몸이 그들 개개인의 삶을 지배하도록 허용하여 왔고, 자신의 기쁨을 위해서 다른 사람들을 억압하고 배격하는 이기주의적인 인간들의 악한 세계를 만들어 왔습니다.

이것이 바로 지상지옥입니다. 그와 반대로 오직 소수의 사람들만이 종교를 추구하고, 몸의 유혹을 뿌리치라는 선한 양심의 소리를 따라 나왔습니다. 오직 이 소수의 사람들만이 하나님을 만날 수 있고 지상에서 천국을 마련할 수 있습니다. 마찬가지로 어떤 국가의 정치가도 종교의 소리에 귀 기울이지 않았습니다. 정치적인 아우성 속에서 도덕적이고 영적인 가치의 소리는 그저 희미하게만 들렸을 뿐입니다.

동양뿐만 아니라 서양에서도 정치가들은 하나님 없이 경제적, 정치적 정책만으로 번영을 이루려고 노력했습니다. 그러나 그들의 노력은 헛되이 끝나 버렸습니다. 어떤 나라도 하나님의 축복 없이는 번영할 수 없습니다. 하나님께서는 마음과 몸, 그리고 종교와 정치가 하나되어서 '위하여 살라!'는 원리를 실천하는 나라만을 축복하십니다.

그러나 하늘의 권능에 대하여 생각하지 않고, 눈먼 정치가들은 아직도 지상만을 바라보고 있습니다. 공산주의 지도자들은 70여 년 동안 하나님 없이 부를 실현하려고 노력하여 왔지만, 그들의 나라는 이미 파산해 버리고 말았습니다. 마찬가지로 서구 국가들도 경기 후퇴, 범죄, 사회적 부패 등으로 무서운 열병에 걸려 있습니다.

그렇지만 이러한 문제는 종교 지도자들이 눈을 뜨고 그것들의 참된 원인을 발견할 때까지는 풀리지 않을 것입니다. 그리고 오직 종교 지도자들이 하나님을 중심으로 하고 하나의 평화세계를 건설하는 일에 생각이 일치될 때, 정치가들이 종교의 가르침을 따르게 될 것입니다.

그때에 비로소 마음세계를 대표한 종교와 몸세계를 대표한 정치 및 경제의 협력이 이루어져 세계의 국가들은 자연히 하나가 될 것입니다. 세계평화종교연합과 세계평화연합은 이러한 원리적 기반을 가지고 있기 때문에 유엔 등 많은 국제기구들의 부패와 다른 많은 잘못들을 지양하는 데 성공할 것입니다.

7. 세계평화초종교초국가연합

330-244, 2000.8.18

과거 40여 년 간 본인이 전개해 온 초종교 초국가 활동과 조직의 목적은 모두 하나님과 인간이 공히 소망해 온 평화세계의 실현이었습니다. 평화세계에 대한 비전은 초종교 운동의 핵심이었습니다.

인류는 20세기에 처참한 세계대전을 두 차례나 겪었고, 그리고 70년 동안 무신 공산세계의 횡포와 냉전시대를 겪으면서 첨예한 대결과 갈등을 경험하였습니다.

냉전시대가 종식되고 세계는 잠시나마 평화를 위한 축배를 들 수 있었습니다. 그러나 곧 인류는 그 냉전의 끝이 자동적으로 평화시대로 연결되는 것이 아님을 알게 되었습니다. 세계는 도처에서 치열한 전쟁이 계속되었고, 지금도 여러 곳에서 살육전이 벌어지고 있습니다. 이것이 현실입니다.

이 분쟁들은 주요 종교간의 뿌리깊은 갈등이 배경이 되고 있음은 모두 알고 있는 사실입니다. 종단간의 대화와 화합이 얼마나 중요한가를 일깨워 주는 사례입니다.

종종 현대에 있어서 종교적인 이상의 실현은 세속 권력과 일정한 거리를 두고 활동해 왔습니다. 오늘의 일반적인 인식은 이것을 당연한 것으로 받아들이고 있습니다. 그러나 세계 평화의 이상에 이바지하는 국제조직들은 세계의 위대한 종교적 전통과 자신들과의 관계를 재검토하여야 할 때가 되었다고 봅니다.

그 어떤 종교, 어떤 국제기구보다도 국제연합(UN)이 좋은 예가 될 것입니다. 많은 사람들은 유엔은 세계 평화를 위한 인류의 이상이 제도화된 조직이라고 여기고 있으며, 이에 기대를 걸고 있습니다. 유엔에는 세계문제를 해결하고 평화와 인류 번영을 촉진하기 위해 함께 일하는 모든 나라의 대표자들이 모여 있습니다.

그러나 유엔에서 국가 대표자들이 세계 평화를 실현하고자 하는 노력에는 상당한 지장들이 있습니다. 유엔을 통해서 얻은 실적과 성과들은 부정해서도 안 되겠지만, 유엔 자체가 개선하여야 할 점도 많다고 봅니다. 세계의 정치인들과 종교 지도자들이 유엔을 중심으로 서로 협력하고 존중하는 관계가 절실히 필요한 때가 되었습니다.

본연의 인간은 마음과 몸이 하나님의 참사랑에 감응하면서 일체를 이루며 살게 되어 있습니다. 몸과 마음이 싸우지 않고 참된 통일의 기원을 이루는 것은, 사람이 하나님을 닮은 그의 아들딸이기 때문입니다. 하나님은 마음과 몸이 싸우지 아니하십니다. 절대자 하나님은 자체 내에 모순이나 갈등이 있을 수 없습니다.

마음과 몸이 통일체가 되는 인간의 이상은 하나님의 참사랑을 온전히 소유할 때 이룩되는 것입니다. '평화케 하는 자는 복이 있나니 저희가 하나님의 아들딸이라 일컬음을 받을 것'이라는 말씀도 하나님을 중심하고 심신일체이상을 이룬 것을

7. 세계평화초종교초국가연합

전제로 합니다.

그런데 인간은 타락으로 말미암아 마음과 몸이 통일 조화의 기준을 잃어버리고 갈등을 일으키면서 자기모순 속에서 살아왔습니다. 그뿐만 아니라 개인 안에서 벌어지는 마음과 몸의 갈등과 투쟁은 가정·사회·국가·세계로 확대되어 내려왔습니다. 형님 가인이 동생인 아벨을 살해하는 범죄도 여기에서 유래했습니다.

역사 이래 이 지구상에서 벌어지는 모든 대결과 전쟁은 본질적으로 보다 악한 가인 편과 보다 선한 아벨 편 간의 싸움이었습니다. 이러한 가인 편 아벨 편의 싸움은 반드시 종식되어 원상으로 복귀되어야 하고, 마음과 몸의 대결도 끝이 나서 조화일체로 복귀되어야 합니다. 개인의 마음과 몸이 통일되어야 하는 원리를 세계적인 차원에서 적용 실천해야 하는 것입니다.

이 목적을 위해 본인은 세계 평화를 구현할, 마음세계를 대표하는 세계평화종교연합과 몸세계를 대표하는 세계평화연합, 도서·반도·대륙국가연합, 그리고 두 세계의 조화를 위한 세계평화초종교초국가연합 등을 창설하였습니다.

인간사의 제반 문제는 근원적으로 단지 정치적인 문제가 아니기 때문에 사회적 정치적 해결만으로는 항상 미흡합니다. 대부분의 인간사회가 정치적으로 통치되고 있지만, 반면에 대부분의 국가적 문화적 정체성의 근저에는 종교가 있습니다. 사실 대부분 사람들의 마음속에는 종교적인 충절이 정치적인 충성보다 훨씬 더 중요성을 가지고 있습니다.

이제 종교가 세상에서 그 진정한 지도력을 발휘할 때가 되었습니다. 종교인들이 이 시대의 상황과 여러 비리에 대하여 책임을 느끼고 깊은 자기 성찰이 먼저 있어야 한다고 봅니다. 종교인들이 사랑의 실천에 본이 되지 못하였습니다. 자기 개인의 구원이나 종교 이익에 급급한 나머지 세상 구원에 진력하지 못한 것을 뉘우쳐야 할 때입니다. 지금이야말로 믿음 생활뿐만 아니라 사랑의 실천 생활이 요구되는 때입니다.

330-247, 2000.8.18	하나님은 우리 지도자, 특히 종교 지도자들을 소명하고 계십니다. 세상의 불의와 죄악에 도전하고 참사랑을 베풀기를 소망하고 계십니다. 모든 종교인들이 한 마음이 되어 하나님의 인류에 대한 열망을 대변하고 실행해야 합니다.

몸과 외적인 세계를 대표하는 정치인이나 외교가들의 경륜과 실천만이 아니라, 마음과 내적인 세계를 대표하는 초종교 지도자들의 지혜와 노력이 합해져야 평화세계가 완전히 이룩될 수 있습니다.

그런 점에서 유엔을 재편성하는 문제까지 심각히 고려해야 할 때입니다. 아마 양원제의 형태를 갖춘 유엔을 상상할 수도 있을 것입니다. 국가 대표들로 이루어진 기존의 유엔을 각 국가의 이익을 대변하는 하원으로 바꾸어 생각할 수 있습니다. 한편 저명한 초종교 지도자들 등 정신세계의 지도자들로 종교회의 혹은 유엔의 상원을 구성하는 것을 심각히 고려할 것을 당부합니다.

이 초종교적인 종교의회는 지역적인 개개 국가의 이익을 넘어 지구성과 인류 전체의 이익을 대변하여야 할 것입니다.

양원이 상호 존중하고 협력함으로써 평화세계를 이루는 데 크게 기여할 수 있을 것입니다. 세계 지도자들의 정치적 경륜은 세계의 위대한 초종교 지도자들의 지혜와 비전에 의해 효

7. 세계평화초종교초국가연합

330-251, 00.8.18

과적으로 보완될 수 있습니다.

본인은 유엔의 상원의 사명을 할 초종교적인 종교의회의 기본을 위해 세계평화초종교초국가연합을 창설하였습니다. 각 국가에서 초종교적인 대사가 기존의 대사와 함께 유엔에 파송되어 종교의회, 즉 유엔의 상원을 구성하는 것입니다.

초종교적인 이해와 수련을 위한, 초국가적인 평화이상을 지도할 유엔의 상원의원들이 담당하게 될 임무는 좁은 시각에서 특정 국가의 이익만을 대변하고자 하는 것과 정반대 되는 것입니다. 이들은 절대자의 뜻을 따라 세계와 인류 전체의 평화이상을 위한 임무를 수행하게 되는 것입니다.

유엔의 상원의원이 된 초종교 대사는 일단 파송된 이후에는 유엔의 세계적인 비전과 의제를 대변할 수 있는 전 지구성적인 업무를 수행해야 합니다. 이런 의미에서 유엔의 국제대사라고도 말할 수 있습니다. 이러한 유엔 국제대사는 기존의 유엔 대사와 함께 세계 어디를 가서라도 평화와 복지사회의 구현을 위한 공동운동을 대표하게 될 것입니다. 또한 이들은 지구상의 모든 나라에서 정의·안전·평화의 높은 이상을 지켜주는 양심의 수호자 역할을 하게 될 것입니다.

이러한 조치는 세계 시민들과 청소년들에게 희망과 더불어 사랑과 평화를 촉구하는 이상적인 가정의 안착을 직접 확인하는 기회를 제공할 것입니다. 선출된 초종교 초국가적인 대사는 각 나라마다 유엔의 후원 하에서 전개되고 있는 건강·교육·복지후생 사업 등의 이상적인 프로젝트가 적극적으로 수행되고 있는지를 지도 점검할 수 있을 것입니다.

본인은 여러 단체와 조직을 통해 종교와 국적을 초월하여 참사랑 교육을 줄곧 펼쳐 왔습니다. 이렇게 끊임없이 투입하고 대화와 화해의 노력을 전개한 지난 수십 년 세월을 통해 인류가 하나되기 위한 가장 튼튼한 기초는 바로 참가정이상에서 비롯되는 보편적이요 핵심적인 참사랑이라는 것이 명확히 드러났습니다.

우리는 이제 다같이 합심 노력하여 종교와 세상의 지혜 속에 있는 고귀한 내용들이, 시급하고 심각한 문제들이 존재하는 세계에 원용되고 적용될 수 있도록 체제와 조직을 보완해 나가야 합니다. 이러한 체제는 초종교 지도자들로 구성된 협의체가 유엔의 정치 지도자 및 외교관들을 협력하여 공동의 보조를 취함으로써 이루어질 수 있는 것입니다.

세계평화초종교초국가연합은 절대자와 초월의 세계(영계), 그리고 영생과 영혼의 문제에 대한 바른 지도와 함께 이러한 목적을 위해 헌신해 나가야 할 것입니다. 또한 평화를 위한 유엔의 노력에 부응하고, 나아가 하나님을 부모로 모신, 인류가 한 형제가 되어 우주 한 가정을 이루는 그러한 영원한 사랑과 화락의 천국, 하나님의 조국을 이루어 나가야 할 것입니다.

본인은 전문 의식과 경험, 그리고 지혜를 갖춘 세계의 지도자들과 유엔 관계자들이 본인이 제시한 이러한 이상들을 어떻게 보완해 나갈 것인지를 잘 알고 계신다고 믿습니다. 유엔을 비롯한 정부기구들이 이를 이루지 못할 때는 엔 지 오(NGO;비정부기구) 등 민간조직을 통해서라도 이 일을 반드시 이루게 될 것입니다. 우리가 지속적인 노력으로 협력해 나간다면 반드시 지상에 평화와 행복의 이상이 실현될 것입니다. 하나님이 있기 때문에.

7. 세계평화초종교초국가연합

331-36, 2000.8.23

하나님의 나라가 되기 위해서는 주권이 있어야 되고 백성이 있어야 되고 국토가 있어야 돼요. 그런데 국토가 없어요. 국토를 만들어 주는 거예요. 어느 누가 나라를 사랑하는 이상, 어느 누가 부모를 사랑하는 이상, 어느 누가 하늘을 사랑하는 이상 정성들인 땅을 만들었어요. 유엔에 나라를 설정하자는 거예요. 유엔 나라가 없다구요.

그러니까 몸과 마음, 초종교권과 초정치권이 하나되어야 돼요. 초(超)예요. 초종교초국가연합이에요. '초'라는 것은 지금까지 세상하고 달라요. 횡적인 기준을 중심삼고 인간끼리 생각한 것이지, 하나님이 안 들어갔어요. 그러나 초종교는 하나님이 들어가는 거예요. 하나님을 중심삼고 통일하는 거예요.

하나님의 소원은 종교 통일이에요. 국가 통일이에요. 그래서 국가와 종교를 통일하는 거예요. 종교와 국가를 통일해서 심정적 일체권에서 가정의 온 천주를 대표한, 하늘땅을 대표한, 전체를 대표한 하나의 결실체로서 지상에 해방적인 착지를 하자는 것이 오늘날 축복가정들이 나라를 넘어서 세계로 활기차게 날아가자는 거예요. 나라가 없으면 모든 게 안 된다구요.

331-231, 2000.9.3

선생님은 하루도 쉴 날이 없습니다. 올해에는 유엔까지 소화하는 것입니다. 엔 지 오(NGO;비정부기구)를 중심삼고 세계적인 표창을 받게 된 것이 돈을 주고 사 가지고 그렇게 된 것이냐? 그렇지 않습니다. 40년 동안 그들이 지켜본 결과로서 존경하지 않을 수 없어서 그렇게 한 거라구요. 그래서 그들이 자원해서 모시게 된 것이 이번의 유엔 대회였습니다.

초종교초국가연합의 초종교라고 하는 것은 종교 이상의 기준을 세우라는 것이고, 초국가라고 하는 것은 국가 이상의 유엔이 되라고 하는 것입니다. 그래서 최고의 세계적인 종교인과 정치인들을 모아서 교육하고 싶은 것이 선생님의 바람입니다. 그렇게 해서 틀림없이 훌륭한 종교인과 정치인들로 만들어 줄 것입니다. 선생님이 그러한 자신을 가지고 있기 때문에 그 유엔 대회도 어느 누가 비판하기 이전에 겸손하게 받아들이고자 한 것이 세계적인 지식인들의 생각이었습니다.

331 - P.331, 2000.09.04

초종교 초국가가 뭐예요? 형제의 권내에 있는 거예요. 형제권입니다. 몸 마음이 하나 안 돼 있는데, 이것을 하나 만드는 것은 부모밖에 없습니다. 그러니까 하나님을 부모로 모시고 참부모를 부모로 모셔 가지고 주류적인 사상을 다시 편성함으로 말미암아 지상천국의 이념을 시작해서 완결해 가지고 천상까지 포괄시켜서 결정짓는 놀음을 하는 것입니다.

그렇기 때문에 성인들도 전부 다 자기 교단의 예배드리는 형식을 전부 통일할 수 있게끔 지시했습니다. 33퍼센트를 축복해 주라고 했습니다. 축복을 해주고 나면 지상에서 통일적인 유엔을 중심삼고 협조할 수 있게끔 하는 것입니다. 각 종단, 지역을 중심삼고 나라 살리기 운동을 하는 것입니다.

339-22, 2000.12.3

이제 히틀러니 무솔리니, 도조 같은 지옥 간 사람들, 소련을 중심삼아 가지고 지금까지 지옥 간 사람들, 이들은 세계주의이기 때문에, 국가주의를 넘어섰기 때문에 유리(流離)하는 거예요. 국가권 내에 있던 사람들은 지옥에 다 갔지만, 이들은 지옥권 내의 국가 기준을 넘었어요. 사탄이 주관할 수 있는

7. 세계평화초종교 초국가연합

국가 기준 이상은 지배를 못 하는 거예요. 사탄의 편을 들어가지고 세계를 망칠 수 있는 주도적인 역할을 했지만, 망칠 수 있는 그런 지옥에는 갈 곳이 없어요. 그러니 유리하는 거예요.

스탈린이나 도조는 자기 마음대로 왔다가 숨어 다니고 다 그러잖아요? 지옥 가면 이동을 못 하는 거예요. 이건 국가시대가 아니고 연합국시대예요. 연합국시대는 국가시대를 넘어선 거예요. 공산주의는 세계시대이기 때문에, 국가주의적 사탄권 내에서 지배할 수 없기 때문에 그들은 유리하는 거예요, 영계에서. 자기들이 자기 살길을 찾아 다녔지만 누가 지도하는지 잘 모르고 가면 갈수록 길이 자꾸 막힌다구요.

그걸 탁 열어 줬기 때문에, 이제는 그들도 다 축복받았어요. 자기 영계로부터 축복받은 사탄 권한까지 쫓아내는 거예요. 그렇기 때문에 세계적 공산주의로부터 국가주의로부터 그 다음에는 사탄권까지 해서 초종교 초국가가 연결되는 거예요.

초종교는 종교권을 중심삼아 가지고 공중권이고 초국가는 지상권인데, 초종교 초국가를 중심삼고 유엔과 하나되어 지금 교육하고 있는 거예요. 교육은 인류를 중심삼은 교육이지 나라와 사탄세계의 주권이라든가 사탄 종교권을 중심삼은 교육이 아니에요.

324-165, 00.6.23

초종교라는 것은 뭐냐? 종교가 지금까지 종교 가지고는 안 된다 그말이에요. 새로이 세계 종교의 갈 길을 제시해야 됩니다. 초국가라는 것은 지금까지 정치 풍토를 중심삼고는, 유엔을 중심삼고는 안 된다 이거예요. 초국가·초종교라구요. 거기에다 앞으로 만들려고 하는 초언론기관과 초금융기관을 중심삼고 이 일만 하게 되면 세계가 갈 수 있는 방향을 잡아 줄 수 있다고 봤기 때문에 그것을 준비해 나온 것입니다.

그런 의미에서 유엔에 자리잡기 위한 하나의 기관을 만들었는데, 그게 초종교초국가연합의 등장이라구요. 이제 우리가 여러 분야의 엔 지 오(NGO)가 가입해 가지고 움직이는 유엔을 소화하는 거예요. 지금 유엔 자체가 우리를 소화하고 리드 할 수 없어요. 모든 면에 있어서, 학술적인 대회나 모든 대회에 있어서 유엔 자체가 반드시 우리가 움직이는 데 있어서 첨단에 내세우게 돼 있지, 우리를 따라오게 돼 있지 우리를 지도할 수 있는 것이 아무것도 없다구요.

343-314, 2001.2.25

본인은 오래 전부터 전체 교회 예산의 90퍼센트 이상을 초교파·초종파 운동에 투입하여 종교 간의 갈등을 해결하고자 노력해 왔고, 나아가서 '세계평화종교연합'을 창설하여 종단 간의 화해와 일치로 인류평화 증진에 앞장서 온 것입니다.

근래에는 '세계평화초종교초국가연합'을 창설하여 그 동안 워싱턴에서 7차에 걸쳐 '국제훈독세미나'를 거듭하여 왔습니다. 모든 인류는 인종과 종파를 초월하여 창조이상세계의 실현을 위한 하나님의 섭리를 이해하고 궁극적으로는 하나님의 심정과 일치점을 가져야 합니다. 타락으로 말미암아 잃어버렸던 하나님과의 심정적 관계를 회복하여 본연의 부모와 자녀의 위치를 되찾아야 하는 것입니다.

따라서 하나님께서 약속하신 끝날은 참부모가 현현하시는 날입니다. 다시 말하면 타락으로 말미암아 부모를 잃어버린 인류가 본연의 부모를 다시 맞을 수 있는 소망의 때입니다. 따라서 참부모는 인류역사의 희망의 결실체요, 소망의 결실

7. 세계평화초종교 초국가연합

체이며, 승리의 결실체입니다.

통일교회는 이러한 전통을 국제합동결혼식을 통해 세계화하여 왔습니다. 민족과 인종, 피부색을 뛰어넘어 흑인과 백인, 황인이 하나의 형제자매로 어우러져 부부가 되는 것은 지구촌을 하나로 만드시려는 하나님의 뜻 성사에 있어 가장 중요한 일 가운데 하나입니다.

오늘 이처럼 인류는 잃어버린 본연의 형제자매·부부·부자의 인연을 회복하여 궁극적으로 자식을 잃고 한탄해 오신 하나님을 해방시켜 드려야만 진정한 행복의 길이 열리는 것입니다.

부록

종교연합과 세계평화 실현을 위한 주요 연설문

○ 하나의 하나님과 하나의 세계종교
―미국 7대도시 순회공개강연회 강연문―

날짜 : 1972년 2월 3일~20일
장소 : 미국 7대도시

하나님은 실존하시는가

053 - P.156, 1972.02.19

오늘 여러분과 같이 생각하려는 말씀의 제목은 '하나의 하나님과 하나의 세계종교'입니다. 이런 제목을 가지고 말씀드리겠습니다.

오늘 이 세계의 많은 지성인들이 하나님이 있는지 없는지를 문제시하고 있지만, 하나님이 있다고 믿는 사람들은 그리 많지 않은 것으로 알고 있습니다.

하나님이 없다는 입장에서 세계를 바라볼 때, 금후에 민주세계가 갈 길이라든가 혹은 반대되는 공산세계가 갈 길은 인간으로서는 수습할 수 없는 차제에 놓여 있다는 것을 우리는 잘 알고 있습니다. 만약 하나님이 있다는 것을 전세계 인류가 알게 된다면 그분이 목적하는 바와 그분이 가는 방향을 따라가지 않을 사람이 아무도 없으리라고 보고 있는 것입니다. 그러므로 하나님이 있느냐 없느냐 하는 문제가 제일 중요한 문제인 것입니다.

그러면 그 문제에 대해 잠깐 말씀을 하고 지나갑시다. 이 우주는 존재하고 있다는 것을 우리는 알고 있습니다. 존재하기 위해서는 힘이 있어야 된다는 것도 다 알고 있을 것입니다. 그 힘은 아무런 내용 없이 있을 수 없는 것입니다. 힘이 존재하려면 반드시 선행조건이 있어서 작용을 해야 합니다. 그것이 작용하지 않으면 존재할 수 없는 것입니다. 작용하는 데는 혼자서는 작용할 수 없는 것입니다.

여러분 혼자, 혹은 나 혼자 손을 이렇게 저으면 미친 사람이라고 말할 것입니다. 그렇지만 여기에 오르락내리락하는 무엇이 있어 가지고 그것을 잡으려고 하게 될 때는 미친 사람이 아니고 정상적인 사람인 것입니다. 이것은 작용하기 위해서는 반드시 상대적 여건이 절대 필요하다는 것을 말해 주는 것입니다.

세계의 유명한 분이 있다 할 때, 그분 혼자서 아무도 없는 이런 큰 강당에서 말을 하고 웃고 노래를 하게 된다면 그 사람은 미친 사람인 것입니다. 그렇지만 아무도 없다 하더라도 컵을 하나 들고 말을 하며 흥분하고 춤을 추고 노래를 하면, 그 사람은 극히 정상적인 사람인 것입니다. 더 높이 올라가서 이 우주에 한 분밖에 없는 하나님, 절대자가 계시다 하더라도 그분도 마찬가지로 아무것도 없는데 혼자서 웃고, 좋아한다면 정상적이 아닌 것입니다. 그렇지만 지극히 작은 조그마한 무엇 하나를 가지고, 그것을 보면서 세상이 놀랄 만큼 기뻐하고 소리를 치더라도 그것은 정상적인 것입니다. 이것은 무엇을 말하느냐 하면 상대가 절대 필요하다는 것을 말하는 것입니다.

상대가 없을 때 작용을 하거나 행동을 하는 것은 누구나 다 부정을 하려고 하는 것입니다. 이런 관점에서 볼 때, 작용을

**하나의 하나님과
하나의 세계종교**

하기 위해서는 절대 선(先)의 조건이 필요한 것입니다. 그것이 뭐냐 하면, 주체와 대상 관계가 있어야만 된다는 결론을 지을 수 있는 것입니다. 그렇기 때문에 힘이 있기 위해서는 작용이 필요한 것이요, 주체와 대상 관계가 절대 필요하다는 것을 여러분의 관념에 넣어 두기를 바랍니다.

존재와 작용의 요건

053 - P.158, 1972.02.19

주체와 대상이 작용하는 데는 그 주체나 대상이나 서로 손해보는 자리에서는 절대 작용을 안 하는 것입니다. 그러나 작용함으로 말미암아 자기에게 더 나을 수 있는 어떤 목적이 제시되게 될 때에는 곧바로 작용을 시작하는 것입니다. 그렇기 때문에 주체나 대상이 작용을 하는 데는 서로서로가 플러스될 수 있는 목적의 결과를 향하여 작용한다는 결론을 지을 수 있는 것입니다.

두 존재가 작용해 가지고 손해나는 데는 절대 작용을 안 하게 되어 있다는 것입니다. 여기 워싱턴 번화가에서 왕래하는 사람들에게 '당신이 아침에 여기 나올 때 일전 손해보기 위해서 나왔느냐?'고 묻게 될 때, '그렇다'고 대답하는 사람은 한 사람도 찾아볼 수 없을 것입니다. 나오게 될 때는 반드시 이익, 플러스될 수 있는 어떠한 요건을 바랬기 때문에 나오는 것입니다. 여러분이 여기에 손해나기 위해서는 오지 않는 것입니다. 무슨 이익이 될 수 있느냐, 없느냐? 즉 이익이 되기를 바라서, 무엇이 얻어지기를 바라서 온 것입니다. 여기에서 만일 마이너스가 됐다 할 때는, 암만 오라고 해도 다시 안 오는 것입니다.

이것은 무엇을 말하느냐? 작용하는 데는 반드시 서로가 좋은 목적의 결과를 바라 가지고 작용한다는 결론이 나오는 것입니다. 남녀간에도 마찬가지인 것입니다. 서로서로 사랑하는 사람이 사랑하게 되는 동기도 두고 보면, 서로서로가 사랑함으로 말미암아 서로가 손해 될 수 있는 것이 보여지는 자리에서는 암만 사랑을 하려고 해도 흩어지는 것입니다. 그러나 플러스될 수 있는 자리라면 그것이 이루어질 때까지 자연적으로 묶어 지는 것입니다.

여러분이 오늘날 존재하는 이 세계를 볼 때, 작게는 원자세계에서부터 크게는 태양계까지 서로서로 작용하는 데 있어서 자기들이 영원히 자기 존재를 유지할 수 있는 둘 사이에 관계를 가지고 작용하는 것을 부정할 수 없는 것입니다. 이런 관점에서 보게 될 때 주체와 대상이 절대적으로 필요하다는 것을 알 수 있는 것입니다.

화학실험실에서 실험을 하는 데 있어서 어떤 원소끼리는 합하기를 원치 않는데도 대번에 합하고, 어떤 원소는 합하게 하기 위해서 아무리 힘을 가해도 합하지 않는 것을 우리는 보게 됩니다. 그것은 서로서로가 합함으로 말미암아 이익될 수 있게 될 때는 작용하지만, 손해될 수 있는 자리에서는 절대 작용하지 않는다는 거예요. 만일 손해될 수 있는 세계 인데도 하나될 수 있다면, 이 세계는 파괴될 것입니다. 작용해 가지고 보다 상대적 가치를 추구하는 데서만이 대우주의 형성이 가능한 것입니다.

하나의 하나님과 하나의 세계종교

053 - P.159, 1972.02.19

인간의 양심을 놓고 볼 때 신이 실존하심을 알 수 있다

그러한 관점에서 우리 사람으로 돌아와서 한번 생각해 봅시다. 우리 사람에게는 끊임없이 작용하고 있는 양심작용이 있습니다. 여러분이 깊은 잠에 빠져 있다가 눈을 번쩍 뜨고 나서 좋지 않은 일을 하려면 마음은 언제나 파수꾼인 양 '야 이놈!' 하고 명령을 하는 것입니다. 그 양심 작용이 있는 것을 부정할 수 없을 것입니다.

양심을 가진 우리 사람은 결과적인 존재인 것입니다. 결과적인 존재가 끊임없이 양심작용을 하고 있다는 사실을 두고 볼 때, 작용을 하는 데는 반드시 주체와 대상 관계가 있어야 된다면 거기에서 어떠한 주체를 공인 하지 않을 수 없다는 것을 여러분은 알아야만 되겠습니다.

그 양심작용은 내려가라는 것이 아니라 최고로 올라가라고 재촉하고 있는 것입니다. 왜 그러냐? 어떠한 높은 주체자 앞에 하나되고자 하는, 보다 가치적인 요구를 작용시키는 플러스적 요건이 거기에 있기 때문에 그런 작용을 한다고 볼 수 있는 것입니다.

작용하는 데는 반드시 주체가 있어야 되고 대상이 있어야 된다는 문제를 두고 볼 때, 양심이 없다고 부인할 수 없는 사람일진대는 반드시 거기에는 주체인 그 무엇이 존재한다는 것을 긍정해야만 되는 것입니다.

그 주체가 누구냐 하면 이름은 아무래도 좋다는 거예요. 각국 나라 언어가 다르니만큼 백 나라면 백 개의 이름이 있을 수 있으니까, 그 이름은 아무래도 좋지만 그분을 하나님이라고 하는 것입니다. 이러한 관점에서 하나님이 있다는 결론을 지을 수 있는 것입니다.

인체의 신비를 통해서 본 신의 실존성

053 - P.160, 1972.02.19

　어떤 사람들은 '거 확실하지 않은데, 하나님이 있다는 것을 좀더 실감적으로 한번 느껴봤으면 좋겠다'고 할 것입니다.
　예를 들어 말해 보자구요. 우리 눈이면 눈을 한번 예를 들어 보자구요. 우리의 조상의 조상을 쭉 찾아 올라가면 태초의 조상이 있는 것입니다. 그 최초의 조상이 태어난 것은 이 지구성인 것입니다. 우리 조상의 눈은 이 땅 위에 태어나면서부터 천체의 태양이 있는 것을 벌써 알고 볼 수 있게끔 태어났습니다. 태어나기 전에 벌써 '아하, 태양이 있고 땅이 있으니 이런 세계를 볼 수 있게끔 되어야 되겠구나' 하고 알고 태어났다는 것입니다. 우리 조상 자신은 그걸 몰랐다는 거예요. 그렇지만 결과적으로 보면 안 것과 같이 돼 있다는 것입니다.
　여러분들은 눈을 깜박깜박하고 있습니다. 이 깜박깜박하는 것은 복사열로 인하여 수분이 증발하기 때문입니다. 눈의 수분이 복사열로 인하여 증발되면 안 되겠기 때문에, 이것을 축이기 위해서 깜박깜박하는 것입니다. 그런 것을 전부 다 알았다는 거예요.
　그 다음 여러분의 눈썹을 보라구요, 이 눈썹. 이거 뭐 하려고 스크린 같은 것을 만들어 놓았어요? 이건 반드시 공중에 먼지가 있다는 것을 알았기 때문에 그것을 방지하기 위해서 만들어 왔다는 것입니다. 이것 보라구요. 벌써 사람이 땀 흘릴 것을 다 알았다는 거예요. 만약 몰랐다면 어떻게 되었을까

**하나의 하나님과
하나의 세계종교**

요. 이것이 이렇게 되고 이렇게 될 수도 있는데 다 막아 놨다구요. 여기가 깊기 때문에, 중요한 눈에 땀이 들어가면 안 된다는 것을 알아서 이렇게 배치되어 있는 것입니다. 눈썹 자신이 이렇게 나올 수 있어요?

　여러분의 코는 왜 아래가 이렇게 퍼졌느냐 하는 것이 문제입니다. 이게 이렇게 붙지 않고 거꾸로도 붙을 수 있다구요. 그러나 그것이 그렇게 되면 큰일나는 거라구요. 그렇기 때문에 이게 이렇게 붙어 있다는 거예요. 직선이 되면 입이 위험하니까 이렇게 넓혀 가지고 커브를 치기 위해서…. 이 금이 없는 사람은 없다구요. 그래서 입은 쏙 들어가지 않고 드러났다구요. 그 코가 알아서 그렇게 나왔느냐, 입이 있을 것을 염려 하여 코 자신이 그렇게 되어져 나올 수 있느냐 이거예요. 여기 또 콧수염이 있다구요.

　여러분, 이 입을 보라구요. 입술이 발바닥같이 딱딱한 살이었다면 어떻게 될 뻔했느냐 이거예요. 말을 하는 데는 이게 얼마나 자유자재인지…. 또 혓바닥을 보라구요. 얼마나 기기묘묘한지….

　오늘날 그것이 맹목적으로 자기가 환경에 적응하기 위해서 저절로 그렇게 됐다고 하는 사람이 있을 것입니다. 그렇지만 자기 자신이 그것을 알아서 전체에 대비하여 나설 수 있는 지식적 기대 위에 서 가지고 출발한 존재가 아닌 것은 부정할 수 없습니다.

　세계적으로 의학박사가 수십 만이 있을는지 모르겠지만, 그 사람들은 전부 다 한 부분 부분을 연구해서 박사니 무엇이니 하고 있다구요. 지금껏 연구해 가지고도 아직까지 밝혀 내지 못한 미지의 세계가 얼마든지 있는데…. 태어나는 우리의 눈

자체, 코 자체, 지체 자체가 그걸 전부 다 알고 대비할 수 있게 태어났다구요? 그건 말이 안 되는 거라구요.

그 모든 것이 모르고 그렇게 태어났어요, 알고 태어났어요? 모르고 태어난 것이 아니라 전부 다 알고 태어났습니다. 먼저 전부 알아 가지고 그렇게 될 수 있게끔 지식적 배열을 한 것을 볼 때, 박물학적이고도 천문학적인 견지에서 우리 자체의 존재성을 이루게끔 하게 한 그 주체가 있다는 것을 부정할 수 없는 것입니다. 이렇게 볼 때에 '아 그거 모르고 태어났다'고 하는 사람은 바보라구요.

그러면 그것을 알고 그럴 수 있는 대비적 여건을 배치한 그분은 누구냐? 그분을 왈 하나님이라고 하는 것입니다. 여기에 자연과학을 연구하는 사람들에게는 진화적인 문제니, 혹은 사상적인 면에 있어서 변증법적 발전이니 하는 내용이 문제가 되겠지만, 목적관이나 기준이 출발 당시부터 제정돼 가지고 존재하기 시작한 것은 부정할 수 없는 것입니다. 그렇기 때문에 하나님은 있다고 결론지을 수 있는 것입니다.

여러분이 아침 저녁으로 세수를 할 적마다, 얼굴을 볼 적마다 깊이 생각을 해보면 참 재미있는 일들이 있으리라고 봅니다. 그러면 하나님은 계신다 했는데, 하나님이 계시면 그 하나님은 가만히 계실 수 없는 것입니다. 아무리 절대자라도 혼자 있어서는 안 되는 것입니다. 외로운 거라구요. 자기의 상대자를 필요로 하는 것은 당연한 이치입니다. 하나님이 계시면 그 하나님은 무엇을 하실 것이냐? 창조를 하지 않으실 수 없는 것입니다.

**하나의 하나님과
하나의 세계종교**

053 - P.162, 1972.02.19

하나님과 인간이 바라는 하나님과 인간의 관계

그러면 절대적인 하나님이 상대적인 존재로 필요로 하는 존재는 이 만물지중에 어떠한 존재냐? 이것은 두말할 것 없이 동물도 아니요, 식물도 아니요, 사람이라고 결론지을 수 있는 것입니다. 하나님이 상대를 필요로 하시는데 만물지중에 사람이 최고이니까 사람 외에는 상대하실 수 없다는 결론이 나오는 것입니다. 하나님이 만물을 창조했다면, 창조한 만물 가운데 최고의 걸작품이 사람인 것입니다. 성경 창세기 1장 27절을 보면 '하나님의 형상대로 사람을 지었는데 일남 일녀를 지었다'고 했습니다. 결국은 하나님의 형상을 닮게 인간을 만든 것입니다.

신의 실존문제를 두고 볼 때 인간 문제는 지극히 중요한 문제인 것입니다. 조금 전에 미국 책임자가 나와서 이 문선생에 대해 소개했는데, 영계를 통하고 뭐가 어떻고 어떻다고 말을 많이 했습니다. 이런 문제에 있어서 본인도 상당히 심각한 면에 들어가 가지고 고민했던 사람입니다. 하늘을 대해 신비스런 경지에 들어가 가지고 우주의 최고의 궁극적인 진리가 무엇이냐 하는 문제를 따지고 들어갔습니다.

거기에 답이 오는데, 그 답이 뭐냐 하면 우주의 근본 진리는 부자의 관계다 하는 것이었습니다. 그것은 여러분들이 지금 집에 모시고 있는 아버지와 아들딸의 관계가 아닌 것입니다. 우리가 살고 있는 이 세계의 가정제도나 나라제도는 하나님이 소망하는 패턴의 제도 위에 서 있지 않습니다. 그렇기 때문에 그 근본에 있어서 하나님이 창조 당시의 패턴으로 인간을 세우려 하는 그 자리가 어떤 자리냐 하는 것이 문제가 되는 것입니다.

하나님이 인간을 지었으면 하나님이 인간을 창조한 목적이 있는 것이요, 인간도 지음받은 목적이 있는 것입니다. 그렇기 때문에 그 일치점이 문제인 것입니다, 그 일치점이. 하나님은 인간에게 어떤 가치의 자리를 부여하려고 하고, 인간은 하나님을 대해서 어떠한 가치의 자리에 도달하려고 하느냐 하면, 그 자리인 것입니다.

우리 인간들의 욕망은 지극히 큰 것입니다. 잘못된 우리도 세계를 한번 내 것 만들고 싶어하고, 세계를 한번 뒤흔들어 보고 싶어하고, 세계의 최고 권위의 자리에 나가고 싶어하는 것입니다. 이것은 누구나 다 바라는 것입니다.

세계를 통치하는 주권자가 있으면 그 주권자와 더불어 하나 되고 싶어하는 것입니다. 때로는 친구가 되고 싶고, 더 들어가서 그의 아들딸이 있으면 그의 사위가 되거나 며느리가 되고 싶고, 그보다도 더 들어가서 그의 아들딸이 되고 싶은 것입니다. 세계적인 주권자를 대해서만 그런 마음을 갖는 것이 아니라, 그보다 더 높은 분이 있으면 이것을 버리고 그 높은 분을 따라가고 싶어한다는 것입니다.

최고의 자리에 있는 분이 절대적인 하나님인데, 자기가 누구보다도 그 하나님 앞의 가까운 자리에 가고 싶은 것이 인간의 욕망인 것입니다. 하나님을 마음대로 모시고 다니고, 하나님을 마음대로 섬길 수 있는 자리에 있다 하더라도 그것으로 만족하지 않는 것입니다. 만약 하나님 속에 감춰진 사랑, 하나밖에 없는 사랑이 있다면 그 사랑까지 점령하고 싶어하는 것이 인간의 욕망인 것입니다.

여러분들도 마찬가지의 욕망을 갖고 있습니다. 여자라고 그

**하나의 하나님과
하나의 세계종교**

렇지 않은 것이 아닙니다. 애기라고 그렇지 않은 것이 아닙니다. 병신이라고 그렇지 않은 것이 아닙니다. 누구나 다 사람은 그 자리를 요구하는 것입니다. 결국 하나밖에 없는 하나님의 사랑을 점령하고 나야만 인간의 욕망은 비로소 안정된 자리를 차지할 수 있다는 결론이 나오는 것입니다.

그러면 인간이 바라는 자리요, 인간을 지으신 하나님이 계시다면 그분이 요구하시는 자리는 어떤 자리이겠습니까? 하나님도 마찬가지의 자리를 원해야 된다는 것입니다. 하나님과 인간 사이에 그러한 자리를 맺기 위해서는 어떠한 관계를 가져야 되느냐 하면 부자의 관계 이외의 길은 없는 것입니다. 우리 인간에게는 천지를 창조하신 절대자인 그분이 내 아버지입니다. 아버지라구요. 그 권위가 타락하지 않은 인간이 차지할 수 있는, 인간이 공동적으로 가져야 하는 권위인 것을 우리는 알아야 되겠습니다. 그렇게 아들이 되어 하나님이 아버지가 되고 우리는 아들이 된 자리에서 보게 될 때, 아버지는 위에 있고 아들은 아래에 있는 것입니다.

가정에서 부부끼리 살림하는 사람은 잘 아는 바이지만, 가정에서도 그래요. 자기를 닮은 아기를 더 사랑하게 되는 것입니다. 잘난 아기가 있으면 전부 다 자기 닮았다고 그런다구요, 어머니나 아버지나. 그건 여러분도 잘 알 거라구요. 그런 것을 볼 때 하나님도 우리 사람을 자기 닮게 안 만들 수 없다는 거라구요. 아들을 만드는 데는 자기를 닮게 안 만들 수 없다는 거예요. 또 아버지의 마음은 자기 아들이 자기보다 못난 것을 싫어하는 거예요. 자기보다 더 잘났으면 좋아하지요. 이러한 관점에서 하나님과 인간에 대한 관계를 추구해 들어가게 될 때, 하나님은 우리 사람을 하나님보다 못한 자리에 놓고 싶어하지 않는다는 것을 알아야 되겠습니다.

인간은 보이는 하나님

053 - P.164, 1972.02.19

그 다음에 우리 인간의 욕망은 하나님과 같은 자리까지 올라가고 싶어한다는 거예요. 앞에서 말한 대로 아버지가 위에 있고 아들이 아래에 있으면 '왜 언제나 아버지는 위에 있고 아들인 나는 아래에…' 하면서 아들은 아버지 자리에 한번 올라가 보고 싶어한다는 거예요. 이런 욕망을 가진 인간인 것을 아시고, 하나님은 제일 귀한 것을 주고 싶어하시는 것입니다. 하나님은 인간이 자기 닮기를 바라시기 때문에 우리 인간을 어떤 자리에 놓아두려 하시느냐 하면 안팎관계, 내적 외적 관계에 놓아두려고 하시는 것입니다. 그러기 위해서 하나님이 인간을 지으신 것임을 알아야 되겠습니다.

오늘날 예수님을 믿는 사람들, 신앙자들은 '우리 몸이 성전이라'고 한 고린도전서 3장 16절의 말씀을 알고 있습니다. 타락했던 우리도, 잘못됐던 우리도 그걸 바라는데 아무것도 잘못하지 아니한, 하나님의 사랑을 받을 수 있는 아들딸의 관계에서 태어나는 그 아들딸이야 두말할 것 없이 본성전을…. 하나님이 그들 속에 들어와 계신다는 것은 두말할 바 없는 것입니다.

그렇기 때문에 인간은 첫째로 하나님의 사랑을 차지했고, 그 다음에는 하나님과 안팎의 관계를 맺은 것입니다. 하나님은 보이지 않는 내적 하나님으로 등장한 것이요, 우리 인류 조상인 아담 해와, 즉 본래 타락하지 않은 인류의 조상은 보

**하나의 하나님과
하나의 세계종교**

이는 하나님으로 등장했다는 것입니다. 이 말은 지금까지 신앙계에 있어서 혁명적인 말인 것입니다.

지금까지 기성신앙생활하는 사람들은 하나님은 절대자요 우리는 죄인이기 때문에, 창조주와 피조물은 엄격히 다르다고 주장하고 있습니다. 그러나 그것은 타락했기 때문에 그렇지, 타락하지 않았으면 하나라는 거예요, 하나. 그 자체를 보고 하나님이 좋아하시는 거예요. 그 자체 몽땅, 전체를 보고 하나님이 좋아하시는 거라구요.

하나님의 몸이 될 수 있는 권한, 우리 인간이 가질 수 있는 특권을 우리는 상실했습니다. 성경에 보면 아담이 모든 만물을 주관하고 아담이 이름을 짓는 대로 되더라는 말이 있습니다. 그것은 아담 자체가 전부 주관할 수 있는 것이 아니라 아담 속에 천지를 지으신 주인이 들어오기 때문에 한 몸으로서 주관할 수 있다는 말입니다.

여러분이 영적 체험을 하면 이 사실을 부정할 도리가 없는 것입니다. 속에서 말하는 것을 다 듣습니다. 또 자신이 원치 않는데도 말하게 되는 것입니다. 이러한 원칙이 있기 때문에 영계에 가 가지고 하나님을 중심삼고 영원히 행복하게 살 수 있는 것입니다. 절반은 맞고 절반은 안 맞으면 천국도 좋지 않다는 거라구요. 안팎이 딱 들어맞아요. 딱 하나될 수 있기 때문에, 그 세계에 가면 영원히 하나님과 같이 살고 싶고, 또 같이 살지 않을 수 없는 것입니다.

이와 같이 인간은 첫째로는 하나님의 사랑을 받고 싶어하고, 둘째로는 하나님과 같은 자리에 서고 싶어하는 것입니다. 셋째는 뭐냐? 가만히 보면 사람의 욕망은 최고 자리까지 바라기 때문에, 인간은 '아하! 하나님은 천지를 창조하실 수 있는 능력이 있어서 걸작품인 우리 인간을 만들어 놨구나. 나도 한번 사람을 저렇게 만들어 봤으면…' 하는 욕망도 갖고 있다는 거예요.

하나님은 계시는데, 남성 성품과 여성 성품을 합해 가지고 계시다는 것은 아담 해와를 형상적으로 만들었다는 것을 보아 알 수 있는 것입니다. 그것이 하나되어 가지고 아담 해와를 창조했다는 거예요. 그러므로 그와 같은 하나님의 자리에서 주체와 대상인 사람, 즉 완전한 남자와 완전한 여자가 하나되어야 된다는 것입니다. 그럼으로 말미암아 하나님이 아담 해와를 창조하시던 것과 마찬가지의 사랑을 중심삼고 비로소 거기에서 아들딸이 태어난다는 것입니다.

하나님이 창조한 최고의 걸작품인 인간도 인간이 창조했다는 결론의 자리에 세워 주기 위해서 우리 남자 여자를 지었다는 것입니다. 여기에서부터 부부가 완전히 하나됨으로 말미암아 태어나는 아들딸은 하나님이 아담 해와를 지어 놓고 기뻐하시던 그러한 기쁨의 위업까지도 상속받을 수 있는 것입니다. 하나님은 우리 인간들에게 아들딸을 낳아 가지고 사랑할 수 있는 사랑까지 주셨다는 것입니다. 다시 말하면 절대적인 하나님이 갖고 있는 전체를, 사랑하는 아들딸의 입장에 있는 우리 인간이 몽땅 부여받았다는 것입니다. 이것이 우리 인간의 가치인 것입니다.

그렇게 하나님과 하나된, 우리 인간의 욕망이 바랄 수 있는 최고의 것을 다 갖춘 자리에 선 하나님의 아들, 하나님의 사랑을 받을 수 있는 아들이 이 땅에 있느냐? 없는 것입니다. 안팎으로 하나되어 있는 사람이 있느냐? 없다는 것입니다. 하나님의 창조위업을 완전히 받음으로써 하나님의 사랑을 중

**하나의 하나님과
하나의 세계종교**

심삼고 아들딸을 낳은, 하나님의 창조위업을 그냥 그대로 계승한 가치적인 자녀를 낳아 본 사람이 있느냐? 그런 부부가 있느냐? 없다는 것입니다. 하나님이 아담 해와를 지어 놓고 기뻐하던 그 기쁨을 대신 느낄 수 있는 가정을 가져 가지고 서로 사랑해 본 부부가 있느냐? 그런 부모가 있느냐? 없다는 것입니다.

　이러한 자리에 서 있는 사람이 있다면 그 사람은 하나님의 대신자로, 아들의 대신자로 설 수 있음과 동시에 하나님의 성전이 돼 가지고 하나님의 신성을 지닐 수 있는 인간이 됐을 것입니다. 신성을 가질 수 있다는 거예요. 그렇게 됐더라면 영원한 신성을 가지고 하나님의 사랑권 내에서 살 것인데, 그렇게 되어 있지 않습니다. 그러한 개인이 되고, 그러한 가정, 그러한 종족, 그러한 민족과 국가와 세계가 됐으면 그 세계가 다름 아닌 지상의 천국이요, 이 천국에 살던 사람들은 그냥 그대로 천상천국에 가게 되는 것입니다. 하나님이 그렇게 지었다는 것입니다.

인간의 타락과 종교의 가르침

053 - P.167, 1972.02.19

　우리 조상 아담 해와가 타락하지 않았으면 그분을 중심삼고 그 후손은 전부 천국가게 된다는 거라구요. 그러나 우리는 그런 세계에서 살지 못하고 있습니다. 그 세계에서는 기도도 필요 없고 구주도 필요 없는 것입니다. 지옥도 안 생겨난다는 거예요. 인간이 타락했기 때문에 이 땅은 지상지옥이 돼 버리고 말았습니다.

절대적인 하나님이 지으신 물건은 하나의 목적을 지향하고 하나의 하나님을 중심삼고 하나되어야 할 터인데도 불구하고, 결과적 존재인 우리 자신들을 두고 볼 때 우리 자체는 두 가지 목적 방향을 지향하고 있는 것을 부정할 수 없는 것입니다.

　그러한 사랑을 뿌렸기 때문에 그것이 세계적으로 거두어질 때가 끝날인 것입니다. 그 현상이 열매 맺힐 때가 된 거예요. 그래서 싸움을 계속하고 있는 것입니다. 이러한 세계를 그냥 둔다면 하나님은 없는 거라구요. 하나님이 있기 때문에 이런 사람을 구해야 됩니다. 아들이 죽었으면 다시 살리는 놀음을 해야 된다는 거예요. 그것을 구하는 기반을 세계적으로 만들어 놔야 된다는 것입니다. 그것이 뭐냐 하면 역사적인 종교입니다.

　사람이 얼마만큼 떨어졌느냐 하면, 하나님의 아들 자리를 상실해 가지고 여지없이 떨어졌습니다. 우리 인간은 하나님의 종도 못 되리만큼 떨어졌다는 거라구요. 거기에서 끌어올려 가지고 양자의 자리로, 양자의 자리에서 아들의 자리로, 아들의 자리에서 부모의 자리로 하나님은 끌어올리는 운동을 하시지 않을 수 없는 것입니다.

　이런 관점에서 볼 때, 하나님이 지금까지 섭리해 나오시는 역사시대에 있어서 수많은 종교가 있었습니다. 여러분은 이걸 알아야 돼요. 그 종교 가운데는 세계적인 대표로서 종적인 사명을 하는 종교가 있고 양자적인 사명을 하는 종교가 있고 아들적인 사명을 하는 종교가 있다는 거예요.

　그러면 하나님이 이러한 종교를 세워서 교육을 하시는 데는 어떻게 교육하시느냐 하는 것이 문제인 것입니다. 마음과 몸,

**하나의 하나님과
하나의 세계종교**

이 둘이 싸우고 있으니 한쪽 편을 굴복시키는 작전을 안 할 수 없는 것입니다. 그렇기 때문에 양심은 마음을 중심삼고 몸을 치는 놀음을 하는 것입니다. 어떠한 종교든지 몸을 치라고 가르쳐 주는 것입니다. 그렇지 않은 종교는 참된 종교가 아닌 것입니다. 그것이 몸을 굴복시키는 첫째 방법입니다. 그 다음 둘째 방법은 뭐냐? 몸과 마음이 일대 일로 비슷비슷하니까 왔다갔다하는 놀음을 하고 있다는 거예요. 하나님은 사람들이 몸을 치는 것은 어렵다는 것을 아시기 때문에, 비슷비슷한 싸움을 하는 여기에서 마음 편에 힘을 두 배, 세 배 강하게 주입해 놓으시는 것입니다. 그러면 마음이 몸뚱이를 끌고 갈 수 있다는 거예요.

그 힘을 주기 위해서는 조건이 있는 것입니다. 그래서 예수님은 '네 마음을 다하고 뜻을 다하고 성품을 다하여 주 너희 하나님을 사랑하라. 누구보다도 하나님을 더 사랑하라'고 했던 것입니다. 하나님과 하나될 수 있는 심정적 일치점을 하나님은 요구하는 것입니다. 그런 말을 척 들어 보면 하나님은 완전히 사랑의 독재자 같은 생각이 들지만 그것이 아닌 것입니다. 사랑은 상대적이기 때문에 그렇게 사랑하면 그렇게 사랑해 주겠다는 말인 것입니다. 다시 말하면 사랑의 자리에 못 선 것을, 사랑의 인연을 통해서만 그런 악을 제패할 수 있는 절대적 기준이 성립된다는 것입니다. 그러한 경지에 들어가게 되면 강한 힘이 오는 것입니다. 몸뚱이는 문제가 아니라구요.

여러분, 하나님의 절대적인 사랑의 자리에 들어가 가지고 하나님의 자식과 하나될 수 있는 사랑의 체험이 얼마나 강할 것이냐? 생각해 보라구요. 이렇게 되면, 즉 몸뚱이를 사탄세계에 못 가게 하고 여기에 끌고 와서 습관만 들이면, 하늘이 찾고자 하는 본연의 사람을 찾을 수 있는 것입니다.

그렇기 때문에 예수님은 모든 것을 역설적으로 가르쳤다는 것입니다. 죽고자 하는 자는 살고 살고자 하는 자는 죽는다고…. 그게 왜 그래야 되느냐는 거예요. 결국 하늘의 생명을 찾으려면 몸뚱이를 죽이는 자리에 들어가야 됩니다. 그런 자리에서 이 몸뚱이를 살리겠다고 하다가는 하나님을, 생명을 잃어버리는 것입니다. 몸뚱이는 높아지기를 좋아합니다. 자기 배를 위하려고, 자기만을 위하려고 하는 것이 몸뚱이입니다.

그래서 종교는 인간에게 '금식을 하라, 절제를 하라, 몸을 쳐라' 하고 가르치는 것입니다. 역사시대에 있어서 종교의 가르침이 그런 내용으로 되어 있는 것을 볼 때, 오늘날 역사를 구하기 위한 하나님의 섭리의 기관이 있다는 것을 볼 때, 역사적 입장에서도 하나님을 인정할 수 있어야 됩니다. 여기에 여러분들이 문제가 있을 거예요.

여기 워싱턴이면 워싱턴에 꺼떡했다 하면, 뭐 뉴 에이지니 뉴 프런티어니 해 가지고 별의별 사람이 다 왔다고 합니다. 뭐 감리교면 감리교가 나올 때 그랬고, 몰몬교의 조셉 스미스면 조셉 스미스를 중심삼고 그랬고, 전부 다 자기가 뉴 에이지라고 말했기에 보통 사람들은 이것을 분별할 수 없다는 것입니다. 그리고 여러분들은 '워싱턴 신문에도 나고 하는 미스터 문이라는 사람도 옛날과 마찬가지로 다 그렇고 그렇지'라고 생각할 수 있는 것입니다.

하늘은 찾아 올라가는 섭리를 해 나왔기 때문에 세계적인 대표의 종의 사명을 짊어지고 온 사람 다음에 양자의 사명을

**하나의 하나님과
하나의 세계종교**

짊어진 사람이 나와야 할 때에 가서는 반드시 새시대라고 하는 것입니다. 단계가 높아진다는 거예요. 달라진다는 것입니다. 그렇지만 내용은 비슷하다는 거라구요. 그러면 여러분이 알아야 할 것은, 최후에 부르짖는 새 시대에 와야 할 것이 무엇이냐 하면 아들을 중심삼은 종교이념이 아니라 부모를 중심삼은 종교이념이라는 것입니다. 부모를 중심삼은 종교시대가 오게 될 때는 마지막 시대라는 것입니다.

하나님은 기필코 인류를 구하려고 섭리해 나오시는 것입니다. 그러면 종교 중에 어느 종교가 제일 중심된 종교냐, 최고의 종교냐 하는 것을 우리는 선별해야 되는 것입니다. 그것은 무엇을 중심삼고 알아낼 수 있느냐 하는 것이 문제입니다. 그것은 타락하지 않은 본연의 형태를 중심삼고 찾아내야 되는 것입니다.

기독교가 중심종교

053 - P.170, 1972.02.19

여러분, 세계 4대 종교로는 기독교, 불교, 유교, 회교가 있습니다. 이 종교의 교주들은 전부 다 국가주의자가 아니고 세계주의자입니다. 오늘날 미국에도 위인은 있습니다. 여기 조지 워싱턴이면 조지 워싱턴은 미국을 중심삼고 볼 때는 위대한 사람이지만 영국을 중심삼고 볼 때는 원수라구요. 참사람은 어디든지 원수가 없어야 된다는 거예요, 원수가. 세계를 위해서 희생한 사람이 아니고는 그런 사람이 있을 수 없다는 것입니다. 사람뿐만이 아니라 하나님을 위해서….

기독교만 해도 국경을 초월할 수 있다고 보는 것입니다. 국경은 못 넘어서 가지고, 자기 종족을 더 사랑하는 사람은 크리스찬이 아닙니다. 4대 종교 종주들을 4대 성인이라 말하고 있는데, 그 성인들 전부가 종교의 교주들이 되어 있다구요. 이게 우스운 일이라구요. 그가 서 있다면 그것은 자기 혼자 서 있는 것이 아닙니다. 하나님을 중심삼고 서 있으려고 하는 사람들입니다. 세계를 위해서 죽으려고 하는 사람들입니다.

 그런 사람들 가운데 누가 제일이냐? 누가 하나님이 제일 사랑할 수 있는 사람이냐? 앞에서 말한 것과 같이 인간은 하나님의 아들이 되어야 되고, 하나님이 내적 하나님이면 사람은 외적 하나님이 되어 안팎으로 하나되어야 되고, 그 다음에는 완전한 부부가 되어 가지고 하나님이 창조한 아담 해와와 같이 사랑할 수 있는 본연의 가정을 이루어야 된다는 내용을 가르쳐 줄 수 있는 종주라야만 최고의 종주가 될 수 있다는 결론이 내려지는 것입니다.

 여기에 종파가 다른 사람들, 즉 불교 신자가 오고 회교 신자가 오고 유교 신자가 오고 기독교 신자가 왔을 것입니다. 그런데 여기의 어떤 종파를 지적한다고 해서 '그건 미스터 문이 좋아하니까, 그가 크리스찬이니까' 라고 생각하지 말고. 원칙을 통해서 볼 때 그렇지 않을 수 없다는 것을 들은 후에 섭섭해 하지 말기를 바랍니다.

 불교를 보게 된다면 영계와 하나님을 가르쳐 줬지만, 인격적인 신보다도 법적인 신을 강조하고 있습니다. 유교를 보게 되면 하나님을 그저 도덕적인 중심이라는 관점에서 가르쳐 주고 있습니다. 악을 행하면 망하고 선을 행하면 하늘이 복을 준다고 그랬습니다. 또 회교는 한 손에 코란경을 들고 한 손에는 칼을 들고 나오고 있습니다. 이런 관점에서 볼 때 이러한 종교

하나의 하나님과 하나의 세계종교

는 하나님을 중심한 본질적 종교와는 거리가 먼 것입니다.

그럼 기독교를 알아봅시다. 왜 기독교가 세계적 종교가 아니 될 수 없다는 내용이 여기에서 결정될 것입니다. 예수님은 이 땅에 와서 '나는 하나님의 독생자'라고 말했습니다. 역사 이래 처음으로 인간세계를 대표해 가지고 하늘 대해 아버지라고 제창한 분은 예수님밖에 없는 것입니다. 이것이 앞에서 말한 하나님과 인간이 상봉할 수 있는 자리인 부자의 관계입니다. 그 자리를 적중한 것입니다. 하나님이 사랑하는 독생자이니까, 하나님의 사랑은 나로부터다라고 강조한 것입니다.

그 다음에 요한복음 14장에 보면 예수님은 '내 아버지는 내 안에 있고 나는 아버지 안에 있고, 나는 너희 안에 있고 너희는 내 안에 있다'라고 일체(一體)됨을 말했습니다. '나를 본 사람은 하나님을 보았다'고 했습니다. 이것이 앞에서 말한 둘째번 내용인데, 이와 같이 하나님과 안팎의 관계에 일치점을 제창한 분은 예수님밖에 없다는 것입니다.

그 다음에는 뭐냐 하면 사람으로서 하나님의 창조의 위업을 상속받을 수 있는 신랑 신부의 길을 찾아 나서야 된다는 것입니다. 이것을 예수님이 이 땅 위에서 결속시키고 출발하여야 했는데, 십자가에 돌아가게 됨으로 말미암아 '내가 다시 오니 나는 신랑이요, 너희들은 신부로서 기다리라'는 약속을 남기고 갔던 것입니다.

하나의 세계를 건설하는 사명을 갖고 오시는 메시아

053 - P.171, 1972.02.19

지상에서 하나님이 아담 해와를 창조하신 것과 같이 예수님이 그것을 이루어 가지고 기쁨으로 이 땅 위에서 아들딸을 보았더라면, 오늘날 기독교의 중심 책임자는 예수님의 후손이 됐을 것입니다. 그렇게 됐다면 기독교는 하나됐을 겁니다. 여러 가지 잡동사니 시시한 것이 안 되고…. 이렇게 못 된 것이 비통한 사실입니다. 그래서 예수님은 다시 와야 되는 것입니다.

이렇게 볼 때 창조는 공중에서 한 것이 아닙니다. 공중에서 한 것이 아니에요. 땅이 문제인 것입니다. 예수님이 돌아가실 때에 천국문 열쇠를 가져 가지 않고 땅에서 열 수 있도록 베드로에게 주고 갔습니다. 마태복음 16장 19절을 보게 되면 예수님은 '네가 땅에서 무엇이든지 매면 하늘에서도 매일 것이요, 네가 땅에서 무엇이든지 풀면 하늘에서도 풀리리라'고 했습니다. 땅이 문제라구요. 이것은 문이라는 사람의 개인적인 의사로 말하는 것이 아닙니다. 영계에 들어가 알아보니 그렇더라구요. 그렇기 때문에 주님은 어디로 와야 되느냐 하면 땅으로 와야 되는 것입니다.

여기에 목사 되는 양반들, 혹은 신부 되는 양반들이 있으면 '아, 저 사람은 이단자다'라고 말할 사람이 있을는지 모르겠습니다. 그렇지만 영계에 가 보면 알 거라구요. 여러분, 기도해 보라구요. 기도해 보라구요, 그렇지 않은가?

이런 관점에서 볼 때, 여러분이 하늘만 바라보면 기독교의 발판은 다 빠져 나가고 껍데기만 남는 것입니다. 내가 이렇게 이야기하는 것은 다년간 기독교를 위해서 누구보다도 많은 눈물을 흘린 사람이기 때문입니다. 그렇지만 지금까지 기독교에게 핍박을 받아 왔습니다. 그렇다고 기독교를 원수로 대해서 칠 수 없는 입장인 것입니다. 기독교를 깨우쳐야 할 책

**하나의 하나님과
하나의 세계종교**

임을 느끼기 때문에 오늘 미국 땅에 와서 이런 놀음을 하고 있는 것입니다. 한국의 기독교인들은 반대하지만, 어디 선진국가의 기독교인들은 어떠한가 보자구요.

여러분, 주님이 오실 때는 그가 신부를 맞아 어린양잔치를 한다고 우리는 믿고 있습니다. 그것이 뭐냐? 하나님이 계획했던 창조본연의 타락하지 않은 인류의 참부모를 가져야 할 터인데도 불구하고 그들이 거짓 조상이 되었으니, 이것을 제거시켜 버리고 다시 참부모를 대신하는 존재를 세워 세계적인 부모의 자리를 갖다 맞추어야 하겠기 때문에, 그 사명을 연결시키기 위해서 오시는 분이 재림주요 재림주와 상봉하는 날이 어린양잔칫날인 것입니다.

예수님은 둘째번 아담으로 왔다고 고린도전서 15장 45절에 기록되어 있습니다. 다시 오시는 주님은 셋째번 아담으로 오신다는 거예요. 둘째번 아담인 주님이 올 때는 이스라엘 나라가 있었지만, 셋째번 올 주님 앞에는 나라가 있느냐? 나라도 없고, 종족도 없고, 가정도 없고, 어느 교파를 믿고 올 곳이 없다는 것입니다.

알파로 시작한 것이 실패되었기 때문에 오메가로 완성하기 위해서는 하나님의 사랑을 중심삼은 참부모가 나와야 되는 것입니다. 그럼으로 말미암아 새로운 문화의 창건과 새로운 전통적 역사가 시작될 것이요, 천상·지상세계에 새로운 세계가 시작될 것임을 우리는 알아야 되겠습니다.

오늘 말씀의 제목은 '하나의 하나님과 하나의 세계종교'입니다. 지금 전세계의 종교에 있어서는 구세주가 오는 것이 절박한 소망으로 남아 있습니다. 외적인 민주세계나 공산세계를 막론하고 세계 만민 앞에 있어서 외적으로 세계를 지도할 수 있는 세계적인 지도자를 요구할 때가 왔다는 것입니다.

그 한분, 그 한 중심이 종교의 세계와 외적 세계, 이 둘을 합해 가지고 하나의 세계로 이끌 수 있는 사명을 짊어지고 오시는 분이 메시아라고 우리는 알고 있습니다. 이분을 중심삼고 하나님이 비로소 이분과 하나됨으로 말미암아 하나님이 계획하셨던 개인적인 패턴과 가정적인 패턴과 국가적인 패턴과 세계적인 패턴을 대신할 수 있는 터전이 있게 되는 것입니다. 그 터전을 이루기 위해 오시는 분이 부모로 오시는 분임을 우리는 알아야 되겠습니다.

지금까지의 종교는 개인적으로 종이나 양자나 아들의 입장에서 가르쳐 주었지만, 이제 최후에 남아질 하나의 우주종교로서 등장할 것은 부모를 중심삼은 새로운 문화와 새로운 전통과 새로운 국가와 새로운 세계를 형성할 수 있는 새로운 종교입니다. 이것만이 하나의 우주종교가 된다는 것을 여러분이 알아주기를 바라면서 말씀드렸습니다. *

○ 세계평화를 위해 종교간에 화목하자
―제4차 세계종교일치회의 및 세계종교청년세미나 기조연설문―

날짜 : 1984년 8월 13일
장소 : 서울 롯데호텔

존경하는 의장, 고명하신 학자 및 성직자 제위(諸位), 세계종교청년대회(Youth Seminar on World Religions)의 참석자, 그리고 신사 숙녀 여러분!

본인은 '하나님에 관한 오늘의 토의' 제4차 회의장소인 동시에, '제3차 세계종교청년세미나'의 종착역이기도 한 여기 한국까지 오신 여러분을 진심으로 환영하는 바입니다.

종교지도자들과 학자는 새문화창건의 선구자

이 두 행사가 오늘 이렇게 한국에서 합류하게 된 것은 실로 우연한 일이 아닙니다. 역사적으로 한국은 세계종교들의 유일한 집결지였습니다. 일찍이 불교와 유교가 여기서 그 뿌리를 깊이 내리고 서로 조화를 이루며 재래 단군신화와 토속신앙의 흐름 속에 융합되어 내려왔습니다. 또 1984년은 천주교의 한국 전래 200주년이요, 개신교 한국 전래 100주년이 되는 해입니다. 단일문화권 속에서 주요 종교들의 상호공존과 상호비옥화 과정이 역사적으로 진행되어 온 이곳은 다양한 종교 교훈들이 이 '은둔자의 나라' 백성들의 가슴 깊이 스며들어 있습니다. 바로 이러한 토양에서 우리의 통일운동(Unification Movement)이 태동되어 나왔으니, 이 운동은 범세계적 차원에서 '다양성 안에서의 합일'을 모색하며, '하나님 아래 전인류가 한 가족'임을 깨달은 바탕 위에 사랑과 공감과 조화의 세계를 이루고자 하는 운동입니다.

이러한 이상세계를 창건하기 위해서, 우리는 전체적인 모델, 즉 청사진을 가져야만 합니다. 통일운동이 제시하는 이상세계상은 마음과 몸이 일치된 완성한 한 인간에 비유될 수 있습니다. 하나님을 중심한 인간의 정신적 및 영적 생활로부터 삶의 이상과 목적이 나옵니다. 신경조직은 마음이 하고자 하는 바를 각 세포에게 전달하고, 사지백체로부터 들어오는 정보를 두뇌에 전달합니다. 이 수수(授受)의 과정이 순조로울 때 개인은 조화로운 상태에 있다고 말하는 것입니다.

인류 전체의 정신적 및 영적 생활이 한 개인의 그것에 견줄 수 있다면, 인류 사회의 경제적 및 외적 측면은 개인의 신체에 견줄 수 있겠습니다. 인류의 영적 이상과 하나님을 향한 염원과 사랑은 종교를 통하여 사회와 문화 속에 표현되며, 그를 중심으로 신학·철학·예술 및 모든 문화가 회전하는 것입니다. 여기서 종교지도자, 신학자 및 철학자들은 마치 인체의 신경조직과도 같이 하나님으로부터 오는 메시지를 해독하여 전인류에게 전달해야 하는 것입니다.

오늘의 현실을 개선하고 새로운 문화혁명을 성취하는 데 있어서 종교지도자 및 학자 여러분께서 결정적인 역할을 담당할 수 있다고 본인은 믿고 있습니다. 역사적으로 볼 때 종교

세계평화를 위해 종교간에 화목하자

지도자들과 학자들은 고대 인도, 중국, 중근동 및 희랍에서 문화창건의 선구자들이었습니다. 이것은 초기 기독교와 이슬람문화권에서도 예외가 아니었고, 문예부흥, 종교개혁, 또는 계몽사조에 있어서도 마찬가지였습니다.

그러나 오늘날 과학기술의 급속한 성공과 더불어, 종교는 현실세계의 제문제를 해결하는 데 실패하고 있으며, 종교의 이러한 모습에 환멸을 느낀 수많은 사람들이 공산주의의 반종교적 기치(旗幟) 아래로 몰려가고 있습니다. 하지만 공산주의는 폭력을 수단으로 삼고 있고 궁극적으로 하나님을 거부하며, 제종교의 목표를 좌절시키고, 인류의 안목을 물질적 차원에 국한시키려 하고 있습니다. 공산주의에 기울어진 상당수의 사람들이 나름대로 높은 꿈을 지녔고, 인종과 국가의 담을 넘어 활동하고자 한다는 사실을 본인이 모르는 것이 아닙니다. 그러나 이들의 정열과 이상주의는 신 중심의 사상과 활동에 의해서만 보완되고 완성으로 가는 길을 찾을 수 있는 것입니다.

바로 여기에 종교지도자들과 학자 여러분께서 헌신적으로 앞장서야 할 시대적 요청이 있는 것입니다. 하나님회의(God's Conference)와 세계종교청년세미나(Youth Seminar on World Religions), 또 국제종교재단(International Religions Foundation)의 제반 활동은 이런 이상을 실현하기 위한 기구요, 실험대요, 광장인 것입니다.

여러분은 여러분의 학문과 여러분 자신을 세계와 하나님 앞에 봉헌하도록 소명을 받고 계십니다. 여러분은 여러분의 공동체 안에서 하나님을 대변하고, 하나님으로부터 오는 사랑과 희망을 이웃에게 전달하고, 세상 사람들이 인류와 하나님께 봉사하는 일을 돕는 사명을 받고 계십니다. 이것은 여러분의 교회나 사원이나 회중을 일깨워, 하나님을 중심한 자유와 평화의 세계를 이루는 데 동원하는 일로 연결될 것입니다.

세계평화의 필수조건은 종교간의 화목

133 - P.273, 1984.08.13

　이 세속적 시대에 종교가 할 수 있는 일이 무엇인지를 물어오는 분이 많습니다. 거기에 대한 본인의 소견은, 세계 종교들이 가치관의 보편적이고도 불변적인 토대, 즉 절대가치를 제시하여 모든 정부들이 그 위에서 참된 조화를 이룰 수 있게 해야 할 것이고, 과학기술이 바른 가치관 아래서 인류에게 유익한 방향으로 나아가도록 향도해야 할 것이며, 지상의 모든 문화권들이 신 중심의 전통하에 순화되고 고양되어 만인에게 공유되며, 길이 후대에 전승되도록 해야 할 것이라는 것입니다.

　진실로 본인이 말하는 이러한 이상은 지상에 하나님의 왕국을 세우는 일이라 할 수 있습니다. 그리고 본인은 이 일이 가능하다고 믿고 있습니다. 어떤 분들은 본인이 너무 이상주의적이라고 평을 해오고 있으며, 본인도 이것을 시인합니다. 그러나 본인에게는 다른 선택의 여지가 있을 수 없습니다. 하나님은 본인을 직접 부르셨으며, 이러한 사명을 주셨기 때문입니다.

　본인은 지금까지 하나님의 이상을 가르치는 데에만 그친 것이 아니고 지상에 하나님의 뜻을 실현하는 일에 생애를 바쳐왔습니다. 그동안 본인이 추진해 온 선교·교육·학술·승

**세계평화를 위해
종교간에 화목하자**

공·종단 및 교단간의 화해, 사회봉사 등의 활동이 그것입니다. 이중에서도 특히 강조하고 싶은 것은 종단 및 교단간의 화해운동입니다.

오늘날 인류가 당면하고 있는 한 가지 큰 문제가 수많은 기독교파들 사이에서, 여러 세계 종교들 사이에서, 그리고 각 세계 종교 내부에서 빚어지고 있는 상호 몰이해의 현상입니다. 이 문제를 해결하고자 하는 다양한 노력에도 불구하고 종교 공동체들간의 대립과 적대감은 여전히 계속되고 있습니다. 지난 수세기 동안에 벌어졌던 종교전쟁은 오늘도 그치지 않고 있습니다. 상호일치를 위한 수많은 운동들이 시도되어 왔으나, 독실한 신앙자들 사이에는 아직도 불관용, 종교적 편협 및 종교적 교만의 풍조가 팽배해 있습니다. 그래서 대부분의 종교들이 같은 하나님을 섬기고, 심지어 같은 교리를 갖고 있는 경우가 빈번하였음에도 불구하고 종교인들은 상호탄압과 적대행위를 계속해 왔습니다.

우리는 하나님이 교단주의나 교리나 파당주의를 초월해 계신다는 사실을 깨달아야 되겠습니다. 하나님의 목적은 언제나 전인류를 구원하시는 데 있어 왔고, 특정 민족이나 인종이나 종교단체만을 구원하시려는 것이 아니었으며, 이것은 지금 이 시간에도 변함이 없습니다. 종교인으로서 우리가 상호간의 싸움과 적대행위를 종식시키지 않는다면 세상을 구원하시려는 하나님을 도울 수가 없습니다. 많은 종교지도자들이 이것을 절감하여 왔으나 여러 복잡한 이유 때문에 이 문제의 해결은 번번이 좌절되어 왔습니다.

세계종교의회를 개최하는 목적

133 - P.274, 1984.08.13

　본인이 강조해 온 것은, 세계평화를 위한 필수적인 조건이 바로 종교간의 화목이라는 것이었습니다. 지금까지 어느 한 종교가 하나님을 완전하게 대변하는 일은 불가능하였기 때문에, 종교들이 갖고 있는 다양한 견해들은 필연적인 산물입니다. 그러나 우리 모두는 한 하늘 부모의 자녀들인 연고로 우리는 한 대가족 안의 형제자매들인 것이며, 따라서 종교간의 갈등과 증오는 불필요한 것들입니다.

　본인은 일찍이 영적 탐구의 길에서 하나님과 여러 차례 대면하였고, 세계 종교의 창시자들과도 영적으로 만났습니다. 지금도 본인은 계속해서 하나님의 임재와 그로부터 오는 영감의 교신을 생활 속에서 체휼하고 있습니다. 하나님이 안 계신다면, 억압받고 착취당하던 약소민족의 땅 벽촌에 태어났던 한 사람이 어떻게 몰이해와 핍박 속에서 세계적인 영적 기반을 닦을 수 있었겠으며, 오늘 세계종교지도자들의 이 수준 높은 모임을 주최하고 이런 연설을 할 수가 있겠습니까? 우리 통일운동의 목표와 수단들은 하나님께서 주신 지침에 의해 설정되고 채택되어 왔다는 사실을 밝혀 두고자 합니다. 즉 여기 이 모든 것은 본인의 사적 소견이나 활동이 아니고 바로 하나님으로부터 연유된 것들입니다.

　국제종교재단(IRF)은 1993년에 세계종교의회를 개최하려고 계획하고 있습니다. 이 행사는 1893년에 시카고에서 열렸던 세계종교의회의 100주년을 기념하기 위한 것입니다. 1993년의 이 행사를 준비하기 위해 두 차례의 예비 모임이 있게 될 것인데, 그 하나는 1985년 말에 뉴욕시 근교에서 있

세계평화를 위해 종교간에 화목하자

을 예정이며, 또 하나는 1989년에 있게 될 것입니다. 이 예비 모임에는 각각 700명 이상의 종교지도자, 학자, 평신도 대표, 예술가, 그리고 청년들이 참석하게 될 것입니다. 이 두 예비 행사와 1993년의 본행사는 그것들로 그치지 않고 미래의 더 큰 모임들에 연결되도록 추진될 것입니다.

어쨌든 이 행사들은 세계적으로 초종파의 광장을 마련하도록 설계되고 있으며, 그 목적은 모든 생명체에 내재하고 있는 보편적인 원리를 밝혀 나아가고, 그 원리의 다양한 발현을 충분히 고양시키려는 데 있습니다. 이와 더불어, 세계종교의회는 전인류가 희구하는 세계평화의 성취도 모색할 것입니다. 그 참석자 전원에게 현대의 영적 상황과 당면한 문제들에 관한 각자의 의견을 주고받을 기회가 제공될 것입니다.

그 목적은 정치적 또는 교리적인 입법을 하자는 것이 아니고, 세계 종교들간의 상호존경심을 북돋우고, 종교간의 협조를 장려하는 데 있습니다. 그리고 그 의회의 주제는 '영적 쇄신과 신 중심의 세계평화 실현'이며, 이에 연관되는 여타의 다양한 문제들도 아울러 토의될 것입니다.

이 자리에 와 주신 데 대해 다시 한 번 감사를 드립니다. 본인은 이번 대회가 인간의 생각을 표준으로 하여 하나님을 생각하는 모임이 아니라 하나님의 본래의 이상을 탐색하는 모임이 되기를 바랍니다. 여러분의 진지한 연구와 토의로 말미암아 이 시대를 대하시는 하나님의 소원이 크게 발현될 것을 빌어 마지 않습니다. *

○ 대화와 연합
— 세계종교의회 창시자 기조 연설문 —

날짜 : 1985년 11월 16일
장소 : 미국 아메리카 조오지 그레이트호텔

135 - P.218, 1985.11.16

존경하는 의장, 각 종단에서 모이신 지도자 및 학자, 그리고 신사 숙녀 여러분!

본인은 본 세계종교의회의 창시자로서, 대표 여러분을 진심으로 환영하면서, 우리가 오늘 자리를 함께한 것이 간단한 사건일 수 없음을 상기시키고자 합니다. 세계 85개 국에서 모든 종교와 문화, 전통과 의식, 혈통과 환경의 담을 넘어 이렇게 모여서, 마음문을 열어 화합하고 인류의 장래를 염려하는 것 자체가 하나의 위대한 성취이며, 또한 하나님께서도 이 역사적인 자리를 기쁘게 바라보실 것입니다.

영원하고 참된 사랑 · 이상 · 행복 · 평화를 소망해 온 인간

135 - P.218, 1985.11.16

비록 인생의 근본문제에 대한 해답이나 인간 고뇌의 본질에 대한 이해, 또 인류평화를 모색하고 완성하는 방법 등이 서로 다른 여러 종교전통을 배경으로 모였다 할지라도, 우리는 신을 중심으로 각자의 궁극적 관계를 정립하고 모든 문제를 해

대화와 연합

결하려는 공통의 기대를 갖고 있습니다.

　동서양을 막론하고 인간은 비록 죄악과 불신과 혼돈 속에 살면서도 영원하고 참된 사랑과 이상과 행복과 평화를 줄기차게 소망하여 왔습니다. 악을 지향하는 욕망의 유혹을 물리치고 선을 추구하는 욕망을 따라 본심이 기뻐하는 행복을 찾으려고 온갖 노력을 다해 왔습니다. 역사를 통한 인류의 경험으로써는 이와 같은 목적을 성취하는 일이 불가능하다는 결론이 나고도 남는데, 인간의 본성은 이를 쉽게 포기하지 않습니다. 민족과 전통에 관계없이 인생이 추구하는 궁극은 하나의 길임을 알 수 있습니다.

　이 목표의 성취가 인간의 힘만으로 안 될진대, 우리 인간을 넘어서서 영원하고 참되신 절대자를 찾아 그분에게 의존할 수밖에 없을 것입니다. 우리 인생은 자신의 유한성을 알고 있는 유일한 존재입니다. 인간이 자기 자신을 초월하여 자기의 운명을 개척해 나갈 수 없기 때문에 이것을 할 수 있다고 생각하는 대상자, 즉 신에게 의뢰하기 마련입니다. 그 신이 참다운 사랑, 참다운 이상, 참다운 평화와 행복을 바라신다면, 그분을 통해서만 이것이 가능할 수 있다고 보는 것입니다. 신을 통하여 인류가 추구하던 이상적 요건들을 성사하기 위해서는 그분이 제시하는 내용을 우리가 알고 구체화해야 된다는 결론에 이르게 됩니다.

　본인은 영적 체험을 통하여 영계에 대한 내용을 알아 왔고, 신과의 깊은 교제를 가지면서 그의 뜻과 사랑과 심정을 확인하였습니다. 종교는 단순히 진리나 윤리의 가르침만이 아니고, 절대적으로 의존하고 싶고 관계맺고 싶은 인간본연의 정(情)에 연결되어 있습니다. 인생에 있어서 참된 종교적 직관은 절대적이요 무한한 것입니다. 우리는 이 직관에 의하여 우리 각각에 대한 신의 부르심을 들을 수 있습니다. 이 경지는 종교 형식을 초월하며, 어떤 제도가 이를 가로막을 수 없는 본연의 교제입니다. 그러므로 이것은 종교 아래에 있는 것이 아닙니다. 이러한 관계에서만 인간은 완성과 행복을 소유합니다. 이 경지에서의 신인(神人)의 관계는 하나이면서 곧 전체입니다.

신이 이렇게 인생의 배후에서 작용해 온 초월적인 힘과 그 관계성은 만일 인류가 원하기만 한다면 전체에 통하는 것이므로 인생이 나아가야 할 길은 둘이 될 수 없는 것입니다. 개인의 길이 그러하고, 그 이상적인 개인이 이루는 가정의 길, 국가·세계의 길이 또한 그러합니다. 모든 길은 절대자 신이 이상하는 사랑과 행복과 평화의 세계를 지향하는 것입니다.

사랑이나 이상, 행복이나 평화라는 말은 혼자로서는 성립되는 말이 아닌 것입니다. 이것은 반드시 상대적 관계에서 성립되는 말이기 때문에 절대자이신 신이라 할지라도 그의 이상은 홀로는 이룰 수 없는 것입니다.

종교의 궁극목표는 신의 뜻인 평화의 이상세계를 이루는 것

135 - P.220, 1985.11.16

신이 혼자만으로 무엇을 사랑하며, 혼자서 이상을 가져 무엇을 하겠습니까? 신의 창조의 동기도 이런 점에서 이해해야 합니다. 신의 이상을 성취시킬 수 있고, 신의 사랑을 성사시킬 수 있는 대상이 인간입니다. 인간을 통해서만이 신의 사랑과 행복과 화평의 이상적 요건들이 성사될 수 있으니, 본연의

대화와 연합

인간이 얼마나 귀한 존재입니까? 신인의 관계는 비록 격위는 다르다 할지라도 사랑과 행복을 중심으로 일체이상을 이루는 관계니, 본연의 부모와 자녀의 관계가 되는 것입니다. 신이 영원하고 절대적인 것같이 그의 대상인 인간도 절대적이요 영원의 내용을 가진 가치적 존재가 되는 것입니다. 인간은 신의 이상을 실천할 목적체입니다. 신의 영원하고 절대적인 뜻은 인간과 완전 일체된 곳에서 성취되므로 인생의 목적도 또한 절대적이고 영원한 것입니다.

신이 영원·불변·절대이므로 그가 이상한 창조목적도 영원·불변·절대이며, 하나의 목적으로 통일된 단일이상세계를 이루는 것이었습니다. 오늘의 죄악과 분열과 불신의 세계는 인간이 본연의 길에서 떠나 타락했기 때문입니다. 이러한 인간을 구원하시는 신의 섭리는 종교적 기반 위에서 인간으로 하여금 원상회복을 시키는 것입니다. 그런고로 구원섭리는 메시아에 의한 복귀섭리인 것입니다.

신의 창조목적이 절대적이듯이 복귀섭리의 목적도 반드시 성사되는 것입니다. 따라서 메시아의 이상은 결코 막연한 것이 아니고 구체적인 우리의 생활권에서 기필코 성사될 신의 뜻인 것입니다. 이런 점에서 종교의 목적은 우리의 실생활에서 신의 뜻을 구체화하는 것입니다. 신이 구원의 전체적 섭리를 위해서 시대와 민족과 환경에 따라 적의(適宜)한 종교를 두어 선의 터를 넓혀 왔습니다. 따라서 전종교의 궁극목표는 신의 뜻인 평화이상세계를 이루는 것, 오직 그것입니다. 종교는 종단 안의 자체구원이나 개인구원을 생각하기 전에 세계구원이라는 신의 뜻을 염려해야 합니다. 지금 때는 범종교적으로 신의 참뜻을 재탐구해야 할 때라고 봅니다.

본인이 알고 있는 신은 종파주의자가 아니십니다. 지엽적인 교리이론에 얽매이신 신이 아니십니다. 우리들은 교의문자나 의식조건에 융통성 없이 얽매이는 신학적 갈등으로부터 빨리 벗어나서 신과 산 교제를 가져야 합니다. 신도들의 믿음이 생동하고 각자의 영혼이 신과 교통하는 순수한 종교 풍토의 조성이 시급하다고 봅니다.

신과 부모의 심정, 그리고 크신 사랑 안에는 민족이나 혈색의 구분이 있을 수 없습니다. 국가나 문화전통이나 동·서양의 벽도 없습니다. 신께서는 오늘도 만민을 같은 자녀로 품기 위해 애쓰고 계십니다. 우리는 종단간의 대화와 화합을 통하여 신의 창조목적이요 인류공망(人類共望)인 단일평화이상세계를 기어이 실현해야 합니다.

범종교적 확청운동, 실천봉사운동이 일어나야

135 - P.221, 1985.11.16

존경하는 종교의회 대표 여러분!

우리가 오늘의 현실을 직시한다면, 우리는 믿고만 있을 때가 아니라 행동해야 할 때임을 직감하게 됩니다. 우리 사회에 팽배해 있는 심각한 문제점들, 가치체계의 혼란, 도덕적 퇴폐, 마약과 테러, 전쟁과 대량학살, 인종문제, 인권과 부의 균배문제, 무신론에 입각한 공산주의 문제 등등 수많은 병폐들은 무엇을 말해 주고 있습니까? 신을 떠난 인류가 무신론에 입각한 물본주의 반신론에 입각한 세속적인 인본주의, 향락주의 등에 편승하여 당도한 세기말적인 종착점인 것입니다. 이 모두는 이 세대의 정신적·영적 고갈과 신앙심의 쇠퇴에

대화와 연합

근본 원인이 있다는 결론과 함께 종교인들을 채찍질하고 있습니다.

오늘의 이 세계를 누가 책임질 수 있겠습니까? 군사력이나 정치의 힘입니까? 아니면 금력이나 기술의 힘입니까? 결코 아닙니다. 신께서는 이 시대의 선지자요 제사장격인 종교지도자들에게 이 문제를 해결하라고 권고하고 계십니다. 모든 종교인들은 이 세대의 영적 기반의 결핍에 대하여 책임을 절감하고 깊이 통회해야 하겠습니다. 긴 종교 역사 속에서 종교인들이 살아 계신 하나님을 바르게 증거하는 일에 부족했고, 사랑의 실천을 등한히 함으로써 무신론이 만연하고 또 공산주의가 세계에 팽배해 있음을 뼈저리게 자책하는 종교인이 되어야 할 줄 압니다.

오늘 하나님은 우리를 부르고 계십니다.

모든 종교인은 깊은 자기성찰의 내적 기대 위에서 굳세게 일어나 온갖 비리가 난무하는 현실에 도전하고, 하나님의 뜻의 지상실현을 위하여 창의적인 노력을 다해야 합니다. 살아 계신 하나님께서 바라시는 인간과의 관계는 경전이나 예배의식 안에서만의 관계가 아닙니다. 신의를 품고 24시간 생활 속에서 이를 실천하는 자각된 마음속에 거하시면서 인간과 함께 생활하시기를 소원합니다.

본인은 세계와 인류의 앞날에 대한 오랜 성찰과 기도를 통하여 지금 세계를 휩쓸고 있는 하나님의 열정적인 소망과 강한 성령의 역사를 느껴 오고 있습니다. 이것은 세계가 기필코 새로워져야 하고 종교지도자들이 범세계적으로 단결할 뿐 아니라 참회와 참된 봉헌의 자세를 가다듬는 범종교적 확청운동, 실천봉사 운동이 일어나야 한다고 교시하고 있습니다. 세계는 달라져야 합니다. 새로운 종교개혁의 불길이 타오르고 도처에서 생활신앙·실천신앙의 기치가 높이높이 휘날려야겠습니다. 그리고 무신론자들 앞에 살아계신 신을 증거하는 산 신앙의 불길이 있어야 합니다. 진정한 평화세계는 종교를 통한 정신혁명, 사랑과 자비에 의한 큰 화합으로써만 성취되는 것입니다.

종단간의 화합을 통한 평화세계 실현을 앞당겨야

135 - P.222, 1985.11.16

존경하는 대표 여러분!

우리는 신의 숭고한 소명 앞에서 반목·오해·무지가 범람하는 세속의 늪을 벗어나 상호존중 및 친선으로 세계의 종단들이 큰 협동체제를 구축해야겠습니다. 그리하여 행동하는 종교인의 의지와 실천을 지구성 구석구석에 증거하여야 합니다.

종교는 단순한 미래대망에 그치는 것이 아닙니다. 신의 첫 창조목적지가 지상일진대 우리가 지상에 실현해야 할 그의 뜻을 잊어서는 안 되는 것입니다. 천국이나 극락이 신의 이상적 처소라면, 그곳을 가는 것이 소망만으로는 안 되는 것입니다. 현실에서 이상의 기원이 되는 대상존재를 위해 주고 사랑하고 베푸는 실천과 그 실적이 필요조건이 되는 것입니다.

종교가 현실적 규범원리나 소재를 초월한다고 해서 그것의 현실적 작용마저도 도외시해서는 안 됩니다. 종교는 현실문제 자체에 지대한 관심을 가져서 신의 뜻의 적용여부를 살펴야 합니다. 또한 정치·경제·사회·교육 등 각 분야의 현실

대화와 연합

문제를 해결할 사람들의 마음속에 신을 중심한 새로운 변화를 일으킴으로써 그들이 새로운 사람이 되어 문제를 풀도록 해야 합니다.

산 심령을 가진 종교인들이 종교의 진리를 들고 현실사회에 뛰어 들어가는 것을 신은 요구하고 계십니다. 진리를 가진 사람, 신과 근본적인 교제를 가진 자는 어느 곳에서나 생명의 역사를 일으키고 영향을 주게 마련입니다. 참된 종교는 세상을 따라가는 것이 아니요, 신의에 입각해서 세상을 깨우치고 만인을 선도해야 하므로 반대와 핍박과 소란이 일게 마련입니다.

종단간의 화합과 대동단결, 그리고 실천신앙의 새로운 운동은 얼마간은 외로운 개척자적인 길을 갈는지 모르지만 이는 역사적 차원, 세계적 차원에서 생각하는 많은 청신한 인사들의 대대적인 호응을 받을 것입니다.

본인은 그동안 신이 바라는 섭리의 방향을 따라 세계를 개혁하고 지상에 신의 이상을 실현하는 데 진력해 왔습니다. 또한 본인은 통일교회의 총력을 제일 우선적으로 동원해서 종교간의 화합을 통한 세계평화의 목표를 위해 베풀어 나왔습니다. 여러분들이 속한 각 종단도 적극적으로 이 길을 협력하여 같이 가기를 진심으로 본인은 원합니다. 이것은 본인이 이 분야의 노력을 이제 중단한다거나 통일교회의 재력을 아끼고자 함이 아닙니다. 전종교전통들의 영적 자원과 창조력을 동원해서 신이 원하는 방향으로 총결집함으로써 평화세계의 실현을 앞당기고자 함에서인 것입니다.

신의 지상실현이라는 세계종교의회의 성과

135 - P.224, 1985.11.16

여러분께서 아시는 바와 마찬가지로, 본 세계종교의회는 역사적인 기획이요 성취입니다. 세상에서도 UN기구 등을 만들어 화평을 모색하는데, 종단간에 싸움이 있어서야 되겠습니까? 본인은 오랫동안 선배 종단에서, 또 어떤 지도자가 나와서 종교의회를 적극적으로 추진해 주기를 고대하였습니다. 누군가가 기필코 하여야 할 이 일을 기다리다 못해 본인이 시작했습니다.

이 모임 자체가 의미있는 성취이지만 앞으로 회(回)를 거듭할수록 놀라운 성과를 거두게 될 것을 기대합니다. 첫째 단계는 세계의 종교전통들이 서로 존중되면서 상호 수수의 관계 속에 화합되고 수렴됨으로써 최소한 종교간의 갈등과 전쟁을 방지하는 데 기여하고, 둘째 단계는 종교회의의 공동결의 등을 통한 종교인의 실천생활과 범종단간의 협력체제로서 세계에 봉사하고 사람의 심령을 계발하는 일이 촉진됨으로써 만인을 신 중심한 가치관으로 살게 하고, 셋째 단계는 실질적인 종단대표들이 참석하는 의회로까지 발전해야 한다고 봅니다. 그리하여 종교의회에서 신의(神意)에 입각한 고차원의 가치관과 생활규범이 정립되고 이것이 전종교인·단체·국가에 파급되도록 하여야 하겠습니다. 이러한 개인·단체·국가라야 신의 뜻의 지상실현을 위한 기반이 되고 단위가 되는 것입니다.

모든 대표들께서는 이번 회의기간 중 전체회의 혹은 분과회의에서의 발표나 토의, 각 종교예술의 발표, 명상과 기도 등의 프로그램을 통하여 오늘의 세계를 지도하고 종교계를 개

대화와 연합

혁하며, 밝은 미래를 창출할 영적 기반을 조성하며 서로 화합하는 일에 크게 기여하여 주시기를 바랍니다. 우리 모두는 이제 화합된 힘으로 '신의의 지상실현'이라는 세계사적 종교의 사명을 완수하기 위하여 총진군하여야겠습니다.

끝으로 본의회 준비위원회 대표 여러분들의 기획과 준비를 위한 노고에 감사를 드리고, 또 실무역원(實務役員)들의 수고를 치하합니다. 신의 가호와 축복이 이 역사적인 대회와 대표 여러분들에게 있으시기를 빕니다. *

○ 하나님의 창조이상과 종교의 사명
— 제2차 세계종교의회 기조연설문 —

날짜 : 1990년 8월 16일
장소 : 미국 - 샌프란시스코 하이야트리젼시호텔

존경하는 의장, 그리고 전세계에서 모이신 종교 지도자와 석학 여러분!

우리의 종교 전통을 젊은이들과 사회에 전승하는 문제를 주제로 하여 개최되는 제2차 세계종교의회에 참석한 여러분들을 진심으로 환영하는 바입니다.

하나님의 창조이상

이 중차대한 인류사의 전환기에 우리 모두가 섭리적인 소명을 함께 받고 있다고 확신하는 본인은 남다른 감회와 기대를 갖고 이 자리에 섰습니다.

잘 아시다시피 위대한 종교의 창시자들은 모두가 몰이해와 극심한 핍박을 받아야 했습니다. 그들은 육체적·정신적 박해와 죽음까지도 극복하고 진리의 길을 개척하였습니다. 그러나 종교가 실제로 걸어온 길은 그 창시된 본래의 뜻을 떠나 종종 분열과 모순을 보여 주었으며, 종교간의 갈등과 전쟁도

하나님의 창조이상과 종교의 사명

많았습니다. 오늘의 세계에서도 그릇된 종교적 열정과 형식만의 신앙이 사회문제가 되기도 합니다. 이것은 종교의 참된 목적이 아님은 확실하며, 또 이러한 잘못된 전통을 전승시킬 수 없는 것입니다.

그러면 그 참된 목적은 무엇이며, 후대로 전승시켜야 할 전통은 무엇일까요? 종교의 목적을 바로 파악하기 위하여서는 신의 창조이상을 먼저 알 필요가 있습니다. 영원 절대의 신에게 창조는 왜 필요했을까요? 신에게 절대로 필요한 것이 무엇이겠습니까? 물질이나 지식 혹은 권력이겠습니까? 그런 것들은 신이 원하기만 하면 언제라도 창조하실 수 있는 것이며, 신 자신이 자유로 조절할 수 있는 것입니다. 그러나 참사랑만은 신도 자의대로 할 수 없는 것입니다. 즉 참사랑은 상대권을 통하여서만 찾을 수 있으며, 혼자만으로는 자극을 느낄 수 없는 것입니다. 이것이 신이 상대적인 피조세계를 필요로 한 이유입니다.

신은 참사랑의 이상 때문에 세계를 창조하신 것입니다. 광물계·식물계·동물계를 관찰해 보면 비록 그 급위는 다르다 해도 모두 사랑이상을 중심으로 상응·화합할 수 있도록 쌍쌍, 즉 주체와 대상으로 창조되었음을 알 수 있습니다. 그리고 인간은 피조세계의 중심이요, 최고급위로 지음받은 신의 가장 가까운 사랑의 파트너입니다. 이렇게 인간은 신의 참사랑의 대상으로서 인간이 없으면 신의 참사랑의 목적은 성사될 수 없는 것입니다.

신은 그의 창조이상인 참사랑을 최고 절대가치로 세우셨습니다. 절대적인 신이라 할지라도 참사랑 앞에는 절대적으로 복종하고 싶어하는 것입니다. 신이 이렇기 때문에 인간과 만물도 그 참사랑 앞에 절대 복종하게 되는 것입니다. 이런 점에서 신의 참사랑의 상대인 인간의 가치가 얼마나 귀한 것인가를 알 수 있습니다.

신의 창조이상은 위하는 사랑에서 시작하였으며, 위하고 또 연속으로 주고서도 기억하지 않는 곳에서 참사랑이 성립되는 것입니다. 태초에 신의 창조는 무한히 투입하는 것으로 창조했으며, 그의 위하고 투입하는 그 원리로 피조세계가 화합·수수운동을 하면서 영생·영존하도록 되어 있습니다.

인간의 창조와 타락과 복귀

205 - P.156, 1990.08.16

인간이 왜 태어났느냐 하면 위함의 원리에 의해서 태어났습니다. 즉 남자는 여자 때문에 태어났고, 여자는 남자 때문에 태어났습니다. 하나님의 창조이상인 위함의 원리로 있게 된 참사랑을 누리려고 남녀는 서로를 위하여 태어나 부부를 이루어 종적으로는 하나님의 사랑을 소유하기 위한 것이고, 이것이 곧 존재의 목적인 것입니다.

결혼하려는 남녀들은 자기의 상대 될 사람이 자기보다 더 잘났기를 원하는 것이요, 부모는 자식들이 자기보다 잘나고 훌륭하기를 바라는 것입니다.

이와 같은 소망은 하나님으로부터 유래된 것입니다. 모두가 참사랑을 중심하고 원하는 것입니다. 같은 이유로 하나님도 사랑 상대가 당신보다 더 잘나기를 바라기 때문인 것입니다. 따라서 하나님도 1백 이상을 투입하고 또 투입하고 싶어하는 데서 참사랑이 계속하여 존재하는 것입니다.

**하나님의 창조이상과
종교의 사명**

참사랑의 기원인 하나님은 아버지 입장에서 인간에게 절대 불변의 참사랑을 상속하시려 했던 것입니다. 참사랑 안에서는 완전 조화와 통일이 이루어지므로 신의 참사랑은 그 파트너인 인간에게 완전 상속이 되는 것입니다. 그뿐 아니라 이와 같은 참사랑의 속성으로 상속권, 동거권과 동참권도 자연스럽게 생겨나기 때문에 인간은 신의 자녀로서 동행 동사할 수 있게 되어 있었습니다.

또한 인간 상호간에서도 참사랑을 중심으로 상속권·동거권·동참권을 누리게 되어 있습니다. 그리하여 인간은 신의 참사랑을 중심으로 각자의 이상과 행복을 소유하며, 또한 자연스럽게 이를 상대와 후대에 전승하게 되는 것이 창조본연의 세계였습니다.

그러나 현실세계는 신이 이상하셨던 본연의 세계가 아니고 죄악과 투쟁과 고통이 가득한 지옥세계가 되었습니다. 자연계와 영계는 본연의 질서인 채로 있는데 오직 인간세계만이 병들고, 오히려 자연계와 영계에까지 해를 입히고 있습니다. 이처럼 병들고 고장난 인간세계를 두고 종교적으로는 타락되었다고 표현합니다. 신은 이런 세계를 원상으로 돌이키려는 구원섭리를 하시게 되었고, 또 그 구원섭리는 복귀섭리이며 곧 재창조섭리라고 본인은 지금까지 가르쳐 왔습니다.

종교의 사명

205 - P.157, 1990.08.16

천의를 따라 복귀섭리의 주역을 맡아 온 것이 종교입니다. 종교는 신의 참사랑과 참부모사상을 중심한 본연의 이상적인 가정, 나아가 이상적인 세계를 복귀하는 목적을 갖고 있는 것입니다. 메시아의 사명을 신의 사랑을 구현하는 참부모 사명으로 이해할 경우, 우리 모두가 이 사명을 추구하고 성취하기 위해 소명을 받고 있습니다. 또 메시아의 사명은 지금까지 하나님을 반대해 온 사탄을 추방하고, 그 문화생활권을 추방하고, 또 그의 혈통을 하늘 편으로 전환시키므로 하나님을 중심한 이상세계로 바꾸어 놓아야 하며, 실제로 그것이 모든 종교가 수행해야 할 우주사적인 사명인 것입니다.

성경에 기록된 신의 첫아들과 딸이었던 아담과 해와는 신의 참사랑 안에서 자라고, 또 결혼의 축복을 받아 죄없는 자녀들을 가짐으로써 그들 스스로가 참부모가 되어 직접 천국에 들어가게 되어 있었던 것입니다. 그렇게 되었더라면 이 세계는 지상천국이 되어 하나님의 참사랑과 하나님의 생명과 하나님의 혈통을 이어받아 영원한 하나님의 이상가정으로 시작하여 국가와 세계까지 신이 직접 주관하는 혈족이 되었을 것입니다. 그런데 아담 해와가 미완성기에 천사장과 불륜한 정조관계를 맺어 천사장은 사탄이 되었고, 아담과 해와는 악한 조상이 되어 사망의 세계가 시작된 것입니다. 즉 이 세계는 사탄 혈족이 되고 말았습니다.

이렇게 사탄은 음란의 신이 되었고, 따라서 하나님은 음란을 제일 미워하십니다. 소돔과 고모라, 로마, 그리고 오늘날 미국과 구라파도 음란으로 망해 가는 때를 당하였습니다. 아담과 해와가 청소년기에 음란으로 심었기 때문에 오늘날 청소년들을 통하여 음란으로 거두어 들이는 것을 목격할 때, 우리는 끝날이 된 것을 아는 것입니다.

인류는 사탄의 사랑·생명, 그리고 혈통으로부터 해방받으

**하나님의 창조이상과
종교의 사명**

려니 참된 부모를 다시 찾아야 합니다. 그분이 바로 메시아로 오시는 분인 것입니다.

아담 해와가 타락되어 본연의 책임을 못 함에 따라 신은 참자녀를 잃고 인류는 참부모를 갖지 못한 일대 비극이 초래된 것입니다. 그 결과로 신의 참사랑과 참부모이상을 구현하는 실체가 없게 되었습니다. 이 비극적 실패를 바로잡고 원상회복을 하도록 지도하는 목적 아래 신은 종교를 세웠습니다. 이에 메시아는 참된 부모로서 그동안 거짓 부모의 자리에서 거짓 뿌리를 심은 것을 뽑아 버리고 본연의 창조이상을 복귀할 막중한 책임을 갖고 오는 분입니다. 신의 본래의 이상은 종교나 메시아를 창조하는 일이 아니었습니다. 신의 불변의 목적은 참사랑의 가정과 국가와 세계의 실현입니다.

종교는 이 목적에 얼마나 기여하는가에 따라 그 가치가 부여됩니다. 이런 관점에서 볼 때, 종교의 목적이 달성되면 참사랑과 참된 가정의 현실화가 되는 것입니다. 이와 반대로 이러한 목적에 기여하지 않고 그 종교 자체만을 위해서 존속하는 종교는 비록 신을 빙자할지라도 신과는 무관한 것입니다.

세계평화 실현의 전제

205 - P.159, 1990.08.16

인간의 가정을 보아도 혈연과 형제관계는 부모를 전제로 하고야 존재하는 것입니다. 이 세상이 참사랑과 참된 가정의 영역에 들어가기 위해서는 우선 참부모의 위상이 확립되어야 합니다. 바로 이 사명을 돕게 하기 위하여 신은 본인을 소명했습니다. 이 목적을 위해 본인은 모든 것을 바쳐 나왔습니다.

본인이 세계적으로 펼치고 있는 통일운동을 비롯하여 초종파적인 활동은 물론이요, 학술·교육·언론·기술·기업·금융 등 각 분야에서 벌여 온 모든 사업들도 모두 이 목적을 위해서입니다. 본인은 고난과 핍박의 고개를 넘고 사지(死地)를 헤쳐 나오면서도 세계 오색인종을 나를 낳아 준 부모보다도, 내 형제보다도 더 사랑하겠다는 위하는 부모의 마음을 갖고 생애를 살아왔습니다.

참사랑이 찾아가는 길은 직단거리를 통하게 됩니다. 참사랑의 실천에는 전제조건이나 핑계가 있을 수 없으며, 그 어떤 것도 장애가 될 수 없습니다. 오직 자기 희생으로써 위하고 주는 길로만 직행하는 길입니다. 모든 인류가 참부모를 모시고 참사랑의 생활을 하지 않는 한 세계평화는 실현되지 않습니다.

참부모의 이상과 세계평화의 이상은 직결되어 있습니다. 모든 국가와 민족과 문화와 종교들이 서로 1백 퍼센트 이상 위하고 관용하면서 화합함으로써 세계평화를 이룩해야 합니다.

세계평화종교연합 창설 제창

205 - P.160, 1990.08.16

존경하는 종교 지도자 여러분!

본인은 오늘 여러분 앞에 '세계평화종교연합'의 창설을 제창합니다. 근간의 외적 세계정세는 냉전의 종식, 동·서 화해로 진행되고 있습니다. 대결과 분열을 극복하고 인류 한 형제, 세계일가로 화합해 가는 통일의 시대를 지향하고 있습니

하나님의 창조이상과 종교의 사명

다.

　20세기를 마감하는 마지막 10년은 신이 인류에게 본연의 세계로 복귀할 수 있도록 허락한 귀중한 기회입니다. 본인은 이미 지난 6월 1일 '세계평화연합'의 창설을 외적으로 제창해서 미국 소련 등 세계 각국의 지도급 인사 수만 명이 호응해 오고 있습니다. 이 기구의 목표를 달성하기 위한 내적 기대가 있어야 할 것이니 그것이 바로 세계평화종교연합입니다.

　수많은 사람들이 참된 화합과 하나의 세계를 이루기 위해 수고해 나왔는데 어찌해서 참된 조화일체의 세계가 아직도 이루어지지 않았습니까? 누구나 화합을 원하지만 진정 그 동기가 어디서부터 오는지 모르고 있는 것입니다. 참된 화합과 일체의 동기는 나의 상대, 아들딸, 이웃, 국가, 세계, 이처럼 상대편에 있는 게 아닙니다. 자기 자신에게 있는 것입니다. 자신이 본심을 중심삼고 조화일체를 이룬 마음과 몸을 가진 화합의 실체가 되었느냐의 문제입니다. 인간이 하나님과 참부모의 심정을 지니게 될 때 비로소 남을 위할 수 있고, 또 상대와 진정한 화합을 이루는 참사랑이 중심이 된 생활로 일관할 수 있습니다.

　이것들은 신앙의 영역입니다. 궁극적 평화세계의 실현을 위한 종교의 역할은 절대적이므로 이제 종교인들이 종파의 담을 헐고 신이 원하는 목적 아래 연합된 힘으로써 세계평화 구현에 나서야 하겠습니다. 세계평화를 위한 종교인의 역할이 부족하였음을 자성하고 세계 화합의 동기요 근본요소인 참사랑을 종교안에서 개발하고, 이를 실천하는 세계평화종교연합 운동을 대대적으로 전개할 때입니다.

종교 지도자의 역할을 다하자

205 - P.161, 1990.08.16

존경하는 종교계 지도자 여러분! 신은 종교인들의 실천과 모범을 요구하고 있습니다. 종교를 위해 신이 존재하는 것이 아닙니다. 세계를 위하고 또 위하는 본연의 상태로 회복시키려는 신의 뜻을 이루기 위해 종교가 세워졌습니다. 신이 이 시대를 경륜하기 위하여 바라시는 종교는 참부모의 종교입니다. 참부모의 심정을 품은 종교, 참사랑을 실천하는 종교라야 갈등과 비리로 가득찬 오늘의 세계에서 신의 뜻을 실현할 종교가 될 것입니다.

역사적으로 보면 지금까지 양자급 종교, 서자급 종교, 자녀급 종교 등의 각급 종교들이 있습니다. 그러나 그 어느 급을 막론하고 종교는 자기 종교가 제일이며 자기 종교를 통하지 않고는 세계평화를 이룰 수 없다고 하는 편협성에서 벗어나야 합니다. 그리하여 모든 종교들의 가르침은 궁극적으로 참부모급의 종교에 흡수되고 통합되어야 하는 것입니다. 그렇게 되면 모든 종교들이 겪고 있는 종교의 사양화도 끝이 나는 것입니다. 참사랑을 중심삼고 절대적으로 위하는 자리에 선 종교들은 서로 통합하여 세계평화를 이루기 위해, 그리고 지상천국을 위해 전진할 것입니다.

이런 것을 알게 되면 우리는 지금 세계가 직면한 심각한 문제들을 해결하기 위해서도 참된 종교인의 실천생활을 보여주어야 합니다. 의식화된 신앙에서 생활신앙으로 바꾸는 문제로부터 혼란한 가치관의 재정립, 황폐해진 인간 본성의 회복, 도덕 기준의 고양과 퇴폐문화 청산 등의 문제는 모두 영원한 하나님의 참사랑과 참부모님의 참사랑주의에 의해서만

하나님의 창조이상과 종교의 사명

가능해지는 것입니다.

　오늘날 세계의 젊은이들은 우리 앞에 놓여 있는 위대한 기회를 직감적으로 인식하고 있다고 봅니다. 종교 지도자로서의 우리는 오늘의 젊은이들에게 참된 스승의 역할을 해야 합니다. 영원히 불변하는 절대가치의 기준인 참사랑을 지향하여 우리 자신들의 심신의 통일은 물론이요, 유심(唯心) 유물(唯物)의 세계까지도 연결, 통일시켜야 하는 것입니다. 그 일이야말로 세계평화의 기틀을 이루는 것이 됩니다.

　이러한 기반 위에 우리는 내적 세계인 종교계를 통일하고 외적 국가들을 통합하여 결국엔 영원한 세계평화를 이루어야 하는 것입니다. 이런 목적을 달성하기 위해서는 모든 종교인들이 남녀를 막론하고 책임적 역할을 해야 하는 것입니다.

　많은 젊은이들이 참사랑에 굶주리고 있습니다. 남을 위한 삶을 실천하는 참사랑 말입니다. 따라서 종교 지도자인 우리들이 신의 참사랑과 참부모님의 절대가치의 길을 본 보여야 하며, 종교의 전통도 참사랑의 길로 나아가는 것을 보여 주어야 합니다. 그렇게 되면 신과 인류가 함께 하나가 되어 새 희망의 세계로 전진하게 되며, 신의 창조이상도 이루어지게 되는 것입니다. 따라서 새 시대가 열렸음을 확실히 보여 줍시다.

　결론으로 이번 대회 기간 여러분들의 토론이 신의 뜻 아래서 참된 종교의 구현과 참사랑의 발견으로 연결되어 세계평화에 대한 큰 기여가 되기를 기원합니다.

　하나님의 축복이 항상 함께하시기를 빕니다. *

○ 신문화 창건과 종교의 역할
— 제3차 세계종교의회 기조연설문 —

날짜 : 1992년 8월 26일
장소 : 한국 인터컨티넨탈 호텔

존경하는 각 종단의 최고 지도자 여러분, 각국에서 오신 종교 학자와 종교계 지도자 그리고 만장하신 종교인 여러분! 제3차 세계종교의회에 참석해 주신 것을 환영하면서 한학자 여사와 본인의 조국인 이곳 한국 서울에서 여러분을 맞이하게 된 것을 기쁘게 생각합니다. 여러분이 한국에 머무시는 동안 보람 되고 유익한 시간을 가지시길 빕니다.

종교가 추구해 온 길

이번 회의는 제3차 세계종교의회입니다. 1985년에 개최된 제1차 의회에서 본인은 종교청년봉사단을 창립했으며, 또 세계종교협의회의 첫 번째 회의를 발표한 바 있습니다. 본인이 매년 지원하고 있는 이 프로젝트들은 작년에 발간한 《세계경전》과 함께 전세계 종교간 화합운동의 최전선이 되어 왔습니다. 특히 각 종단의 청년 대표들이 한자리에 모여 헌신 봉사하면서 타종단을 이해하고 화합의 발판을 만든 것은 인류의

**신문화 창건과
종교의 역할**

미래를 위해서 다행스런 전통을 세운 것입니다.

두 번째 회의는 1990년 샌프란시스코에서 열렸으며, 바로 그 자리에서 세계평화종교연합을 창설할 것을 발표했던 것입니다. 그 이듬해인 1991년 8월 서울에서 역사적인 세계평화종교연합 창설대회가 있었습니다. 그리하여 금년에는 국제종교재단과 더불어 세계평화종교연합이 회의를 공동 개최하기에 이른 것입니다.

여러분이 아시는 바와 같이 이번 대회는 제1차 세계문화체육대전의 일환으로 치러집니다. 서울 올림픽이 개최되었던 4년 전 본인은 지구촌의 화합과 교류협력의 새로운 장을 열 세계문화체육대전에 대한 계획을 공식적으로 발표하였습니다. 올림픽은 매우 중요한 역할을 해내고 있지만 하나님과 종적인 가치 및 영적인 면이 결여되어 있습니다.

종교는 문화의 중심이기 때문에 세계종교의회와 세계평화종교연합은 세계문화체육대전의 중심에 위치하게 됩니다. 종교적 이상과 그 지혜와 가치는 세계 속의 교육·학문·예술·체육·언론·정치·경제에 스며들어서 그 기준이 되어야 합니다. 세계문화체육대전은 인류의 정신문화를 수습하고, 인간의 행복을 위한 진정한 가치를 찾고, 하나님과 인간과 만물이 조화된 평화로운 새 문화세계를 지향하는 역사적인 행사가 될 것입니다.

종단간의 화합을 통한 세계평화의 실현

234 - P.269, 1992.08.26

존경하는 종교계 지도자 여러분, 우리의 세계가 심각한 고

통에 빠져 있음은 모두 다 아는 사실입니다. 비록 냉전은 끝났다고 할지라도 세계 도처에서 여전히 분쟁이 벌어지고 있으며 죄악과 증오와 불의가 기승을 부리고 있습니다. 물질적으로 풍요한 선진국에도 절망과 영적인 빈곤 속에서 고통받는 사람들이 많습니다. 많은 사람들이 마약과 무분별한 섹스에서 위안을 찾으려고 합니다만, 영육 양면으로 파멸의 길을 재촉하고 있습니다. 누가 이와 같은 죄악과 전쟁과 절망의 세계를 원했습니까? 아무도 원치 않았습니다.

인류의 본성은 어떻게 하면 이와 같은 불행을 청산짓고 평화와 행복이 넘치는 세계를 이룰 것인가 하는 문제의 해답을 찾아 나왔습니다. 종교가 추구해 온 길이 바로 이 길이 아닙니까? 그렇지만 아직도 인류가 바라온 이상세계는 실현되지 않고 있습니다. 종교의 핵심에는 인류의 불행과 고통의 근원을 밝히려는 욕구가 있습니다. 우리가 고통의 근원에 대해 무지하다면 고통을 없앨 수 있는 희망조차 없는 것입니다. 그러나 이의 해결은 하나님의 계시에 의한 지혜로써만 가능한 것입니다.

인간은 참사랑을 위하여 태어난 존재

234 - P.270, 1992.08.26

본인은 오늘 이 문제에 대한 근본적인 원인을 밝히고 그 해답을 제시하고자 합니다. 하나님은 인간 조상 아담 해와를 지으시고 '생육하고 번성하여 땅에 충만하고 만물을 다스리라'는 3대 축복을 내리셨습니다.

제1의 축복인 생육하라는 것은 모든 인간이 자라서 하나님

신문화 창건과 종교의 역할

을 중심으로 완성된 인격자가 되라는 뜻이었습니다. 제2의 축복은 완성한 남녀가 참된 부부를 이루고 자녀를 낳아 참부모의 도리를 하면서 이상가정을 이루라는 것이었습니다. 제3의 축복은 인간이 하나님께서 허락하신 환경 속에서 불편이나 부족함이 없는 지상천국의 환경을 소유하라는 것이었습니다.

참사랑의 본체이신 하나님은 사랑의 대상체요, 자녀로 지은 인간이 참사랑의 완성체가 되고, 그 다음에 참사랑에 의한 부부의 이상을 이루어 천국환경을 갖기를 소망했습니다. 그러나 불행하게도 아담 해와는 하나님이 축복으로 주신 사랑을 완성하기 전 미성숙 단계에서 비원리적인 사랑으로 탈선하여 에덴동산에서 쫓겨나고 말았습니다.

그리하여 생명의 근원인 참사랑과 본래의 신성한 자질을 잃어버린 인간 시조는 하나님의 축복에 의하지 않고 사탄의 사랑을 중심하고 결혼생활을 시작하여 사탄의 사랑과 생명과 혈통을 자자손손 상속하게 된 것입니다.

하나님께서는 인간의 타락으로 이루지 못한 창조목적을 원상회복하고 인간을 불행으로부터 구원하려는 뜻을 두시고 종교를 세워 지도해 오신 것입니다. 따라서 거짓부모가 된 아담 해와를 대신하여 전인류를 거듭 낳아 주시기 위해서 메시아, 곧 참부모를 보내셔야 하는 것입니다.

하나님의 궁극적이고 불변의 섭리목적은 참부모를 찾아 세우는 것입니다. 참부모는 참사랑의 화신체요, 참생명의 씨로 오십니다. 참부모로부터 참가정이 시작되며, 이 가정은 복귀되어야 할 모든 가정들의 표본이 됩니다.

하나님의 참사랑은 투입하고 또 투입하고도 그 투입한 것을 잊어버리는 사랑입니다. 하나님 자신도 사랑의 상대를 창조하실 때, 하나님 자신이 위하는 입장에 서서 당신이 소유하고 있는 전부를 백 퍼센트 투입하고 또 천 퍼센트, 만 퍼센트를 더 투입하고 싶은 것입니다.

왜냐하면 사랑의 상대와 사랑하는 자식은 자기보다 더 잘나기를 바라기 때문입니다. 이렇게 참사랑이 가는 길은 주고 또 주는 길입니다. 참사랑의 화신체인 참부모가 가는 길도 위함을 받기 위한 길이 아니고 위하여 희생하는 길입니다.

하나님의 구원섭리를 위하여 세운 종교가 본을 보여야 할 길도 하나의 원리입니다. 사람의 생명은 사랑의 이상을 중심으로 해서 잉태된 것이기 때문에 인간 생명의 본질은 사랑입니다. 그러므로 사랑을 본질로 해서 태어난 생명은 하나님께서 그러하신 것같이 '위하는 삶'을 살아야 하는 것이 천리(天理)입니다. 그래서 인간은 참사랑을 위하여 태어난 존재라고 말할 수 있습니다. 참사랑은 위하는 데서부터 시작됩니다.

창조본연의 인간은 그 마음과 몸에 하나님의 참사랑을 지니고 그대로 감응하면서 살게 되어 있습니다. 다시 말하면 마음은 참사랑을 중심하고 하나님과 감응하며, 몸은 자동적으로 마음에 공명하는 것입니다. 몸과 마음이 싸우지 않는 참된 통일의 기원은 하나님의 참사랑을 그대로 이어받아 체감하는 데 있습니다.

마음과 몸이 통일체가 되는 인간의 이상은 하나님의 참사랑을 온전히 소유할 때 이룩되는 것입니다. 마음과 몸이 참사랑을 중심으로 통일되는 데서부터 진정한 자유와 평화의 이상은 출발이 가능합니다. 그리고 마음과 몸이 통일된 기반 위에서 자유롭고 평화로운 개인 · 가정 · 종족 · 민족 · 국가 · 세계

신문화 창건과 종교의 역할

를 이룩할 수 있는 것입니다.

그렇기 때문에 세계와 국가 속에서가 아니고 개체의 마음과 몸 사이에서 평화의 기점을 찾아야 합니다.

존경하는 종교계의 지도자 여러분, 어제는 세계 전역에서 모인 3만여 쌍이 성스러운 축복을 받고, 하나님을 중심한 새로운 가정 전통의 확립을 다졌습니다. 여러분도 참관하였지만 그 행사가 어느 한 교단의 중요한 결혼의식이라고만 생각해서 되겠습니까? 성도덕의 문란, 청소년의 탈선, 그리고 가정 파탄으로 사회가 그 뿌리에서부터 흔들리는 현실을 무엇으로 해결하겠습니까?

사탄과 인간 조상이 뿌린 불륜이 역사적으로 결실되어 오면서 천도와 인류를 파괴하고 인간을 금수로 만드는 지상 지옥의 말세 현상이 된 것입니다. 이러한 비극은 불륜이 미화된 듯한 프리 섹스를 용인하는 풍조나 극단적인 이기주의 때문에 더욱 심화되어 갑니다.

현실세계는 정신적·도덕적으로 심각한 위기에 처해 있어서 질서 있는 가정이 붕괴될 뿐만 아니라, 다음 세대를 담당할 청소년들의 마음과 신체를 해치고 있습니다.

가정은 창조이상의 기본단위

234 - P.272, 1992.08.26

이러한 인류의 위기는 하나님의 참사랑과 참생명의 주인이신 메시아, 참부모님을 통해서만 해결됩니다. 하나님이 바라시는 결혼관은 세상의 풍조에 반(反)하여 하나님 앞에 영원한 일부일처제, 사랑과 성의 존엄, 하나님의 축복, 후손을 위한 결혼을 강조합니다. 160여 개 국가에서 인종과 국경을 넘어 하나님의 사랑을 중심으로 영원한 부부와 가정이상을 이루려는 이 운동은 인류의 밝은 미래요, 희망인 것입니다.

하나님의 창조이상의 기본단위는 가정입니다. 가정은 국가와 사회를 이루는 기초가 됩니다. 하나님의 인종을 초월한 참사랑에 의해서 세계대일가이상(世界大一家理想)은 평화세계 구현과 직결됩니다. 인류는 하나님의 참사랑 이상 아래 축복가정을 이루어 모범 된 남편과 아내가 될 때 선한 자녀를 갖고 올바른 윤리를 실천할 수 있습니다.

이렇게 될 때, 참사랑이 결실되는 이상적인 가정이 완성되고 이상적인 사회·국가·세계를 이루어 나갈 수 있습니다. 그리고 국제합동결혼 행사를 통하여 본연의 가정을 복귀함으로써 현대 사회의 고질적인 병폐를 근본적으로 해결해 가고 있는 것입니다.

세계에서 와 주신 종교계 지도자 여러분, 이제 종교가 세상에서 그 지도력을 발휘할 때가 되었습니다. 지도력이란 맹신적이거나 편협에서 오는 오만하고 독선적 태도에서는 나올 수 없습니다. 참된 지도력은 하늘의 뜻에 나를 종속시키며 이타적일 때 생겨나는 것입니다. 종교인들은 이 시대의 상황과 여러 비리들에 대하여 책임을 느끼고 깊은 자기 성찰이 있어야 할 때라고 봅니다.

이제까지 종교인들은 사랑의 실천에 본되지 못했고, 자기 개인의 구원이나 종파 이익에 급급한 나머지 온 세상 구원을 위해서 진력하지 못한 것을 뉘우쳐야 합니다. 지금이야말로 믿음뿐만이 아니라 사랑의 실천이 요구되고 있는 때입니다.

하나님은 우리를 부르고 계십니다. 세상의 불의와 죄악에

신문화 창건과 종교의 역할

도전하고 참사랑을 베풀기를 열망하고 계십니다. 모든 종교가 한마음이 되어 하나님의 인류에 대한 열망을 대변하고 실행해야 합니다. 믿는 자들은 의식이나 교리의 논쟁을 넘어서서 살아 계신 하나님과 깊은 영혼의 대화와 교류를 통해서 심령이 성장하기를 하나님께서는 바라고 계십니다.

종교는 열성을 지닌 인간이 마땅히 인연맺어야 할 영적 질서를 확립하고, 이를 제도화하고, 논리적으로 표현하는 삶의 형태를 이 세상에 창조해야 합니다. 종교 지도자들은 자체 정화에 앞장서고, 나아가 타종단의 지도자들과 서로 존중하면서 영향력 있는 종교 협력체를 키워나가야 합니다.

종단간의 화합을 통한 세계 평화의 실현

234 - P.273, 1992.08.26

존경하는 종교계 지도자 여러분, 본인은 작년에 세계평화종교연합을 창설할 때까지 천신만고의 어려움을 헤쳐 나왔습니다. 아무도 이루어 보지 못한 종단간의 대화합과 하나님의 뜻을 중심삼은 세계 평화의 실현이라는 목표를 두고 본인은 40여 년간 위하고 베푸는 헌신의 노정을 걸었습니다.

각국의 편협한 일부 종단들의 핍박과 역대 정권의 몰이해 속에서도 한결같은 발걸음으로 초교파 운동을 비롯하여 초종파적인 신학교 설립, 세계적인 새 교회일치운동, 세계종교협의회의 활동, 세계경전의 간행, 종단간의 화합을 위한 여러 회의의 지속적인 지원, 세계종교의회의 창설 등 본인이 할 수 있는 일은 온갖 희생을 무릅쓰고 다 해 왔습니다.

그렇다면 본인이 이렇게 해서 무엇을 하자는 것이겠습니

까? 본인의 종교의회의 개최도, 세계평화종교연합의 조직 활동도 모두 인류의 부모 되시는 하나님의 뜻을 이루어 드리겠다는 일념인 것입니다. 본인에게는 자각된 종교 지도자, 학자 여러분과 더불어 하나님과 인류의 소망을 지상에 실현하는 것밖에 없습니다.

이제 여기서 우리가 한 단계 더 나아갈 길은 종단간의 화합에 만족치 말고 학계·정계·언론계 등 사회 지도자들과 더불어 세계 평화를 위한 범통일기구를 구성하여 보다 적극적인 대사회 활동을 하는 일입니다. 종교는 이 기구가 하나님의 뜻을 지상에 실현할 수 있도록 교육하고 솔선하면서 위하는 길에 모범이 되어야 하겠습니다.

우리 모두 다시 한 번 심령의 귀를 열어 하늘의 음성에 귀 기울이고 겸허한 자세로 하나님의 권고를 따릅시다. 그리하여 하나님이 이 시대의 종교 지도자들에게 맡긴 사명을 자각하고 인류의 심령을 올바로 지도해서 새 문화세계에 영적·정신적 질서를 확립해야 되겠습니다.

이번 회의가 인간적인 식견의 차원을 넘어서서 하늘의 지혜를 중심한 토의가 되기를 바랍니다. 대회 의장으로 조직과 운영에 모범을 보인 그레고리우스 추기경의 헌신에 경의를 표하면서 분과 의장단과 대표 여러분의 노고에 감사드립니다.

여러분과 여러분의 종단과 가정 위에 하나님의 축복이 함께 하시기를 빌면서, 본인의 말씀을 마칩니다. 감사합니다. *

○ 세계평화를 위한 종교의 사명
― 세계평화종교연합 창설대회 연설문 ―

날짜 : 1991년 8월 27일
장소 : 한국 리틀엔젤스예술회관

219 - P.108, 1991.08.27　　존경하는 각 종단의 최고 지도자 여러분, 세계 각국에서 오신 종교학자와 종교계 지도자, 그리고 만장하신 종교인 여러분, 오늘 역사적인 세계평화종교연합 창설대회에 참석하신 것을 진심으로 환영합니다.

세계 평화를 위한 종교 연합체 탄생

219 - P.108, 1991.08.27　　본인은 1985년 미국 뉴저지주에서 개최된 제1차 세계종교의회 때 창시자 연설을 통하여 세 가지 부탁을 하였습니다. 첫째는 각 종교의 전통들은 서로 존중되어야 하며, 최소한 종교 상호간의 충돌이나 분쟁을 방지하기 위해 일할 것, 둘째 우리 모두는 협조적인 종교 공동체로서 세계에 봉사할 것, 셋째 종교의 사명을 완수하기 위해서 모든 종교 지도자가 참석하여 세계 평화를 위한 하나의 조직으로 발전하자는 내용이었습니다.

　　그리고 바로 1년 전 미국 샌프란시스코에서 열렸던 제2차 세계종교의회에서 본인은 세계평화종교연합의 창설을 주창했습니다. 여러분을 포함한 뜻있는 종교계 지도자들의 협조와 더불어 오늘 이 자리에서 세계 모든 종교의 지도자들이 동참하여 세계 평화를 위한 종교 연합체가 역사적인 탄생을 하는 것입니다.

지금은 세계 종교들이 세계 평화의 실현을 위한 중심적 책임을 하기 위하여 적극적인 실천의 길로 나설 때입니다. 행복한 인류의 미래는 물질적 번영을 추구하는 것만으로 이룩될 수 없으며, 종교 간의 이해, 정신적인 화합을 통하여 사상과 문화·인종 간의 갈등을 극복하고서 맞이하는 것입니다. 이에 본인은 '평화세계를 위한 종교의 사명'이란 주제로써 세계평화종교연합 창설 메시지를 대신하고자 합니다.

평화세계 실현 기지

219 - P.109, 1991.08.27

신의 참사랑을 중심한 '위하여 존재하는' 위타주의적 창조이상은 마음과 몸이 조화 일체를 이룬 이상체로서의 개인을 통하여 이상적인 가정·사회·국가, 나아가 이상세계를 이룩하는 것입니다.

그런데 인간은 타락함으로 말미암아 그 마음과 몸이 사탄의 거짓 사랑을 받아 자기 제일주의로 인한 불협화를 이룬 개인이 되었고, 이러한 사람들이 모인 가정·사회·국가·세계는 입체적으로 증폭된 갈등과 분쟁을 자체 모순으로 지니고 상호 불신과 분열, 투쟁을 하게 되는 것입니다. 사탄의 소원인 자기중심주의로 인하여 민주세계는 개인제일주의화 되어 사

세계평화를 위한 종교의 사명

탄과 인류는 멸망으로 향하는 것입니다. 이것을 구하기 위하여 신의 참사랑 중심한 두익사상과 하나님주의가 필요한 것입니다.

우리 사회와 세계의 분쟁 기원이 사탄의 거짓 사랑에 의하여 개체 속 심신의 갈등에서 비롯되었기에 참된 평화는 신의 참사랑으로 먼저 개체 속의 화합통일을 통해서만 이루어집니다. 평화세계를 실현할 기지는 세계가 아닙니다. 마음과 몸이 사탄의 주관권을 넘어 하나님의 참사랑으로 조화 일체를 이룬 개인, 나아가 그러한 남녀가 부부로 결합한 가정이 곧 세계 평화의 산실이 됩니다.

거짓 사랑에 의하여 마음과 몸이 불협화를 이룬 타락의 결과는 우리로 하여금 생활 속에서 종횡, 다방면으로 마음적인 면과 몸적인 면과의 분열·갈등·혼돈을 경험하게 합니다. 예컨대 개인이나 사회의 가치체계가 정신과 물질, 종교와 과학, 유심론과 유물론, 이상과 현실 사이에서 많은 혼란을 겪어 왔습니다.

창조이상에 의하면 마음과 몸이 이상적인 하나님의 참사랑으로 개체 안에서 화합일체를 이루게 되는 것같이, 마음 몸의 확대 연결인 마음적 세계와 몸적 세계도 상극 투쟁관계가 아니고 신의 참사랑으로 조화를 이루어야 합니다.

마음적 세계를 대표하는 것이 종교와 사상의 영역이라면 몸적 세계를 대표하는 것은 정치와 경제의 영역입니다. 그런데 인간에 있어서 마음이 주체이고 몸이 대상인 것처럼 종교와 정치의 관계도 주체와 대상의 입장에서 조화·통일권을 하나님의 참사랑으로 이루어야 이상사회가 도래하게 되는 것입니다.

종교의 사명과 살아 있는 신앙

219 - P.110, 1991.08.27

신이 성자나 선지자들을 지상에 보낸 목적이 무엇이겠습니까? 신이 바라시는 인격과 생활의 본을 보이면서 신의 참사랑의 뜻을 만민에게 교육하는 것입니다. 특히 위정자나 지도자들에게 천도를 교육하고 실천케 함으로써 마음세계와 몸의 세계가 신의 참사랑의 뜻을 중심하고 화합을 이루기 위해서입니다.

그러나 마치 양심이 원하는 대로 맘이 따르지 않듯이 많은 위정자들이 성현을 알아보지 못하고 그 가르침을 받지 않고 경고를 묵살해 왔습니다. 가치관의 혼란, 도덕적 부패, 마약

▼ 세계평화종교연합 창설대회 전경

세계평화를 위한 종교의 사명

중독, 테러, 인종 차별 등 현대사회의 참상과 병폐를 그 누가 책임질 수 있겠습니까? 정치가가 공권력에 의해서 이런 문제들을 완전히 해결할 수 있겠습니까? 특히 어느 때보다도 다원화된 사회, 또 국제적으로 서로 엉켜 있는 이 시대에 정치가들의 판단과 선택에 수반하는 책임이 얼마나 막중한 것이겠습니까? 위정자들이 중요 사안을 결정할 때는 겸허하게 하늘로부터 오는 음성에 귀기울이고 천도를 따라 해결의 길을 찾아야 한다고 봅니다.

한편으로 우리는 마음세계를 대표하는 종교 자체가 평화세계를 이루기 위한 주체적 책임을 다 못했음을 반성해야 된다고 봅니다. 종교가 현실세계를 지도하고 정화하는 생명력을 지니지 못하고, 오히려 본래의 사명에 역행하고 있음을 부인하지 못할 것입니다.

각 종교는 신의 참사랑으로 내적 순수성과 생명력을 소생시켜야 하고, 또한 과감한 자기 개혁과 함께 신의 참사랑의 뜻 안에서 형제 종교들과 한가족처럼 조화로운 관계를 발전시켜 나가야 합니다.

신과 그분의 참사랑의 큰 뜻에 헌신하는 것이 각 종교의 사명이라면 종단 자체만의 발전이 종교의 목적이 될 수는 없습니다. 신은 경전 연구나 종교적 의식보다 신의 세계를 구원하려는 큰 뜻을 알고 그것을 생활 속에 실천하기를 요구하십니다. 오랜 기간 종교들은 살아 계신 신을 확실히 목격하고 인연 맺는 데 실패했습니다.

본인이 아는 신은 인간이 논리를 갖추어 집대성한 교리 내용에 집착하지 않습니다. 신은 우리 모두의 부모이시며 근원자이시기에 참사랑을 중심삼고 인종과 종파와 문화를 초월해 계셔서 차별을 두지 않습니다. 그러므로 종교인은 모름지기 만민 구원과 더불어 평화이상세계를 실현하려는 신의 참사랑의 뜻에 완전히 따라야 합니다. 종교가 현실에 안주하지 말고 살아 계신 신과 더불어 참사랑과 참생명력 있는 대화를 해 나가는 산 신앙의 길로 나가야 합니다.

지금의 종교적 분위기로는 안 됩니다. 새로운 차원에서 초종교운동의 추진력을 통하여 전세계적 규모로 파격적인 변혁이 요청되는 것입니다. 신의 참사랑의 실천에 성실치 못한 종교인들의 위선들이 이 땅 위에 무신론자의 확산을 가져왔습니다. 세상은 변해야 합니다. 각 종교가 자정 노력으로 새로운 개혁의 주역이 되어야 합니다. 모든 종교는 자신의 이익을 떠나 신이 바라는 세계 구원의 뜻을 따라 세상의 빈곤한 질병과 범죄를 없애는 일에 앞장서서 끝날 흑암세계에 광명한 빛이 되어 정치·경제·사회·각계 지도자를 훈도해야 합니다.

평화세계를 향한 참사랑의 실천

219 - P.111, 1991.08.27

존경하는 종교계 지도자 여러분!

본인은 신의 섭리 방향을 따라 세계를 개혁하고 지상에 신의 참사랑의 이상을 회복하는 일에 본인의 모든 정성을 다해 왔습니다. 국제 종교재단을 중심해서 세계적으로 전개한 새종교일치운동(New ERA), 세계종교회의(CWR), 세계성직자회의(ICC), 세계종교의회(AWR), 세계종교청년세미나(YSWR), 세계종교청년봉사단(RYS) 등의 활동을 통해서 종단 간의 이해와 화합과 종교인이 해야 할 신의 참사랑의 실천

**세계평화를 위한
종교의 사명**

을 본보이면서 평화세계이상을 위하여 진력하고 있습니다.

　5년 전에 세계 종단장의 합의와 본인 지시에 따라 이번에 출판한 《세계경전》은 세계 종교들의 보편적인 가치적 내용이 집대성된 성스러운 경전으로서 인류의 심령을 밝혀 줄 최고의 빛이 될 것입니다. 특히 하나의 지구촌 가족으로 엉켜 살아야 할 청소년들에게 종교와 피부색과 문화의 담을 뛰어넘을 수 있게 교육할 소중한 교과서가 될 것입니다. 모든 사람은 이 경전을 통하여 종교적인 무지와 독선에서 벗어날 뿐 아니라, 종교 상호간에는 차별성보다 보편적 기대와 공통성이 훨씬 더 많다는 사실을 깨닫게 될 것으로 믿습니다. 그 동안 《세계경전》의 출판을 위해 수고해 주신 각 종단의 감수위원들과 학자들에게 이 자리를 빌어 감사와 치하를 드립니다.

　본인은 세계평화를 위한 마음적이요 주체적인 세계평화종교연합의 창설에 이어, 내일에는 몸적이요 대상적인 세계평화연합을 본 예술회관에서 창설할 예정으로 있으며, 이를 위하여 전세계에서 지도자들이 도착하고 있습니다. 이 두 기구가 내외로 조화·협력하면서 천의를 따라 참사랑으로 통일을 실천한다면 평화세계는 실현될 것입니다. 여기에 신의 참사랑으로 몸 마음의 통일과 세계를 넘어 종교와 정치가 통일을 이룸으로 평화의 세계가 오는 것입니다.

지금은 종교인의 능동적 실천이 요구되는 때

219 - P.112, 1991.08.27

　존경하는 종교계 지도자 여러분!
　우리가 진실된 눈으로 이 시대를 바라보게 될 때 지금이야말로 종교인의 믿음뿐 아니라 실천 행동까지 요구되는 절박한 때임을 알게 됩니다.

　인종전쟁, 종교전쟁 등의 불행한 투쟁을 비롯해서 무신론, 쾌락주의, 세속적 인본주의, 그리고 참종교에 대한 왜곡 등이 만연함으로 야기된 현 세계의 문제들은 참으로 심각합니다. 서방사회에서는 공산 무신론이 설 자리를 잃었다고 안심하는 풍조도 있지만, 이는 본질을 모르고 내린 속단입니다. 신을 중심한 새로운 참사랑의 각성운동이 사회 전반에 걸쳐서 일어나지 않는 한 서구사회가 중심이 된 현대문명의 몰락은 공산권의 몰락보다도 더 비참하게 다가올 것입니다.

　세계를 이대로 방치할 수 없습니다. 시간이 없습니다. 누가 이 세대를 책임질 수 있겠습니까? 군인도 정치가도 과학 기술자도 아닙니다. 바로 우리 종교계가 책임져야 합니다.

　본인은 여러분들의 능동적인 협력을 요청합니다. 세계평화종교연합 운동을 통하여 역사적인 종교 전통들이 조화를 이루면서 세계 평화를 향한 실천운동으로 전진할 때, 세상을 이끌고 갈 정신적 기초가 굳건히 세워지고 신의 참사랑을 중심한 평화이상은 완성될 것입니다. 전세계 종교계가 통일된 방향을 가질 때 통일된 세계 평화는 도래할 것입니다. 세계평화종교연합의 앞날과 각 종단을 대표한 여러분과 여러분의 가정에 신의 가호가 있을 것과 여러분들이 세계 평화를 증진시키는 참사랑의 사람이 될 것을 빌면서 맺습니다. 감사합니다. *

○ 세계 평화로 가는 길
― 세계평화연합 창설대회 기조연설문 ―

날짜 : 1991년 8월 28일
장소 : 한국 리틀엔젤스예술회관

219 - P.114, 1991.08.28   존경하는 전·현직 국가 원수 여러분! 각국에서 모이신 세계 지도자 여러분! 또한 경애하는 학자, 세계 종교 지도자 여러분! 그리고 신사 숙녀 여러분!

오늘 본인은 세계평화연합을 창설하는 역사적인 이 식전에 존경하는 세계 지도자 여러분들께서 이렇게 많이 참석하시어 만장의 성황을 이루어 주신 데 대하여 심심한 사의를 표하는 바입니다.

평화는 인류의 희망

219 - P.114, 1991.08.28   자고로 인류역사가 시작된 이래 평화를 갈망하지 아니한 시대가 없었고, 평화를 희구하지 않은 사람은 한 사람도 없습니다. 그러나 인류역사는 인류의 희망과는 정반대로 항상 끊임없는 전쟁과 무고한 피로 물들여져 왔습니다. 이것은 어찌된 일이겠습니까?

근대사에 와서는 세계는 두번에 걸친 세계대전을 치렀습니다. 1914년 사라예보에서 오스트리아의 황태자가 암살되는 한 발의 총성으로 점화된 세계 제1차대전은 순식간에 구라파 전역을 불바다로 만들었고, 16개 나라가 가담한 가운데 3천만 명의 사망자를 내는 처참한 전쟁을 겪었습니다.

구라파의 참상을 보고 세계 지도자들은 무슨 대가를 치르더라도 이제 다시 전쟁을 일으켜서는 안 되겠다는 뼈저린 각성에서 미국의 윌슨 대통령의 제창으로 국제연맹(League of Nations)을 결성하였습니다.

그러나 국제연맹은 40여 종의 국제분규를 처리하기는 하였으나 강대국이 분규 처리에 실패하면서 윌슨 대통령의 원대한 꿈은 온데간데없이 사라지고, 미국 상원의 비준도 받지 못한 채 결국 실패로 막을 내리고 말았던 것입니다. 전쟁을 막아 보려는 인류의 갈망은 좌절되었습니다.

그리고 그로부터 20년이 못 되어서 또 다시 세계는 2차대전의 참화 속에 휩쓸려 갔습니다. 세계 2차대전은 대서양뿐만 아니라 태평양까지도 불바다로 만들었습니다. 수천만의 인류가 살상을 입었고, 드디어 두 발의 원자탄의 투하로 간신히 그 종말을 지었습니다.

세계가 또 다시 이와 같은 생지옥이 되는 것을 막기 위해 이번에는 1945년 4월 25일 샌프란시스코에서 국제연합(United Nations), 곧 유엔(UN)을 창설하기에 이르렀습니다. UN의 역사는 금년으로 46년이 됩니다.

그럼 지난 46년 동안 인류는 전쟁을 모르고 평화롭게 살아왔습니까? 아닙니다. 또 다시 전쟁은 일어났습니다. 한국동란, 월남전쟁, 걸프 전쟁을 위시하여 무려 60여 번의 인류상잔의 역사가 되풀이되었습니다.

세계 평화로 가는 길

왜 이렇게 평화가 어려운 것입니까? 오늘 우리는 세계평화연합을 창설함에 앞서, 그 평화가 이룩되지 아니하는 이유를 먼저 파헤쳐야만 됩니다. 그렇지 아니하면 앞으로도 그러한 전철을 밟을 것이 명약관화하기 때문입니다.

신사 숙녀 여러분! 그 동안은 인간들은 평화만 부르짖었지, 그 참평화의 뜻을 알지 못하였습니다. 평화의 참 철학을 갖지 못하였던 것입니다. 그러니 참평화를 이룰 수 있는 방법이 나올 수가 없었습니다.

귀빈 여러분! 그 이유는 알고 보면 간단합니다. 인간들은 하나님을 잃어버리면서 평화를 잃어버렸습니다. 그리고 인간들은 하나님을 제쳐 놓고 인간끼리 평화를 찾아보려 하였습니다. 이것이 근본적 잘못이며, 이것이 참평화를 얻지 못한 근본적 이유인 것입니다.

하나님의 창조 이상

219 - P.116, 1991.08.28

전지전능하신 하나님은 사랑의 하나님이시요, 평화의 하나님이십니다. 그 하나님께서 서로 싸우고 죽이는 세계를 지으셨을 리가 만무한 것입니다.

하나님은 인간을 하나님의 형상대로 지으시고, 인간은 곧 하나님의 성령이 거하시는 집과 같은 성전으로 지으신 것입니다.

인간 하나하나가 하나님의 성전으로, 하나님을 모시고 사는 집으로 완성되었다 할 때, 어찌 인간끼리의 투쟁과 살육이 가능하겠습니까? 창조본연의 세계에서 인간이 싸우는 것은 오른팔이 왼팔과 싸우는 것과 같은 일이며, 자기가 자기 손으로 자기 눈을 빼는 것과 똑같은 일인 것입니다.

이와 같은 본연의 세계에서는 전쟁은 있을래야 있을 수 없으며, 서로서로 사랑하며 화목하게 사는 세계이며, 어떻게 하나님께 더 영광 드리느냐 하는 선의의 경쟁만이 있는 세계입니다.

거기에는 갈등이 있을 수 없고, 오해도 있을 수 없으며, 아름다운 협조와 상호 부조로 오직 화목 단결해서 진(眞) · 선(善) · 미(美)를 추구하는 평화의 세계만이 영속될 뿐입니다. 이 세계는 하나님을 닮은 세계요, 하나님의 이상과 본질을 위해서 사는 세계입니다.

우리는 이와 같은 세계의 기본 이념을 하나님주의 또는 두익사상이라 칭하는 것입니다. 위하는 사랑, 서로 위하여 사는 곳에 평화가 있는 것은 당연한 것이니, 이 세계를 종교적으로 표현하면 지상천국이라 하는 것입니다. 적어도 전지전능하신 하나님의 작품이라면 이와 같은 평화와 행복의 세계를 지으셨을 것이며, 그렇지 아니하다면 그 하나님은 아니 계신 것입니다. 이것이 창조본연의 참 평화의 이상이었습니다.

창조주를 잃어버린 세계

219 - P.116, 1991.08.28

그런데 이와 같이 하나님의 아름다운 이상세계를 실현하시려는 그 인류역사의 첫날, 에덴 동산에서 인류의 조상은 하나님을 잃어버렸습니다.

다시 말씀드리면 인류의 조상이 될 일남일녀(一男一女)는

세계 평화로 가는 길

하나님 앞에 죄를 짓고 하나님의 나라로부터 추방을 당하였습니다. 그 순간 인간은 하나님의 성전이 되지 못하고 악마의 소굴이 되었습니다. 그리고 그 악마는 이기주의의 본산입니다.

이것이 인간의 첫 조상부터 이렇게 되었으니 그 조상의 후예들, 곧 오늘날의 모든 인류들은 하나님이 우리의 아버지이심과 우리 모두가 참 형제자매인 것을 잊어버리고 만 것입니다. 그리고 모든 인간끼리 원수가 되고 말았습니다. 본래는 남을 죽여도 그것이 곧 나를 해치는 것인데, 영혼이 무디어진 인간들은 형제를 죽이고서도 아픈 줄을 모르게 되었습니다.

거기에 인간들은 자기만이 있고 전체는 없으니 개인으로부터 가정 · 사회 · 국가 · 세계에 이기주의가 팽배하게 되었습니다. 그러다 보니 자기와 이익이 상충될 때는 서로 싸우게 됩니다. 전쟁을 일으킵니다. 이것이 전쟁이 오는 참 원인인 것입니다.

평화의 세계를 회복하시려는 하나님

219 - P.117, 1991.08.28

그러면 창조주 하나님께서 이 타락된 세계를 어찌하시려는 것이겠습니까? 하나님은 엄연히 살아 계십니다. 하나님은 지금도 전지전능하십니다. 또 그 하나님은 사랑의 하나님이라 하였습니다.

그 하나님께서는 참다운 평화의 세계를 다시 찾으려 하십니다. 다시 말씀드리면 창조본연의 세계를 복귀 또는 재창조하시려 하고 계십니다. 여기에서 우리 인류는 참평화에 대한 소망을 가질 수 있는 것입니다. 하나님께서는 인간 하나하나로부터 사심을 쫓아내고, 당신이 거하실 수 있는 성전으로 복귀시키려 하시는 것입니다.

그렇기 때문에 세계 평화는 한 개인 개인의 완성으로부터 시작합니다. 한 개인 개인이 하나님의 성전으로 완성한 인간이 되지 아니하고는 세계 평화는 싹트지 아니합니다. 세계 평화의 출발점은 바로 여러분 한분 한분이신 것입니다.

창조본연의 이상세계

219 - P.118, 1991.08.28

여러분! 여러분들께서는 우리 하나하나의 몸안에서 항상 전쟁이 계속되고 있는 것을 아십니까? 그것은 개개인의 몸안에서 치열하게 싸우고 있는 마음과 몸의 싸움입니다.

본래 마음과 몸은 떼려야 뗄 수 없는 하나였습니다. 인간의 마음은 하나님의 마음이요, 인간의 몸은 그 마음을 담는 그릇이었습니다. 그런데 인간의 타락은 인간의 몸을 악마에게 내어 준 것입니다. 그로부터 인간의 몸은 악마의 종이 되었습니다.

인간의 양심은 하나님을 대표하는 마음입니다. 양심은 나를 위해 존재하지 아니합니다. 하늘의 의를 위해 존재합니다. 양심은 항상 선을 향해 달리려 합니다. 여기에 몸은 반항을 합니다. 몸은 자기만 편하려 하고, 이기적이며, 본능적 요구에 따라 육욕을 나타내고자 합니다. 양심은 이 몸을 질책하여 마음에 순응케 하려고 합니다. 여기에 항상 피나는 갈등과 투쟁이 한몸 안에서 일어나게 됩니다.

세계 평화로 가는 길

그렇기 때문에 자고로 역사를 두고 모든 종교는 내 몸을 치는 길을 가르쳤습니다. 종교는 육욕(肉慾)을 제어하고, 몸을 마음에 굴복시키는 도장입니다. 종교는 인간을 창조본연의 인간으로 이끌어 가는 도장입니다.

그러나 그 누구도 하나님을 내 안에 모셔 들이지 않고서는 내 몸을 정복할 자가 없습니다. 오직 하나님의 참사랑과 진리의 힘을 중심삼고 주체 되는 마음은 대상 되는 몸을 거느리고 하나님과 일체이상을 이루게 되어 있습니다. 이것이 종교가 말하는 완성한 인간입니다.

이와 같이 하나님을 중심삼고 몸을 굴복시켜 완성된 남자와 여자, 즉 선남선녀가 하나님의 축복을 받고 남편과 아내로 맺어질 때, 땅 위에 하늘이 계획하신 이상적 한 가정이 출발합니다. 그리고 그 이상가정은 이상적 사회·국가·세계의 기초가 되는 것입니다.

가화만사성(家和萬事成)이라 하였습니다. 한 가정이 평화로우면 만사가 다 잘 이루어진다는 말입니다. 완성한 가정은 평화의 가정이요, 이것은 천국의 기초입니다. 가정의 원동력은 참사랑입니다. 나보다도 하나님을, 그리고 대상을 생명과 같이 사랑하는 순수하고 아름다운 희생적 사랑, 이것이 참사랑입니다. 이 우주에 하나님께서는 참사랑의 힘보다 더 큰 힘을 창조치 아니하셨습니다. 참사랑은 하나님의 사랑입니다.

하나님께서는 만물과 인간의 창조를 위해 온갖 힘을 투입하셨습니다. 전부를 투입하고 또 투입하셨습니다. 다른 것은 투입하면 전부 소모되나 참사랑만은 투입하면 투입할수록 더 번성하고 생산합니다. 참사랑은 100을 투입하면 120이 돌아옵니다. 그렇기 때문에 참사랑을 실천하는 자가 망할 것 같지만 망하지 아니하고 영원히 번성하며 영생하는 것입니다.

　이와 같이 참사랑으로 이루어진 가정이 기초가 되어 사회가 이루어지고, 국가가 이루어지고, 세계가 이루어집니다. 이와 같은 사회·국가·세계는 참사랑이 원동력이 되는 상호 봉사의 사회요, 국가요, 세계요, 거기에는 갈등 대신 화목이 있고, 오해 대신 이해가 있고, 분열 대신 단결이 있고, 자기 이익의 추구 대신 전체 이익의 추구가 있고, 희생과 봉사가 미덕이 되는 사회·국가·세계인 것입니다. 이와 같은 하나님의 이상 실현이 곧 참 세계 평화의 이상인 것입니다.

참된 세계 평화는 참부모의 이상으로

219 - P.119, 1991.08.28　성경에 '하나님의 형상대로 인간을 지으셨다'는 말씀은 볼 수 없는 무형의 하나님이 인간으로 실체화하신 것을 말합니다. 인간조상 아담 해와가 하나님 이상을 실천하였더라면 그들은 역사 속에서 최초의 가정을 이루었을 것이며, 거기에서 번식되는 완성된 자손들이 곧 이상 사회·국가·세계를 이룩하였을 것입니다.

　그러므로 무형의 하나님은 참사랑을 중심으로 한 종적인 참부모이시고, 인간조상 아담과 해와는 참사랑을 중심으로 한 횡적인 참부모로 영원히 인류역사 위에 군림하였을 것입니다.

　완성한 아담 해와는 인류의 참부모이며, 인류는 이 참부모를 중심삼고 인류 대가족, 사해동포, 형제주의를 이루었을 것입니다. 그런데 인류는 이 참부모를 잃음으로써 고아가 되고

| 세계 평화로 가는 길 | 말았으며, 형제가 곧 원수가 되고, 나라들은 반목하고 적대시 하는 관계가 되고 말았습니다.

그러므로 인류역사의 새 출발에 앞서 하나님께서 기어코 이룩하셔야 할 일은 잃어버린 인류의 참부모를 찾아 세우시어 인간들을 고아의 상태로부터 해방하시는 일입니다. 그러므로 인류의 참부모의 현현은 하나님 섭리의 중심 역사인 것입니다.

여러분! 이제 창설되는 세계평화연합은 과거의 국제연맹이나 UN과 달리 참다운 본연의 평화 이상과 참부모의 이상을 가지고 마지막으로 세계 평화를 이루고자 하는 웅대한 새 출발입니다. 인간끼리 평화를 구가하지 말고 하나님 안에, 하나님과 더불어 평화를 구가해야 된다는 참신한 각성이 있어야 됩니다. 세계 평화의 중심은 하나님이시요, 그 원동력은 참사랑인 것입니다.

이념의 장벽을 넘어 동서 지도자들이 모두 동참한 이 자리

219 - P.120, 1991.08.28

세계 평화를 열망하는 귀빈 여러분! 오늘 이 전당에는 세계 각국 정계 학계 대표, 각 종교 대표들이 한 지붕 아래 모였습니다. 그리고 특히 얼마 전까지만 해도 동서로 나뉘어 냉전을 계속하던, 그 양대 진영의 대표들이 동서라는 장벽의 의식 없이 오직 화해와 협조의 정신으로 참석하였습니다.

1989년 11월 9일에 베를린의 장벽이 무너지면서부터 세계는 바야흐로 개혁과 변천, 화해와 친선으로 치닫고 있습니다. 세계 평화의 길은 이제 활짝 열리었습니다.

이제 우리는 오늘 선포되는 평화 쟁취의 대원칙에 입각하여 참다운 평화를 이룩할 때이며, 후진국들의 빈곤을 해방하고, 강대국들은 발전도상에 있는 새 민주주의 국가들을 희생적으로 도와야 합니다. 각 국가 정책이 이기주의를 지양하는 그 자체가 큰 혁명입니다. 그 방법은 우리 모두가 부모의 자리에 올라가서 내려다보는 것입니다.

그러면 모든 국가가 형제로 보이지 아니할 수 없습니다. 하나의 부모 아래 한 형제 국가 사회를 이룩할 수 있는 역사적 기회에 직면하고 있습니다.

이번 9월 UN 총회에 남북한이 공동으로 가입하게 됩니다. 이것은 우리가 평화세계로 지향되는 또 하나의 획기적 발전입니다. 그러면 총 UN 가입국은 이제 163개 국이 됩니다. 그러면 이제 163개 국이 해야 할 일이 무엇이겠습니까?

무자비한 식민지 정책으로 약소국을 착취하던 시대는 지나갔습니다. 이제 약육강식(弱肉强食)은 구시대의 잔재가 되었습니다. 초강대국이 무력 경쟁으로 세계를 공포 속에 몰아넣던 시대도 지나갔습니다.

이제 인류는 또한 핵무기의 공포에서 해방되어야 합니다. 지금은 바야흐로 성서에서 말하듯이 '창과 칼을 녹여서 보습을 만들 때'입니다.

상호 신뢰와 도의의 시대가 밝아오고 있습니다. 모든 UN 가맹국가들은 이제 상호 존경과 사랑을 가지고 우리 인류의 공동의 적에게 선전포고를 하여야 합니다. 우리 인류의 공동의 적은 빈곤과 무지와 질병과 죄악입니다.

이제 인류가 빈곤과 무지와 질병과 죄악으로부터 해방을 받아야 할 때가 왔습니다. 이제부터는 '내 나라'라는 정의가 발

세계 평화로 가는 길

전적이어야 합니다. 물론 내가 태어나 사는 나라가 우선 내 나라임에 틀림없으나, 보다 큰 견지에서 보면 내 아버지 되시는 하나님이 지으신 세계가 또한 모두 내 나라인 것입니다.

이렇게 볼 때 선진국가들이 첨단기술을 독점하고, 발전도상국가들에게 첨단기술을 할애하지 아니함은 큰 죄라 아니할 수 없습니다. 국가간에 좋은 것이 있으면 빨리 나누어 가져야 합니다. 새 것을 발견하면 곧 그 혜택을 서로 같이 나누어야 합니다. 인류에 도움이 되는 일이라면 서슴지 말고 국경을 넘어서서 이를 실천하여야 합니다. 본인은 그러므로 세계 기술평화를 위해 오랫동안 전력투구해 온 사람입니다.

세계 평화 정착을 위해 전진하자

219 - P.121, 1991.08.28

여러분! 여러분들은 하나님께서 평화의 역군으로 뽑으셔서 이 자리에 보내심을 받으신 분들입니다.

앞으로 9년이면 기원 2000년이 옵니다. 2000년이란 이 고비가 우리 생전에 우연히 오는 것이 아닙니다. 이는 역사의 새로운 전환점입니다. 새 역사가 태동하고 있습니다. 평화의 21세기가 다가오고 있습니다. 그러나 그 평화는 거저 오는 것이 아니며, 하나님과 인간들이 협조하고 주어진 책임분담을 다할 때만이 가능한 것입니다. 그러자면 우리는 나머지 9년 동안에 평화를 저해하는 모든 요소를 제거하는 작업을 끝마쳐야 합니다.

새 시대 21세기는 공의의 시대입니다. 새 시대 21세기는 물질이 판을 치지 않는 정신과 영(靈)의 시대입니다. 새 시대

21세기는 신인일체(神人一體)가 되어서 사는 시대입니다. 새 시대 21세기는 남을 위하여 사는 것이 나를 위하여 사는 것보다 더 영원한 가치가 있음을 깨닫고 사는 시대입니다. 자기주의는 퇴색하고, 공생(共生)·공영(共榮)·공의(共義)의 이타주의(利他主義)가 드디어 개가를 올리는 시대, 그것이 바로 밝아 오는 21세기인 것입니다.

　이것은 평화의 시대입니다. 이것을 놓고 명실공히 천국이라 할 것입니다. 이와 같은 소망과 광명의 21세기에는 우리가 오늘 창설하는 세계평화연합이 그 이념을 제공하고, 세계인류를 교육하며, 섭리에 따라 앞으로 올 평화세계의 견인차 역할을 하여야만 합니다. 우리 연합은 또한 세계의 도덕성을 밝히는 등대가 되어야 합니다.

　평화의 사도 귀빈 여러분! 광명한 새날이 우리를 기다리고 있습니다. 우리는 오늘 모두 사명감에 불타야 합니다. 이제 우리의 마지막 한 방울의 땀과 눈물과 피를 쏟아 인류 공동의 목적을 이룩하여야 할 역사적 사명이 우리를 부르고 있습니다. 그 첫번 일이 하나님을 우리 개인·가정·사회·국가·세계에 모셔 들이는 일이니, 하늘이 같이하실 때에 대적할 자가 누가 있겠습니까?

　존경하는 동지요 형제 되시는 여러분! 인류 앞에 놓여진 마지막 숭고한 과업인 항구적 세계 평화 정착의 사명 앞에 모두 일어나 광명한 세계를 향하여 다같이 전진하십시다! 하나님을 모시고 세계의 참 평화를 이룩하십시다! 감사합니다. *

○ 평화세계를 위한 통일 방안
― 세계평화연합 창설대회 폐회 만찬연설문 ―

날짜 : 1991월 8월 28일
장소 : 한국 리틀엔젤스예술회관

219 - P.123, 1991.08.28   존경하는 정치 지도자 여러분, 고명하신 학자 여러분, 그리고 종교 지도자 여러분!
우리들은 역사적인 일들을 해냈습니다. 진심으로 축하를 드립니다.

종교인의 진정한 역할

219 - P.123, 1991.08.28   오늘 오전에 우리는 세계평화연합을 창설했습니다. 소련의 중요한 지도자들이 대거 동참했기에 더욱 감회가 큽니다.
본인은 세계 제일의 반공 지도자로 알려졌습니다. 그러나 정치적 경제적 목적에 의한 반공운동은 아니었습니다. 본인은 공산사상 자체의 비진리성을 비판하고 그에 대한 대안을 제시하는 교육적 승공운동을 전개해 왔습니다.
본인이 공생애노정을 출발할 때는 공산주의가 세계적으로 팽창할 때였습니다. 특히 북한 공산당에 의한 한국전란으로 초래된 절망적 환경하에서도 본인은 세계 공산주의의 멸망을 예언하였습니다.

또 1980년대 초반에 소련 제국의 멸망을 선언하는 학술회의를 개최하도록 피 더불유 피 에이(PWPA;세계평화교수협의회) 교수들을 재촉했습니다.

본인 개인적으로는 공산주의 때문에 부모 형제도 잃고 고향도 잃었습니다. 또 노무자 수용소에서 모진 옥고를 치렀습니다. 그러나 공산체제하에서 신음하는 사람들도 구하여야 한다는 천의를 잊은 적은 없었습니다. 금번 본인은 남다른 감회를 가지고 소련과 동구권 대표들을 바라보았습니다.

또한 어제는 세계 각 종교의 지도자들이 모여서 종단간에 화합 협동하면서 세계 평화를 이룩한 세계평화종교연합을 창설하였습니다. 특히 첫 간행된 《세계경전》을 교재로 해서 종단간에 이해를 더욱 깊게 하고 공동선(共同善)을 찾자고 다짐하였습니다.

인류의 장래가 어둡기만 한 것은 아닙니다. 종교인들의 진정한 역할을 기대하면서 새로운 세대의 희망찬 앞날을 상상합니다.

일전에 끝난 금번의 제18차 국제과학통일회의를 주재한 와인버그 박사가 공·사석에서 밝힌 아이커스(ICUS;국제과학통일회의)에 관한 소감과 본인의 업적에 대한 치하는 외로웠던 20년을 잊게 해주는 큰 위로가 되었습니다.

본인이 인간적인 칭찬을 좋아해서가 아닙니다. 미래세계를 예견하고 이를 대비하는 개척의 길을 걸어온 본인의 진실을 이제 학계가 이해하고 협력함으로 말미암아 더 밝은 인류의 미래가 보이기 때문입니다.

본인은 연일 바쁜 일정이었지만 감격 속에서 지나면서 그

평화세계를 위한 통일 방안

동안 지켜 주시고 인도하심으로 이러한 날을 있게 하신 하나님께 깊은 감사를 드렸습니다.

구세주 사상은 곧 참부모사상

219 - P.124, 1991.08.28

고명하신 각계 지도자 여러분! 우리는 며칠 동안에 엄청난 세기적인 대회들을 치렀습니다. 왜 이렇게 바쁘게 또 연속적으로 대회를 갖는가고 의문을 갖는 분도 계실 것입니다. 그것은 인간이 알지 못하는 천운의 때가 있기 때문입니다. 본인은 생애가 그러하였듯이 신의 섭리 프로를 맞추기 위한 일념뿐입니다.

세계 평화 이상의 실현은 종교 지도자, 학자, 정치가가 상호 협조 교류하는 공동 노력이 없으면 안됩니다. 신의 섭리는 가시적인 것만에 의하여 평면상에 진행되는 것이 아닙니다. 섭리 목적을 두고 내적 조건의 성숙에 의한 전환과 발전으로 이어집니다.

경서들 속에는 종종 반논리, 반도덕적인 기록들도 있습니다. 유대인 기독교 경전에 장자권을 중심한 가인 아벨 형제, 에서와 야곱 형제, 세라 베레스 형제의 갈등 투쟁의 기록이 있습니다. 모두 동생들이 하늘 편에 세워져서 신의 특별 가호를 받았습니다. 차자인데도 형을 제치고 하늘 편에 세움받고 가호를 받은 사실은 신이 그들을 장자로 세우기를 원하셨다는 뜻이 됩니다.

신의 창조이상은 장자, 장손이 계대를 승계하는 것입니다. 그런데 왜 섭리의 주류 속에 이런 일들이 반복하여 일어났습니까? 신이 인간조상을 참사랑을 통한 참생명의 실체, 즉 참부모로 세워 영원한 참혈통으로 연이어 번성케 하려고 한 창조이상의 실현에 문제가 생긴 것을 말해 줍니다.

인간조상은 참사랑·참생명을 완성하고 참혈통을 전수하는 이상생활을 경험하고 실낙원한 것이 아닙니다. 그들은 신을 떠나서 신의 축복과 무관한, 거짓 사랑, 거짓 생명, 거짓 혈통의 기원을 만들고 말았습니다. 그러므로 신의 구원섭리는 먼저 출발한 거짓 것은 장자격으로 세우고, 나중에 출발한 참된 것은 차자격으로 세워 차자가 장자를 굴복시키는 조건을 거치면서 거짓 혈통을 맑히고 복귀하는 섭리가 진행되어 온 것입니다.

장자권을 복귀하기 위한 제1차 시도에서 차자 아벨은 장자 가인에게 희생이 되고 말았습니다. 그러나 2차 시도에서 쌍태로 태어난 야곱은 형 에서를 굴복시켜 장자 입장에서 신의 축복을 받아 섭리의 주류를 이루는 기원을 마련합니다. 야곱이 신을 절대 신봉하고 오직 '위해 주는' 참사랑의 생애로 형 에서를 굴복시키는 노정은 복귀섭리의 전형이 됩니다. 3차는 제2차 때의 승리의 기반 위에 더 근원으로 들어가 어머니 복중에서 복귀가 진행됩니다. 동생 베레스는 형 세라를 밀치고 형으로 출생합니다.

이렇게 하늘 편에 선 차자의 정성과 조건을 통하여 신은 혈통복귀의 섭리를 복중에서까지 진행하십니다. 이러한 섭리의 주류 속에서 복귀된 하늘 편 장자로 예수님이 태어나십니다. 독생자란 말도 이런 맥락에서 이해해야 합니다. 창조이상을 회복하기 위해 오시는 구세주는 일찍이 인간 조상의 이런 참사랑과 참생명과 참혈통을 회복해야 할 인류의 참부모가 되

평화세계를 위한 통일 방안

시는 것입니다. 종교의 구세주사상은 곧 참부모사상입니다.

하나님주의를 축으로 조화 · 협력 · 일체를 이루어라

219 - P.126, 1991.08.28

존경하는 세계 지도자 여러분! 본인이 아는 신의 내적 동기의 세계는 깊고 크십니다. 경서에 다 수용할 수 없는 신의 내적인 섭리의 사정들은 그와의 깊은 교감을 통한 체휼로서만 터득되는 것입니다.

지금 때는 전환의 시기입니다. 정치권력이나 군사력으로는 천운을 막을 수 없습니다. 신의 크기, 우주 경륜에 우리가 보조를 맞추어야 합니다. 이번에 우리가 창설한 세계 평화를 위한 두 조직은 국가권력이 주도해서 된 것이 아닙니다. 참 평화의 길은 그렇게 올 수 없습니다.

우리는 종교와 문화, 그리고 피부색의 담을 넘어 하나님주의 아래 새 조직을 만들었습니다. 마음 몸이 일체 조화를 이루어야 이상체가 되듯이 세계평화종교연합과 세계평화연합이 하나님주의를 중심축으로 조화 협력 일체를 이루는 것이 진정한 평화세계로 가는 통일방안입니다. 전체 마음적인 세계와 전체 몸적인 세계를 대표하는 이 두 기구가 신의 참사랑으로 조화통일을 이룩하면 곧 이상사회가 되는 것입니다. 앞으로 이 두 조직의 바른 역할을 위해 학자들과 언론인들의 지원이 대단히 중요하다고 봅니다.

학자와 종교 지도자와 정치 지도자 여러분들이 이번에 창출한 업적에 대해서 다시 한 번 축하를 드립니다. 세계의 평화를 위한 우리들의 진군이 천운의 가호 아래 기필코 목표를 달성할 것입니다.

  신의 축복이 여러분과 여러분의 가정 위에, 그리고 여러분의 고귀한 평화운동 위에 임하시기를 빌면서 맺습니다. 감사합니다. *

○ 세계평화 실현의 시대를 활짝 엽시다
― 세계평화 초종교초국가연합 창설대회 기조연설문 ―

날짜 : 1999년 2월 6일
장소 : 한국 서울 롯데호텔

전세계에서 오신 각계의 저명한 지도자 여러분! 오늘 이 자리에서 본인이 발의한 세계평화 초종교·초국가연합 창설대회를 거행하게 된 것을 대단히 기쁘게 생각합니다. 공식적으로 발의한 것은 작년이었지만 본인은 수십 년간 이 뜻을 품고 준비해 왔습니다.

평화에 대한 비전은 초종파 운동의 핵심

과거 40년간 본인이 전개해 온 초교파·초종파 활동과 조직의 목적은 모두 하나님과 인간이 공히 소망해 온 평화세계 실현이었습니다. 평화에 대한 비전은 초종파 운동의 핵심입니다.

인류는 20세기에 처참한 세계대전을 두 차례나 겪었고, 그리고 70년 동안 무신론 공산사상의 횡포와 냉전시대를 겪으면서 첨예한 대결과 갈등을 경험했습니다. 냉전시대가 종식되고, 세계는 잠시나마 평화를 위한 축배를 들 수 있었습니다.

 그러나 곧 인류는 그 냉전의 끝이 자동적으로 평화시대로 연결되는 것이 아님을 알게 되었습니다. 세계는 도처에서 격렬한 전쟁이 계속 일어나고 있습니다. 지금도 전 유고슬라비아와 중동에서, 또 수단이나 남아시아 등지에서 살육전이 벌어지고 있습니다. 이 분쟁들은 주요 종교간의 뿌리깊은 갈등이 배경이 되고 있음은 모두 알고 있는 사실입니다. 종단간의 대화와 화합이 얼마나 중요한가를 일깨워 주는 사례들입니다.

 종종 현대에 있어서 종교적인 이상의 실현은 세속권력과 일정한 거리를 두고 활동해 왔습니다. 오늘의 일반적인 인식은 이것을 당연한 것으로 받아들이고 있습니다. 그러나 세계평화 이상에 이바지하는 국제조직들은 세계의 위대한 종교적 전통과 자신들과의 관계를 재검토해야 할 때가 되었다고 봅니다.

 그 어떤 국제기관보다도 국제연합이 좋은 예가 될 것입니다. 많은 사람들은 유엔은 세계평화를 위한 인류의 이상이 제도화한 조직이라고 여기고 있으며 이에 기대를 걸고 있습니다. 유엔에는 세계의 문제를 해결하고 평화와 인류번영을 촉진하기 위해 함께 일하는 모든 나라의 대표자들이 모여 있습니다.

 그러나 유엔에서 국가 대표자들이 세계평화를 실현하고자 하는 노력은 상당한 장애를 안고 있습니다. 유엔을 통해서 얻은 실적과 성과들을 부정해서도 안 되겠지만, 유엔 자체가 개선해야 할 점도 많다고 봅니다. 세계의 정치인들과 종교지도자들이 유엔을 중심으로 서로 협력하고 존중하는 관계가 절

**세계평화 실현의
시대를 활짝 엽시다**

실히 필요한 때가 되었습니다. 본연의 인간은 마음과 몸이 하나님의 참사랑에 감응하면서 일체를 이루며 살게 되어 있습니다. 몸과 마음이 싸우지 않고 참된 통일의 기원을 이루는 것은 사람이 하나님을 닮은 그의 아들딸이기 때문입니다. 하나님은 마음과 몸이 싸우지 아니하십니다. 절대자 하나님은 자체 내에 모순이나 갈등이 있을 수 없습니다. 마음과 몸이 통일체가 되는 인간의 이상은 하나님의 참사랑을 온전히 소유할 때 이룩되는 것입니다. '화평케 하는 자는 복이 있나니 저희가 하나님의 아들이라 일컬음을 받을 것임이요'라는 말씀도 하나님을 중심하고 심신일체 이상을 이룬 것을 전제로 합니다.

마음과 몸이 통일되어야

299 - P.105, 1999.02.06

그런데 인간은 타락으로 말미암아 마음과 몸이 통일조화의 기준을 잃어버리고 갈등을 일으키면서 자기모순 속에 살아왔습니다. 그뿐만 아니라 개인 안에서 벌어지는 마음과 몸의 갈등과 투쟁은 가정·사회·국가와 세계로 확대되어 내려왔습니다. 형인 가인이 동생 아벨을 살해하는 범죄도 여기에서 유래했습니다. 역사이래 이 지구상에서 벌어지는 모든 대결과 전쟁은 본질적으로 보다 악한 가인편과 보다 선한 아벨 편간의 싸움이었습니다. 이러한 가인편, 아벨편의 싸움은 반드시 종식되어 원상으로 복귀되어야 하고 마음과 몸의 대결도 끝이 나서 조화일체로 복귀되어야 합니다. 개인의 마음과 몸이 통일되어야 하는 원리를 세계적인 차원에서 적용 실천해야 하는 것입니다. 이 목적을 위해 본인은 세계평화를 구현할 마음세계를 대표하는 세계평화종교연합과 몸세계를 대표하는 세계평화연합 등을 창설하였습니다.

　인간사 제반 문제는 근원적으로 단지 정치적인 문제가 아니기 때문에 사회적·정치적 해결만으로는 항상 미흡합니다. 대부분의 인간 사회가 정치적으로 통치되고 있지만 반면에 대부분의 국가적, 문화적 정체성의 근저에는 종교가 있습니다. 사실 대부분 사람들의 마음속에는 종교적인 충절이 정치적인 충성보다 훨씬 더 중요성을 가지고 있습니다.

　이제 종교가 세상에서 그 진정한 지도력을 발휘할 때가 되었습니다. 종교인들이 이 시대 상황과 여러 비리에 대하여 책임을 느끼고, 깊은 자기성찰이 먼저 있어야 한다고 봅니다. 종교인들이 사랑의 실천에 본이 되지 못했습니다. 자기 개인의 구원이나 종파 이익에 급급한 나머지 온 세상 구원에 진력하지 못한 것을 뉘우쳐야 할 때입니다. 지금이야말로 믿음뿐만 아니라 사랑의 실천이 요구되는 때입니다.

　하나님은 우리 지도자, 특히 종교지도자들을 소명하고 계십니다. 세상의 불의와 죄악에 도전하고 참사랑을 베풀기를 소망하고 계십니다. 모든 종교인이 한 마음이 되어 하나님의 인류에 대한 열망을 대변하고 실행해야 합니다.

　몸과 외적인 세계를 대표하는 정치인이나 외교가들의 경륜과 실천만이 아니라 마음과 내적인 세계를 대표하는 세계 종교지도자들의 지혜와 노력이 합해져야 평화세계가 완전히 이룩될 수 있습니다. 그런 점에서 유엔을 재구성하는 문제까지 심각히 고려해야 될 때입니다. 아마 양원제의 형태를 갖춘 유엔을 상상할 수도 있을 것입니다.

세계평화 실현의 시대를 활짝 엽시다

국가대표들로 이루어진 기존의 유엔을 각 국가 이익을 대변하는 하원으로 바꾸어 생각할 수 있습니다. 저명한 종교지도자들과 문화계·교육계 등 정신세계의 지도자들로 종교의회 혹은 유엔의 상원을 구성하는 것도 고려해 볼 수 있을 것입니다. 이때 종교의회는 지역적인 개개 국가의 이해를 넘어 지구성과 인류 전체의 이익을 대변해야 할 것입니다.

양원이 상호존중하고 협력함으로써 평화세계를 이루는데 크게 기여할 수 있을 것입니다. 세계지도자들의 정치적 경륜은 세계의 위대한 종교지도자들의 지혜와 비전에 의해 효과적으로 보완될 수 있습니다.

본인은 종교지도자들의 도덕적 비전과 본이 되는 생활이 천상세계, 저 세상으로만 향하는 것이 아니라 이 세상에서 진정한 행복과 영속하는 화평의 길을 교육하면서 세상에 빛이 되어야 한다고 확신합니다. 종교지도자들은 갖고 있는 위대한 전통의 신성하고 귀중한 지혜를 상속하고 전승할 뿐만 아니라 또 사심 없는 봉사생활을 하는 이상적 지도자가 되어야 합니다. 종교지도자이건 정치지도자이건 가장 큰 결격 사유는 이기주의일 것입니다.

본인은 세계종교의회를 계속해서 개최하면서 초종교·초국가적으로 참사랑 교육에 노력해 오고 있습니다. 그리고 작년에는 세계의 종교지도자들이 앞장서서 전종교인이 7수 단위의 헌금을 하여 세계평화기금을 만드는데 솔선하자고 제안했습니다. 국가의 경제사정이나 개인의 사정에 따라 차이가 있을 수 있습니다. 7루불도 좋고 7백만 달러도 헌금할 수 있습니다. 전종교인이 마음을 모아 기금을 만들고 이 기금으로 평화의 지혜와 비전을 교육하고, 또 참사랑의 이상과 참가정의 가치를 촉진하기 위해 함께 효과적으로 일할 수 있을 것입니다.

세계평화 실현에 기여해야

299 - P.107, 1999.02.06

존경하는 지도자 여러분! 우리는 최고의 종교적 지혜의 표현이 세계의 가장 심각하고 긴급한 문제가 다루어지는 위원회에 상정되어지는 그런 시스템을 실행하기 위해서 다 함께 뜻을 모아 일해야 합니다. 이런 시스템은 유엔의 구조 안에 종교지도자들의 위원회를 창설함으로써 이루어질 수도 있습니다. 이러한 여러 목표들을 현실화하기 위한 첫 조치로서 여러분이 오늘 세계평화 초종교·초국가연합을 창설해 주시기를 바랍니다.

아울러 이 고귀한 이상을 실현해 감에 있어서 여러분의 경험과 지혜, 그리고 노력을 경주해 주시기를 진심으로 바랍니다. 특히 종교계는 위하는 참사랑을 교육하는 일에 주력해 주실 것을 부탁드립니다.

세계평화 초종교·초국가연합이 세계평화 실현에 결정적인 기여를 할 것을 확신하면서 여러분과 여러분의 가정, 그리고 하시는 일 위에 하나님의 축복이 함께하시기를 기원합니다. 대단히 감사합니다. *

○ 문명간의 대화와 조화
— 2001 세계문화체육대전 국제특별회의 창시자 연설문 —

날짜 : 2001년 1월 27일
장소 : 미국 뉴욕 유엔 컨퍼런스 룸

문명간의 조화와 평화는 종교들이 대화와 조화를 실천해야 가능해

343 - P.155, 2001.1.27

존경하는 의장, 세계 여러 나라에서 오신 전직 현직 국가원수, 각국을 대표한 세계 지도자 여러분!

여러분은 각국의 다양한 활동 현장으로부터 이번 대회의 주제인 '문명간의 대화와 조화(가정, 보편 가치, 세계 평화)'를 논의하기 위해서 모였습니다. 이것은 간단한 주제가 아닙니다. 이 대회는 초월적 평화 문화세계를 지향하는 이 시대의 초도덕적 책임을 실천하는 인류 양심의 이상적 광장으로 보아야 할 것입니다.

우리는 역사를 통해 많은 문명들이 흥망성쇠를 거듭해 온 것을 알고 있습니다. 여러 문명들이 한 때는 거대하고 융성했다가 멸망하고 잊혀져 갔습니다. 이 같은 문명의 쇠퇴는 기후나 질병, 혹은 외침이나 자연재해 같은 외적인 원인도 있었겠지만 대부분은 내적인 부패, 특히 종교나 도덕성이 쇠퇴해졌기 때문입니다.

현재 우리는 종교간의 오해와 부조화로 인해 발생한 여러

▲ UN본부에서 135개국 대표 210쌍이 각국의 고유한 민속의상을 입고 거행된 세계평화축복식 전경(2001.1.27).

분쟁과 그 심각한 위험의 증대에 직면하고 있습니다. 만일 종교들이 초종교적인 대화나 조화를 우선하고 이를 적극적으로 실천해 가지 않는다면 문명간의 조화와 평화는 불가능할 것입니다.

  종교가 세계 문명의 내적인 중심이라 하더라도 그 기저의 축으로 가정이 있습니다. 우리 모두가 잘 알고 있듯이 인류는 아버지 어머니의 사랑 관계 속에 혈통의 인연을 통해 태어나며 또 대를 이어오고 있습니다.

참사랑과 평화의 문명은 참된 가정으로부터

343 - P.156, 2001.1.27

  가정은 개인적 인성을 계발, 육성시키는 데 학교나 정부보

문명간의 대화와 조화

다도 더욱 중요한 훈련장입니다. 또한 가정은 문화나 문명을 창조, 발전, 재생산하는 발원적 역할을 해 왔습니다. 문명은 가정이 없이는 시대를 넘어 지속될 수 없습니다.

가정은 우리가 사랑을 배우는 최초의 소중한 학교입니다. 부모와 자녀간의 사랑, 부부간의 사랑, 형제자매간의 사랑, 이러한 사랑은 하나님의 참사랑에 기초하여야 합니다. 만약 가정이 하나님의 참사랑과 직접적으로 연결된다면 그 가정은 하나님의 참사랑 문화의 실체를 이루게 됩니다. 참사랑과 평화의 문명은 여기서부터 창건되는 것입니다.

참된 가정은 참된 남자와 여자 두 사람에게 달려 있습니다. 참가정 완성은 모든 인류와 세계문제 해결의 모델이 되는 것입니다.

양심과 육신이 인생문제 해결의 기점

343 - P.157, 2001.1.27

지금 우리가 살고 있는 나라와 세계를 보아도 악한 전쟁사로 이어진 사실을 우리는 알고 있습니다. 우리들 자신을 살펴보면 몸 마음도 싸우고 있는 것입니다. 그렇다면 최초 아담 해와가 사랑으로 부부관계를 맺을 때 기쁨의 관계가 아니라 상충적 관계에서 맺어 이것이 투쟁의 기원이 되었다는 것은 논리적인 것입니다. 성경에 하체를 가렸다는 말은 타락이 음란으로부터 시작됐다는 것입니다. 우리의 몸 가운데 하나님의 간부 된 사탄의 피가 준동(蠢動)하고 있다는 사실이 문제입니다.

본연의 인간은 심신(＋, －)통일이 될 것인데 사탄의 피를 받아 플러스 플러스(＋, ＋)가 상충되어 투쟁이 시작되었다는 사실을 확실히 인식해야 되겠습니다.

　지금 시대는 끝날이 되어 개인주의 왕국시대요, 프리 섹스 시대, 부모 부정시대, 부부 부정시대, 자녀 부정시대이며, 호모, 레즈비언, 에이즈와 마약이 이상가정을 완전히 파괴하는 지옥 지상시대입니다. 하나님은 이를 천국으로 전환하려고 메시아를 재림시키는 것입니다. 메시아는 참부모로 와서 몸 마음 통일, 부부 통일, 자녀 통일, 가정 통일, 국가 통일, 세계 통일을 성취해 가시는 것입니다.

　현재 우리들의 몸은 지옥의 기지가 되어 있고 양심은 하늘나라의 기지가 되어 두 세계의 분기점을 자체 내에 갖고 있는 것을 몰랐습니다. 양심보다도 육신이 강하게 된 것은 타락할 때에 사탄과 관계 맺은 거짓 사랑의 힘이 양심의 힘보다 강했다는 것에 연유합니다. 따라서 이 점이 인생문제의 중요한 해결점이 되는 것입니다.

몸 마음의 싸움을 해결하기 위해 종교가 필요해

343 - P.157, 2001.1.27

　이와 같은 것을 잘 아시는 하나님은 종교를 세워 양심 앞에 육신을 약화시켜 구원적인 체제를 세워 오신 것입니다. 과거도 종교, 현재도 종교가 필요한 것입니다.

　그러면 종교가 해야 할 사명이 무엇입니까? 몸이 제일 싫어하는 것을 제시하여 실천하도록 하는 것입니다. 금식을 해라! 봉사해라! 그리고 희생하라! 제물이 되라! 제물은 피를 흘려 생명을 바칠 수 있어야 된다는 것입니다.

　타락한 인간은 거짓 사랑의 뿌리를 중심삼고 돌감람나무가

문명간의 대화와 조화

되었고 참감람나무가 되지 못하였습니다. 이것을 어떻게 청산해야 될 것입니까?

끝날에 재림 메시아이신 참부모가 와서 신·인애 일체이상(神人愛 一體理想)을 완성하여 참생명·참사랑·참혈통의 가정을 이루십니다. 지상의 모든 인간은 물론, 천상의 모든 영인들도 모두 여기에 접붙여 참가정적 참감람나무가 되기 위한 2차 축복결혼을 받아 복귀 완성하는 것입니다. 그리하여 본연의 혈족을 세우고 참가정과 참국가를 이뤄 참된 지상·천상천국에 들어갈 수 있는 것입니다.

하나님의 참사랑으로 공생·공영·공의의 이상을 실현할 수 있어

343 - P.158, 2001.1.27

본인은 그 동안 세계평화 실현을 위해서 초종교·초문화·초인종·초국가적인 축복결혼으로 참가정을 이루는 일이 대단히 중요한 하나님의 뜻이라고 가르쳐 왔습니다. 본인은 전 세계에서 이 숭고한 이상을 실현하겠다고 결의하고 동참한 수억쌍에게 축복행사를 베풀어 왔습니다. 이상사회와 평화세계의 초석이 될 참사랑의 가정을 위해 본인은 생애를 바쳐 왔습니다.

모든 위대한 종교들을 연구하면 거기에는 문화와 인종, 종교와 국가의 경계를 뛰어넘는 인류의 보편적인 가치가 담겨 있습니다. 종교의 가르침은 결국 참사랑의 실천을 통해 절대자와의 관계를 복원하는 것입니다. 신앙을 통해 절대·유일·불변·영원한 하나님과 하나가 될 때 인간은 하나님과 부자지관계를 회복하고 그 본연의 가치를 되찾게 되는 것입니다.

참사랑으로 이룩된 심정권은 아무리 작아도 천륜을 따라 우주와 연결이 됩니다. 사람은 하나님의 참사랑 안에서만 공생·공영·공의의 이상을 실현할 수 있는 것입니다. 영계를 포함한 천주는 모두 동일한 하나님의 참사랑의 원리 아래 존재하기 때문입니다.

참사랑 참가정 실천운동으로 평화세계를 이루자

343 - P.159, 2001.1.27

오늘 우리는 평화의 전당으로 설립된 유엔에서 대회를 하고 있습니다. 유엔이 그 창립 정신을 실현하는 진정한 평화기구의 역할을 다 하도록 우리 모두가 적극적으로 지원해야 합니다.

인류는 초국가적인 공익을 먼저 염려해야 할 때를 맞이했습니다. 국가 공공기관은 물론이요, 초종교 활동과 함께 비정부 민간기구들이 합하여 참사랑·참가정 실천운동을 하지 않고서는 평화세계가 이루어질 수 없습니다.

세계 지도자 여러분이 남을 위하는 참사랑운동과 참가정운동에 적극 동참하여 새로운 심정문화의 세계를 이뤄 갈 것을 당부드립니다. 하나님의 축복이 여러분과 여러분의 가정 위에 항상 임하시기를 바랍니다. 감사합니다. *